当代齐鲁文库·山东社会科学院文库
THE LIBRARY OF CONTEMPORARY SHANDONG
SELECTED WORKS OF SHANDONG ACADEMY OF SOCIAL SCIENCES

山东社会科学院◎编纂

山东社会科学院获奖成果文集

刘荣勤 等◎著

中国社会科学出版社

图书在版编目(CIP)数据

山东社会科学院获奖成果文集 / 刘荣勤等著. —北京：中国社会科学出版社，2016.12
ISBN 978-7-5161-9729-5

Ⅰ.①山⋯ Ⅱ.①刘⋯ Ⅲ.①社会科学—文集 Ⅳ.①C53

中国版本图书馆 CIP 数据核字(2016)第 322268 号

出 版 人	赵剑英
责任编辑	冯春凤
责任校对	张爱华
责任印制	张雪娇
出　　版	中国社会科学出版社
社　　址	北京鼓楼西大街甲 158 号
邮　　编	100720
网　　址	http://www.csspw.cn
发 行 部	010-84083685
门 市 部	010-84029450
经　　销	新华书店及其他书店
印刷装订	环球东方（北京）印务有限公司
版　　次	2016 年 12 月第 1 版
印　　次	2016 年 12 月第 1 次印刷
开　　本	710×1000 1/16
印　　张	21.75
插　　页	2
字　　数	357 千字
定　　价	95.00 元

凡购买中国社会科学出版社图书，如有质量问题请与本社营销中心联系调换
电话：010-84083683
版权所有　侵权必究

《山东社会科学院文库》
编委会

主　　任	唐洲雁　张述存
副 主 任	王希军　刘贤明　王兴国（常务） 姚东方　王志东　袁红英
委　　员	（按姓氏笔画排序） 王　波　王晓明　刘良海　孙聚友 李广杰　李述森　李善峰　张卫国 张　文　张凤莲　张清津　杨金卫 侯小伏　郝立忠　涂可国　崔树义 谢桂山
执行编辑	周德禄　吴　刚

《山东社会科学院文库》
出版说明

党的十八大以来,以习近平同志为核心的党中央,从推动科学民主依法决策、推进国家治理体系和治理能力现代化、增强国家软实力的战略高度,对中国智库发展进行顶层设计,为中国特色新型智库建设提供了重要指导和基本遵循。2014年11月,中办、国办印发《关于加强中国特色新型智库建设的意见》,标志着我国新型智库建设进入了加快发展的新阶段。2015年2月,在中共山东省委、山东省人民政府的正确领导和大力支持下,山东社会科学院认真学习借鉴中国社会科学院改革的经验,大胆探索实施"社会科学创新工程",在科研体制机制、人事管理、科研经费管理等方面大胆改革创新,相继实施了一系列重大创新措施,为建设山东特色新型智库勇探新路,并取得了明显成效,成为全国社科院系统率先全面实施哲学社会科学创新工程的地方社科院。2016年5月,习近平总书记在哲学社会科学工作座谈会上发表重要讲话。讲话深刻阐明哲学社会科学的历史地位和时代价值,突出强调坚持马克思主义在我国哲学社会科学领域的指导地位,对加快构建中国特色哲学社会科学作出重大部署,是新形势下繁荣发展我国哲学社会科学事业的纲领性文献。山东社会科学院以深入学习贯彻习近平总书记在哲学社会科学工作座谈会上的重要讲话精神为契机,继续大力推进哲学社会科学创新工程,努力建设马克思主义研究宣传的"思想理论高地",省委、省政府的重要"思想库"和"智囊团",山东省哲学社会科学的高端学术殿堂,山东省情综合数据库和研究评价中心,服务经济文化强省建设的创新型团队,为繁荣发展哲学社会科学、建设山东特色新型智库,努力做出更大的贡献。

《山东社会科学院文库》(以下简称《文库》)是山东社会科学院"创

新工程"重大项目,是山东社会科学院着力打造的《当代齐鲁文库》的重要组成部分。该《文库》收录的是我院建院以来荣获山东省优秀社会科学成果一等奖及以上的科研成果。第二批出版的《文库》收录了丁少敏、王志东、卢新德、乔力、刘大可、曲永义、孙祚民、庄维民、许锦英、宋士昌、张卫国、李少群、张华、秦庆武、韩民青、程湘清、路遇等全国知名专家的研究专著18部,获奖文集1部。这些成果涉猎科学社会主义、文学、历史、哲学、经济学、人口学等领域,以马克思主义世界观、方法论为指导,深入研究哲学社会科学领域的基础理论问题,积极探索建设中国特色社会主义的重大理论和现实问题,为推动哲学社会科学繁荣发展发挥了重要作用。这些成果皆为作者经过长期的学术积累而打造的精品力作,充分体现了哲学社会科学研究的使命担当,展现了潜心治学、勇于创新的优良学风。这种使命担当、严谨的科研态度和科研作风值得我们认真学习和发扬,这是我院深入推进创新工程和新型智库建设的不竭动力。

实践没有止境,理论创新也没有止境。我们要突破前人,后人也必然会突破我们。《文库》收录的成果,也将因时代的变化、实践的发展、理论的创新,不断得到修正、丰富、完善,但它们对当时经济社会发展的推动作用,将同这些文字一起被人们铭记。《山东社会科学院文库》出版的原则是尊重原著的历史价值,内容不作大幅修订,因而,大家在《文库》中所看到的是那个时代专家们潜心探索研究的原汁原味的成果。

《山东社会科学院文库》是一个动态的开放的系统,在出版第一批、第二批的基础上,我们还会陆续推出第三批、第四批等后续成果……《文库》的出版在编委会的直接领导下进行,得到了作者及其亲属们的大力支持,也得到了院相关研究单位同志们的大力支持。同时,中国社会科学出版社的领导高度重视,给予大力支持帮助,尤其是责任编辑冯春凤主任为此付出了艰辛努力,在此一并表示最诚挚的谢意。

本书出版的组织、联络等事宜,由山东社会科学院科研组织处负责。因水平所限,出版工作难免会有不足乃至失误之处,恳请读者及有关专家学者批评指正。

《山东社会科学院文库》编委会
2016年11月16日

目　录

农村教育与农村现代化 ………………………… 刘荣勤　秦庆武（ 1 ）
略论邓小平的领导观 …………………………………… 邵景均（ 18 ）
社会主义民主最广泛的实践 ……………………… 岳岩　振海（ 23 ）
对一个贫困山村计划生育协会工作的调查与思考 …… 王秀银（ 29 ）
山东省农业积极合理有效利用外资的对策研究 …… 范振洪等（ 39 ）
社会主义"世界历史性的"事业是一个过程 …………… 孟庆仁（ 58 ）
全球化与建设有中国特色社会主义 ……………… 宋士昌　李荣海（ 68 ）
山东省人口控制效益研究 ………………………… 王秀银　鹿立（ 83 ）
　分报告1　山东省计划生育投入机制研究 …………… 鹿立（138）
　分报告2　山东省人口控制对经济发展贡献率研究 … 卢笋　周德禄（157）
马克思主义哲学研究的问题与出路 …………………… 郝立忠（172）
中国高校人才供给与产业人才需求拟合研究 ………… 鹿立（182）
城市低收入者群体人口社会保障问题研究 …………… 崔树义（196）
现代性与文学性 ………………………………………… 张华（307）
地方政府投资行为、地区性行政垄断与
　经济增长 ………………………… 张卫国　任燕燕　花小安（322）

农村教育与农村现代化

——山东莱芜农科教协调发展的启示

刘荣勤　秦庆武

一　农村经济发展与农民科技文化素质低的矛盾

莱芜地处山东省中部泰沂山区,是一个县级市,现有人口117.48万,其中农村人口98万,占总人口的83.4%。党的第十一届三中全会以后,经济体制改革首先在农村肇端,极大地解放了农村生产力,使农村经济发展速度大大加快。但农村经济要进一步发展,农民要实现小康,农村和农业现代化要起步,仅有第一步农村改革是不够的。现在,农村经济发展面临着一种新的跃迁,这就是要从自然经济向商品经济转变,从传统农业向现代农业转变,同时也从第一产业为主向第二、三产业为主转变。要实现这种转变,面临着新的困难和矛盾。主要是农村人才不足,农民的科技文化素质太低。据莱芜市统计,全市初级以上农业技术人员仅有164人,人均覆盖耕地5280亩;初级以上林业技术人员仅有134人,人均覆盖林地面积6000亩;乡镇企业职工18万人,初级以上技术人员3630人,仅占职工总数的2%。除此之外,农村从事种植、养殖、林果和农产品加工建筑、运输等专业化生产的"能人"也极其缺乏,使得农村的专业化、商品化生产难以发展起来。

农村人才短缺,农民的科技文化素质低,已成为农村经济发展的重要制约因素,也是农村现代化起步所面临的主要矛盾。这是因为:

第一,传统的农业劳动,只需要简单的体能便足以承担。因此,农民的科技文化素质低一些没有什么关系。但现代农村经济的发展则要求农业生产的高产高效，科学技术贯穿于农业生产的始终，指导着每一个生产环节，农业生产的每一个"细胞"都包含着科学技术，这就要求从事农业生产的劳动者必须掌握一定的科学技术知识。这样靠简单体力劳动的农民便不能适应现代化农业生产的需要。必须培养大批的具备一定科学文化素质和操作技能的新型农民。

第二，传统的农业是以自给自足的自然经济为主的产业，它不需要专业化的分工，也不需要专门的知识。人的劳动技能主要靠经验传授，而不是靠专门教育的培养。而现代农村经济的发展则要求农业走出自给自足的狭隘天地，向大规模的商品经济转换。商品经济是以社会分工为前提的。专业化分工是提高农产品的产量、质量，提高商品率，提高农副产品附加值的有效途径。而实行专业化分工，则要求劳动者必须掌握专门的科学技术知识。这种专门的科学技术知识的掌握，仅靠简单的经验传授是不行的，必须经过专门的教育培养。

第三，传统的自然经济社会以农业为基本产业，而现代的商品经济社会则以工业服务业为基本产业。农村经济要发展，农民要致富，仅靠农业本身的发展是不可能的，必须努力发展二、三产业，使农业的剩余劳动力向第一、二、三产业转移。农民要脱离土地，向工业、商业、服务业、建筑业、运输业甚至更高层次的产业部门转移，从简单的体力劳动向要求专门劳动技能的岗位转移，没有一定的科技文化素质是不可能的。

第四，社会的现代化，最终要体现在人的现代化上。我国农村人口达8.6亿，占总人口的73%。农民的识字率低，文盲率高，大部分人仍被束缚在土地上进行着"面朝黄土背朝天"的劳作。中国的现代化，不能把农民拒之门外。从这个意义上说，中国的现代化进程，取决于农村城市化、农民非农化和知识化的进程。不解决农民的科技文化素质低的问题，农村经济的发展就难以跃上新的台阶，中国的现代化进程就难以向前推进。

怎样正确看待第一步改革后农村经济发展所面临的主要矛盾，莱芜的同志在工作实践中经历了一个由浅到深的认识过程。

随着农村经济的进一步发展，农村的第二、三产业开始出现农民的职业分化加快，收入差距也拉大。1987年，莱芜的同志就农民职业和收入分化的原因进行了一次抽样调查，结果是：在一个农户家庭中，有一名掌握了一定先进生产技术的高中毕业生，户人均收入在2100元以上；有一名掌握了一定先进生产技术的初中毕业生，户人均收入在1300元以上；户主是小学毕业的，人均收入只有300—500元。在同等学力中，掌握先进技术与不懂技术的差别也很大。维修、加工、运输等行业的从业人员，有72%是掌握了一技之长的高初中毕业生。这说明，在农村率先脱离土地进入第二、三产业，率先富裕起来的人，基本上是文化技术素质较高的人。

这个调查，对莱芜的同志启发很大。他们开始认识到，提高农民的素质，特别是科技文化素质，已是农村经济发展、农民致富、奔向小康之路的必备条件。从这点出发，他们又分析了农村缺技术、缺人才的原因。他们认为，除了长期以来对农村教育重视不够，没有抓好对农民的科技文化素质的培养这个根本原因之外，还存在着三个脱节。即（1）教育与农村经济发展脱节。过去，农村教育的课程设置、教学计划安排基本上是围绕高考的"指挥棒"转，培养重点往往只放在5%左右的升学有望的学生身上，而忽视了对95%左右的毕业回乡青年的能力培养，致使全市毕业回乡的二十多万高初中毕业生，绝大多数只掌握些书本知识，缺乏专门的技术和致富本领。（2）科学技术通向农村的渠道不畅，与农村需要脱节。国家分配的大中专毕业生，一般只到市县一级，而且数量甚微，致使已有的科技成果和实用技术60%得不到推广，50%的农田处于中、低产水平，40%的果园处于自然生长状态。乡镇企业也因技术人员缺乏，造成产品质量不高，开发能力不强，经济效益低。（3）国家提出的"星火"、"丰收"、"燎原"三个计划脱节。1986年，国家科委提出"星火"计划，目的是推广一批先进的实用技术。1987年，农业部提出"丰收"计划，主要是通过贷款推广实用技术，推动农业大面积丰收。1988年，国家教委又提出"燎原"计划，主要是在做好普及义务教育的基础上，充分发挥各级各类学校的智力技术优势，积极开展实用技术和管理知识教育，培养大批新型的农村建设者。由于这三个计划分别由有关部门组织实施，力量分散，相互脱节，实施项目不配套，也就难以充分发挥整体效益。

针对以上情况，莱芜市从1988年起，开展了以农村经济发展、科技推广与人才培养紧密结合，大面积实施"燎原"计划为中心内容的农村改革，以逐步提高农民的科技文化素质，推动农村经济发展跃上一个新的台阶。

二 发展农村教育，为农村经济的新跃迁打下坚实基础

莱芜以提高人的素质，特别是提高农民的科技文化素质为中心，实行了普通教育、职业教育、成人教育统一筹划安排，并紧紧围绕农村经济发展的需要，实行农业、科技、教育三结合，走出了一条发展农村教育的新路。

（一）普通教育的发展与改革

普通教育是国民教育的基础，抓好农村的普通教育，尤其是搞好九年制义务教育，是培养农民的基本文化素质，使之具有接受新的科学知识和先进技术能力的前提。莱芜市很早就注意抓普通教育的发展。

小学的建设，1983年就达到国家颁布标准。从1986年开始，投资1.2亿元完成了农村小学的"六配套"建设[①]，投资9000万元，完成了乡镇初中标准化建设[②]。投资3000万元，完成了城镇中小学达标建设[③]。现在莱芜从县城、乡镇到农村，最好的建筑物是学校。从1989年开始，已分批实施九年制义务教育，计划到1996年完成。1990年，有小学862处，初中85处，高中5处，在校学生14万人。幼儿入托率93%，学前一年教育普及率95%，残疾儿童入学率72%，小学入学率99%以上，小学升初中率95%，初中升高中（含中专、职业学校）率为35%，大专以上录取率占普通高中的33%。

普通教育的发展，使农民的文化素质不断提高。据1989年的一次全面调查，1988年莱芜农村人口中15—40岁的青壮年（含这个年龄段的初高中在校生）42.3万人，其中高中文化程度的3.4万人，占7.9%，初中文化程度的19万人，占44.9%，小学文化程度的18.6万人，占4.2%，文盲半文盲1.2万人，占3%。青壮年文盲、半文盲率比1982年第三次人口普查时降低了16.3%。

---

① 校舍改造"六配套"内容包括校舍、课桌凳、操场、院墙、校门，厕所六项配套基本设施。有条件的可设护校室、绿化美化园地、花坛等。

② 初中、小学标准化建设内容包括规模、校址、环境、规划及运动场、校舍、室内环境及设施、校园环境的标准化建设。

③ 城镇校舍改造五达指标：规模、校舍、课桌凳、操场、校园环境达到规定标准。

在相当长的一段时期，人们认为普通教育仅仅是为升学服务的，把主要精力都放在抓升学率上，对于面广量大的未能升入大中专院校的一般学生则重视不够。农村教育中存在的"学非所用、用非所学"的矛盾非常突出。莱芜市每年大约有一万名左右的高初中毕业生回到农村生产第一线。但这些学生走出校门后，在很长一段时间内不能适应经济建设的需要，没有一技之长，只能沿用父辈传授给他们的传统生产技能。如何使这部分人尽快成长为农村经济发展的生力军，带动农民致富，是一个迫切需要解决的问题。莱芜的同志认识到，发展普通教育，决不能仅仅围绕升学的"指挥棒"转，而是要重视人的能力的培养，重视农村实用技术水平的掌握。这个认识上的转变，促成莱芜在发展普通教育的同时，重视了对普通教育的改革。

莱芜的普通教育改革主要采取了两项措施。第一，压缩普教规模，腾出部分校舍和师资力量转为发展职业教育。他们近几年已将原来的7处普通高中压缩为5处，而职业高中则由原来的7处发展到11处。第二，改革普教内容，把普通教育与技术教育相结合。凡是未升入高一级学校的初高中毕业生，再进行一定时期的职业技术培训，经考核合格，同时发放毕业证书和实用技术培训合格证书，使之尽快适应社会的需要。从1990年开始招收了84个四年制初中班，既进行文化科学知识教育，又进行职业技术教育。计划用三年时间进行过渡，到1993年初中全部由三年制改为四年制。这项改革，与国家规定的普及九年制义务教育也正相吻合。

（二）职业教育的起步与活力

职业教育是指初中毕业后施行的以某些专业技术为主要内容的教育，学制三年。它与国家办的中等专业学校不同之点，在于不包分配，毕业后自谋就业门路。近年来，莱芜的职业教育发展很快。1990年，有正规职业技术学校11处（职业中专2处，职业高中3处，劳动技术学校、劳动就业培训中心、商业学校、卫生学校、幼儿师范、教师进修学校各1处），13个专业——农业、林业、财会、机电、畜牧兽医、服装、化工、幼儿师范、农产品加工、机械、工艺美术、建筑、电器、烹饪，在校学生达到7430人。

这11处职业学校，其中有5处归教育局直接管理，市财政拨款，配备教师；其余为部门办学（劳动局、商业局、城乡建设委员会等），或部门、企业与乡镇合办。如市劳动局投资近千万元，建起18个班规模的技工学校,并有实习试验厂。另外,农业部门办起了农业技校,林业部门办起了流动林校,畜牧部门办起了养猪、养兔培训班,还有众多的自办、联办职业学校和培训班,目前全市社会力量所办各种职业学校达 190 处。

为了发展职业教育;市政府规定:在农村教育费附加中,10% 用于职业教育。1989 年,市财政拨款 60 万元,教育费附加和群众集资 120 万元,使职业学校校舍普遍达到了省级规定标准,还为职业学校建起了实验实习基地。对县城外从事职业技术教育的全体职工,从 1988 年 9 月起,上浮一级工资,对职业学校的校办工厂在税收上实行优惠。

职业学校由于国家不包分配,过去不大受社会重视,报考率也比较低。市政府做出规定,凡获得实用技术合格证者,实行"十优先",即:乡镇录用合同制干部、工人和技术员优先;乡镇农机站、农业站、林业站、电管站及乡镇企业聘用管理人员、技术员优先;优先承包集体的土地、果园、水面、山场、养殖场,并给以优惠政策;优先安排化肥、良种、农药、柴油、饲料,并可低息贷款;对成为专业户的,优先在资金、土地、设备上予以扶持;乡镇、村派人外出学习或培训时,优先选送;乡镇引进新技术、新品种或实验项目时,优先安排;属于非农业户口的纳入劳动就业计划,优先安排招工并不再参加培训;对自谋职业的,工商、税务等部门优先扶持,放宽政策。随着商品经济的发展,农村各类人才需求大增,这些受过专门技术教育的人才,能够较快地在乡村企业或公益事业中谋到职业,或能比较容易地成为国家企业的招工对象,或者能够很快成为农村专业户,获得比一般农民高得多的收益。据统计,市属五个职业学校近几年培养的 1 万多名毕业生中,1920 人被市属企业、乡镇企业录用。1990 年,各类职业学校招生 2250 人,占高中阶段招生数的 54%,报考率也高于普通高中。

(三) 成人教育体系的建立与发展

莱芜市农村教育的突出特点之一,是成人教育事业的发展。所谓成人教育,是指对社会劳动者的在职教育,重点是 15—45 岁农村青壮年,这部分劳动者约 45 万人,占全市农村总人口的 50% 以上。在这些人中,只有 30% 左右掌握一两项实用技术。近年来,莱芜市先后推广地膜覆盖、配方施肥、模式化栽培等实用技术 120 多项,综合效益提高 15% 以上。但由于农村人才缺乏,劳动者素质偏低,致使 60% 以上的科技成果不能得到推广应用，尤其在一些偏远山区（莱芜山区面积占80%），就连50年代已有的果树剪枝技术也推广不开，严重制约了农村经济的发展。

从1988年开始，莱芜市委、市政府对成人教育师资、经费、教学设施、组织领导、规划目标等有关问题做出了明确规定，使成人教育迅速蓬勃地发展起来。

——成人教育管理和培训体系。1988年7月，把成人教育事业从教育局分离出来，把职工教育从经济委员会转移过来，成立了成人教育局，编制25人，设农教科、计财科、人秘科。各乡（镇）、办事处成立成人教育办公室，编制2—3人，各行政村明确专人抓成人教育和培训，形成了上下贯通的成人教育管理体系。

全市30多个乡镇都建立了成人文化技术学校，80%的行政村建立了农民技术学校，并举办了广播学校、乡镇企业职工函授学校、电视大学、自修大学等，形成了市、乡（镇）、村三级教育培训网络。

本着实际、实用、实效的原则，培训内容因地制宜，突出重点，使技术培训与发挥当地资源优势、推广先进技术、科技服务、科技承包、科技致富相结合。在培训方法上，实行校内和校外结合、乡（镇）与村结合、理论与实践相结合，上挂大专院校和科研单位，聘任和代培师资，引进良种和技术；横联市有关局、公司，借他们的技术优势进行实用技术培训和推广。培训对象分三个层次：低层次，主要是文化教育，扫除文盲；中层次，主要是技术培训，扫除科盲；高层次主要培训师资队伍和各类专门人才。同时结合进行社会主义思想教育、革命传统教育、国情教育和"莱芜精神"教育[①]。近三年来，全市有2.5万农民接受了文化技术培训。还通过函授、电视大学、自学考试等方式，培养了一大批有学历的大中专人才。电视大学开设24个专业，招收1800多人，已毕业1200人；电视中专13个专业，招收1900人，已毕业1300人；农村广播学校招收3048人，已毕业1078人。凡接受培训的，严格实行考核发证制度，经考核合格，发给合格证书，务农的发"绿色证书"，乡镇企业和市属企业职工发"岗位合格证书"。考核办法，采用理论测试与实际操作相结合，有些项

---

① 这是中共莱芜市委对全市人民、各行各业的总动员口号，内容是"团结实干，奋发进取，争创一流"。

目侧重于实际操作考核。考核和证书发放由科委牵头,农林、农机、畜牧、乡镇企业等部门配合。到目前为止,已有1.5万农民获得了"绿色证书"。按市政府规定,获得绿色证书者,可优先承包适度的农田、果园、养殖场和乡镇企业等项目,并在使用农业贷款、提供良种和其他生产资料等方面享有优先权。

——设施建设和经费筹集。市里筹建了教育电视差转台,现有卫星地面接收站44座,录放像机21台,村建放像点465处。30多处乡镇成人文化技术学校占地191.2亩,校舍672间,建筑面积15236平方米,投资584万元,教学仪器3898件,价值26万元,标本3462件,实验基地106亩。另外,各村还建有3—5间的成人技术学校,一般投资3万—5万元。

为了解决经费问题,市政府先后发出两个文件,对成人教育的经费筹集和管理作了明确规定。经费来源是:国拨教育经费实际开支总额的2%;农村教育经费附加的5%;按乡镇企业职工工资总额1.5%提取职工教育经费的40%;乡镇自筹、社会团体或个人资助;勤工俭学收入、实验基地收入;适当收取学费等。1990年,市财政拨款440万元,用于实验实习基地建设,协调金融部门贷款2300万元,用于技术开发和实用技术推广。

——师资和教材。成人教育现有专职干部39人,专职教师126人,聘请兼职教师500余人,形成了70多人的教师队伍。教师来源少数从经济部门抽调,多数是通过请进来教、派出去学、进修等形式培训出来的。

根据对农民进行科技文化教育的要求,自编了《桑蚕》、《长毛兔的繁育与饲养》、《林果》、《畜牧》等教材,征订技术教材8000余册,更多地是采取发"明白纸"的方式,实地讲授、实地操作(如地膜覆盖、配方施肥技术、果树剪枝、病虫害防治等)。

为了更具体地说明莱芜成人教育的现状,现将牛泉镇成人教育情况和城区办事处成人教育规划的情况做些介绍。

牛泉镇共有32个行政村,4.1万人口,耕地3.9万亩。1989年,镇投资35万元,建起成人文化技术学校,校舍占地6000平方米,房舍4间,内设办公室、图书室、阅览室、教室、展览室、录像室、电教室,学校有实验实习基地5处,其中,食用菌实验实习基地一处(温室318平方米);林果实习基地一处,果树100株,占地1200平方米;蔬菜实验实习基地一处,占地1800平方米,并建有冬暖大棚一个,占地420平方米;

种植实验实习基地一处，占地1800平方米，养殖实验实习基地一处，占地3000平方米，存养良种兔1000只。这五大实验实习基地，作为学员实习和实用技术的示范、推广场所。

成人文化技术学校配有专职教师5人，兼职教师8人，有专职校长1名，教务主任1名，总务主任1名。校务委员会由19人组成，镇长任主任，一月一次会议，研究学校工作。

1990年来，镇成人文化技术学校对村党支部、村民委员会、农民技术学校专兼职教师、科技示范户和初高中毕业生进行了培训，举办了林果、畜牧、乡镇企业会计、经营管理四个培训班，另举办各类短期培训班46期。各村农民技术学校根据本村特点，重点对15—40岁青壮年农民讲授专业技术，举办各类短期培训班、广播讲座和电化教学36期，通过多种形式办学，共有4900人次参加了培训，2700人掌握了1—2项实用技术。

几年来以镇成人文化技术学校为龙头，以民办科技组织为基础，先后研制成功了S7、S9节能变压器、鸡腿葱提纯复壮、长毛兔繁育及科学饲养、蔬菜保护栽培、地瓜茎线虫病和烂根病防治、生猪快速育肥等新技术。长毛兔研究会和家兔研究所，研究成功了兔瘟疫苗、兔瘟散，防治率达97%，研究成功了预产期内诱导母兔分娩新技术，此项成果填补了国内空白；根据母兔配种时间和公兔的利用频率对后代影响的差异，研究成功了控制家兔性别的新方法，使母兔比率控制在70%以上，此项成果参加了比利时国际科技展览会。他们还在全省第一个自制成功了家兔人工授精用具，研究成功了西德长毛兔引种驯化和杂交技术。两年间，繁育良种和杂交改良兔30多万只。研究会会长鹿赞庆获山东省科技发明奖，被授予省青年科技星火带头人、省科技"状元"称号。

成人教育的发展，大大提高了农村劳动者的素质，增强了农民吸收和运用科学技术的能力。经济发展中的科技因素所占比重由原来的35%左右，提高到48%，全镇有70%以上的劳动者普遍掌握了1—2项实用技术，"田秀才"、"土专家"达1750人，促进了农业生产发展和乡镇企业进步，加快了新产品开发。长毛兔这一优势得到充分发挥，饲养量由1984年的不足5万只，发展到1991年的20万只，人均5只兔，年产兔毛10万公斤以上，仅养兔一项收入就达到1100万元，户均1000元，成为振兴牛泉经济的优势项目。

莱芜城区办事处，总人口4.6万人，辖41个行政村，4个居民委员会。为了适应经济发展的要求，把人才培养好，他们首先对所辖区内15—40岁人口的文化技术状况进行了详细调查，在此基础上，根据经济发展的目标，把资源开发、技术开发、智力开发、科学技术的推广应用密切结合起来，确定各级分类专业人才需求的数量、时间、要求，以此来制定通盘的人才培训规划。

该辖区内15—40岁农村人口的文化技术状况调查摸底情况是：人口总数20172人，其中男性9870人，女性10302人，已参加过技术培训的有6760人，占3.5%。其中文化构成状况为：小学5926人，占总人数29.3%；初中12292人，占60.9%；高中1931人，占9.6%；大专24人，占0.2%。

根据现有15—40岁人口的文化技术构成状况和经济发展的要求，他们除了每年制订具体的培训计划外，还制订了"八五"（1990—1995年）培训计划（详见附表）。

莱芜城区办事处根据自己的培训规划，每年都适应经济发展需要，培训出一批懂技术的人才上岗。仅1989年到1990年，他们就举办各级各类技术学习班380多期，培训人员达20000多人次。使60%的农村劳动力接受了技术培训，使人才不足的矛盾逐步得到了缓解，促进了各项事业的发展和人的科技文化素质的提高，增强了经济发展的后劲。

时间\项目	参加技术培训专业															文化程度和技术职称						
					农业		林业		牧业						渔业	文化程度			技术职称			
	建筑安装	运输	饮食	工业	经济作物种植	粮食作物种植	林果	养蚕	养猪	养鸡	养兔	养羊	养牛	其他			初中	高中	大学	高级	中级	助理	员级
1990	958	228	224	1006	506	653	106	18	534	120	7	89	55		2	1882	0	1076		17	100	338
1991	1102	296	289	1175	590	781	174	10	77	217	32	105	5		4	975	428	128	1	92	148	275
1992	1224	324	335	1412	281	943	142	10	328	209	32	102	8			1139	592	221	7	88	189	365
1993	2871	495	517	2258	863	763	253		476	212	30	143	10		1	2354	2537	316	35	243	292	805
1994	2704	458	487	2431	394	778	126	12	244	47	17	101	20		1	1578	2471	392	8	139	163	675
1995	3917	516	586	3226	723	729	148	10	409	531	22	150	25		12	1568	2862	620	23	189	314	1021

(四)"农科教"三结合的运行机制

农村教育的发展要真正转化为现实的生产力,还必须探索经济发展、科技推广与人才培养相结合的具体形式。

莱芜市紧紧抓住"经济发展—人才需要—科教发展"这根线索,把经济、科技、教育这三个方面的工作作为一个整体加以考虑,努力探索统筹结合、协调发展的道路。提出了"农业部门出题目、科技部门立项目、教育部门育人才、其他部门搞服务"的具体发展思路。1990年,农业部门提出了六大开发项目:10万亩吨粮田开发,25万亩小麦玉米增产技术开发,32万亩中低产田开发,5万亩大白菜和生姜高产开发,10万亩低产果园和6000亩高产桑园开发,莱芜瘦肉型猪配套技术开发。科技部门根据农业部门提出的六大开发项目,先后推广了良种繁育、配方施肥、地膜覆盖、塑料大棚、旱作栽培、科学养殖、间作套种、农机配套、小麦精播、防治病虫等十项实用技术,并建立健全了科技推广服务体系,进行了小麦综合增产、杂交玉米综合增产、地瓜综合增产、旱田中产变高产、生姜优质和防瘟、姜芽加工、畜牧饲养和防疫、长毛兔育种和胚胎移植、桑蚕优质与防疫、果树优化栽培和剪修等10个科技攻关项目的实验。农业广播学校、各类职业学校,根据需要,增加或调整课程设置,有针对性地培训人才。各乡镇的农民文化技术培训学校和村办农民业余学校,则本着"实际、实用、实效"的原则,举办各种实用技术培训班,与各种科技组织(科技协会、研究会)、各种实验示范基地(科技队、示范乡镇、示范村户等)相结合,传授知识和技术,进行推广、试验、研究,保证了开发项目的顺利进行,使科技迅速转化为现实生产力,并在实践中迅速提高农民的科学文化素质,使经济发展、科技进步、人才培养形成了互相推动的良性循环。

三 发展农村教育,推动农村的现代化进程

近几年来,莱芜的财政支出有35%用在了教育上,乡镇企业将税前所留的5%,城市建设维护费的2%,也用在了教育上。群众集资办教育,大约占农民纯收入的2%。教育的发展使该市农村经济发展的步

伐加快，农产品的商品率逐步提高，农民向第二、三产业流动的规模越来越大，农民致富的途径越来越多。1991年，全市工农业总产值达45.13亿元。农民人均纯收入从1986年的480元提高到1991年的873元，超过山东省人均764元的水平。对于山区占80%的革命老根据地莱芜来说，能取得这样的成就是不容易的。他们的做法和经验，可以给我们许多启示。

启示之一，应正确认识农村教育与农村现代化的关系。

（一）搞好农村教育，是实现农村现代化的前提。

当农民解决了温饱问题以后，农村经济要进一步发展，要实现商品化、专业化、现代化，有赖于搞好农村教育。

首先，搞好农村教育，是农民致富的前提，是促进农村经济发展，实现商品化、工业化和现代化的基础。莱芜的经验证明，农民科技文化素质的高低，与其富裕程度成正比。只有农村教育搞好了，农民科技文化素质提高了，农民才能致富，才能把剩余劳动转化为资本，从而进行商品生产。资本原始积累是工业化过程的前提。农村教育为农村商品经济的成长、农村工业的发展进行了双重准备，一方面为农民的致富，为农村资本的原始积累提供了物质基础；另一方面又为农村商品经济的发展和工业化的到来提供了人才。只有这两方面的结合，农村的现代化起步才有可能。

其次，农村教育和农民科技文化素质的提高是促进农村人口的社会流动，促进小城镇建设和农村城市化的重要推动力，也是实现人的现代化的重要推动力。现代化的过程是一个农民知识化，农村城市化的过程。实践证明，如果一个农民除了种地什么也不懂，什么也不会，是难以流动的，因为脱离土地便失去了谋生手段；即使在城镇的其他产业存在着就业机会，但由于他的能力不能适应，因而也很难流动到新岗位上去。农村教育，它的功能不仅在于使农民有了科学文化知识，同时，它也是给农民以新的谋生手段，使他能够脱离土地而流动。马克思指出："大工业在农业领域内所起的最革命的作用，是消灭旧社会的堡垒——'农民'。"[①] 从这

---

① 《马克思恩格斯全集》第23卷，人民出版社1960年版，第551页。

个意义上说,农村教育,又是推动农村社会流动,推动农民知识化和农村城市化、现代化的重要力量。近年来我国出现的乡镇工业的发展,小城镇的勃兴,与农村的社会流动是分不开的。流入乡镇工业、小城镇甚至城市的农村人口,绝大多数是受过一定教育,掌握了一定劳动技能的青壮年人口。这正是农民脱离土地,改变劳动方式,走向现代社会的起始点。

第三,农村教育的发展,有助于农村精神文明建设,有助于推动农村的文化现代化。长期以来,由于农村缺乏现代文明的进入,农民的科技文化素质低,因此,许多愚昧落后的东西得不到扫除。如封建迷信、宗法势力、买卖婚姻、赌博斗殴等现象广泛存在,一些落后的传统观念如"多子多福"等束缚很深,使得农村的精神文明建设任务繁重,计划生育工作也受到影响。可见,农村文化现代化的滞后,也是中国现代化进程的一个重要制约因素。搞好农村教育,提高农民的科技文化素质,是使农民摆脱封建迷信等落后文化的影响,搞好计划生育工作,促进农村精神文明建设的重要推动力,是推动农村的文化现代化的不可缺少的一环。

第四,搞好农村教育,是加强农村民主和法制建设,提高农民的民主意识和社会参与程度,推动农村的政治现代化的重要手段。由于农村的分散、孤立和落后,农民的科学文化素质低,民主和法制建设在这里难以开展,农民的民主和法制意识非常缺乏,对社会政治生活的参与程度也非常低。这对加强整个国家的社会主义民主法制建设是不利的。而搞好农村教育,努力提高农民的科学文化水平,使现代文明渗入农村,也是农村政治现代化的重要推动力量。

(二) 搞好农村教育,有可能促进农村经济的超常规发展,缩短农村现代化的历史进程。

在农村经济发展过程中,如果农民科技文化素质的提高只是被动地适应经济发展,或者说,只有当经济发展对农民科技文化素质的提高出现迫切需要时,才重视农村教育,才做"亡羊补牢"的工作,那么经济发展的速度就会放慢。我们在进行调查时发现,同样是办乡镇企业,具备同样的资金和技术条件,在教育比较发达的、农民素质比较高的地区,就可以办得兴旺;而在教育比较落后的、农民素质比较差的地区,企业就很难办起来,即使办起来效益也非常差。可以说,农民科技文化素质的高低,在一定程度上决定了农村经济发展的速度和规模。"十年树木，百年树人"，培养教育人的周期是比较长的。如果从一开始就十分重视农民科技文化素质的提高，把农村教育搞好，使农民的科技文化素质适应农村经济发展的要求，适应农村经济向商品化、工业化的跃迁，那么，我们就能少走弯路，就能使前进的步伐大大加快，就可能取得超常规的、跳跃式的发展。这样，才可能缩短农村的现代化进程。

启示之二，要正确评价教育的功能，特别是农村教育的功能。

（一）教育是直接推动生产力发展的力量，是生产人的能力——这种最重要的生产力的手段。

生产力是人类利用自然和改造自然的实际能力，其最集中的表现就是生产工具的技术水平和人的劳动能力。生产工具的生产，物质产品的生产，要经过人类劳动的加工过程，那么人的能力这种生产力的生产是否也要经过一定的加工过程呢？回答是肯定的。就人的能力这一生产力要素来说，它并不是天生就有的。人虽然有天赋的体力，但即使是从事一项最简单的劳动，都需要别人的经验传授，这种经验传授过程，其实也就是教育过程。随着生产力的发展，生产工具水平的提高，简单的经验传授已经不能适应对人的能力的需要，因此，专门的教育出现了。专门的教育，从本质上来说，就是培养人的劳动能力的手段，也就是生产人的能力的手段。马克思指出："教育会生产劳动能力。"[①] 教育作为传授知识的过程，作为教给人们怎样制造生产工具，怎样掌握生产工具进入物质资料生产的过程，是生产力一代代得以传承的基础。只有看到教育具有生产人的能力这种功能，才能认识到教育对生产力发展的直接推动作用，也才能为教育体制改革指明正确的方向。

（二）教育投资是生产性投资，是形成人力资本的基础。

既然教育活动本身是培养合格的劳动者、生产人的劳动能力的活动，那么，对教育的投资就应该看作是生产性投资。过去那种简单地把教育投资看作是非生产性投资，看作是不能带来收益的消费性投资的观点是缺乏远见的。

---

① 《马克思恩格斯全集》第 26 卷，上册，第 210 页。

在过去我国农业劳动中，一般劳动投入是不计成本的，而且，因为对劳动者的需求主要是数量需求而不是质量需求，因此劳动者受不受教育与生产本身关系不大。但是，随着社会的进步，对劳动者素质的要求越来越高，人力资源成为一切资源中最重要的资源，而且人力资源中劳动者的质量成为经济增长的决定性因素。

随着经济的发展，对人力资本的投资比对物质资本的投资显得更为重要。因为在工业化发展到一定程度后，财富的创造愈来愈取决于人的科学文化知识和创造力。一项新的发明，一件新产品的开发，可以为企业创造出巨大的经济效益。马克思认为，科学的发明，生产方法的改进，可以成为"生产财富的手段，成为致富的手段"。[①] 人力资本理论的创始人，诺贝尔奖获得者舒尔茨说："当代高收入国家的财富是由什么构成的？主要是人的能力。……在美国，国民收入的五分之一来自物力资本即财产，而五分之四是来自人力资本。"[②] 可见，对人力资本的投资是何等重要。在中国农村要实现现代化，一定要把农村教育搞好，一定要把对农村教育的投资看作是生产性的、能够带来巨大效益的投资。只有这样端正认识，才能把提高人的素质这项具有战略意义的事情抓好。

启示之三，大力推进农村教育改革，使农村教育真正为农民服务，为农村的现代化服务。

（一）发展农村教育需要思想观念的转变。

长期以来，我国农村教育之所以存在落后状况，与我们对农村教育在思想认识上的偏差是有关系的。首先，在对教育功能的认识上，看不到教育是推动生产力发展的直接动力，教育投资是生产性投资，总是把教育放在经济建设这个中心的外围。这样，教育就不可能抓好，人的素质就难以提高，经济发展就受到制约。其次，在对教育重点的认识上，把农村教育仅仅看成是升学的手段，只重视升学教育，不重视对农民进行实用技术的培训，因此，使农村教育缺乏对农民的吸引力，使教育脱离了农村经济发展的需要。这种只重升学，不重农民素质和技能培养的观念也需要转变。

---

① 《马克思恩格斯全集》第47卷，第570页。
② 《教育的经济价值》，吉林人民出版社1982年版，第130页。

第三，在对教育形式的认识上，只重视普通教育，不重视职业教育和农村的成人教育，在舆论导向和教育的社会评价上，也往往是以普教的升学率高低为标准，这样，也难免使教育脱离经济发展的实际需要。因此，农村教育的改革，必须以思想观念的转变为前提，正确认识农村教育的功能、重点和形式，为农村教育改革确立正确的指导思想。

（二）农村教育及其改革，需要政府的高度重视和大力推动，需要调动全社会的积极性。

教育虽然是一种人力资本投资，可以产生巨大的经济效益，但这是一个比较长期的过程，不可能像物质资本投资一样，在很短的时间内就能得到经济增长的数量扩张效应。因而，教育事业的发展必须靠代表社会长远利益的政府来推动。一个有战略眼光的政府，应该高度重视教育、特别是农村教育事业。近几年，许多落后地区的一些市、县也提出了"科教兴市"、"科教兴县"等发展战略，这说明我们在指导思想上已经有了很大转变，认识到了科技和教育在经济发展和现代化建设中的作用。但是，"科教兴市"、"科教兴县"的口号绝不能停留在口头上，而是要真抓实干，舍得花钱，舍得用人，真正在这方面花大力气。我们是社会主义国家，政府能够集中人、财、物力来办教育，来提高人的素质以推进现代化，这正是我们的优势所在。同时，政府还应注意调动多方面的积极性，发动各方面力量办教育。对于农村教育，特别是实用技术培训等方面的教育，也可以采用集资、合资、集体、个人来办的方式，形成教育投资主体的多元化，减轻政府投资的负担，以推动农村教育更迅速地向前发展。

（三）处理好农村普通教育、职业教育、成人教育的关系，做好农村教育的统筹规划和管理工作。

普通教育是基础性教育。在农村，要继续抓好普及九年制义务教育，要注意在全面提高学生的能力的同时，使学生在校期间就能掌握一技之长。山东省一些地方实行"三加一"学制，将初中改为四年制，增强学生劳动技能培养的做法，值得借鉴。农村职业技术教育，要紧紧围绕当地农村经济发展的需要，发动各行各业来办。农村职业技术教育培养的是农村经济发展的带头人，它担负着传播科学技术，带动农民致富的重要责任，因此，必须进一步加强、充实和提高。除了注重培养专门的技术人才外，在当前还要特别重视经营管理人才的培养，重视为发展乡镇工业服务。农村的成人教育，要转变过去那种只重视扫文盲，不重视扫科盲的做法，把重心放在实用技术的培训上，要想办法为农民找到致富的途径，在扫除文盲的基础上扫除科盲。总之，农村教育不能脱离农村经济建设的实际，要根据农村现代化的需要，把普通教育、职业教育和成人教育统筹规划，合理布局，使其协调有序地发展。

（四）实行农科教紧密结合，建立农科教相互促进、协调发展的机制，使农村的现代化建设真正转移到依靠科技进步和提高劳动者素质上来。

教育既是手段，又是目的。作为手段，它能提高劳动者的劳动技能，推动生产力发展；作为目的，它本身就具有提高人的素质，促进人的全面发展的功能。教育发展植根于生产发展的需要，教育必须为发展生产服务；教育能促进经济发展，经济发展为教育事业不断提出新的要求，并为教育发展提供条件。中国的现代化建设，要依靠科技进步和劳动者素质的提高；农村经济的发展，农村和农业现代化的实现，也要依靠科技进步与劳动者素质的提高。因此，把经济发展、科技推广、人才培养有机地结合起来，使之互相推进，形成良性循环，应该成为一条路子。莱芜狠抓农村教育，实行农科教结合，推动科技进步和经济发展的实践，证明了这条路子是正确的。我们的农村教育改革，应该以经济发展为中心，以推广先进科学技术为动力，以提高农民科技文化素质为基础，实行三者紧密结合，各个部门协同作战，从而建立起农科教相互促进、协调发展的机制，以推动中国农村和农业的现代化进程。

教育，特别是农村教育，是中国现代化的基础工程。但目前从全国来说，农村教育还是个薄弱环节。即使在一些经济比较发达、或者农村教育搞得比较好的地区，包括莱芜市，也还存在着对农村教育与农村经济发展和农村现代化的关系认识不足，存在着发展不够协调，层次不够高等问题。因此，农村教育在我国应该有一个大的改革和大的发展，这正是中国现代化希望之所在。

（原载《中国社会科学》1994年第2期）

略论邓小平的领导观

邵景均

《邓小平文选》第三卷，是新的历史时期邓小平领导理论与实践的重要记录，是一部有中国特色的领导科学经典著作，集中地体现了邓小平的领导观。所谓领导观，是人们对领导这一社会现象的根本看法。它并不代替决策、用人、协调等具体的领导活动，但它是领导工作的灵魂，贯穿于领导实践的全过程。

"什么叫领导？领导就是服务。"

全心全意为人民服务，是中国共产党的"唯一宗旨"，也是邓小平领导思想和领导活动的行为准则。江泽民总书记说：邓小平同志"尊重群众，热爱人民，总是时刻关注最广大人民的利益和愿望，把'人民拥护不拥护'、'人民赞成不赞成'、'人民高兴不高兴'、'人民答应不答应'作为制定各项方针政策的出发点和归宿。"邓小平在理论上多次深刻地阐述了领导与服务的关系。早在1956年党的"八大"上，他就指出："党的全部任务就是全心全意地为人民群众服务；党对于人民群众的领导作用，就是正确地给人民群众指出斗争的方向，帮助人民群众自己动手，争取和创造自己的幸福生活。"1985年他提出了"领导就是服务"的著名论断，从而为无产阶级的科学领导观添上了点睛之笔。

"领导就是服务"，是对马克思主义领导理论的高度概括。领导，属于上层建筑，是为一定的经济基础服务的。在阶级社会里，不同阶级的领导是为不同阶级的利益服务的。马克思主义第一次科学地说明了这一点，同时说明了"历史活动是群众的事业"，人民群众是社会的真正主人。因此，立志领导人民前进的共产党和党的干部，必须做"社会的负责的公仆"，彻底地为人民大众服务。

"领导就是服务"，是对我们党全部领导经验的科学总结。从一个被压迫、被围剿、被屠杀的小党，变为世界最大的执政党，并且成功地领导着全国政权，根本原因就在于党始终如一地坚持了为人民服务的宗旨，从而获得了最广大人民群众最真诚、最有效的支持和拥护。

"领导就是服务"，揭示了执政党领导成败的关键。列宁曾尖锐地指出，执政党最大最严重的危险是脱离群众。因此，要保持执政党的领导地位，唯一的出路就是密切联系群众，坚持为人民服务。

谁来领导？只能是"人民的公仆"。

这是邓小平最为关心的问题。他在1992年南方谈话中一再讲："真正关系到大局的是这个事。"对此他的很多论述，都是围绕做人民的公仆讲的。

首先，必须摆正领导者与人民群众的关系。摆正"人民公仆"与"社会主人"的关系，是领导者坚持为人民服务领导观的前提。邓小平认为，"工人阶级政党不是把人民群众当作自己的工具，而是自觉地认定自己是人民群众在特定的历史时期为完成特定的历史任务的一种工具"。他对一些干部"不把自己看作是人民的公仆，而把自己看作是人民的主人，搞特权，特殊化"的现象深恶痛绝。他始终以作为"中国人民的儿子"感到自豪，真诚地表示："我是一个中华人民共和国的公民，要服从人民的意愿。"

其次，必须坚持能够代表人民群众根本利益的中国共产党的领导。为什么？因为，党是由科学理论武装起来的中国工人阶级的先锋队，是人民群众根本利益的代表者。"在中国这样的大国，要把几亿人口的思想和力量统一起来建设社会主义……没有这样一个党的统一领导，是不可能设想的，那就只会四分五裂，一事无成。这是全国各族人民在长期的奋斗实践中认识到的真理。我们人民的团结，社会的安定，民主的发展，国家的统一，都要靠党的领导。"

第三，领导干部必须是有能力为人民造福的人。新时期的领导干部应该具备什么样的标准？邓小平的概括是"革命化、年轻化、知识化、专业化"。其中，他特别重视有能力"为人民造福，为发展生产力、为社会主义事业作出积极贡献"，认为这是用人的"主要的政治标准"。他殷切地期望中青年干部："要全心全意为人民服务，深入群众倾听他们的呼声；要敢说真话，反对说假话，不务虚名，多做实事；要公私分明，不拿原则换人情；要任人唯贤，反对任人唯亲。"

第四，领导集体必须是团结的，有活力的，取信于民的。受党和国家的性质决定，领导的基本形式是集体领导。邓小平指出："最关紧要的是有一个团结的领导核心。""无论如何不能形成小派、小圈子。"他强调领导集体必须有活力，努力吸纳优秀的中青年干部进入领导班子；改革领导体制，精简机构，简化办事手续，提高办事效率。他要求领导班子必须有权威，首先是"中央要有权威"。在党的第三代领导集体形成的时候，他的要求是"取信于民，要得到人民对这个集体的信任，使人民团结在一个他们所相信的党中央领导集体周围"。邓小平清醒地看到，党执政后，增加了脱离群众、发生腐败的危险。因此，他一再向全党敲起反腐败的警钟。1989年5月，他在向党和人民作的两条"政治交代"之一，就是"要扎扎实实做几件事情，体现出我们是真正反对腐败，不是假的"。他坚定地说："这个关我们必须过，要兑现。是一就是一，是二就是二，该怎么处理就怎么处理，一定要取信于民。"

领导的"目的就是要全国人民共同富裕"，"把中国建设成为富强、民主、文明的社会主义现代化国家"。

把主要领导力放在实现最广大人民群众的根本利益上，是邓小平领导目的观的主要特征。中国共产党区别于其他政党和社会组织的显著标志之一，在于他能够在不同的历史时期准确地判断人民的根本利益和愿望所在，并全力以赴地为之奋斗。民主革命时期，我们党成功地做到了这一点。进入社会主义时期以后，人民的根本利益和愿望是什么？他明确提出："按照历史唯物主义的观点来讲，正确的政治领导的成果，归根结底要表现在社会生产力的发展上，人民物质文化生活的改善上。"党的十一届三中全会以后，他"始终扭住这个根本环节不放松"，并为此制定了举世皆知的"三步走"战略目标。十几年来的经验证明，这一目标系统是党心民心的真实反映，是激励民族斗志的巨大力量，是各级领导干部坚持富民强国领导方向的重要保证。

邓小平看到，物质生活的富裕是人发展的基础，但并不是人发展的全部；人的发展还有民主、文明和社会全面进步的需求。因此，他提出：

"现在我们要特别注意建设物质文明。与此同时,还要建设社会主义的精神文明,最根本的是要使广大人民有共产主义的理想,有道德,有文化,守纪律。"他多次强调要通过政治体制改革,"发展社会主义民主,调动人民和基层单位的积极性"。邓小平关于人民富裕、民主、文明的领导思想,已经完整地被吸收到党的基本路线中去,成为新的历史时期全党全国人民共同的奋斗目标。

领导目标选择正确与否,直接影响领导事业的成败;确立一个正确的领导目标不容易,而坚持下去更难。邓小平深知这方面的历史经验教训,因此,这些年他一直用很大精力排除对"三步走"的战略目标和党的基本路线的干扰。他告诫全党:"基本路线要管一百年,动摇不得。只有坚持这条路线,人民才会相信你,拥护你。谁要改变三中全会以来的路线、方针、政策,老百姓不答应,谁就会被打倒。"从邓小平提出和坚持领导目的的实践中,可以深刻地感受到,能够抓住并解决人民群众生存发展中最重要的问题,能够在人民群众最需要服务的事情上服务,是一个成熟的"人民公仆"最难能可贵之处,也是为人民服务领导观的本质体现。

基本的领导方法是实事求是、群众路线。

领导方法是实现领导目的的"桥"和"船"。古往今来一切成功的领袖人物,无一不是运用领导方法的艺术大师,邓小平也不例外。他始终坚持实事求是、群众路线的方法,去实现为人民服务的目的,并形成了自己的特点。

着眼于发展,强调解放思想,研究新情况,解决新问题。邓小平是彻底的唯物主义者,深知人民群众的实践活动不会停息,社会发展也永不停息。只有紧紧抓住"发展",才是顺应民心,才有资格当领导,也才可能当好领导。抓发展,就是要抓住层出不穷的新事物、新问题。十几年来,邓小平正是因为着力抓了四化建设、改革开放、市场经济等一系列新问题,才有了中国的大发展,也才有了领导工作的主动权。为了更好地研究新情况、解决新问题,他特别重视解放思想。他认为,解放思想就是"在马克思主义指导下打破习惯势力和主观偏见的束缚",使思想和实际相符合,使主观和客观相符合,就是实事求是。他曾严肃地指出:"一个党,一个国家,一个民族,如果一切从本本出发,思想僵化,迷信盛行,那它就不能前进,它的生机就停止了,就要亡党亡国。"

着眼于创造,强调尊重群众的首创精神。创造,是发展的基本形式。邓小平在领导中国人民发展自己的实践中,最注重的是包括改革、探索、试验在内的创造性实践。"走自己的道路,建设有中国特色的社会主义",是他的基本结论。为了开创自己的道路,他鼓励人民"大胆地试,大胆地闯"。认为"没有一点闯的精神,没有一点'冒'的精神,没有一股气呀、劲呀,就走不出一条好路,走不出一条新路,就干不出新的事业"。讲创造,首先的和主要的是指人民群众的创造。领导干部当然也有创造的能力和智慧,但是比起人民群众的无限创造力,只是"沧海一粟"。邓小平多次讲这个道理。他说过,农村改革中的好多东西,都是基层创造出来的,我们把它拿来加工提高作为全国的指导。乡镇企业"不是我们领导出的主意,而是基层农业单位和农民自己创造的"。因此,邓小平总是努力发挥人民群众的积极性,尊重群众的首创精神,及时总结、加工、推广群众创造的好经验,进而推动全局的创造性实践和发展。

着眼于全局,强调两手抓,两手都要硬。全局发展,全局利益,是人民群众根本利益之所在,是领导者考虑问题的基本出发点。邓小平正是这样告诫广大干部的:考虑任何问题都要着眼于长远,着眼于大局。许多小局必须服从大局,关键是这个问题。当今社会复杂纷纭,矛盾众多,怎样才能有效地把握住大局?邓小平根据唯物辩证法的原理和一分为二的观点,认为一定要有两手,只有一手是不行的。他提出和运用了一系列"两手抓"的方法,表现了他高超的领导艺术。

着眼于实效,强调抓住机遇,使用人才和方法的灵活性。邓小平主张"领导者必须多干实事","拿事实来说话",用领导工作的实际效果评价工作,评价干部。这一方法,集中体现了实事求是、群众路线的原则,对主观主义、形式主义、官僚主义等不正之风是一个极大的冲击。为了取得改革与发展的实效,邓小平强调抓住机遇,"有条件的地方要尽可能搞快点","我就担心丧失机会"。他强调重用人才,"事情成败的关键就是能不能发现人才,能不能用人才"。他强调"胆子要大,步子要稳,走一步,看一步","因为改革涉及人民的切身利害问题,每一步都会影响成亿的人"。

(原载《人民日报》1995年2月8日)

社会主义民主最广泛的实践

岳岩 振海

党的十一届三中全会以后,中国的全面改革是由农村率先启动的。农村改革的突出之点,一是在经济上实行了以家庭联产承包为主的责任制;一是在政治上实行了以农民自我管理、自我服务、自我教育为显著特征的基层群众性自治制度。党的十五大报告指出:"扩大基层民主,保证人民群众直接行使民主权利,依法管理自己的事情,创造自己的幸福生活,是社会主义民主最广泛的实践。"

村民自治制度自1988年《村民委员会组织法(试行)》实施起,已有近十年历史,全面总结这项改革的成功经验,寻求进一步发展完善的措施途径,可以说理论与实践条件皆已成熟。为此,我们对山东省章丘、安丘、莱西、招远等四个全国村民自治模范县(县级市)和十多个全国模范村民委员会进行了专项调查,深切体会到村民自治制度激发起广大农民群众空前的政治热情和参与意识,促进了农民政治素质与操作能力的提高,带动了农村各项工作的顺利开展,使基层民众真切地感受到了民主,真切地感受到了有中国特色社会主义民主政治积极稳妥向前迈进的坚实脚步。

村民自治代表了农民的愿望和要求,体现了社会主义民主的本质

民主是人与生俱来的政治权利,而民主权利的行使、民主能力的发挥是有条件的。只有适合经济文化发展程度和国民特点、被大多数民众乐于接受、能够操作的民主,才是最积极、最有效的民主形式。在国家政权体系的最基层——村一级建立村民委员会,实行基层群众性自治制度,之所以受到广大农民群众的欢迎,迅速在全国各地农村扎根开花,并受到世界的关注，其根本点就在于它同中国当前农村和农民的实际相吻合。

在调查中我们发现，群众把参与村务管理活动同保障自己的经济利益结合起来，同实现自身价值与理想结合起来，视为担当国家与社会主人的实际步骤，表现出高度的政治责任心和参与热情。农民群众关心自己身边的事，关注自身利益，讲实际。他们不善于讲大道理，不愿意把时间用在无谓争论上，更不希望说了白说，搞形式，走过场。村民自治实践的深入，使各项自治权利逐步落实，老百姓从中看到了其真实性、权威性，于是就更加积极地投身到这项活动中去。村民委员会通过直接选举产生，在大多数地方已进行了四届，参选率一次比一次高，目前多数地方不低于90%，先进县市高达96%以上，不仅青壮年积极参与，而且老人、家庭妇女都表现出极大的热情。在选举日，就连一些在外地打工和做生意的人也回家郑重地投上自己庄严的一票。

社会主义民主是全体人民共同享有的民主，是最广泛、最真实的民主。然而，中国处在社会主义初级阶段的实际，又决定了必须采取直接民主与间接民主相结合的形式，必须通过最实际的民主训练逐步推进政治民主化进程，对于占中国人口绝大多数的农村而言尤须如此。邓小平同志曾经指出，搞政治体制改革，发扬社会主义民主，是我们的一贯主张，但必须从本国实际出发，不能盲目求快，更不能照搬西方资本主义国家那一套。村民自治可以唤起民众、教育民众、训练民众，培养出更多更合格的行使民主权利的公民。从这个意义上说，村民自治是社会主义民主本质的体现，也是朝着高度民主方向迈出的最实际、最有效的一步。

村民自治的贡献在于将基层事务纳入程序化、规范化、法制化管理轨道

最好的管理制度是民主、科学、高效有机统一的制度，这一点在农村尤为重要。由于受封建专制思想的影响和农村经济文化发展水平的制约，村一级在管理活动中长期存在着被动接受、拍脑袋决策、管理随机性、监督无保障等现象。实行村民自治制度后，经过几年的实践探索，逐渐形成了一套民主决策、民主管理、民主监督的系统管理制度及其运行机制，使村务管理工作进入依法治村的阶段。这是此项改革的一大收获，也是进一步拓展此项改革的努力方向。

民主决策是村民自治的根本，是农民行使民主权利的前提。凡是村民自治工作搞得好的村都突出抓了这个问题。他们的共同经验，一是扩展民主决策的范围，把一切涉及村民切身利益的重要事务，如确定承包形式、划分宅基地等都交给群众议决；二是落实民主决策的形式，定期召开村民会议，规模大、人口多的村还实行村民代表会议制度，使民主决策成为一种经常性的工作；三是树立民主决策的权威，使村民不仅有发言权、建议权，而且要有修改权、否决权。当村民的表决同村委会的倡议发生矛盾或分歧时，只要村民说的对就坚决按村民的意见办，使群众真正说了算。调查中不少村干部反映，实行民主决策决不像有些人说的是自找麻烦、贻误时机，而是减少麻烦、提高效率，况且只有不怕麻烦，才能减少麻烦。

民主管理是村民自治的实体，也是自治组织区别于政权组织的主要标志。村委会不是行政机关。村民是村务管理活动的主体，有权参与管理活动。为了把民主管理落到实处，各地都采取了一些行之有效的措施：一是广泛深入地向群众言传村民自治的本质，使广大农民理直气壮地投身到管理活动中去；二是健全各类组织，疏通村民参与管理的渠道，凡是自治活动搞得好的村，除了村委会下属的专业委员会健全外，还普遍成立了村民议事会、道德评议会、红白理事会、老干部参政会等，保证农民多渠道、多形式地参政议政；三是村民委员会在管理上改变过去那种强迫命令的方式，采取与人民群众民主协商的方式；四是建立村民自治章程，把村民民主管理通过制度固定下来。

民主监督是村民自治的保障，也是自治活动长久坚持下去的关键。根据各地开展监督活动的实践，主要有如下措施：一是村委会定期向村民会议、村民代表会议报告工作，村委会干部定期述职，接受村民的评议；二是实行村务公开，通过"村务公开栏"、"十公开一上墙"、"集体公开日"、"明白纸"等形式，把群众关心的财务账目、收益分配等公之于众；三是利用监督台、检举箱和妇女禁赌会等形式开展干群之间、群众之间的相互监督。民主监督制度的实行彻底改变了只能干部管群众的现象，使群众既能管自己，也能管干部。同时，这一制度也成为加强农村廉政建设的重要措施。

村民自治可以有效地解决各类疑难问题，理顺各种关系，促进农村政治稳定

工作在农村第一线的同志普遍反映，农村工作存在着大量棘手的问题，处理不好会引发各类矛盾，甚至发生一些不应有的悲剧，影响安定团结。过去有所谓老三大难：集资提留、上缴公粮、计划生育；现在又有所谓新三大难：宅基地安排、收益分配、干部搞特权。但在村民自治活动开展得好的地方，这些问题都能迎刃而解。为什么？首先在于工作有序，按章办事。制度好可以使好人更好地干好事，坏人不敢干坏事。凡事只要形成了惯例、规矩和程序，大家就能自觉遵守，有人违犯也能通过制度的威力及时纠正。其次在于村务公开，监督到位。公开是公正的前提，监督是公正的保障。再则还在于改变了村干部的工作立场与态度。村委会干部由群众选举产生，不尽职尽责地为群众办事就会被罢免撤换。因而，村民自治制度，使广大农村基层干部自觉地树立起全心全意为人民服务的思想，有效地防止了以权谋私、损公济私现象的产生。

麻雀虽小，五脏俱全。村虽是一个最小、最基本的社区，但它却包容了各种各样的复杂关系，是一个系统完备的社会单元。这些关系是否顺畅，是农村稳定、发展的晴雨表。村民自治制度是否有利于理顺各种关系，也就成了检验其优劣的重要标志。

在村级首先遇到的是村党支部与村民委员会之间的关系。实践证明，村民自治制度与加强党对农村工作的领导是不矛盾的。一方面，自治活动呈现出与党的领导相一致的趋向。随着自治活动的开展，有效地克服了过去旧体制下党支部包揽村务，习惯于用行政命令方式进行管理带来的党群、干群矛盾，使广大人民群众愿望与要求的实现，同党对农村有效领导的实现，通过村民自治这一形式有机地融为一体，村民自治也因此成为巩固党在农村领导地位的稳固基础。另一方面，自治活动是以党的政策和国家法律为依据的，是在上级党委的领导下进行的。具体而言，村级对重大事务进行决策，通常是由党支部、村委会研究出方案，先召集党员会议讨论，然后召开村民代表会议或村民会议讨论决定。通过调查我们认为，党的领导与村民自治是不能分离的，二者相互促进，相辅相成。可以说，党的地位在民主自治中更加牢固，民主自治在党的领导下更加充分。

乡镇人民政府与村民委员会的关系，按《村民委员会组织法（试行）》规定："乡、民族乡、镇的人民政府对村民委员会的工作给予指导、支持和帮助。村民委员会协助乡、民族乡、镇的人民政府开展工作。"这清楚地说明二者之间是指导与被指导、协助与被协助的关系。这种关系改变了过去人民公社对生产大队那样的行政命令、瞎指挥现象，有利于发挥村级的主动性、创造性，而且市场经济越发展、农民的政治文化素质越提高，其必要性和优越性越明显。乡镇干部则认为在指导关系下，乡镇的工作好干了，也有利于改变基层机关和干部的工作作风。

在村一级大量存在着干部与群众之间的矛盾，村民自治制度的一大优势是有利于理顺干群关系。在我们调查所及的一些模范村委会，普遍存在着这样一种现象，干部心系群众、关心群众，群众理解干部、支持干部，干群关系十分融洽。而且自治活动开展得越充分、越深入，干群之间的信任度就越高。原因何在？农民用朴实的话语道出了原由："老百姓最讲实际，现在我们意见有处提，建议受重视，愿望能满足，村里的事情都知道，干部的所作所为都清楚，真正体会到了当家作主人的滋味，还有什么不满意的呢？"

村民自治有力地促进了农村经济文化发展和社会全面进步

村民自治制度作为我国基层政治体制改革的一种尝试，其意义已经在政治与管理领域得到充分体现。这项重大改革，同经济社会发展与文明程度提高相适应，促进了农村物质文明和精神文明建设，这是其价值所在，也是其生命力所在。村民自治搞好了，带来的不仅有政治效益、管理效益，而且有经济效益、社会文化效益。村民自治的典型往往也是致富的典型、文明的典型，在这些地方，自治与富裕、文明呈现出协调发展的良好态势。

农村的富裕、民主、文明是党的改革开放政策的综合体现，这里的确有村民自治制度不可磨灭的一份功劳。那么，村民自治活动为什么能够带动农村经济文化的全面发展呢？首先，村民自治调动了广大农民的积极性。邓小平同志指出：调动积极性是最大的民主。实践表明，村民自治作为我国基层民主的一种形式，它使民心顺、社会稳，使广大农民以主人翁的姿态，自觉地投身到建设社会主义新农村的历史洪流之中，最大限度地发挥积极性和聪明才智。其次，村民自治解决了基层干部为谁负责、为谁办事的问题，提高了他们的积极性和责任感。在村民自治制度下，人民群众掌握着村干部的任免去留；村干部只有切实为群众谋利益、办实事，才能站住脚。权力来源与制约方式的改变导致了工作态度与作风的转变，广大干部的精神风貌、工作热情大为改观，有效地克服了基层干部中存在的不思进取、得过且过的现象。再次，放手让人民群众选举自己信赖的干部，往往首先是那些点子多、路子广、敢想敢干、开拓创新的人当选。广大农民最关心的是致富奔小康、过幸福生活，让他们选举村干部，自然要选择工作能力强的人。第四，以经济建设为中心，努力搞好两个文明建设是新时期农村工作的根本点，也是村民自治活动的根本点。凡是村民自治搞得好的地方，都把经济发展、文明进步作为开展自治活动的中心环节来抓，把民主与富裕、文明有机地结合在一起。

基层群众性自治建设作为改革开放以来出现的新生事物，顺应了时代发展的要求，代表了广大人民群众的利益和愿望，体现了社会主义民主的广泛性、真实性，具有重大现实价值和深远历史价值。党的十五大提出，扩大基层民主，基层政权机关和基层群众性自治组织，都要健全民主选举制度，实行政务和财务公开，让群众参与讨论和决定基层公共事务和公益事业，对干部实行民主监督。遵照十五大精神，进一步坚持完善村民自治制度，保证其健康发展，我国的民主政治建设必将展现出更加蓬勃的生命力。

（原载《人民日报》1997年11月20日）

对一个贫困山村计划生育协会工作的调查与思考

王秀银

山东省沂南县和庄村，是坐落在沂蒙山腹地的一个普通山村。这里既没有美丽优雅的乡间别墅，也没有鳞次栉比的现代化企业。但是，80年代末以来，它却吸引了数万人前去参观学习。1990年，国际计生联亚太地区理事会执委会将荣誉奖牌授予该村。最近，中国计划生育协会又向全国100多万个基层组织发出号召：学和庄经验，走和庄道路。一个向和庄学习的热潮正在全国兴起。

和庄为什么会成为全国计生协会工作的楷模？和庄道路成功的原因何在？这条道路在我国社会经济发展中居于什么地位？探讨和回答这些问题，对于更好地认识和学习和庄，将具有重要的意义。

一 建立计划生育协会，从群众参与人口管理入手，促进社区综合发展——和庄的七年巨变证明它走了一条成功之路

1987年以前，和庄是沂南县出名的穷村、落后村：生产停滞不前，人口生育失控，村民大会开不起来，农业税和公粮收不起来，到县里去上访的成群结队。面对这种局面，以党支部书记王金发为代表的新领导班子，经过反复研究，决定以解决严重制约本村经济发展的人口失控问题作为突破口。这批干部首先从自身做起，动员自己的家属子女全部落实了避孕节育措施。他们以为，干部带了头，计划生育工作会很快上去。然而事

情并非如此简单。全村600余户，2300余人，未落实避孕节育措施的育龄夫妇有300余对，一些想要儿子的逃了，正在计划外怀孕的躲了，相当一部分节育对象在等待观望。8名村干部全都扑在计划生育上，磨破了嘴皮，还是进展不大。就在王金发等一筹莫展之际，县里有关部门关于成立计划生育协会的建议，使他们茅塞顿开，找到了靠山。这靠山不是别的，是本村的广大群众。村计划生育协会的第一批72名会员中，村里的老党员、老干部、老复转军人、老模范、老军烈属占了半数，其余为民办教师、乡村医生等知名人士。他们既有觉悟又有威望。之后协会又先后吸收了一批育龄夫妇中实行计划生育的积极分子，会员总数达458人，占全村总人口的15%以上。浩浩荡荡的会员队伍按照会章的要求，积极投身于本村的计划生育工作。在会员的带动下，所有的育龄夫妇乃至全村群众先后成为计划生育的积极参与者和促进派。一个群众广泛参与人口管理和计划生育的生动局面在和庄形成。

群众参与了对原村干部和部分党员计划外生育问题以及对计划外生育费和其他财务收支情况的清查。清查小组由24人组成，其中协会会员12人，协会理事自告奋勇担任清查小组组长。小组深察细访两个月，将遗留问题全部查清。村党支部、村委会对党员干部计划外生育和私自挪用计划外生育费等问题进行处理时，协会会员既是监督员，又是主心骨，保证了果断、公正、不留尾巴。其他计划外生育者也因此消除了攀比思想，全村拖欠计划外生育费的138户，都如期进行了补交。

群众参与了计划生育宣传教育。会长带头编写的本村人口土地算账对比资料油印成"明白纸"，分发到每家每户。宣传栏、黑板报、会员学习班、人口学校皆为群众自己教育自己的阵地。男女老幼都踊跃参与的计划生育文艺演出，更把群众性的宣传教育活动推向高潮。

群众参与了生育政策的贯彻落实。协会会员履行会员义务，带头实行计划生育并带动亲属和近邻。协会常务理事—会员小组长—会员—会员联系户和会员之友的群众性联系网络，将全村的生育活动都纳入了群众自己的管理之下。遇到个别工作难做户，由德高望重的"五老"或那些与之非亲即友、素有情谊的会员出面，一般都能达到"心不跳，脸不红，说说笑笑思想通"的效果。

群众参与了计划生育服务。青年结婚，负责联系的会员在贺喜中把

《新婚须知》转交给他们。媳妇计划内怀孕，会员配合村服务室进行孕期保健服务；孩子生下来，传授婴儿喂养知识；孩子满月，宣传节育知识，陪同去医院或服务站落实避孕节育措施。

就这样，和庄依靠群众的力量，1988年便甩掉了计划生育后进的帽子，计划生育率、晚婚晚育率均达到100%。一年的成功实践，使干部坚定了事事都要依靠群众的信念，群众则树立了参与意识，增强了参与能力。1988年以来，有关全村发展的每一项决策，"两委"都要和村协会的骨干及致富能人们商量，吸收他们的合理建议，并且依靠他们发动和带动全体村民付诸实施。和庄计生协和广大群众也将自己参与的领域不断扩大，由人口到经济，到本社区内的一切社会活动。和庄村"先治水，后治山，回过头来治沙滩；依靠本地资源，发展新型'三产'"的经济发展规划，就是在协会"五老"和村里致富能手积极建议的基础上制定的。村里要完成"环山路"和"柏油路"两大工程，也充分听取了群众代表的意见。如今，在和庄干部和群众的齐心合力下，上述规划已得到实现。全村90%的农田成为水浇地，优质、高产、高效的大棚蔬菜成方连片，1300亩荒山、800亩沙滩改造成了瓜果园，山上山下上百万公斤的农副产品运往外地畅通无阻，畜牧养殖业繁荣兴旺，草编、服装加工等项目也获得良好效益。七年中，全村人均纯收入由210元上升到2450元。在经济增长的过程中，和庄的公益事业如学校、幼儿园、敬老院等得到同步发展；治安方面达到了"道不拾遗，夜不闭户"；人口方面，1978—1987年全村659户中有320户计划外生育，1987年一年即多生47人，1988年以来无一人违背生育政策和受罚，七年全村自然增长1口人。今日的和庄，经济上还算不上发达，但村民生活得安定、祥和，充满自信和希望。这是一个蓬勃向上的社会主义新型社区。

二 主人翁地位的复归——和庄群众积极参与人口管理和社区发展的动力所在

和庄村计划生育协会成立以来，群众在本村的人口、经济和社会事务中表现出了高度的责任感和参与热情：有的献计献策，有的捐钱捐物，更多的是竭尽全力。然而，1987年以前，同在这块土地上，他们却是另一副精神面貌。这不能不引起人们的深思。

有一个曾违背政策生育的村民，过去不但不认错，反而拿着雷管炸药找原支部书记拼命。如今，他自觉补交了欠款，采取了长效节育措施，主动报名参加了计生协会，还毛遂自荐当了会员小组长，联系着距老村较远的100余户"新村"村民，被评为计生工作积极分子。

村里的"五老"，过去多半是村里的闲人，时光基本在街头、墙根晒太阳、发牢骚中打发。如今，他们是计生协会的头头、骨干，是群众的贴心人，村"两委"的高参。他们以志愿者的身份，为全村的发展奉献着余热。

是那位村民一年之内生育观念发生了根本转变吗？是"五老"们过去真的对集体事情漠不关心吗？都不是。据调查，主要原因在于：包括上述人员在内的和庄广大群众曾长期被摆在错误的位置上。

计划生育，本来是符合农民根本利益的大好事，也是群众自己的事情。群众理应以主人翁的姿态关心和支持。事实上，群众对计划生育的基本态度是拥护和欢迎的。一些受传统观念影响较深及家庭存有实际困难的农户，虽然可能一时想不通，但只要把道理讲透，又能做到在政策面前人人平等，再注意体谅并帮助解决他们的实际困难，他们最终会自愿接受国家生育政策的指导。可是，在一个相当长的时间里，有些干部不相信群众的基本觉悟，自然也就谈不上尊重群众的主人翁地位和依靠群众自己去教育自己，管理自己，而是借用外力，采用"小分队突击"的办法，把群众摆到了对立面，使群众产生了"逆反"心理。加上有的村干部把自己当作高高在上的"特殊公民"，只发号施令，不以身作则，群众当然也就不会买账，甚至与他们产生尖锐的矛盾冲突。

对于村里的"五老"及许多热心人来说，他们对村里管理混乱和"有水不能浇，好地产不高，有山无柴烧"的落后局面心中一直是焦急的。然而，当时村里没有人看到他们的力量，更谈不上让他们去履行当家作主的权力，他们只有眼睁睁地看着本村人口失控和经济贫困的恶性循环年复一年地延续下去。

如今，和庄群众的主人翁地位得到了切实尊重。新一届村领导班子，虽然只具有中等或初等文化水平，谈不出多少高深的理论，但他们心中时刻装着共产党的最高宗旨——为人民服务，能够真正地而不是虚假地、认真地而不是敷衍地去实践这一宗旨。村干部们明白一个简单而至关重要的道理：一村之"长"不等于一村之"主"，村里的主人是全体村民，村干部是服务员，是公仆。正因为他们具有牢固的群众观点，他们就做到了廉洁自律——这是在群众中建立威信的起码品格；做到了倾听群众的呼声和建议，汲取群众的智慧和经验，实现决策的民主化、科学化——这是群众当家作主的基本前提；做到了一切从群众的利益出发，努力为群众办实事、好事，不断提高群众的物质文化生活水平——这是群众积极参与本社区各项活动的力量源泉。一些计划生育及各项工作至今搞不上去，而且党群、干群关系十分紧张的单位负责人，与其在那里一味埋怨群众落后、不好领导，不如以和庄村干部为镜子，照照自己是否真正相信了群众，依靠了群众，有没有把"主""仆"关系弄颠倒。相信他们一定会从中受到重要的启迪。

和庄计划生育协会建立之后，在计划生育及村里的许多重大事件中发挥出一般行政机构替代不了的重要作用，和庄党支部既没有把协会当成一个摆设，也没有把协会变成自己完成上级某项任务的工具，而是把它当作在维护国家总体利益的同时表达和维护本村育龄群众具体利益的一个群众团体，去尊重它、依靠它、引导它。在村党支部的正确引导下，和庄计生协在全村扭转了计划生育后进局面、完成了各项人口控制指标之后，不失时机地将工作重点转向对计划生育家庭、育龄群众、生活困难家庭、孤寡老人的全方位服务方面：监督村里落实计划生育家庭优惠措施；到老弱病残家里"送温暖"；大力兴办"三结合"项目，优先吸收计划生育户参加；为群众少生快富提供科技、信息、供销、政策法律服务等等。正是这些为群众带来直接利益的服务工作，使和庄村计生协大大增强了吸引力和凝聚力。协会本身的组织力量以及"众人拾柴火焰高"的群体效应，也使和庄广大村民感到通过协会来履行民主权利是切实的、具体的。和庄群众越来越拥戴协会，信赖协会，支持协会，视参加协会为莫大的光荣。82岁的村民朱林说："是谁发明了计划生育协会，咱们得好好谢谢他！"

最近，江泽民总书记多次强调，领导干部一定要讲政治。在我国农村，讲政治，就要处理好农民问题，包括农民的计划生育问题。毋庸讳言，过去农村工作中发生过一些损害农民权益、伤害农民感情的行为。对此，要从改革开放、稳定大局的政治高度去认识和纠正。七年来，和庄村通过计划生育协会动员群众，组织群众，调动起群众参与计划生育的积极性，既改变了落后面貌，又密切了党群、干群关系。和庄村领导以认真贯彻群众路线的切实行动，为新时期农村干部做出了讲政治的表率。

三 以群众广泛参与为基本特征的人口—社区发展一体化——中国农村人口与社会经济协调发展的社会基础

1988年以来，和庄村在有效控制人口的同时，群众的生育观念也在发生着深刻的变化。一个2000多人的大村，七年无一人计划外生育，无一人受罚，41户独女户自愿报名只生一孩，这样的工作水平若离开了群众思想观念的变化，是不可能出现的。那么，和庄又是通过什么途径在经济尚不发达的情况下提高了群众实行计划生育的自觉性呢？答案可从社区发展中去寻找。

社区是在一定的地理、经济和社会因素作用下形成的自然区域。在人口控制过程中，社区处于特殊重要的地位，它是连接宏观（国家）和微观（家庭和个人）的区间，称中观层次。国内人口学界对农村社区的多项研究证明：在一个社区内部，由于成员间具有紧密的社会交往、共同的利益以及相近的价值标准和社会规范，人们在生育意愿和生育行为上具有较强的趋同倾向。和庄的成功在于，利用本社区综合发展的成果，将社区成员生育意愿和生育行为的趋同性引导到了有利于计划生育的方面，从而形成了新的社区生育规范。

和庄在发展经济的过程中，自觉照顾妇女和计划生育家庭人员，向她们优先提供致富信息和就业机会。村里兴办的服装加工厂、工艺品厂以及养鸡场、养兔场、养鸭场和养鱼场等，吸收了480名独生子女和两女孩母亲参加，使她们的年均收入都在3000元以上。妇女通过参加集体性的经济活动，开阔了眼界，增长了知识，增进了健康，提高了经济和社会地位，掌握了实行计划生育的主动权。

在经济实力并不强大的条件下，和庄积极采取措施发挥社区养老功能：建立敬老院，让"五保"老人安度晚年；集体拿出占有80%的资金为独生子女户、双女户父母办理养老保险；对贫困、重病、高龄老人给以特殊关心和慰问。这就大大消除了群众由本社区无子女老人的晚景悲剧所产生的恐惧感。许多农民一方面否认孩子多少与老年幸福有必然的联系，一方面又去为"养儿防老"而多生。这一矛盾现象说明"养儿防老"所追求的实际是心理上的安全感。社区养老功能的发挥，使育龄群众在养老方面的心理需求得到满足，从而有利于转变多育观念和行为。

在人际关系紧密的社区中，不受欺负和歧视是人们维护自身平等地位的需要。在宗族观念的影响下，受歧视、地位低的往往是小姓、小户和无男孩户。即使男主人经济收入颇丰，若没有儿子也会感到抬不起头来。妇女不生儿子甚至受到虐待。相反，儿孙满堂的大家族经常可以称霸一方。这是导致部分农户宁可倾家荡产也要生个男孩的重要原因。在今日的和庄，小家庭和无男孩户队伍的日益扩大并受到村里照顾和表彰，对男女平等观念的广泛宣传以及"招婿上门"习俗的逐渐形成，村领导具有贯彻政策的坚强能力，遇事论是非、不允许倚强凌弱等等，都对传统的宗族势力和男尊女卑观念构成了强大的冲击力。如今和庄人普遍认为，家庭在社区中的地位不取决于人口多少、有无男孩，而取决于为人处事。显然，这种注重人口素质的观念是有利于提高人们实行计划生育的自觉性的。

另外，和庄良好的治安秩序为村民提供的生命财产安全保障，有声有色的计划生育宣传教育活动所形成的舆论导向，连续不断的评比表彰计划生育户活动所形成的激励机制，都是构造有利于计划生育的社区环境的重要因素。在这里，"计划生育光荣，不计划生育可耻"已成为一种新的生育规范。一旦有人超生，他不单单要遭受重要的经济损失，更重要的是他将因破坏集体声誉而受到舆论谴责。强烈的社区归属感和趋同感使其不愿为多生一个孩子而去承担如此无形的压力。

总起来看，和庄七年来所走的道路是：在群众的广泛参与下搞好了人口控制工作，少生人口约300人，促进了社区经济和各项社会事业的发展；社区的综合发展给予了群众水准虽不很高但颇全面的物质文化生活保障，提供了有利于人们转变生育观念的社区环境，进而又巩固和发展了人口控制成果。我们把和庄的这一发展模式叫做人口—社区发展一体化。此模式把人口与发展紧密地结合在一起，与那种就人口抓人口、重人口轻发展或者过分强调经济发展的自发作用而忽视对人口自觉控制的发展模式具有本质的区别。

在中国的农村，农民所有的社会和经济活动都是在社区范围内进行的，人口—社区发展一体化，通过社区的共同利益和社区认同创造出一个有利于现代生育观念形成的经济环境和社会环境，使计划生育建立在群众自愿的基础之上，社区成员也可以更直接地感受到计划生育给家庭和个人带来的好处，从而成为农村人口与社会经济协调发展的社会基础。人口—社区发展一体化作为自下而上的一种发展模式，特别强调社区成员的主导作用，以群众的积极参与和自治为基本特征，符合国际上已达成共识的以人的全面发展为中心的社会发展目标。因此，无论是从目前还是长远来看，此发展模式都具有强大的生命力。而计划生育协会这一群众团体，作为人口—社区发展一体化的组织依托，也必将具有光辉的前途。

四 有理想有道德有文化有纪律——和庄人的整体素质在群众性的精神文明建设活动中升华

举凡到和庄考察学习的人们，都有着一个突出感觉：和庄是一个物质文明和精神文明程度共同提高的社区。和庄人精神充实、奋发向上。在这里，爱国家、爱集体、爱社会主义的思想和艰苦奋斗、无私奉献的精神落实到了爱乡、爱土、爱和庄上，成为社区成员强大的精神支柱。

和庄人今日的精神风貌并不是自发形成的。生活在和庄的也是农民。一方面，他们有觉悟，拥护党在农村的各项方针政策，努力发展农业和农村经济；另一方面，农民中也不可避免地存在着一些旧的思想和习惯，在思想道德和科学文化素质方面还存在着与社会主义现代化建设不相适应的东西。可以说，1987年以前和庄村的混乱局面与后者也是有密切关系的。当时，不仅人口失控，经济停滞，而且村民乱占宅基、乱伐树木、毁坏林果、偷鸡摸狗、打架斗殴、酗酒赌博引起的民事纠纷接连不断。对此，村领导班子深刻认识到：如果不加强引导和教育，提高村民素质，树立文明村风，即使经济上去了，家庭富裕了，也不等于美满幸福。于是，村党支部紧紧依靠计划生育协会组织，以培养有理想、有道德、有文化、有纪律的社会主义新型农民为目标，选好突破口，定准切入点，利用有效载体，在大抓物质文明建设的同时，广泛开展群众性的精神文明建设活动。经过几年的不懈努力，灿烂的两个文明之花同时盛开在和庄大地上。

和庄精神文明建设的突破口选的计划生育工作。从根本上来说，计划生育是移风易俗的思想革命，是精神文明建设的重要内容。从现实生活中看，计划生育连结着家家户户，是群众广为关注的热点，又是农村工作的难点。一个村计划生育工作水平，是多种因素综合作用的结果。它可以衡量领导班子是否自律、得力以及是否有远见卓识，可以衡量群众是否具政策法规观念，也可以衡量传统生育文化与现代生育文化在社区内此消彼长的较量状况。所以，农村的计划生育牵一发而动全身，只要计划生育搞好了，其他工作一般都能搞好。和庄村依靠群众的力量，一年内扭转了计划生育落后的局面，其意义绝不仅仅在于完成人口计划本身，更重要的是通过计划生育工作，理顺了一些关系，化解了一些矛盾，干部和群众的精神为之大振，为以后精神文明建设活动的深入开展打下了基础。

　　和庄精神文明建设的切入点定在了既体现农民的传统美德，又体现时代精神，而且群众愿意做、易于做的事情上。村党支部大力倡导、村计生协积极响应的"学雷锋、讲奉献，我为和庄添光彩"活动，将爱国主义、集体主义、社会主义的思想教育落实到了邻里互助、扶贫济困、尊老爱幼、尊师重教、遵纪守法、建设家乡以及自觉实行计划生育的日常行为上。和庄村正处于脱贫阶段，家庭并不宽裕，但是当村里重建小学及兴办公共事业缺少资金时，不少群众慷慨解囊，少则几十元，多则几千元。此时他们想的已不是个人一个小家，而是集体这个大家。一些独女户夫妇本来可以按政策生两个孩子，但他们自愿报名只生一个，他们讲的是："过去老一辈卫国保家，抗战打鬼子献出生命都不怕，今天我们少生个孩子还做不到吗?！"此时他们心中装的是整个国家。如此高尚的精神境界不能不使人们对这些普通农民肃然起敬。还有那些看起来是些日常小事，却给众多家庭带来温暖的社区服务活动，不断增加着社区的凝聚力。村里无论哪一家遇到了困难，如孩子学费交不上了，家庭里生病无人照料了，修理房子缺劳力了，生产资金一时筹措不出了，等等，遍及全村的协会联系网络立即会伸出援助之手。长而久之，"我为人人，人人为我"便在社区内蔚成风气。良好的氛围，加之深入的普法教育，促成了秩序井然的治安环境：如今的村和庄，不管谁家的粮食、花生晒在地里，十天半月不失一斤半两；大路边、山林里的几十万棵果树林木，棵棵完整无损；800亩沙滩西瓜园，没有一户搭棚看护，却未丢过一个西瓜。为此，出席临沂地区社会治安综合治理现场会的350多名代表众口一词地赞叹："和庄了不起，和庄是净土。"

和庄精神文明建设的有效载体是群众性评优创先活动。此活动立足于多数人。"优秀会员"、"五好家庭"、"少生快富文明户"、"遵纪守法光荣户"以及"好婆婆"、"好媳妇"等等的评选标准，既有先进性，又有群众性。这就很容易激发大多数人的荣誉感和上进心，形成多数人带动少数人的局面。曾有人对和庄家家挂着形式不一的光荣牌，而且每年表彰时都敲锣打鼓、兴师动众疑惑不解。从深层次上讲，此种做法建立在对社会成员绝大多数的肯定之上，体现了对人的尊重。实践证明，它有利于充分调动群众的积极性并使之长久保持下去。

七年来，在群众自己的营造下，和庄社区已不仅仅是计划生育先进单位，而成为一个充满友爱的大家庭，一个催人奋进的大学校，一个培养社会公德、扬善抑恶、冶炼情操的大熔炉。在这里，形成了平等、团结、友爱、互助的新型人际关系，损人利己、损公肥私、金钱至上、以权谋私没有市场。然而，这并不意味着和庄是一个"世外桃源"。随着经济的进一步发展和改革开放的深入，和庄人的物质文化需求会越来越高，越来越多样化，社会结构、社会组织的分化和转型也必然会在和庄反映出来，从而产生新的问题和矛盾。不过我们坚信，有一心为群众办实事的党支部，有一呼百应的计划生育协会组织，有已经发动起来的广大群众，和庄的明天一定会更加美好。

（原载《人口与经济》1997年第1期）

山东省农业积极合理有效利用外资的对策研究

范振洪等

农业是国民经济的基础,也是我国鼓励外商投资的重点产业之一。改革开放以后,尤其是近年来,我省农业利用外资发展迅速,在农业和农村经济发展中起了重要作用。但应当看到,我省农业利用外资的总体水平与先进省市相比还有较大差距,与农业大省和沿海重要对外开放省份的地位很不相称。在经济全球化趋势不断发展和我国即将加入世界贸易组织的新形势下,我省农业如何积极合理有效地利用外资是值得深入探讨和研究的重要问题。

一 我省农业利用外资的现状

(一)我省农业利用外资的特点

农业(指农、林、牧、渔业,下同)是我省利用外资最早的产业之一,可以说是与全省的对外开放特别是利用外资同步进行的。从总体情况看,我省农业利用外资(仅指外商直接投资,下同)主要有以下特点:

1. 90年代以来发展迅速。改革开放二十多年来,我省农业利用外资从小到大、从无到有,取得了较大的发展。特别是进入90年代以后,随着对外开放的逐步深入,尤其是国家相继出台了一系列鼓励外商投资农业的政策措施,我省农业利用外资的规模不断扩大。据有关资料统计,1979—1998年全省累计农业利用外资项目902个,合同外资金额6.83亿美元。其中,1979—1992年全省农业利用外资项目267个,合同外资金额1.36亿美元。1993—1998年全省农业利用外资项目635个,合同外资金额5.48亿美元,分别是前14年全省农业利用项目的2.38倍和合同外资金额的 4 倍（详见下表）。

1979—1998 年山东省农业利用外资项目、合同外资金额情况

	1979—1992 年	1993 年	1994 年	1995 年	1996 年	1997 年	1998 年	合计
项目（个）	267	209	169	93	64	46	54	902
合同外资金额（万美元）	13553	14667	9952	12494	8289	5195	4160	68310

资料来源：根据 1993—1998 年山东省统计年鉴汇编。

2. 以中外合资经营为主。我省农业利用外资方式主要有中外合资经营、中外合作经营、外商独资经营三种，其中中外合资经营占主导地位。据统计，1979—1998 年全省农业利用外资项目 902 个，其中中外合资经营项目 669 个，中外合作经营项目 53 个，外商独资经营项目 180 个，分别占全省农业利用外资项目总数的 74.1%、5.9% 和 20%。1979—1998 年全省农业合同外资金额 6.83 亿美元，其中中外合资经营项目 4.58 亿美元、中外合作经营项目 0.33 亿美元、外商独资经营项目 1.92 亿美元，分别占全省农业合同外资总额的 67.1%、4.8% 和 28.1%。从上述情况看，中外合资经营成为我省农业利用外资的主要方式。值得注意的是，近几年外商独资经营项目发展较快。1996 年全省农业外商独资经营项目合同外资金额 4122 万美元，首次超过中外合资经营项目的合同外资金额。1997 年和 1998 年外商独资经营项目分别比中外合资经营项目多 2 个和 8 个。这种迹象表明，在 21 世纪初期，随着我省对外开放的不断发展，特别是投资环境的日臻完善，外商独资经营项目的发展速度将会加快，并促进整个农业利用外资工作的迅速发展。

3. 主要集中在东部沿海地区。东部沿海地区既是我省经济发达地区，也是外商投资的重点地区。与外商投资的总体格局相吻合，外商对我省农业的投资也主要集中在东部沿海地区。据有关资料分析，截至 1998 年，仅青岛市就有农业利用外资项目 73 个，合同外资金额 7375 万美元，分别占全省农业利用外资项目总数和合同外资总额的 8.1% 和 11%。其中，1998 年青岛市农业利用外资项目 21 个，合同外资金额 1417 万美元，实际利用外资金额 453 万美元，分别占全省农业利用外资项目总数、合同外

资总额、实际利用外资总额的 39%、34% 和 16%。在全省县（市）区中，东部沿海地区的莱阳市农业利用外资名列前茅。据统计，1988—1996年，莱阳市共批准外资项目 198 个，合同外资金额 15706.85 万美元，实际利用外资金额 5672.89 万美元。其中，农业利用外资项目 68 个，合同外资金额 7454.33 万美元，实际利用外资金额 3933.86 万美元，分别占全市利用外资项目总数、合同外资总额、实际利用外资总额的 34.3%、47.5% 和 69.3%。与东部沿海地区相比，地处内陆的鲁中、鲁西北、鲁西南地区（其中不少市地是我省农业主产区）农业利用外资发展缓慢。例如，1998 年泰安市耕地面积 33 万公顷，农业人口 383.3 万人，全市农业总产值占工农业总产值的 34.5%，是我省重要的农业生产区之一。截至 1998 年底，泰安市累计农业利用外资项目 5 个，仅占全省农业利用外资项目总数的 0.6%。其他内陆市（地）也大体存在类似的情况。

4. 大多为农产品加工项目。从我省农业利用外资的实际情况看，外商对农业的投资领域不断扩大，涉及农业领域的各个方面，其中以农产品加工项目为主。因为，此类项目审批较快、投资较少，易于生产经营，且有广阔的市场，利润率较高，投资回收期较短。而投资较多、回收期较长、风险较大的种植业、养殖业等，外商投资则较少。据有关资料统计，1997—1998 年我省农、林、牧、渔业利用外资项目共计 100 个，其中投向农业领域的项目仅为 37 个。在县（市）区中，农业利用外资的情况也是如此。例如，莱阳市农业利用外资的各项指标居全省首位，其中农业利用外资项目大多从事农产品加工。具有代表性的龙大、莱励、日生等 24 家外商投资农业企业，重点从事蔬菜种植及加工出口。目前，该市蔬菜种植面积达 30 多万亩，年加工出口蔬菜十几万吨，创汇 1 亿多美元。

（二）我省农业利用外资的主要成效

通过积极引进外资，为我省农业注入了新的活力，对缓解农业投入不足，增强农业综合生产能力，加快农业的对外开放步伐，推动农业和农村经济的发展起了重要作用。具体来说，主要有以下几个方面：

1. 弥补了农业发展资金的不足。资金短缺是长期制约我省农业增长的一个重要因素。改革开放以来，我省除了充分利用省内资金增加对农业的投入外，通过积极改善投资环境，特别是制定一系列鼓励外商投资农业的政策，引导外商投资农业，为农业和农村经济的快速增长做出了贡献。

据统计，1979—1998年我省农业合同外资金额为6.83亿美元，按现行汇率计算折合人民币56.4亿元。从农业实际利用外资情况看，1997—1998年，我省农业实际利用外资金额4677万美元，折合人民币3.9亿元。仅1998年我省农业实际利用外资金额2884万美元，折合人民币2.4亿元，相当于同期省级农业基本建设投资的44.6%。通过利用外资，不仅在一定程度上弥补了我省农业投入不足，而且带动了市（地）、县、乡镇、集体、农户自筹配套资金，为农业的发展增强了后劲。

2. 促进了农业产业化经营。农业利用外资的不断发展，带来了现代农业的经营观念，促使人们不再把农业作为一个单纯的种植、养殖行业看待，而是看作一个种养、储藏、保鲜、加工、运输、销售等各个环节相互连接、相互促进的产业，从而拉长了农业的产业链条，使农业生产成为产业化、系列化生产体系。例如，龙口市根据经济发展的要求，积极引导外资投向农业，先后兴办农业利用外资项目43个，引进外资9000多万美元。其中，1998年10月，该市冶基实业公司与新加坡客商签订了合作开发高标准果品生产基地合同，共同投资兴办了"龙口复信农产品开发有限公司"。通过引进优良品种，对原有果园进行嫁接改造，并采用了国际上最先进的保鲜技术，建立了18万吨位的冷风库。果品保鲜期可达两年，年出口水果5万吨，实现了种植、加工、储藏、出口一条龙。成为我省乃至我国北方最大的水果加工出口"龙头"。

3. 引入了国外农业优良品种和先进技术。多年来，我省良种培育取得了很大成绩，但仍存在品种单一、品质退化、技术含量不高、附加值低的问题。通过利用外资，我省先后引入了一大批国外的优良品种和先进技术。据不完全统计，自1986年以来，我省累计引进国外农业优良品种300多个，先进农业技术400多项。如畜牧方面先后引进法国、瑞士、荷兰、意大利、南非等国的肉牛和肉羊优质胚胎品种，并在省内建立了繁育基地；蔬菜加工方面先后从日本、美国等国家引进了先进加工技术和设备；种植业方面从以色列引进了旱地农业技术和生物技术等。据测算，我省通过引进国外农业优良品种和先进技术，每年可使农业增加经济效益几十亿元。烟台市在我省引进国外农业优良品种和先进技术方面收效较大。改革开放以来，该市利用外商投资引进优良品种180多个，引进具有国际先进水平的农产品深加工设备1100多台（套），有效地提高了农产品的质量，取得了较大的经济效益。如该市在水果方面引进了红富士、大樱桃、水晶梨、玛瑙杏、红心李、美味油桃等几十个新品种，并引进了水果套袋、反光着色、打蜡保鲜、作物生长调节剂等先进技术，使水果质量明显提高，培育出国家级金奖新品种57个，许多水果成为国内外市场的抢手货。

4. 带动了外向型农业的发展。我省是农业大省，也是沿海重要对外开放省份，发展外向型农业具有得天独厚的条件。通过积极引进外资，兴办创汇农业项目，开发了一大批出口拳头产品，大幅度提高了农产品的附加值，增强了出口创汇能力。例如，安丘市是一个县级农业大市，农业资源十分丰富。多年来，先后吸收美国、日本、韩国、中国台湾、中国香港等国家和地区的外商兴办农业利用外资项目27个。开发出以蜜桃、芦笋为主的10个稀特产品和创汇产品，荣膺了"中国蜜桃之乡"、"中国芦笋之乡"等6个"特产之乡"的美誉，被日本、韩国等6个国家和地区的果菜公司定为生产基地。1998年该市出口农副产品55万吨，出口交货值20多亿元，果菜出口占潍坊口岸的80%，占青岛口岸的34%，成为日本、韩国等国家和地区的"菜篮子"。我省西部市（地）也积极引进外资，在发展外向型农业方面取得了明显成效。如地处菏泽地区的山东裕鲁实业集团，自1988年起先后与日本、韩国、加拿大、中国台湾等国家和地区的外商，以合资、合作方式兴办了十几个农业利用外资项目，开发出包括罐头、调味料、脱水蔬菜、冷冻食品、方便食品、果汁等十大系列产品，1998年出口创汇3500万美元。

5. 建立了一批龙头企业。我省农业利用外资项目，大多从事农产品加工业。这些外商投资农业企业充分利用其资金雄厚、技术力量强、信息灵通、销售渠道广等优势，并与当地的资源和劳动力等方面优势相结合，形成了一批龙头企业，对农村经济发展起到了示范和带动作用。例如，烟台龙大企业集团是一家镇办合资企业，它拥有当今世界一流的蔬菜生产车间，加工蔬菜完全在无菌条件下进行。它生产的速冻芋头、青刀豆、蒜苔、胡萝卜、肉食、大虾等30多个品种，达到了保鲜、保形、保色、保味的效果。获得了国家商检部门的"实施凭证和检验员记录放行"出口免检待遇，其产品出口后直接进入日本超级市场。1998年实现销售收入5.62亿元、利税3086万元，出口创汇5001万美元。再如，诸城外贸集团公司先后与外商合资建立了 10 家农产品加工企业。它们以农村为原料基地,依靠国外先进技术、设备进行农产品深加工,逐步发展成为产供销一体化、种养加一条龙式的现代农业企业。1998 年诸城外贸集团公司实现销售收入 32.8 亿元、利税 1.1 亿元,出口创汇 6312 万美元。从而,有效地推动了农业向集团化、产业化、一体化经营方向发展。

6. 增加了农民收入。我省农业利用外资项目主要集中在小城镇周围,且多属劳动密集型,不仅为农村剩余劳动力提供了大量就业机会,而且带动了农民收入的提高。例如,聊城嘉明企业有限公司是一家从事肉食鸡饲养、加工一条龙的合资企业,吸纳农村劳动力 3000 多人,年生产加工肉鸡 4.5 万吨,其中销往国际市场 1.5 万吨。该公司确定了"办好一个企业,致富一方人民"的宗旨,每年生产的 4000 万只鸡雏,除自有示范鸡场饲养 15 万只外,其余全部由农民饲养。近几年发展饲养 5000 只以上养鸡专业户 3000 多个,吸纳农村剩余劳动力 2 万余人,养鸡专业户年均纯收入达万元以上。地处菏泽市沙土镇的山东裕鲁实业集团与外商合资兴办的蔬菜加工企业,根据出口需要,为农民提供从国外引进的绿竹、芦笋、草菇、洋菇、三樱椒等新品种,并指导技术、预付定金,使农民每亩收入由 300 多元增加到 2000 多元。同时,山东裕鲁实业集团以松散合作的方式,把沙土镇周围 5 县、38 个乡(镇)约百万农民联合起来,实行产加销一体化经营,在更大规模上带动了农村经济的发展。

二 我省农业利用外资存在的主要问题

(一) 农业利用外资的规模较小

改革开放以来,我省农业利用外资取得一定成就,但总的来看规模较小。突出表现为:(1) 农业利用外资的总体规模较小。虽然农业是我省利用外资中一直受鼓励的产业之一,但与其他产业相比,农业利用外资无论是项目数,还是投资额都较小,与农业的基础地位特别是与农业大省和沿海重要对外开放省份的地位很不相称。据省统计局统计,1979—1998 年,我省累计批准外商投资项目 24584 个,合同外资金额 333.34 亿美元,其中农业利用外资项目 902 个,合同外资金额 6.83 亿美元,分别占全省利用外资项目总数、利用外资总额的 3.7% 和 2%。而广东省 1979—1998 年累计农业利用外资项目 2817 个,合同外资金额 29.53 亿美元(实际利用外资金额12.53亿美元）。分别是我省农业利用外资项目、合同外资金额的3.12倍和4.32倍。（2）农业利用外资项目的平均规模普遍较小。据统计，截至1998年底，全省外商投资项目的平均规模（以合同外资金额计算）136万美元，而农业利用外资项目的平均规模（以合同外资金额计算）只有76万美元。同时，也大大低于全国农业外商投资项目的平均规模（截至1997年底为101万美元）。农业利用外资项目平均规模过小，决定了其作用的局限性，虽可在一定范围内促进部分农产品的深加工和一些种植业、养殖业的发展，并带动周围农户脱贫致富，但难以推动农业生产方式的根本转变，以及在更深的程度上和更广的范围内，实现农业的产业化和集约化经营。

（二）农业利用外资的质量不高

农业利用外资的质量如何，直接关系其能否有效推动农业和农村经济的发展。就总体情况而言，近几年我省农业利用外资的规模有所扩大，但其质量不够高。主要表现为：（1）农业利用外资的结构不合理。由于缺乏对农业利用外资的有效引导，一是造成外商投资集中于小型的一般加工项目，农业的其他领域较少；二是造成外商投资集中于东部沿海的青岛、烟台、威海、潍坊等地，而中西部地区则较少。从而，未能形成合理的产业布局和区域布局。（2）农业利用外资项目的科技含量较低。在我省农业利用外资项目中，中小型项目尤其是农产品初级加工项目较多，大型项目特别是高科技含量、高新技术、精深加工项目较少，产品附加值较低，从而影响了农业比较效益的提高。（3）农业利用外资的实际到位率不高。据有关资料统计，1997—1998年，我省农业利用外资项目100个，合同外资金额9355万美元，实际利用外资金额4677万美元，外资到位率近50%。其原因之一是配套资金不足。据测算，我国农业利用外资新建项目的外币与人民币的投入比一般为1∶7，即每投入1美元，就需7元人民币配套。而我省的现实情况是农业投入本来就不足，具体到外商投资的配套资金就更紧张。（4）农业招商引资的渠道窄、方式单一。一是多元化招商引资不够。我省农业外资主要来源于中国香港、台湾地区以及韩国和东南亚国家，来自发达国家的则较少。二是利用外资的方式单一。我省农业利用外资主要是举办中外合资、中外合作、外商独资企业三种方式，其他方式特别是融资租赁、跨国并购等则没有。三是按照国际惯例运作招商不够。我省农业利用外资大多采取坐门招商的形式，走出去、请进来较少。特别是国际通用的中介招商、网上招商等运用不够。

（三）农业利用外资的政策引导不明显

农业是投资多、周期长、风险大、利润率低的产业。国家一直将其作为鼓励外商投资的产业，并制定了相应的政策措施。主要体现在：外商投资农业企业所销售的自产农产品免征增值税；外商投资农业机耕、排灌、病虫害防治、植保、农牧保险及相关技术培训业务、家禽、牲畜、水生动物配种和疾病防治项目免征营业税；从事农业、林业、牧业的外商投资企业所得税在减免期之后10年内可减征15%—30%。另外，我省为加快农业利用外资步伐，对外商投资兴办农业综合开发、创汇农业项目，对其缴纳的企业所得税、地方所得税、土地使用费、产品销售等也制定了一些优惠政策措施。这些鼓励措施同时也适用能源、交通以及高新技术等产业。它虽在一定程度上促进了农业利用外资的发展，但由于政策倾斜不够，难以对外商产生很强的吸引力。目前，外商投资农业项目在土地使用权限审批、土地使用费标准、土地使用期限、税收政策、银行信贷、产品出口、进口农业生产资料及相关的良种、种苗等方面受到的限制还比较多，不利于实施对农业利用外资的有效引导。

（四）农业引资主体实力较弱

目前，我省的农业利用外资项目合资中方多为乡镇企业。它们大多经济实力不强，技术水平不高，人才短缺，经营方式落后。以这些乡镇企业作为吸引外资的主体，对农业利用外资产生不利的影响。一是同外商进行合资合作谈判过程中往往处于不利的地位，谈判不易成功，尤其是难以同国外的大公司、大商社达成合资合作协议。近几年，我省农业利用外资的总体规模较小、质量不高，尤其是以中小型农产品加工项目为主，其原因之一就在于缺少大型的现代农业企业。二是由于农业引资主体——乡镇企业基础的先天不足，即使同外商达成合资合作协议，也极大地限制了农业利用外资项目水平的提高。三是由于各市（地）乡镇企业发展不平衡，导致农业利用外资项目在全省各市（地）的分布不平衡，特别是中西部地区的农业资源和劳动力资源优势得不到充分发挥。从我省的实际情况看，凡是农业利用外资发展较快的市（地），都与有一些实力较强的乡镇企业密切相关。例如，烟台龙大企业集团、龙口冶基实业公司、山东裕鲁实业集团、聊城嘉明企业有限公司等都因规模较大、资金较雄厚、人才较多、技术和管理水平较高等，成为吸引外商投资的载体，有效地促进了当地农业和农村经济的发展。

（五）农业的投资环境不完善

改革开放以来，随着对外开放的不断发展，我省农业的投资环境有了较大改善，但仍不适应吸引外商投资的要求。主要表现为：（1）农业的投资硬环境不完善。总的来看，农村的基础设施比较薄弱，特别是一些经济欠发达地区更为落后。一是一些农村的交通条件尤其是道路条件较差，主要表现为公路等级低、路况差。有的外商投资企业自己投资修建道路，当地政府也未给补贴。二是一些农村的通信条件较差，缺乏通达国内外的快速高效的通信网络。有的外商投资企业安装电话时，电信部门要征收很高的架线费和装机费。三是一些农村的供电条件较差，部分农村停电现象时有发生，且电价普遍较高，有的地方每度电一般要在一元以上。四是一些农村的供水条件较差，特别是有的地方缺乏必要的自来水设施，给外商投资企业的生产和生活带来一些困难。五是农业基础设施建设滞后，主要表现为水利基础设施老化失修严重、农产品市场流通设施建设落后、信息网络设施建设不够。六是一些地方的农业生态环境较差，主要是部分地区的"三废"排放量大、处理率低，综合利用少，造成农业生态环境恶化。七是部分农村小城镇建设规划不合理、设施落后，特别是一些教育、文化、卫生等社会服务设施不健全，难以为外商创造良好的生产、生活环境。（2）农业的投资软环境不完善。这是制约农业利用外资的一个极为重要的因素。主要表现为：①一些地方对外商投资农业企业存在乱检查、乱收费、乱摊派、乱罚款的问题。烟台市某外商投资企业反映，某系统的多头检查一周多达6批之多，企业难以招架。有些地方对外商投资企业的收费达二三百种，外商对此反映强烈。②一些合资项目的中方不信守合同，不兑现承诺，随意侵犯外商投资企业权益，导致前来投资的外商望而却步，甚至中途流产。如一韩商租用烟台某村厂房，该村不以实际用量收取水费，而是随便乱要，外商强烈不满。③有些部门的服务意识差，审批程序繁杂，办事效率低下，个别部门甚至出现不请客送礼就难以办事的现象。④农村的社会化服务体系不健全，如技术、信息、金融、保险、会计、法律以及相关的咨询、产销中介服务等网络不配套，社会化程度低。

五是由于农村人口的文化水平普遍较低,严重缺乏精通外语、科技、法律、财会专业之才,特别是既掌握农业知识,又熟悉国际经贸的人才,以及高级的生产经营管理人才,难以为外商提供良好的人才环境。

(六) 农业利用外资的宏观管理不力

由于我省农业利用外资尚处于初步阶段,加之受传统的计划管理体制的影响,对农业外资项目的宏观管理重视不够。主要表现为:(1)缺乏统一的农业利用外资管理和协调机构。目前,我省农业利用外资项目由对外经贸部门负责审批,农业部门很少介入。但对外经贸部门只管审批,不负责具体的管理。而农业部门对农业外资项目不负专责,很难对其实施监督和管理。因此,至今缺乏一套行之有效的农业利用外资管理办法。(2)缺乏统一的农业利用外资发展规划。由于农业利用外资管理工作较松散,因此很难制定和实施农业利用外资的长远规划,造成了农业外资项目在产业和区域布局上的不合理。(3)缺乏科学的农业利用外资管理手段。对农业利用外资的管理多为行政手段,且存在重引进、轻管理,特别是忽视指导、协调、服务的现象。同时,相应的经济手段尤其是法律手段运用不够。

三 我省农业积极合理有效利用外资的主要对策

(一) 进一步解放思想,增强扩大农业利用外资的责任感和紧迫感

思想是行动的先导。从一定意义讲,思想解放的程度,决定了农业利用外资工作的力度。我省与先进省市在农业利用外资方面的差距,表现在数字上,反映在工作上,其重要原因之一在于思想解放不够。因此,我省农业要积极合理有效地利用外资,特别是取得新的突破,首要地是从实际出发,最大限度地扫除影响农业利用外资的各种思想障碍,最大限度地调动各方面扩大农业利用外资的积极性。具体来说,应重点解决好以下几个问题:

1. 破除可有可无的思想,充分认识利用外资在农业现代化中的地位和作用。21世纪我省农业发展的根本任务是实现农业现代化。现代化农业必然是开放的农业。随着经济全球化趋势的进一步发展,特别是我国加入世界贸易组织进程的不断加快,以及国际市场竞争的日益加剧和激烈,利用外资在我省农业现代化中愈来愈显示出其重要的战略地位。因为,21

世纪制约我省农业现代化的重要因素之一，就是巨额资金难以筹措，农业投入不足。而要解决这一问题单靠国内筹措显然是不行的，必须积极吸收利用外资。只有这样，才能尽快解决我省农业发展急需的资金、技术、管理经验和人才等问题，才能不断促进农业和农村经济结构的调整，才能使我省农业在更大范围、更高层次上参与国际分工与竞争，才能进一步提高农业发展的质量和效益。所以，我省在推进农业现代化进程中，必须从战略的高度重视农业利用外资问题，并采取切实可行的措施，认真搞好这项工作。

2. 破除无所作为的思想，抢抓农业利用外资的新机遇。尽管我省农业利用外资由于受产业政策、引资载体、投资环境等方面制约，出现了规模较小、质量不高等问题，并不意味着我省农业无法有效吸收利用外资或潜力不大。应当看到，伴随着我国加入世界贸易组织进程的加快，我省农业的投资环境将会得到进一步改善，外商直接投资将会不断增加，并实现投资方式的多元化。目前，一些发达国家和地区由于农产品生产成本的快速上升和资源的制约，农产品生产的比较优势下降，开始到国外投资建立生产基地，这给我省农业利用外资无疑提供了机遇。因此，我们要在正视农业利用外资面临一些挑战的同时，充分认识其面临的机遇。善于抢抓机遇，用好机遇，加大招商引资的力度，提高农业利用外资的质量和水平。

3. 克服畏难情绪，大胆探索农业利用外资的新思路。虽然我省农业利用外资面临一些矛盾和困难，但应当看到，改革开放以来我省农业利用外资已有一定基础，并积累了一些经验，同时还有一些优势。只要我们能够充分认识扩大农业利用外资的重要意义，把农业利用外资真正列入重要议事日程，认真研究其面临的新形势、新情况、新问题，敢于在农业利用外资的观念、方式、领域以及政策措施等方面创新和突破，必然会推动农业利用外资的稳定、健康发展。

4. 克服对扩大农业利用外资不适应问题，增强驾驭农业利用外资的能力。农业利用外资是一项庞大的系统工程，对一些干部群众来说，也是一项新生事物，难免出现工作不适应，特别是"本领恐慌"问题。在新形势下，要适应扩大农业利用外资的要求，一方面应掌握复杂多变的国际资本市场状况，认真学习农业利用外资的有关知识，研究其自身发展的规律；另一方面，应深入实际调查研究，及时发现和解决农业利用外资中出现的问题，认真总结推广其先进经验，并积极用好、用活有关的政策，增强工作的科学性和有效性。只有这样，才能切实掌握扩大农业利用外资的主动权。

（二）加强对外商投资的引导，提高农业利用外资的质量和水平

总的来看，今后我省农业利用外资，必须同农业和农村经济结构的战略性调整结合起来。以扩规模、上水平为重点，加快实现农业利用外资的战略性转变。特别是应注重优化外资导向，提高其质量和水平。为此，应重点采取以下措施：

1. 强化农业利用外资的产业导向。根据我省农业发展的要求和外商投资的特点，在国家利用外资产业政策的框架内，应重点引导外商加大对下列领域的投资：（1）农业综合开发项目。主要是中低产田、低产林和低产大中型湖泊水面的改造；农业基础设施建设（重点是水利基础设施建设）等。（2）农产品精深加工项目。主要是粮食、蔬菜、水果、肉食品、水产品的储藏、保鲜、深加工、运输、销售以及创汇农业等。（3）新品种、新技术的引进项目。主要是粮食、棉花、油料、水果、蔬菜等农作物优良品种和新畜（禽）种、种苗（木）以及海、淡水产品的养殖技术；生物技术、产品储运和精加工转化技术；节水灌溉、旱作农业、机械配方施肥设施、园艺配套栽培等技术；农作物病虫害和畜禽、水产品病害防治技术等。（4）相关产业的科技项目。主要是高科技生物农药、高效有机复合肥、适用农业机械、农业设施机械、农产品加工机械的开发生产；农业生态环境综合治理；农村能源综合开发技术等。（5）农业社会化服务项目。主要是农产品市场流通设施建设、信息网络设施建设、农村公共基础设施的建设与维护、农业科技开发及其成果的推广应用服务、农业生产资料供应、信息咨询、农村职业教育等。

2. 优化农业利用外资的区域布局。从我省不同地区的条件和优势出发，按照"因地制宜，合理布局"的原则，对农业利用外资项目进行统筹安排。东部沿海地区由于其经济发展水平和对外开放程度较高，农业利用外资已有一定基础，今后应重点引进国外农业高新技术，发展高科技含量、高附加值的高产优质高效农业和创汇农业，以及农产品的精深加工和综合利用等，形成具有国际竞争优势的新的产业体系，为其在全省率先基本实现农业现代化创造良好条件。中西部地区的资源丰富、劳动力成本和

土地价格相对低廉，今后农业利用外资的重点是进行中低产田改造、荒山和荒地开发、农业基础设施建设、农产品精深加工，以及节水灌溉、旱作农业技术等，以推动农业产业化经营，为其成为全省优质农产品生产、加工基地提供良好条件。

3. 拓宽农业利用外资的渠道和方式。从我省农业利用外资存在的问题看，应主要采取下列措施：（1）优化农业利用外资的区域结构。针对世界经济形势的变化和国际资本流动的新趋向，特别是我国加入世界贸易组织给利用外资带来的机遇，我省农业应在继续吸收韩国、东南亚国家和港澳台地区投资的同时，加大吸收美国、日本、欧盟等发达国家和地区投资的力度，逐步形成农业利用外资来源结构的多元化格局。在招商对象上，除了继续引进中小企业投资外，应重点引进大企业、大财团、大商社、跨国公司投资。（2）广泛采取多种新的农业利用外资方式。在继续采用中外合资、中外合作和外商独资等利用外资方式的同时，对一些农业综合开发、创汇农业项目，特别是高科技含量、高附加值的项目。积极采用融资租赁、合作开发、项目融资、境外上市、跨国并购等方式。对于一些农业基础设施项目，凡具有一定经济效益的，可采用BOT方式吸引外商投资。（3）转变农业招商引资方式。一方面，根据我省农业现代化发展的要求，建立农业利用外资项目库，定期对外公布重点招商项目名单；另一方面，广泛采用上门招商、中介招商、委托招商、网络招商、以商招商等具有明显成效且符合国际惯例的招商方式，以提高招商引资的效益。

4. 利用外资建立农业开发合作实验区。积极借鉴福建兴办"海峡两岸农业合作实验区"的经验，重点在黄河三角洲和鲁西地区，选择有条件的县（市），按照"优势互补、互惠互利、共同发展"的原则，在21世纪前10年，与外商合资建立6—10个农业开发合作实验区，以充分发挥其在农业利用外资中的示范、辐射和带动作用。

（三）完善农业利用外资的优惠政策，增强对外商的吸引力

考虑到农业在国民经济中的特殊地位和农业利用外资的特殊性。我省应在权限范围内，进一步完善鼓励外商投资农业的优惠政策。具体来说，主要有以下几个方面：

1. 土地政策。建议对外商投资开发"四荒"、进行中低产田改造或投

资于能明显提高粮食、棉花、油料、蔬菜、果品、畜禽产品、水产品、饲料、花卉等农产品产量、质量和效益的项目，给予土地出让出租优惠；土地使用期限最长为70年，在使用期限内，对已开发的土地，可依法转让、出租、抵押、继承等。对外商从事农业基础设施建设，以行政划拨方式取得国有土地使用权的，免缴土地使用费。外商投资企业以有偿方式取得土地使用权从事种、养殖业的，免收公路建设附加费等地方性规费。对外商在省政府规划确定的范围内，投资填海造地、围垦造地，根据地段具体情况，给予外商所造土地面积50%—70%的使用权，并在50年内免缴土地使用费。

2. 税收政策。建议对外商投资的农业项目特别是投资回收期较长的大型农业开发项目，免征地方所得税。对外商引进优良品种和先进技术，在区域性试验和生产性试验期间，免征农业特产税。对新办外商投资农业企业免征房地产税（新建房屋）和车船使用牌照税。

3. 信贷政策。建议对省农业部门认定的外商投资农业产业化经营或农业综合开发重点项目。符合银行贷款条件的，银行应优先安排贷款，并予以享受相应的政府农业产业化专项优惠政策。

4. 进出口政策。建议对外商投资农业企业引进的种子、种苗、种畜，以及进口的饲料、动植物保护药物，经农业、林业主管部门批准和有关出入境检验检疫机构检疫后，除国家明文规定以外，均免领进口许可证，由海关监管，凭企业进出口合同验放。对其进口的农业生产资料（化肥、农药等），应优先报关、审批，并允许其异地报关。允许外商投资农业企业生产的产品自行组织出口，其中涉及出口配额或出口许可证的，有关部门应优先解决；属于专营产品的，由有经营权的部门收购或代理出口。委托外贸公司代理出口的，除按协议交纳代理费外，外汇收入全部留给外商投资农业企业，用于发展生产。

5. 市场政策。进一步开放农产品市场，允许外商从事农产品的收购、仓储、运输和销售活动。对外商投资农业企业生产的农产品及其加工品，除国家明令禁止内销的产品之外，凡外汇能自求平衡的，其内销比例不受限制。

（四）培育和发展农业企业集团，提高同外商合作的能力

为了改变我省农业引资主体实力较弱的状况，必须十分重视培育和发

展农业企业集团，使之成为农业利用外资的有效载体。根据我省的实际情况，培育和发展农业企业集团可考虑从以下方面入手：

1. 引导大型工商企业进入农业领域。利用国有企业改革的契机，引导具有较强服务功能、中长期投资能力、市场运作能力和较强自律性的大型工商企业进入农业领域。充分发挥其资金、技术、管理、营销、服务等方面优势，开发农业资源，促进城乡生产要素和资源的合理流动与优化配置。建立起由国家、地方、乡镇和农户参股，集产供销、内外贸、农科教于一体的区域性乃至全省性的大型农业股份有限公司或农业企业集团。为了搞好引导大型工商企业进入农业领域工作，应注意解决好以下几个问题：（1）予以必要的政策支持。从总体上看，大型工商企业进入农业领域，应该而且可以获取平均利润甚至是超额利润，但因农业投资回收期长，存在一些不可预测的自然风险和市场风险。省有关部门应当在技术改造、债券发行、股票上市、生产要素供给等方面给予政策支持。（2）建立相应的约束机制。明确大型工商企业进入农业领域的职能、经营领域、基本任务和所要达到的目标，并建立相应的社会监督机制，通过行政、经济、法律手段约束、调控企业行为。（3）逐步推开。引导大型工商企业进入农业领域不宜一哄而上，应有一定条件要求和筛选机制，不符合条件的不提供优惠政策支持。

2. 大力培育农业产业化龙头企业。要坚持"积极引导、大力扶持、放手发展、不断完善"的方针，加快农业产业化龙头企业建设。在全省选择具有较强经济技术实力、组织协调能力、辐射带动能力、市场竞争能力和抗御、化解市场风险能力的 50 家省级农业龙头企业和 500 家区域性农业龙头企业，按照"打破地域界限、优化资源配置，相对集中发展，形成规模经济"的原则进行重点建设。在龙头企业的发展方向上，要突出大（规模大、带动面大）、高（技术水平高、附加值高）、外（外向型）、新（新产品）、多（多种所有制、多形式）；在经济主体上，鼓励支持多层次、多成分、多形式地发展龙头企业；在经营形式上，采取合同契约、股份合作、资产参与等多种模式，使龙头企业与广大农户之间结成利益均沾、风险共担的经济利益共同体。特别是鼓励和支持龙头企业采取兼并、租赁、拍卖等形式，实行跨区域、跨行业、跨所制的合作与联合，促进龙头企业向集团化方向发展。省有关部门应为农业产业化龙头企业提供资金、信贷、税收、技术、人才等方面的优惠支持,并为其创造良好的外部环境,使之尽快发展成为现代农业企业集团,增强同外商合作的能力。从而为提高农业利用外资水平奠定良好基础。

(五)大力改善农业的投资环境,再造农业利用外资新优势

当前,农业利用外资的竞争已经演化成为农业投资环境的竞争。因此,我省要扩大农业利用外资,必须采取有效措施,努力为外商创造一个按照国际惯例投资、管理、经营、获利的良好环境。

1. 进一步优化农业的投资硬环境。重点解决下列几个问题:(1)大力改善农村的交通条件。集中人力、物力和财力,重点加强农村公路建设,提高其等级,全面实现村村通油路,形成四通八达的公路网络。(2)高度重视农村通信建设。重点抓好农村的电话增容和长途线路特别是国际通信线路的建设,尽快形成通达国内外的快速高效通信网络。同时,重视和加强农村信息设施建设,逐步建立覆盖农村的信息网络。(3)加大农村供电的力度。进一步完善农村的输变电工程建设,加快农村电网改造,改革农电管理体制,实行城乡同网同价,大幅度降低农电价格。(4)加强农村供水设施建设。搞好农村改水、供水工程,着力解决部分农村的饮水困难问题,使大部分乡镇用上卫生方便的自来水。(5)搞好农业基础设施建设。加快建设以水利为重点的五大防御体系:工程防洪除险体系、山地平原生态植被体系、沿海防护林体系、灾害性天气预警体系、病虫害和疫情防治减灾体系,切实提高农业的防灾抗灾能力。(6)着力改善农业生态环境。坚决制止对农业资源的污染破坏和浪费,把资源开发和保护有机结合起来,实现农业和农村经济的可持续发展。(7)搞好小城镇建设。坚持"统一规划、合理布局、综合开发、配套建设"的原则,在重视小城镇基础设施建设的同时,加大教育、文化、卫生、体育等社会服务设施和相关生活设施建设的力度,为扩大农业利用外资奠定良好的设施与环境条件。

2. 进一步优化农业的投资软环境。突出抓好以下工作:(1)坚决制止对外商投资农业企业的乱检查、乱收费、乱罚款、乱摊派。进一步规范工商、税务、劳动、物价、卫生、海关、出入境检验检疫等部门以及相关中介服务机构的管理和服务。在清理各项收费的基础上,取消不合理的收

费项目，降低一部分收费项目的收费标准。对准予收费的项目，实行收费登记卡和收费许可证制度、并向"以税代费"过渡。有关涉外部门对外商投资农业企业应实行联合年检，防止多头检查和重复检查。各种摊派应一律取消。向外商投资农业企业收取的罚款，必须严格按标准执行。从而切实减轻外商投资农业企业的负担。（2）严格依法办事。要信守合同，依法履约。坚决纠正一些地方、部门随意侵犯外商投资权益的现象。对侵犯外商投资农业企业权益的事件和有关责任人，严格依法处理。要重视外商投资农业企业的各种投诉，坚决制止地方保护主义。有关部门应及时、公正地协调处理好相关的投诉案件，依法保障外商投资的经营管理自主权和外商合法权益。同时，加强农村社会治安综合治理，确保外商的人身、财产安全，塑造良好的开放形象。（3）进一步提高服务质量和工作效率。一是强化服务意识，简化审批手续和环节，提高办事效率。二是在县及乡镇建立和健全外商投资服务中心，为外商投资农业提供咨询服务，并代为办理申请立项、注册登记、合约公证、土地租赁、劳动用工、法律事务、代交税费、开工投产一条龙服务。三是对重大外商投资农业项目实行跟踪责任制度，明确牵头部门、主管部门和主管领导，定期研究和解决遇到的困难和问题。特别是逐步对外商投资企业实行国民待遇（重点解决好市场准入、经营领域、合作方式、股权比例、项目审批等问题），为其生产经营创造良好条件。同时，在全省开展"百家外商投资农业企业树形象工程"。为其提供系列化服务，使其充分发挥示范带动作用。四是关心外商及子女的就医、上学和居住问题，解决外商投资农业的后顾之忧。（4）建立健全农业社会化服务体系和保障体系。主要包括：一是完善良种、化肥、农药、农机、农膜、饲料等农用生产资料的供应服务；二是完善农业技术推广、水土保持、植物保护、施肥灌溉、畜牧兽医、水产养殖等农业生产过程的服务；三是完善农产品的加工、检验、分级、包装、储藏、批发、运销等方面的服务；四是完善农业科学技术的普及及培训、农业资金的筹集、农业中介组织、信息提供等方面的服务；五是完善社会预警预灾系统和社会保障系统，扩大农业保险的范围，特别是借鉴国外经验组建政策性农业保险公司，同时逐步发展农民互助合作保险组织。（5）大力培养和造就农业利用外资的人才队伍。一方面，将扩大农业利用外资急需的技术、管理、对外经贸、法律、金融、财会、外语等人才，纳入全省各市（地）尤其是县、乡镇人才发展的规划。另一方面，省内高等院校，特别是山东农业大学、省农业干部管理学院等，应加大培养农业利用外资人才的力度，尽快培养一批懂农业、善经营、会管理、精通外语、熟悉利用外资及国际贸易业务的复合型人才，为外商投资农业提供良好的人才环境。

（六）加强宏观管理，为扩大农业利用外资提供保障

扩大农业利用外资是一项复杂庞大的系统工程，要提高其质量和水平，必须切实加强宏观管理。当务之急，应重点做好以下几个方面工作：

1. 建立有权威的农业利用外资管理和协调机构。建议成立由计划、财政、外经贸、农业、金融、税务、土地管理、海关、出入境检验检疫等部门领导组成的具有权威性、综合性的"山东省农业利用外资管理和协调机构"，下设专职办公室。农业利用外资管理和协调机构的具体职能：制定农业利用外资的任务、目标、政策、战略，组织协调全省农业利用外资项目的引进、审批、管理，监督检查国家和省农业利用外资政策的执行情况，统一协调解决农业利用外资工作中的重大问题和重点项目的组织实施。为推动全省农业利用外资工作的开展，市（地）特别是县都应建立健全相应的管理和协调机构，并设立专职办事机构，形成全省性的农业利用外资管理体系。

2. 制定农业利用外资的总体规划。在深入研究国际资本流动新格局，特别是我国加入世界贸易组织对利用外资影响的同时，结合省情和全省"十五"规划的要求，制定一个包括农业利用外资现状，今后农业利用外资的环境及走势、指导思想、基本原则、发展目标、区域布局、重点领域、政策措施等内容的总体规划，有针对性地指导全省农业利用外资工作的开展。

3. 运用科学的农业利用外资管理手段。具体而言，主要有以下方面：（1）运用好行政手段。重点克服"重引进、轻管理"的现象，特别是改变对农业利用外资管理主要集中在项目审批的做法，努力在"指导、管理、协调、服务"四个方面做好农业利用外资工作。（2）运用好经济手段。根据我省东部沿海地区和中西部地区的不同条件及优势，结合农业发展的要求和外资的特点，采用信贷、税收、价格、利率等经济杠杆调节农业利用外资的规模、结构、布局、投向、行业等，进一步提高农业利用外

资的质量和水平。（3）运用好法律手段。主要是针对我省农业利用外资的特点，在充分调研论证的基础上，尽快制定相应的法规，如《山东省农业利用外资管理条例》等，把农业利用外资的管理纳入制度化、法制化的轨道。

本课题承担单位：山东社会科学院　山东省农业厅
课 题 负 责 人：范振洪　李鲁生
成　　　　员：刘小龙　王爱华　邵志勤
　　　　　　　　高晓梅　荀克宁
报 告 执 笔：范振洪　李鲁生

（山东省社会科学"九五"规划重点研究项目，2000年3月结项）

社会主义"世界历史性的"事业是一个过程

——兼与赵家祥同志商榷

孟庆仁

一个国家能不能建成社会主义是社会主义运动中重大的理论和实践问题。赵家祥同志在《社会主义是世界历史性的事业》一文①中认为，社会主义是世界历史性的事业，一国不能建成社会主义；一国能够建成社会主义的理论不是列宁提出来的，而是斯大林提出来的，这是不符合历史实际的。事实告诉我们，社会主义作为世界历史性的事业的实现要有一个过程，一国能够建成社会主义；列宁提出了一国能够建成社会主义的理论，并探讨了一国怎样建成社会主义。社会主义世界历史性事业的实现过程由社会主义革命运动开始，首先在一国或几国取得胜利，经过曲折复杂的斗争，建成社会主义，再到世界多数国家建成社会主义，最后社会主义在全世界取得最终胜利，全人类进入共产主义的高级阶段。在这个过程中，从某种意义上说，一国建成社会主义是关键的一环。在千年之交的重要时刻，总结20世纪社会主义实践中的经验教训，充分认识社会主义事业的实现是一个曲折复杂的过程，树立一国能够建成社会主义的观念，不论对我们建设有中国特色的社会主义，还是对世界社会主义运动的顺利发展，都是有重要的意义的。

一

列宁在十月革命胜利后直至逝世，曾多次深入地阐述过一国能够建成

---

① 载《哲学研究》1998年第10期，以下简称"赵文"。

社会主义的理论。"赵文"之所以认为列宁没有提出一国能够建成社会主义的理论，主要是由于他对列宁有关论述的误解和片面理解造成的。我们多次仔细地研读了"赵文"，发现其中没有一处引用列宁关于一国不能建成社会主义的直接论述作为论据，而主要是把一国能否取得社会主义的最终胜利，与一国能否建成社会主义这两个不同的提法混在一起了。

"赵文"第二部分开头引用了列宁在1918年1月24日作的《人民委员会工作报告》中的一句话，"在一个国家内取得社会主义的最终胜利是不可能的"①，之后写道："需要提醒读者注意，列宁这里说的社会主义的'最终胜利'或'最后胜利'，是指在一国之内取得社会主义的最终胜利或最后胜利，与'一国能否建成社会主义'是同一含义。"② 只要把这几个提法放到原文中去，全面而不是片面地、准确理解而不是误解列宁的本意，是容易弄清楚这几个提法的不同含义的。

我们只要仔细地读一读列宁报告的全文，甚至是"赵文"所引这一句话的上下文，就很容易弄清楚，列宁在这里所说的"社会主义的最终胜利"，和"一国建成社会主义"的含义是不相同的。就在"在一个国家内取得社会主义的最终胜利是不可能的"前边，列宁已经指出："俄国走上了实现社会主义的正确道路"，"我们深信……我们所走的道路一定能保证完全的胜利"。列宁在这里说得很明确，他深信，俄国所走的实现社会主义的正确道路能保证完全的胜利，即"保证"俄国一国能够建成社会主义。那么，"在一个国家内取得社会主义的最终胜利是不可能的"一句话中的"社会主义的最终胜利"是什么意思呢？这在下文中也说得很明确。紧接着这句话列宁写道："支持苏维埃政权的我国工农队伍，是世界大军的一个支队……关于我国革命的每一条新闻，每一段报告，每个人名，都赢得无产阶级雷鸣般的同情的掌声，因为他们知道，俄国正在实现他们的共同事业——无产阶级起义的事业，国际社会主义革命的事业。"这就告诉我们，这句话中的"社会主义的最终胜利"是说的国际社会主义革命事业的最终胜利。当然，在一个国家内取得这样的胜利是不可能的。

---

① 《列宁选集》第3卷，人民出版社1995年版，第415页。
② 《哲学研究》1998年第4期，第4页。

综观列宁的有关论述,社会主义的最终胜利基本上有这样两方面的含义:一是国际社会主义战胜了国际资本主义;二是国家消亡,阶级消灭,共产主义低级阶段结束或基本结束,开始向其高级阶段过渡。这在一个国家之内当然是不可能的。建成社会主义是掌握了国家政权的工人阶级,带领广大人民群众,实现生产资料的公有制,建立高于资本主义的社会结构,创造出高于资本主义的劳动生产率和文化水平。这在一个国家内是能够做得到的。搞清楚了这两点,也就会明白列宁所说"在一个国家内取得社会主义的最终胜利",是和国际社会主义的最终胜利紧密联系在一起的,而不是和"赵文"所理解的那样与"一国建成社会主义"是同一含义。一个国家社会主义的最终胜利,是国际社会主义的最终胜利的一个组成部分,不可能单独取得。它和一国建成社会主义的含义显然是不同的。

为了说明列宁认为一国不能建成社会主义,赵文提出:"列宁进而认为,不仅像俄国这样经济文化落后的国家,就是在先进的国家,一国也不能建成社会主义。"①"赵文"的这一看法是从列宁这样一句话中引申出来的:"我们并没有闭眼不看这件事实:我们单靠自己的力量是不能在一个国家内全部完成社会主义革命的,即使这个国家远不像俄国这样落后,即使我们所处的条件比经过四年空前艰苦、破坏惨重的战争以后的条件要好得多。"②赵文在这里误解了列宁的意思。"赵文"所引的是1918年5月26日列宁在全俄国民经济委员会第一次代表大会上的讲话中的一段话。我们只要研读一下列宁这个讲话的全文,就会看到,列宁所说的"我们单靠自己的力量是不能在一个国家内全部完成社会主义革命的",是指工农劳动群众要全部完成社会主义革命的任务,单靠自己的力量不行,还必须利用资产阶级专家,取得资产阶级专家的帮助,即使以后俄国的条件好得多了,即使远不像俄国这样落后的国家,都是一样。这里讲的是夺取了国家政权的无产阶级和贫苦农民,在进行社会主义改造和建设的时候取得资产阶级专家帮助的重要性,而不是说"一国不能建成社会主义"。通观全文,就会明白,列宁是说在资产阶级专家的帮助下,当工农劳动群众的力量增长到足够大的时候,就能够在工人阶级政党的领导下在一国建成社

---

① 《哲学研究》1998年第4期,第4页。
② 《列宁选集》第3卷,第547页。

会主义。

　　为了论证列宁认为一国不能建成社会主义，赵文还提出，列宁在外国武装干涉和国内战争结束以后，反复讲了一国不能建成社会主义的三点理由，即从力量对比来看，帝国主义比我们强大许多倍；从国际形势来看，苏维埃政权暂时孤军作战，而国际资产阶级却可能联合起来发动第二次有决定意义的进攻；俄国的经济文化很落后，经济基础还很薄弱，劳动生产率还很低，要完成发展生产力、创造高于资本主义的劳动生产率的任务还需要很长时间。

　　关于力量对比的问题，赵文引用了列宁《新的时代和新形式的旧错误》一文中国际资产阶级"仍在称雄全世界"这句话，说明帝国主义比苏俄强大许多倍。但从列宁文章的上下文我们看到，他在这里讲国际资产阶级的强大，是为了批评俄国的孟什维克、社会革命党人等"英雄们"被它吓得胆怯地号叫，同时称赞了当时在物质力量上弱得多的苏俄"在同称雄全世界的协约国的斗争中取得了胜利"①。在列宁看来，苏俄的力量是在斗争中随着革命的增长而增长的。所以，不能看到列宁指出了当时帝国主义比苏俄的力量强大甚至"仍在称雄全世界"，就把这当做他认为一国不能建成社会主义的理由。

　　关于第二点和第三点，赵文从《政论家札记》中引出两段话作为论据。关于第二点，"赵文"引用了"我们暂时还是孤军作战"②。但是就在同一篇文章中，列宁还指出了"只要资本主义继续存在，不久的将来还会爆发反动的帝国主义大厮杀"③。而列宁提出的社会主义能够在一国首先取得胜利的马克思主义的新论断，就是以帝国主义经济发展不平衡的规律和帝国主义国家之间存在着尖锐的矛盾为主要依据的。所以，列宁在这里指出了"我们暂时还是孤军作战"，但并不是把它作为一国不能建成社会主义的理由。

　　关于第三点，"赵文"引了《政论家札记》中一段比较长的话作为论据，即"我们连社会主义经济的基础也没有建设完成，仇视我们的垂死

---

①　《列宁选集》第4卷，第553页。
②　同上书，第640页。
③　同上书，第639页。

的资本主义势力还有可能把这夺回去。必须清楚地认识到这一点……承认这一痛苦的真理根本没有什么'可怕',也决不会使人有正当的理由可以有一丝一毫的灰心失望,因为我们向来笃信并一再重申马克思主义的一个起码的真理,即要取得社会主义的胜利,必须有几个先进国家的工人的共同努力。"① 列宁的这篇文章写于1922年2月底。列宁指出当时"我们连社会主义经济的基础也没有建设完成"这一事实,不等于列宁认为苏俄永远不能把社会主义经济的基础建设完成。就在这段话的下文中,列宁立即说明了这样的意思:只要俄共党员们"既不陷入错觉,也不灰心失望,一直保持着机体的活力和灵活性,准备再一次'从头开始'向最困难的任务进军",苏俄"就可以完成像奠定社会主义经济基础……这样一桩有世界历史意义的'事业'"②。同样,列宁既承认并指出了当时苏俄经济文化落后,劳动生产率很低这一事实,同时又提出了创造高于资本主义的劳动生产率的任务,并坚信这一任务能够完成,坚信"只要实现了这个文化革命,我们的国家就能成为完全社会主义的国家"。

以上我们分析了"赵文"从列宁那里所引用的几乎所有的论据,证明了在这些论据里没有一处说过一国不能建成社会主义。所以,我们有充足的理由说,"赵文"提出列宁认为一国不能建成社会主义,是没有根据的。

二

150多年国际共产主义运动的历史告诉我们,不但社会主义"世界历史性的"事业是一个长期的过程,而且一个国家的社会主义革命和建设也是一个曲折复杂的过程。我们总结社会主义的经验教训的时候,既要看到社会主义世界历史性事业发展过程的这一曲折性的即挫折和教训的一面,同时也要把它和成功的经验联系起来加以总结。

唯物史观告诉我们,社会基本矛盾即生产关系和生产力、上层建筑和经济基础的矛盾,是一个国家社会发展的基础。社会主义国家当然也不例

---

① 《列宁选集》第4卷,第639页。

② 同上。

外。社会主义诸国所发生的变化，它的前进和倒退，都是建立在这一基础之上的。与近代及其以前不同的是，随着世界各国普遍交往和科学技术的发展，现代历史已经变成世界历史。社会主义诸国的社会基本矛盾的运动，客观地不可避免地成为世界历史运动的一个组成部分，受着整个世界历史运动的制约和影响。这是我们总结现实社会主义运动经验教训的一个基本出发点。

在社会基本矛盾中，最基本的是生产关系和生产力的矛盾。它是一个国家社会发展的主要决定因素。苏联的综合国力在前中期的迅速提高，说明其生产关系基本上适合生产力发展的需要，但这并不排除仍有一些不适合的方面。例如它几乎始终没有处理好工业和农业的关系，在很长的时间之内没有处理好重工业和轻工业的关系，等等。另外，苏联高度集中的行政机构控制和支配下的经济体制，在当时特定的国际国内形势之下起过积极的作用，但他们把这种特定条件下的情况，错误地当成了社会主义的基本原则。当随着高新科技革命在全球迅速兴起，世界政治经济形势发生了巨大变化的时候，苏联仍然抱着这种经济体制不放，不能适应形势的发展而作相应的转变。这种过时、僵化的经济体制，阻碍了社会生产力的发展，从 70 年代后期开始，苏联的经济出现了停滞以至倒退的趋势。到了 90 年代后甚至出现了绝对负增长。而在苏联当局意识到经济体制改革的必要性的时候，他们又从一个极端走到了另一个极端，采取了放弃社会主义公有制、实行私有化的路线。但是，残酷的现实是，实行私有化不但造成了苏联解体，社会生产力极大破坏，人民生活急剧下降，社会经济一蹶不振，而且加剧了民族分裂、社会两极分化、政府官员腐败，甚至娼毒泛滥，黑社会猖獗，总之出现了严重的社会倒退。

中国的情况，如果分为两个时期来说，前期与苏联的前中期有许多相似之处，而后期即社会主义现代化建设的新时期，却与苏联的后期大相径庭。进入社会主义现代化建设新时期以后，我国没有像苏联那样先是抱住高度集中的行政机构控制和支配下的经济体制不放，后又搞全盘私有化，而是从 70 年代后期开始既进行了经济体制改革，又坚持了生产资料公有制的主体地位。这样，就既保持了社会主义的基本经济制度，又促进了社会生产力和综合国力的较快发展。

上层建筑和经济基础的矛盾是社会发展的又一重要的决定因素。经济作为基础的地位和作用，对社会主义国家尤其重要。对这种重要性，列宁曾作过充分的说明。他指出，创造新的高得多的劳动生产率，是社会主义最终战胜资本主义的最重要最主要的东西。一般说来，社会主义国家都是很重视经济建设的。它们的经济发展，一直到70年代都保持着较高的速度。到了80年代，苏联不能进行正确的经济体制改革，在严重不合理的经济结构和高度僵化的经济体制的制约之下，经济发展速度大幅下降，在90年代初出现了绝对负增长，出现了严重的通货膨胀，人民生活急剧恶化，而它的经济体制改革则走向私有化。经济基础领域中出现的这些问题，是苏联解体的基本原因。

但是，这不是唯一的或全部的原因。因为社会运动是上层建筑和经济基础的矛盾运动。在经济基础之上，政治的和思想的上层建筑对经济社会运动发生巨大的能动的影响和作用。社会主义社会也不例外。苏联的社会主义经济基础是在马列主义指导之下和社会主义政治制度的保护之下建立起来的，它的经济实力的快速增长和经济制度的巩固，也离不开二者。后来，高度集中的行政机构控制和支配下的经济体制不能得到及时的改革，与把马列主义教条化和官僚专制政治体制是分不开的。在教条主义的、僵化的东西盛行的同时，右倾机会主义的东西也开始发展起来了。冰冻三尺，非一日之寒。从赫鲁晓夫全盘否定斯大林，提出"全民党"、"全民国家"等根本违背马列主义基本原理的指导思想，到戈尔巴乔夫的"人道的民主的社会主义"，进而实行"政治多元化"和"多党制"，使党的指导思想、阶级性质、奋斗目标、地位作用等都发生了质的变化，搞乱了全体党员和人民群众的思想，使共产党蜕化变质。这种意识形态上和政治上的从量变到质变，不仅对社会主义的经济基础起着极大的破坏作用，而且直接造成了苏共垮台，苏联解体。可见社会主义在苏联的失败，不完全是因为经济没有搞好。90年代初苏联经济出现负增长，与思想上政治上形成混乱局面有直接的、很大的关系。

中国在处理上层建筑和经济基础的矛盾方面，有非常丰富的经验教训，占主导地位的是成功的经验。从处理上层建筑和经济基础的矛盾的角度总结经验教训，它不但坚持了社会主义的基本经济制度和政治制度，而且更重要的是有一条正确的路线，即党在社会主义初级阶段的基本路线。从奋斗目标上说，这条基本路线就是一国建成社会主义的路线。在这条基本路线的指导下，我国不但避免了苏东社会主义诸国所出现的那种巨大的曲折，而且还取得了举世瞩目的巨大成就。

当然，在苏东剧变后仍然坚持社会主义制度的国家中也都有自己的问题，其中带有共性的、最突出的有三点，即经济领域的社会分配严重不公，不同社会阶层主要是劳动阶层和非劳动阶层的收入差距过大且有继续拉大的趋势；政治领域的党员干部特别是领导干部的腐败；文化领域封建主义和资产阶级腐朽思想的影响抬头，以及存在着不同程度的信仰危机。社会主义事业是群众的事业。如果这些问题长期得不到解决，甚至相互作用，产生连锁反应，人民群众就会不满。这不但会挫伤人民群众的社会主义积极性，而且可能酿成大祸。

三

19世纪中叶，马克思在创立唯物史观的时候提出了"历史向世界历史转变"的著名观点。在19世纪末20世纪初世界进入帝国主义时代以后，历史完全成为世界历史，普遍交往对各国社会发展的影响和制约越来越大。在这样的时代，普遍交往的一个重要内容，同时也是一种重要形式，是两种社会制度根本不同的国家之间的交往。我们总结社会主义的经验教训，还要从这种世界历史的高度，从这种普遍交往中来分析研究。

两种社会制度根本不同的国家即社会主义国家和发达资本主义国家之间的交往，本质上是一种既对立又统一的矛盾关系。社会主义的经验教训说明，这种关系是影响社会主义国家命运的本质关系。这种关系处理得好与不好，影响着、甚至决定着社会主义国家的生存与发展。这种对立统一关系决定了我们在现实中既要看到和资本主义国家联系的协作的方面，但同时更要清醒地认识到，社会主义国家和发达资本主义国家特别是帝国主义国家之间的矛盾是对抗性的矛盾，从本质上说是不可调和的。实际上，在发达资本主义国家的政策中，在它们的代表人物的论著中，从来没有放弃过颠覆社会主义国家，消灭共产主义这个目标。可以说，和平演变与反和平演变，是社会主义国家和发达资本主义国家之间有着特殊意义的一种斗争形式。

社会主义国家要正确处理与发达资本主义国家之间既对立又统一的关

系，关键是要有一个正确的战略方针。这一方针包括两个方面。一方面，在自力更生的基础上实行对外开放包括对发达资本主义国家开放，加强国际交往，进行国际贸易与合作，引进先进科技、先进经验、先进设备和资金。另一方面又要敢于斗争，敢于对抗并彻底粉碎帝国主义破坏和颠覆的阴谋。在斗争的时候不能搞无原则的对抗，在合作的时候要警惕其渗透、分化和"西化"的阴谋。

四

　　总结社会主义的经验教训，归结到一点，各国都要走有本国特点的社会主义道路。要成功地走出一条有本国特点的社会主义道路，最重要的是要正确处理马列主义基本原理和本国具体实际的关系，实现二者的具体的历史的统一。这是成功地走出一条有本国特点的社会主义道路，取得社会主义胜利的根本保证。总结社会主义的经验教训，要做到正确处理马列主义基本原理和本国具体实际的关系，实现二者具体的历史的统一，必须既能正确对待马列主义，又能准确把握国情。要正确对待马列主义的基本原理，就既不能把它教条化、僵化，又不能违背更不能抛弃它，而是必须从本国和世界的具体实际出发，加以丰富和发展。要准确地把握国情，首先要有实事求是的思想路线。其次，要着眼当前放眼长远。在高新科学技术飞速发展的时代条件下，只有放眼长远，才能真正准确地把握国情。再次，要把本国实际放到世界实际中去看。在这个普遍交往的时代，只有把本国实际放到世界实际中去观察和研究，才能真正准确地把握住国情。我国之所以从高度集中的行政机构控制和支配下的经济体制转到社会主义市场经济体制，其中就包含了对世界高新科技革命潮流和经济全球化趋势、全球性问题的深刻思考。由我们的国情和世情所决定，我们的经济发展决不能重复发达国家走过的和正在走着的老路，必须找到新的适合国情的生产方式和消费方式。

　　我们总结社会主义的经验教训，在我国就是为顺利地推进有中国特色社会主义伟大事业服务的，在现阶段，就是为实现把我国建成富强民主文明的社会主义现代化国家的目标服务的。很明显，这是一个一国能够建成社会主义的目标。当然，这是一个阶段性目标，而不是最终目标。同样明显的是，社会主义初级阶段理论是和能够达到这个阶段性目标合乎逻辑地内在地联系在一起的；也只有这种联系，才能给人以对中国社会主义前途和命运的信心和鼓舞。而赵文则认为，邓小平关于社会主义初级阶段的科学论断是和一国不能建成社会主义的思想"互相衔接"的。而如果确定了一国不能建成社会主义，就等于说把我国建成富强民主文明的社会主义现代化国家的目标不能实现，那么社会主义初级阶段的科学论断怎么与一国不能建成社会主义"互相衔接"呢？中国社会主义的前途和命运与整个人类的前途和命运又是一种怎样的"紧密联系"呢？

(原载《哲学研究》2000 年第 9 期)

全球化与建设有中国特色社会主义

宋士昌　李荣海

全球化是当代世界的发展潮流与客观趋势。作为具有覆盖世界意义的恢宏实践进程，全球化不仅改变着世界经济、政治、文化的格局，而且也深刻地影响着每一个国家的发展现状与前景。

社会主义不是封闭性产物，而是在世界历史的深化中所形成的理论、实践与制度。从历史观的高度看，全球化是社会主义生存与发展的客观条件与历史根据。社会主义价值与"全球性"意义有着内在契合性。有中国特色社会主义20年的发展过程，实际上是对全球化的参与过程。在全球化条件下，中国共产党人初步解决了"什么是社会主义，怎样建设社会主义"这一基本问题，通过社会主义制度和体制方面的改革与创新，中国以开放的姿态融入世界现代化进程，从而取得了辉煌的进步。随着全球化进程的加快，中国与世界的关系将会呈现出一种复杂而多变的态势。如何适应全球化发展的特点，把建设有中国特色社会主义事业不断推向前进，从而在21世纪实现现代化建设的宏伟目标，这是中国面临的极富挑战性的重大课题。

一　马克思的"世界历史"理论与社会主义的"全球性"意义

作为描述世界范围深刻变化的概念，全球化是指人类不断跨越民族、国家的地域界限，超越制度、文化的障碍，而使全球经济形成一个不可分割的有机整体的历史发展进程和趋势。全球化的形成与资本主义生产方式在世界的扩张有着紧密的联系，属于同一过程。以1492年哥伦布远航美洲为标志的15世纪的地理大发现，强烈刺激了早期资本主义国家的商品和资本输出，促进了世界贸易，拓展了世界市场，从而揭开了全球化进程的序幕。18世纪的工业革命，不仅全面启动了现代化进程，同时也加快了资本主义生产方式挺进世界的步伐。到19世纪末，世界市场在全球范围内最终得以形成。20世纪六七十年代以后，随着新科技革命浪潮的兴起、市场的拓展和资本流通的加速，全球化具有了当代意义。其特点是：首先，凭借现代科技提供的通信与交往的手段，人类交往的时空约束逐步被打破，全球化不再是模糊的推理和朦胧的感觉，而是转化为人人可以感知的事实与自觉实践行为。其次，随着市场、贸易、资本的扩张，世界已构成错综复杂的经济网络，从而在一定程度上形成了"俱损俱荣"的联动效应。再次，全球化内容日益丰富和多样化。虽然经济全球化仍不失为主角，但政治、文化、社会生活以交流、碰撞为特点，亦构成全球化内容的深刻部分。恰如英国学者J. 米特尔曼所说："全球化的概念是相互渗透的，包括经济、政治、文化、意识形态等。"[①] 由此，20世纪八九十年代之后，全球化更是以咄咄逼人之势改变着世界的格局。

面对来势凶猛、日益加速的全球化进程，社会主义与全球化的关系，社会主义在全球进程中的命运等一连串问题，也自然引起人们的思考。事实表明，全球化是由资本主义发展而牵导出的历史现象，发达资本主义至今仍是当代全球化的主导力量。但是，社会主义与全球化进程绝非相斥、相悖的关系。社会主义本身即是在全球性视野中所诞生的理论体系，是在世界历史的推进中展开的实践过程，是在当代全球化浪潮激荡、砥砺中运行的社会制度。早在一个多世纪前，作为科学社会主义创始人的马克思、恩格斯，就以"世界历史"理论揭示了全球化运动的特点与本质，从错综复杂的世界关系脉络中开掘出全球化与社会主义的内在关系，并进而论证了社会主义的"全球性"价值与意义。

按照马克思、恩格斯的理解，"世界历史"是在资本主义生产方式的冲击性拓展中形成的人类实践现象。资本主义产生之前，人类历史只是

---

① [英] J. 米特尔曼：《全球化的挑战：在边际上的生存》，《第三世界季刊》1994年第3期。

"民族历史"。资本主义出现之后,私有制的发展达到极致,资产阶级对利益的追逐心理也膨胀到无度状态。由于交往的扩大,资本主义生产方式以不同形式所进行的扩张,客观上把更多的国家强行纳入"世界历史"。资本主义在攻击性发展观的牵导下,凭借资本的渗透和市场的扩张本性,促动了"民族历史"向"世界历史"的转化与展开。资本主义"首次开创了世界历史,因为它使每个文明国家以及这些国家中的每一个人的需要的满足都依赖于整个世界,因为它消灭了各国以往自然形成的闭关自守的状态。"① "世界历史"的表现,是"各个相互影响的活动范围在这个发展进程中愈来愈扩大",各民族的原始闭关状态和格局被打破;"世界历史"的动因则是"由于日益完善的生产方式、交往以及因此自发地发展起来的各民族之间的分工";由此开创出的人类发展新趋向,即是"历史就在愈来愈大的程度上成为全世界的历史"。②

"世界历史"或全球化是社会主义理论产生与实践展开的条件。社会主义不是封闭性产物,而是在"世界历史"的形成中逐步发育成熟的。马克思通过对"世界历史"的剖示,透过生产的社会化和市场的扩展,看到了社会主义的未来,看到了社会主义取代资本主义的历史必然性。在马克思的视野内,"世界历史"或说全球化的趋势,在根本上是与社会主义的趋势完全一致的。这可以从多个层面加以理解。其一,社会主义是在充分认识人类历史发展规律基础上产生的科学理论与实践。资本主义的出现,世界历史的形成,为马克思主义创始人从不同国家的发展寻求社会历史的普遍规律提供了条件。这正是科学社会主义的立足点,也是对空想社会主义实现伟大超越的根据之一。其二,资本主义的发展开创了世界历史,并通过资本的国际化和世界市场的形成,使落后民族不再脱离现代世界而孤立生存,成为和资本主义"同时代的东西",这就为落后民族提供了一个发展机遇,使其"能够不通过资本主义生产的一切可怕的波折而吸收它的一切肯定的成就"。③ 从世界历史观点来看,落后国家虽然没有经过标准的资本主义形态,但由于资本主义的扩张,使落后国家处于资本

---

① 《马克思恩格斯选集》第1卷,人民出版社1995年版,第114页。
② 《马克思恩格斯全集》第3集,人民出版社1960年版,第51页。
③ 《马克思恩格斯全集》第19卷,人民出版社1963年版,第431页。

主义体系的深刻影响之中，同样经受了资本主义发展阶段的种种磨难，在落后的国家内部也产生了生产力和生产关系以及无产阶级和资产阶级的矛盾。同时，资本主义对落后国家的扩张和掠夺，亦在落后国家显示了资本主义的负面效应，从而使其对社会道路的选择方面有了规避和跨越资本主义的意向。这充分表明，世界历史的进步性为落后国家走向社会主义拓展了空间。其三，从资本主义灭亡的根源上分析，世界历史强化、扩展、转移了资本主义的内在矛盾，从而为社会主义的发展和胜利聚集力量。马克思、恩格斯在指出全球化创造了巨大物质文明的同时，又揭示出这种文明的巨大发展与狭隘的资本主义生产关系的矛盾冲突，认为生产力已经强大到这种关系所不能适应的地步，"资产阶级的关系已经太狭窄了，再容纳不了它本身所造成的财富了。"① 这就导致资本主义的经济、政治危机，进而引发无产阶级和资产阶级的矛盾冲突，最终导致无产阶级用革命方式推翻资产阶级的统治。从"世界历史"的高度审视，全球化进程虽没有销蚀资本主义的内在矛盾，也不可能改变资本主义必然灭亡的命运，但资本主义却可以在全球化中转移自身矛盾，由此延缓它的存在。与此同时，社会主义则将以其历史逻辑的力量开始在更大的范围内得以孕育、萌发和成长，社会主义在全球的胜利也将是不可逆转的必然趋势。其四，马克思从世界历史的高度指出，共产主义不可能是地域性的，它必须以生产力的普遍发展和与此相关的世界交往的普遍发展为前提，"因此，无产阶级只有在世界历史意义上才能存在，就像共产主义——它的事业——只有作为'世界历史性的'存在才有可能实现一样。"② 在他们看来，共产主义不可能"作为某种地域性的东西而存在"，"交往的任何扩大都会消灭地域性的共产主义。"③ 其内在根据在于：机器大工业的发展和世界统一市场的形成，把世界各国以及无产阶级联系在一起，各国的革命也逐步成为"世界历史"中的主要内容，从而具有全球性性质。"单是大工业建立了世界市场这一点，就把全球各国人民，尤其是各文明国家的人民，彼此紧紧地联系起来，以致每一国家的人民都受到另一国家发生的事情的影

---

① 《马克思恩格斯选集》第 1 卷，人民出版社 1995 年版，第 278 页。
② 同上书，第 87 页。
③ 同上书，第 86 页。

响。""因此，共产主义革命将不是仅仅一个国家的革命"，"共产主义革命也会大大影响世界上其他国家，会完全改变并大大加速它们原来的发展进程。它是世界性的革命，所以将有世界性的活动场所。"① 显然，在马克思、恩格斯的视野内，世界历史概念或全球化概念已成为一个包摄社会主义价值原则的综合性范畴。

由此可见，全球化是社会主义和共产主义产生与发展的逻辑前提，为社会主义价值原则的开展、实现过程提供着历史舞台和条件，"世界历史"与社会主义有着内在的逻辑一致性。当代的全球化现象，是"世界历史"发展的逻辑延伸。因此，我们应从社会历史发展的高度来把握和参与全球化进程。当代的全球化有着资本主义主导的特点，西方有些政治家、思想家也确实把全球化理解为"资本主义化"、"美国化"，力图在全球化中把世界引领到资本主义轨道。对此，我们当然要有所警惕，但这决不能成为社会主义抵制全球化的理由。社会主义只有积极置身于全球化进程之中，才能促进自身的发展，并锻炼出自身的时代性品质。

二 邓小平的全球性思维与有中国特色社会主义的形成

20世纪一个令世人瞩目的事件，即社会主义制度在世界的确立。它以无可辩驳的力量验证了马克思、恩格斯伟大理论创造的科学性与历史价值，为20世纪乃至未来人类社会发展注入了新的活力与内容。

俄国十月革命的胜利，是在列宁正确分析世界历史进程中帝国主义发展固有特点基础上形成的。通过在全球化背景中寻找到帝国主义统治的薄弱点，社会主义才把握住自身产生的契机和空间。社会主义制度确立之后，迫于内外压力，列宁实行了"战时共产主义"的发展模式。一旦客观条件发生变化，列宁果断地改变战略，把社会主义发展的途径、目标放置到全球化进程中进行思考，于1921年提出了"新经济政策"。列宁设想，以市场、商业为基础，通过发展"共产主义制度下的国家资本主义"来建设社会主义，并在实践中大力吸收资本主义发展中的积极成果，吸引资本主义的技术和资金，利用资本主义企业的管理方式规范社会主义的企

---

① 《马克思恩格斯选集》第1卷，人民出版社1995年版，第241页。

业。随着新经济政策的实施，社会主义逐步在管理和经济发展措施上与世界接轨，为社会主义融入全球化进程奠定了基础。遗憾的是，列宁逝世之后，其有益探索没能很好地延续下去，而是实行高度集中的政治、经济体制，推行"两个平行市场"的理论，由此走上了孤立发展的道路。这种背离全球化趋势的极端发展模式，尽管在一定特殊时期对社会发展也能产生刺激作用，但同时也潜伏下经济结构失调、体制活力不足等隐患。苏联封闭性发展模式的弊端在后来的发展中日益浮出水面。由于片面强调与资本主义的对立，否认市场经济的客观价值，游离于全球化浪潮之外，致使苏联在日益激烈的世界性竞争中渐呈颓势。这也是苏联后来政局动荡、经济崩溃乃至改旗易帜的深层根源之一。

中国社会主义制度的确立也是在世界历史进程中发生的。文化的世界性传播，使中国人掌握了马克思列宁主义这一科学的理论武器；世界资本主义发展的特点，别国社会主义革命的经验和启示，无疑是中国革命和建设的参照因素。但在社会主义制度运行过程中，由于客观上资本主义势力对我国的封锁，主观上"左"倾思潮的兴起和泛滥，致使中国的社会主义实践在一段时期游离于全球化浪潮与世界现代化进程之外。对于社会主义与世界发展的应有关系，对于如何适应全球化浪潮而谋求自身发展，缺乏冷静而理智的判断，从而形成与全球化趋势背离的以阶级斗争为纲、计划经济、高度集权等为内容的社会主义模式，使社会主义的理论和实践封闭在狭小的时空中运行，走上一条畸形发展之路。20世纪五六十年代，世界兴起了新科技革命及产业结构调整浪潮，但由于中国缺乏融入全球化进程的自觉，良好机遇在我们身旁一滑而过。正如邓小平所总结的："中国过去在很长的时间里处于封闭状态，经济发展受到限制。"① 这样，中国的发展不仅没有达到一定的速度和质量，反而与发达国家的差距进一步拉大。

20世纪七八十年代，在内外因素的冲击下，世界社会主义运动陷入低潮，产生了转换发展模式与战略的内在要求。从根本上说，社会主义需要并且能够不断改革、不断创新。经过几十年的曲折探索之后，"什么是社会主义，怎样建设社会主义"作为重大的理论和实践问题需要中国共

---

① 《邓小平文选》第3卷，人民出版社1993年版，第288页。

产党人重新作出时代性回答,而全球化则是审视这一问题的宏观背景。20世纪下半叶,随着科技革命的不断深入,世界各国的生产日益国际化,不同发展水平的国家都在不同程度上被纳入全球化进程。特别是80年代以后,全球化进程骤然加速,全球性资源控制、市场控制、经营竞争,使国与国之间的经济关系逐步走向互相渗透、横向联系、广泛合作的时代。"全球资本一体化已经打破了生产体系的国家界限,把各个部分建构为一个全球生产体系。"① 全球化,已超出了经济范围,延及政治、文化领域,带来了不同政治理念、文化思潮的碰撞和融汇。在全球化浪潮与社会主义发展低谷双重因素的作用下,20世纪70年代末,中国开始了改革开放这一探索性的社会主义运动。作为中国共产党第二代领导集体的核心人物,邓小平以马克思主义政治家的视野关注世界风云变幻,关注社会主义的前途命运。他在历史与现实、世界与中国、马克思主义理论与当代社会主义实践的比较、互动和结合中,把中国社会主义发展的目标和途径置于全球化发展的时空背景中加以审视和提炼,考虑中国的命运,设计中国的未来,从而创造性地形成了建设有中国特色社会主义的理论与实践。事实表明,邓小平理论继承和发展了马克思的"世界历史"思想,蕴含着深刻的全球化思维;建设有中国特色社会主义的道路,即是社会主义与全球化进程在当代条件下互动的产物。

1. 通过对全球化趋势下时代特征的揭示,确立了中国与世界互动的前提性背景

列宁认为,只有了解世界历史的总进程并把握时代的基本特征,"才能以此为根据来估计这国或那国的更详细的特点",进而"正确地制定自己的策略"②。邓小平深谙这一深刻道理,力主"应当把发展问题提到全人类的高度来认识,要从这个高度去观察问题和解决问题。"③ 从世界政治、世界经济的角度设计中国的社会主义现代化进程与目标。社会主义的历史必然性,既表现于中国社会发展的趋势内,又存在于当代世界主题的转换过程中。为了使中国的社会主义有一个科学的世界参照与时代坐标,

---

① [美]阿兰·伯努瓦:《面向全球化》,引自《全球化与世界》,中央编译出版社1998年版,第6页。

② 《列宁全集》第21卷,人民出版社1995年版,第124页。

③ 《邓小平文选》第3卷,人民出版社1993年版,第282页。

邓小平根据世界格局的新变化与人类发展的全球性趋势，概括出世界特点与时代特征："现在世界上真正大的问题，带全球性的战略问题，一个是和平问题，一个是经济问题或者说发展问题。和平问题是东西问题，发展问题是南北问题。概括起来，就是东西南北四个字。"① 和平问题的实质是全球政治问题，发展问题的实质是全球经济问题，其中，发展是"十分突出"的核心问题。实际上，"和平与发展"，表征着人类社会发展的趋向，蕴含着世界错综复杂的多样化关系，概括了不同国家之间的互动性特征。对时代主题进行准确的战略判断，其意义在于为中国社会主义建设确立了时代坐标。正是在和平与发展成为时代主题的历史条件下，我们党和国家调整、转移了工作重点，形成了"一个中心、两个基本点"的党在社会主义初级阶段的基本路线。邓小平通过对时代特征的揭示和对全球经济、政治基本格局的把握，为中国改革开放的强力推进以及对社会主义发展目标与途径的调整，提供了崭新的理论依据。

2. 在全球化趋势中探索和建构社会主义发展目标与途径

马克思曾对交往、开放的世界性发展寄予巨大的希望，认为随着世界交往的普遍发展，生产力的普遍增长才能获得真正的保证，而生产力的普遍发展和世界交往的普遍发展是共产主义社会产生的两大前提。中国是在与世界联系中实现社会主义的，同样，中国也只能在"全球化"的时空背景中建设社会主义。以全球性思维审视社会主义发展目标及其途径，是社会主义在当代世界有所开拓、有所发展的基本前提。

就社会发展目标而言，由于每个国家都有着自己的历史起点和发展路向，因而体现着差异性、多样性等诸多特点。但同时，不同国家又都有其一定的共同性追求与参照，这就使不同国家的现代化有着基本的目标评价系统及其标准。邓小平提出的"三步走"战略，以在21世纪中叶基本实现现代化为发展目标，这一目标的确立与全球化趋势是一致的。首先，经济发展是全球化的中心点与物质载体，经济目标的设定，是实现社会发展总体目标的前提和基础。其次，经济发展和现代化建设的目标的设定，不是主观性和随意性的，而是通过对中国与世界各国在发展起点、特点等方面的比较、对照，才客观地确立的。在21世纪中叶中国力争达到中等发

---

① 《邓小平文选》第3卷，人民出版社1993年版，第105页。

达国家水平，这一在世界参照中所形成的发展目标具有形象性、可操作性和具体性特点。再次，由于"中等发达国家水平"本身是一个动态概念，这也就预示着中国只有跟上全球化的步伐，才能在与世界的互动中实现自己的初步理想。

邓小平不仅对中国社会主义发展目标的设定具有"全球化"意蕴，而且对中国社会主义发展途径、措施的选择和确立，也包含适应全球化趋势的基本内涵。第一，根据全球性的开放态势，形成了中国的开放决策。开放是全球化的重要特征。二战结束后的半个多世纪，世界经济的发展，使生产国际化水平达到了一个新的阶段，世界迎来一个更加开放的时代。各国都试图在世界范围内为自身的发展开拓出更新、更广阔的空间。自觉融入全球化以激发自身的发展活力，已成为各国的目标追求。基于此，邓小平构建了中国的全面开放战略。他认为，只有通过开放吸收外国的资金、技术、管理经验等，才能促进中国的发展，从而赢得社会主义的比较优势。中国的开放，是一种多领域、全方位的开放，体现着中国走向世界、吸收人类文明成果的自觉，构成有中国特色社会主义发展的基本点和必由之路。邓小平高瞻远瞩地揭示了中国开放的发展趋向："如果开放政策在下一世纪前五十年不变，那末到了后五十年，我们同国际上的经济交往更加频繁，更加相互依赖，更不可分，开放政策就更不会变了。"[①] 开放与全球化是同一进程的两个侧面，邓小平的开放战略与全球化有着特征、内容、效果上的一致性。第二，在对全球经济发展的观察中，提出了台阶式发展模式。邓小平认为，经济发展通过隔几年上个台阶而保持波浪式前进，是适合我国国情的合理运行模式。这一模式的提出，不是人为的主观构想，而是客观现实提出的要求。从全球发展的角度看，隔几年上一个台阶，这是 20 世纪 50 年代后世界经济发展的现实和规律性现象。就中国面临的情势而言，"世界市场被别的国家占去了"，"我们不抓住机会使经济上一个台阶，别人会跳得比我们快得多，我们就落在后面了。"[②] 这是中国融入全球化浪潮，以实现自身复兴的必然选择。第三，把握全球化

[①] 《邓小平文选》第 3 卷，人民出版社 1993 年版，第 103 页。

[②] 同上书，第 369 页。

浪潮的推进动力,明确地提出:"科学技术是第一生产力。"① 科技革命既是经济全球化的动力,又是全球化的基本内容。"中国要发展,离开科学不行。"② 世界发展一日千里,"特别是科学技术,追都难追上。"③ 因此,"中国必须发展自己的高科技,在世界高科技领域占有一席之地。"④ 在全球化趋势中敏锐地把握住科技发展的动力作用,使邓小平把重视和加快科技发展作为推动中国社会主义现代化建设的关键战略。第四,参照全球化的主要特征,确立了以社会主义市场经济为取向的经济体制改革目标。所谓经济全球化,即是以市场经济作为内在机制而促成的世界经济一体化。市场的扩展是经济全球化的动力性条件。传统的计划经济体制,是造成中国自我孤立的深刻原因。只有实行市场经济,才能展开中国与世界的丰富联系,从而提高中国参与全球化进程的自觉性与主动性。"社会主义和市场经济之间不存在根本矛盾"⑤。市场经济是社会主义保证自身目标实现的最有效手段。这一体制改革目标的确定,从根本上打开了有中国特色社会主义与全球化浪潮相互联系、相互作用的历史通道。

3. 深刻全面地揭示了中国社会主义发展的世界历史价值与全球意义

建设有中国特色社会主义事业,与世界发展是一种互动关系,中国社会主义发展有着丰富的世界历史价值与全球意义。首先,有中国特色社会主义是维护世界和平与发展的坚定力量。"中国人不比世界上任何人更少关心和平和国际局势的稳定。"⑥ "中国发展得越强大,世界和平越靠得住。"⑦ "中国不能把自己搞乱,这当然是对中国自己负责,同时也是对全世界全人类负责。"⑧ 邓小平从对世界负责的高度,在全球化背景下审视中国问题,显示了中国共产党人对世界所肩负的道义与责任。全球化的过程以及结果,都体现了中国社会主义与世界历史的互动、互进关系,这正是社会主义的全球性价值之所在。其次,在参与全球化进程中展现社会主

---

① 《邓小平文选》第3卷,人民出版社1993年版,第377页。
② 同上书,第183页。
③ 同上书,第299页。
④ 同上书,第279页。
⑤ 同上书,第148页。
⑥ 同上书,第50页。
⑦ 同上书,第104页。
⑧ 同上书,第361页。

义的优势。中国社会主义在与世界资本主义并峙、共处和竞争的过程中，不但为人类社会历史增加着丰富内容，也为全球性社会主义事业的推进产生着积极的示范效应。"只要中国社会主义不倒，社会主义在世界将始终站得住。"① 有中国特色社会主义事业是对人类社会发展道路的创造性探索，它向世界、向未来的展开过程，也是以自己特殊的方式创造"世界历史"的过程，更是在全球化中展示自身价值的过程。中国社会主义发展的世界历史价值与全球意义在于，这一发展将深刻地影响并改变世界的现实面貌与未来前景。

建设有中国特色社会主义，既是一个须扎根于中国国情的跨世纪课题，又是一个须站在时代制高点上的"全球性"课题；既是具有民族意义的社会主义，又是具有特定世界历史意义的社会主义。有中国特色社会主义事业的发展，既折射着社会主义的普遍历史价值，又预示着未来人类的发展趋向，为21世纪世界社会主义发展以至人类社会发展道路的开辟注入了新的活力和希望。正如江泽民同志在十四大报告中所指出的："有中国特色的社会主义事业蓬勃发展，必将对世界社会主义事业和人类进步事业做出重大贡献。"②

三　全球化进程中有中国特色社会主义发展面临的矛盾、挑战与机遇

遵循邓小平的全球性思维，进一步研究全球化背景下建设有中国特色社会主义所面临的矛盾、挑战、机遇与战略抉择，是不断推进建设有中国特色社会主义伟大事业所必须解决的重要理论问题和实践问题。

全球化是一柄"双刃剑"，它能够产生"俱荣俱损"的效应。全球化，是一种世界性的实践运动，但就其态势、构成主体以及利益实现形式而言，又是复杂的。在当代，尽管人们侈谈"全球利益"和"人类共同利益"，但在政策操作上，凸现的仍然是民族利益、国家利益，各国政治家都是从本国、本民族利益的角度去审视和参与全球化进程。以参与全球

---

① 《邓小平文选》第3卷，人民出版社1993年版，第346页。
② 《十四大以来重要文献选编》（上），人民出版社1996年版，第46页。

化进程为手段达到实现民族利益的目的,这是世界各国奉行的一个共同原则。因此,以辩证的思维理解全球化,思考有中国特色社会主义在全球化趋势中的方位,便可发现中国在参与全球化进程的发展中面临着以下三重矛盾。

首先,作为发展中国家,中国的发展面临着相对落后的弱势状态与发达国家强势状态之间的矛盾。资本主义发展开创了"世界历史",并通过资本的国际化和市场的世界化,将落后国家纳入全球一体化,使落后国家和资本主义成为同时代的共存。这既为落后国家提供了发展的历史契机,又为其在激烈的国际经济、政治的竞争中趋于相对落后、受制于人提供了可能。正如江泽民在联合国千年首脑会议上所深刻指出的:"在经济全球化的进程中,各国的地位和处境是很不相同的。在发达国家尽享全球化'红利'的同时,广大发展中国家却饱受贫穷落后之苦。发展资金匮乏、债务负担沉重、贸易条件恶化、金融风险增加以及技术水平的落后,使发展中国家总体上处于更为不利的地位。"① "富者更富,贫者更贫"的趋势,已经在全球化进程中开始显现。中国是一个后发展国家,经济、文化的相对落后构成了中国社会主义仍然处于初级阶段的历史根据。其一,全球化进程与资本主义的兴起与发展,有着时间上的契合性与历史的同步性。当西方发达国家已逐步由工业社会向知识经济、信息社会过渡时,中国仍处于工业化中期阶段。既要完成西方已走过的工业化阶段,又要在经济的信息化方面奋起直追,显然,二者之间存在着强势与弱势之别。其二,在当代,西方发达国家极力推行经济自由化,其意图就是凭借其资本和技术优势在没有国家干预的条件下,在世界范围内任意攫取利润。作为发展中国家,中国由于产品、技术、资本都相对缺乏竞争力,如果听任经济自由化的摆布,就会深受其害,使本国经济变成依附型经济。在参与全球化的进程中,中国作为一个落后国家,将在与发达资本主义国家的错综复杂的矛盾中,开拓自己的发展道路。

其次,作为独立自主的国家,中国的发展面临着民族性与世界性的矛盾。人类整体利益与民族国家利益是在全球化进程中占据重要位置且难以绕过的矛盾。在对民族性与全球性矛盾的理解中,存在着两种形而上学的

---

① 江泽民:《关于经济全球化问题的发言》,2000年9月8日《人民日报》。

思维趋向。一种是以全球性取代民族性，认为所谓全球性即是追求单一的经济模式、单一的政治框架、单一的文化策略。西方发达国家宣传全球化时代"主权已经弱化"、"主权概念已过时"，主张"放弃国家干预"，强调"资本应打破国界自由流动"等即是这一思维趋向的典型表现。当然其中含有隐晦的政治动因与目的。另一种则以民族性对抗全球性，以保持民族的独特发展为由，以封闭的心态拒全球化于视野之外。辩证地理性地审视全球化，全球化当然内在地包含着人类共同利益的要求，包含着普遍价值原则的确认。但在国家尚未消亡的情况下，考虑民族利益的优先性，仍是全球化过程中居于主导地位的理念。保持中华民族发展的特色、个性是中国参与全球化发展的前提；而在全球化中坚持开放性，则是民族个性融入现代化意蕴的标志。中国在参与全球化过程中，如何以具有民族性的战略与策略去应对全球化，这是一个亟待探索的课题。

再次，作为社会主义国家，中国的发展面临着两种制度之间的矛盾。在全球化条件下，不同社会制度、政治力量多元并存是客观存在的事实，社会主义与资本主义之间的冲突和磨擦难以避免。正如美国的一些统治精英所设想的"美国利用高科技的有利地位，变全球化为美国化[①]"那样，西方资本主义势力难以容忍并试图扼杀社会主义的存在和发展，这本身亦构成全球化发展内容的一部分。"帝国主义肯定想要社会主义国家变质。"[②] 全球化为资本主义势力颠覆、瓦解、演变社会主义提供了某些有利条件。西方国家的一些政治家对中国以接触为桥梁达到遏制中国以至和平颠覆的目的与主张，将在全球化进程中得到强化。从建设有中国特色社会主义的角度而言，一方面，要激发社会主义活力，发挥社会主义制度的优越性，必须扩大自身的开放程度，在全球化进程中学习和吸收发达资本主义国家那些有益于中国发展的先进技术、管理经验和其他优秀文明成果；另一方面，面对西方势力的"西化"、"分化"图谋，又要建立符合中华民族利益、符合社会主义价值观的政治、经济、文化自我保护机制，以保证有中国特色社会主义的"个性"和自主发展。显然，21 世纪建设有中国特色社会主义的伟大实践，将在两种制度之间的矛盾中进行。

---

① 参见《国外理论动态》1998 年第 3 期，第 23 页。
② 《邓小平文选》第 3 卷，人民出版社 1993 年版，第 320 页。

以上分析表明，全球化对社会主义中国的发展，既是历史性挑战，也有历史性机遇，这种挑战与机遇的并存表现在：

第一，全球化为中国社会主义现代化建设事业提供了开放条件，但也对国家的利益和安全构成一定威胁。事实表明，和平与发展这一时代主题，为有中国特色社会主义发展赢得了有利的外部环境和宝贵的时机。借助全球化，中国可以引进世界上发达国家的资金、技术和管理经验，从而促进本国的发展。只有把后发劣势转化为优势，大胆吸收人类文明的一切积极成果，促进生产力的发展和国家的繁荣富强，才能逐步缩小与发达资本主义国家的差距，从而增强社会主义与资本主义竞争的实力。但另一方面，全球化背景下的市场力量逐渐取代政治和军事权力而成为维护国家利益的重要手段，经济利益的争夺成为各国国家利益竞争的核心。在全球化过程中，发达资本主义国家借助市场力量维护了本国的经济安全，而作为一个经济欠发达的国家，中国由于在世界市场上份额较低，在国际分工中处于弱势地位，其经济主权有受到侵蚀的可能。同时，全球化对我国的科技安全、环境安全也构成一定威胁。

第二，全球化为中国社会主义提供了发展动力，但也有着相应的压力。全球化以新科技革命为主要推动力，以经济、政治和文化的广泛交往为基本内容，以各民族国家的相互依存发展关系为纽带，为有中国特色社会主义事业的推进提供了前所未有的良好条件和广阔的世界舞台，使中国社会主义在全球化发展中既可以利用科技革命的最新成果，又可以借鉴其经验教训以转化为自身发展的动力。全球化为中国社会主义的发展提供了难得的历史机遇。但另一方面，全球化发展的态势，中国与发达国家的巨大差距，社会主义与资本主义两种社会制度的相互竞争，对于要实现现代化的宏伟目标，而经济文化又相对落后、尚处于发展中的有中国特色社会主义，无疑构成巨大压力。

第三，全球化进程使社会主义发展的价值观念得以更新，同时也使社会主义意识形态面临新的挑战。全球化虽然主要是指经济的全球化，但亦蕴含着政治与文化的相互激荡和融汇。全球化进程不仅促进了社会主义国家的经济发展和政治民主化，同时也促进了社会主义国家的观念更新。全球化进程打破了人们僵化的思维模式，实现了社会主义与市场经济的结合，使社会主义融入到世界文明的发展潮流中，人们在全球化的宏观背景中，对社会主义形成了新的认识、新的判断。全球化正在使中国文化走向世界、世界文化走向中国，这无疑将把中华文明的发展推向新的历史阶段。全球化是在现代化与科技革命的浪潮中展开的，这必然使马克思主义面临与新的时代、与世界历史进程产生新的结合的巨大历史性机遇。但是，全球化对社会主义意识形态也构成严峻的挑战。如，西方资本主义的文化强势及其文化霸权战略，必然对有中国特色社会主义文化建设的内容与方向构成冲击。西方一些人一直企图用全球化来模糊社会主义和资本主义的意识形态分歧。冷战结束后，全球化进一步发展，意识形态在国际关系中的作用有所弱化，有人据此断言"意识形态的终结"，认为资本主义意识形态最终战胜了社会主义意识形态。实际上，冷战的结束并没有真正结束资本主义与社会主义在意识形态领域的争夺，资本主义国家尤其是美国采取各种手段竭力推行资本主义的社会制度和价值观念，以此作为实现其经济霸权和政治霸权的重要战略。在全球化背景下，有中国特色社会主义一方面受到来自资本主义的意识形态的进攻，另一方面自身也处于改革转型期，处于剧烈的社会变革中。在这种情势下，加强社会主义价值观念体系和意识形态的建设与创新，是中国面临的繁重任务。

从根本上说，建设有中国特色社会主义，就是要把我国建设成为现代化的社会主义国家。这个目标与全球化趋势在本质上是一致的。但是，社会实践是客观规律与人的自觉行为的统一。全球化不能自然而然导出社会主义前景，社会主义也不会在全球化进程中一帆风顺地发展。面对机遇与挑战并存的复杂局面，只有抓住机遇，迎接挑战，选择和构建合理的发展战略，才能使建设有中国特色社会主义实践在全球化进程中走向辉煌的未来。

（原载《中国社会科学》2001年第6期）

山东省人口控制效益研究

王秀银　鹿立

一　导论

(一) 问题的提出

中国始于20世纪70年代初期的计划生育活动，是古今中外历史上规模最大、范围最广、时间最长、力度最强的自觉控制人口的活动。或者说，中国开展的计划生育是新中国成立50年乃至整个20世纪在中国大地上发生的影响最为深远的重大社会事件之一。在这样一个波澜壮阔的社会活动中，中国共产党和政府以及广大人民群众投入了大量的人力、物力、财力，甚至也付出了血和泪的代价，最终取得了生育率大幅度降低的显著成效。而与人口控制过程几乎同步发生的是，中国在20世纪的最后二十几年，经济以前所未有的速度增长，社会在日新月异地进步，人民生活质量大幅度提高。当然，中国社会经济发展成就的取得，离不开中央改革、开放、搞活方针的正确指引，也离不开亿万人民群众的艰苦奋斗。但是，谁也不能否认，这里边同时也包含着人口控制因素的巨大作用。有学者指出，中国改革开放以来对农民家庭影响最大且农民从中真正得到实惠的有两件大事：一是联产承包，二是计划生育。他们把农村改革、发展与人口控制紧密地联系了起来，代表了部分人在对农村社会现象进行深入观察思考之后形成的认识。然而，联产承包的历史地位已得到国内外的充分肯定，而人口控制对中国社会经济发展的作用尚没有引起社会各界足够的重视。事实上，国际上一直有一部分人对中国的计划生育很不理解或横加指责，国内也有人包括一部分领导者对推行计划生育不那么自觉。这里面固然有这样那样的复杂原因，但与人口学界对中国人口控制的社会经济效益缺乏全面而科学地研究，没有给出有说服力的结论不无关系。过去虽然不少人士对人口控制的成就做过评价，但大都局限在定性的、局部的、粗略的范围之内，少数的定量分析，因方法的简单和不一，所得数据往往可信度不高。因此，运用科学方法对近30年人口控制中诸项投入与近远期经济、社会、资源、环境效益产出进行对比研究，充分展示人口数量控制对经济社会发展的贡献率，理论上具有创新意义，实践上必将推动各级领导和广大人民群众更加重视、支持和参与人口与计划生育工作，促进人口与经济、社会、资源、环境的协调发展和可持续发展，在国际上树立中国计划生育的良好形象。

中国的人口控制是在经济文化欠发达、农村人口占大多数的条件下开展的，国家现行的生育政策与群众生育意愿之间存在较大差距，生育率的下降具有很大的不稳定性。该项研究还可为政府今后的人口和计划生育决策提供科学的依据。国内外人口转变的经验证明，人口由高生育率向中生育率下降，相对说来较为容易，但是由中生育率向低生育率下降并使之稳定往往要花费比过去多得多的人力、物力和财力。目前全国生育率已下降到更替水平以下。在这样的生育水平下，要巩固和发展人口控制成果，任务势必比以往更为艰巨。本课题将在全面分析人口控制投入产出关系出现的新情况、新特点的基础上，为政府合理确定新形势下计划生育投入的力度提供依据，谨防因投入不足造成失误；同时，还将揭示并科学评价中国在人口控制中所出现的人口老龄化、性别比、独生子女等新问题，为政府解决这些问题提出建议。

正如人口过快增长是一种慢性病，短期内症状并不明显一样，人口控制的效益也具有长期性的特征：往往要经历一代人的时间之后才能较为全面地显现。中国幅员广大，经济社会发展很不平衡，计划生育工作和人口发展态势也很不平衡。有的省市区人口自然增长率已出现负数，有的总和生育率还在更替水平甚至以上，人口增长的势头仍很迅猛。在这种情况下，对全国人口控制效益的评价不能不存在一定局限性。山东省是中国第二人口大省，70年代以来的计划生育工作一直走在全国各省、直辖市、自治区的前列，90年代，全省各地市生育率较早地降到了1.5以下的低水平并已连续保持多年。所以，山东省人口控制成效的显现先于全国。本课题确定对山东省人口控制效益进行实证研究，一方面具有现实可能性，另一方面对认识全国人口控制效益也具有先导作用。

（二）理论假设

人口控制效益研究，首先涉及研究期内因开展计划生育而导致生育率下降的程度以及与不开展计划生育相比而少出生的人口数，其次则涉及生育率下降所产生的经济、社会、资源、环境效益。其核心是人口与经济之间的相互关系。关于人口与经济关系的理论研究，是国内外人口学界经久不衰的主题，形成了众说纷纭的思想观点。本课题研究将在课题组部分成员90年代初对山东省100县（市）人口与经济发展水平差异性的多因素分析（王秀银等，1993）基础上，吸取国内近年来关于此问题的主要研究成果（蒋正华，1986；彭希哲等，1993；魏津生等，1996；林富德等，1996；李建民等，2000），提出以下理论假设。

1. 经济发展和计划生育共同导致70年代以来山东省生育率的下降，而起主要作用的是计划生育

经济发展、计划生育在生育率下降中所处的地位及相互关系可用图1表示：

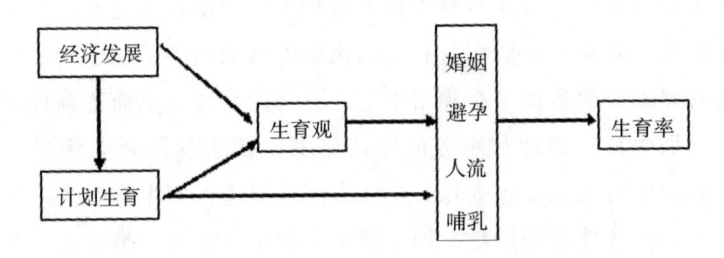

图1 经济发展、计划生育对生育率下降作用机制图

其中，婚姻、避孕、人流、哺乳是影响生育率的直接因素，经济发展和计划生育是影响生育率的间接因素，生育观是影响生育率的中介因素。

生育率是人们生育行为的结果。有生育能力的妇女是已婚还是未婚，是早婚还是晚婚，是采取了避孕措施还是没有采取，避孕措施的有效率如何，怀孕之后是否做人工流产，生育之后哺乳期是长还是短（一般的生物学规律是哺乳期长者怀孕生育机会少），都与生育行为直接有关。

人们的生育行为受生育观念支配，这也正是人类生育与动物繁殖的本

质区别所在。生育观即人们关于生育数量、生育质量、生育性别、生育间隔等问题的总体看法。如果生育观念比较现代化,人们就会较多地选择晚婚,会自觉地采取某种避孕措施或施行人工流产,从而使生育率降低。如果生育观念比较守旧落后,人们就会较多地选择早婚,其避孕措施及孕后的人工流产就难落实,从而使生育率保持较高的水平。

生育观的转变有赖于经济社会发展水平的变化。经济发展水平提高了,人们的生活方式由以满足基本生存需要为标志的"温饱"式转化为以满足生存和发展需要为标志的"小康"式,再转化为以满足生存、发展、享受需要为标志的"富裕"式;人们的教育水平由文盲或初等水平上升到中等或高等水平;妇女地位由"生儿育女的工具"发展为社会经济生活中的"半边天";孩子成本与效益的对比由多生有利于家庭利益到多生不利于家庭利益……这一切都会促使人们的生育观念由早生、多生向少生、优生方面转化。

生育观的转化还有赖于计划生育的开展。计划生育通过宣传教育,向人们灌输科学的人口思想和先进的生育观念,批判陈旧落后的人口思想和生育观念,从而促进人们生育观的变化。

经济发展与计划生育在转变生育观过程中的作用特点迥异。经济发展的作用机制是:育龄夫妇从切身利益的比较中认识到多生孩子对家庭、对自身都没有好处,少生孩子有利于家庭和自身的发展,从而逐渐地改变生育观念。计划生育以说理和服务的方式将少生孩子的好处灌输展示给人们,使人们的生育观念发生变化。经济发展在促进人们生育观念发生缓慢变化的同时,往往伴随着育龄夫妇一代又一代由多生孩子带来的痛苦的体验;计划生育则大大缩短了这一过程,使众多夫妇走了"捷径",从"多子多累"中及早获得解脱。另外,由我国目前较低的经济发展水平所导致的人们生育观念的转变,即便在较发达地区,孩子数量期望值降到两三个也就达到极限。换言之,育龄夫妇纯粹从个人利益(经济得失、社会关系需要、孩子保险系数等)出发,对孩子数量的要求可以从五六个降到三四个再降到两三个,就现阶段的经济发展水平而言还不可能降到两个以下。计划生育却可以使人们(尽管不可能是全部)对孩子数量的期望值打破二至三个的"临界点",比较自觉地接受"一对夫妇只生一个,困难户间隔生育两个"的生育政策。这是由于:经济发展因素在转变人们生育观念时起作用的范围仅限于个人和家庭，使人们自发地从眼前和局部出发来权衡生育的利弊，而计划生育的宣传教育工作却可以能动地启发教育人们放开眼界，除考虑个人和家庭的局部利益之外，还考虑国家和社会长远的全局的利益。比如，人口发展怎样才能与社会经济发展相适应，与资源、环境、生态相协调这样的宏观性问题，单凭个人和家庭生育利益的体验是很难搞清楚的，计划生育的宣传教育工作就可以用古今中外正反两方面的事例说服人们高瞻远瞩地认识这一问题，从而以超越于个人利益的爱国精神和奉献精神对待生育。所以，计划生育工作在我国现阶段生育观的转变方面具有经济发展因素所代替不了的作用。

计划生育除了间接地通过转变生育观对降低生育率起作用外，还可以直接地影响婚姻、避孕、人流、哺乳等因素，从而对降低生育率起作用。在实践中，这种直接影响是通过一系列行政的、经济的、法制的、技术的措施来进行的，从而更进一步显示在有效地降低生育率方面，计划生育以其独有的主观能动性大大超过经济发展的自发性。

经济发展对生育率的间接影响除了通过转变生育观实现以外，还通过计划生育工作的开展来实现。经济发展水平高了，计划生育的宣传教育工作、技术服务工作等就会有比较好的物质条件，从而开展起来就相对顺利一些；经济发展水平低了，计划生育工作的物质条件比较差，从而开展起来就相对困难一些。这就使努力发展地区经济在降低生育率上有了更加广泛的意义：一方面，随着经济的不断发展，终究有一天人均收入水平会超过刺激多生的"经济临界限"，促进生育率自发下降；另一方面，经济发展了，有可能向计划生育投入更多的人力、物力和财力，使计划生育开展得更加富有成效，促进生育率自觉下降。这说明在降低生育率方面经济发展虽然具有自发性，但它对主观能动性的发挥是起重要作用的，因而在任何情况下都是不可忽视的。

在山东省生育率下降和人口转变的过程中，政府在计划生育中的行政干预和生育政策的推行发挥了不可替代的作用，其影响力远远大于其他社会经济因素。该理论假设研究者曾通过对80年代末期山东省100县（市）生育率差异的横向分析进行了验证，本课题将通过对1971—1999年山东省生育率变动的纵向分析再次进行验证。

2. 山东省生育率的下降对经济增长起到了积极作用

自 20 世纪 50 年代以来,国内外经济学家们曾对人口增长对经济增长的作用进行过各种实证研究,但研究的结论并不一致,即使是 90 年代的研究结果也依旧大相径庭。美国人口经济学家 R. 伊斯特林在最近的一项研究中指出,对一些国家人口增长与经济增长的长期关系的研究,既发现了正向关系,也发现了负向关系。发达国家在经济发展时期(1820—1870、1870—1913),这种关系的典型模式是人口和人均收入同时增长;其后,两者的变化出现了相反的趋势,人口增长率下降,收入增长率提高;目前发展中国家人口的迅速增长伴随着人均收入水平的提高,二者之间形成的也是一种正向关系。对一定时期内不同国家人口增长与经济增长关系的比较分析也没有得出有力的证据,证明人口增长与人均收入水平提高之间存在着负向关系(R. Easterlin, 1996)。A. C. 凯利等人的研究结论则是:(1)人口增长对经济增长的直接影响在 60 年代没有统计意义,在 70 年代和 80 年代是负相关;(2)这种负面影响随着时间推移而增加;(3)人口增长的直接负面影响可以被经济发展水平提高的正面影响抵消;(4)人口增长对经济增长正面影响的强度随着时间推移而减弱(Allen. C. Kelleyet, 1996)。

国外的有关研究虽然没有得出一致的结论,却给中国学者以有益的启示:(1)人口增长对经济增长是有影响力的;(2)这种影响力的方向及其量化表现将随着时间、地点、条件的变化而变化;(3)试图以某时、某地、某条件下得出的研究结果去硬套所有国家和地区,肯定是行不通的,也是没有意义的;(4)立足于中国的基本国情,科学分析当代中国人口与经济的运行过程及具体关系,所得结论方适宜于成为中国人口决策和经济决策的依据,同时也是对国际人口经济科学的贡献。国内学者对 70 年代末期以来中国伴随生育率的下降的国民经济的持续高速增长进行了定性和定量研究,所得主要结论基本一致,即 20 余年来,中国的经济增长与人口增长的减速呈正相关。我们于 90 年代初对山东省的初步研究结果也是如此。这里,将人口增长对经济增长的影响机制用图 2 表示。

人是消费者,人口增长首先影响消费规模,进而影响积累规模和投资规模,影响固定资产存量和国民生产总值、人均国民生产总值、居民消费水平;人同时是生产者,人口增长影响劳动力数量和质量供给及就业的充分程度,

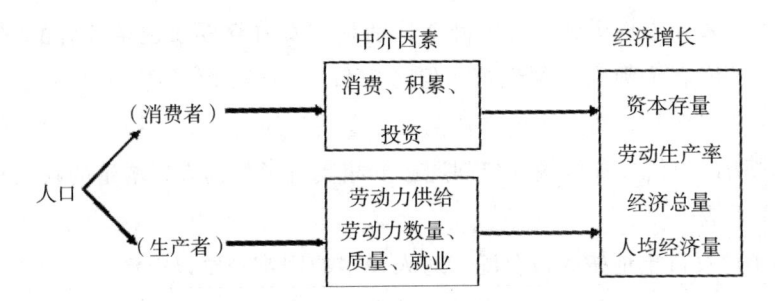

图2 人口增长在经济增长中的地位和作用

进而影响劳动生产力和国民生产总值、人均国民生产总值、居民消费水平。

山东省1971—1999年因计划生育带来的生育率下降究竟在多大程度上影响经济增长，本课题将通过建立人口—经济运行动态模型，模拟山东省在不开展计划生育条件下的人口—经济运行过程予以显示，进一步验证中国人口控制促进经济增长的理论假设。

二 新中国成立50年来中国生育政策的演变及山东省的人口发展

生育政策是指一个国家或地区从社会的、经济的、政治的、资源的、生态环境的综合战略利益出发，同时考虑到大多数群众的接受程度，对其人口的生育行为所采取的政府态度。新中国成立50年来，山东人口从盲目生育到计划生育，人口再生产类型实现由"高、低、高"到"低、低、低"的历史性转变，主要是国家人口控制政策的产物。没有严厉的生育政策，没有政府强有力的行政干预，山东省的人口运行轨迹决不可能是现在的曲线。政府在人口发展的各个阶段扮演了十分重要的角色，政府对生育的态度、具体的生育政策和执行生育政策的方式方法始终是左右我国和我省人口走势的主要因素。

（一）从节制生育到基本国策的转变

1. 节制生育的提出

新中国成立后，经济一度高速发展，解决了大多数人的温饱问题。这使当时的一些国家领导人相信，只要经济发展了，就不会产生人口问题，原有的人口问题都能迎刃而解。虽然在1953—1957年第一个五年计划期间，不少领导人也听到了人民群众特别是妇女群众要求避孕节育的呼声，并且也几度表示赞成节制生育，但考虑较多的是妇女健康而不是控制人口。从总体上看，新中国成立初期存在重视物质生产、忽视人口生产的倾向，试图以经济发展解决人口问题，变相实行了鼓励人口增殖的政策和法令。主要表现是：

（1）农村土地按人口分配，对人口多的困难户给以救济。

（2）城市采取低工资、多就业的方针，家庭人口多，经济收入就多。

（3）1954年以前国家对100余万名国家干部实行供给制，生活费用全包下来，客观上照顾了多子女家庭。

（4）城市多子女的困难户比较容易得到社会和工作单位救济。

（5）城市住房按人口进行分配。

（6）企业对生孩子的夫妇发给一定数量津贴，或发若干尺红布，对双胞胎、多胞胎给予奖励。

（7）医疗部门对绝育手术和人工流产严格限制。生过6个孩子的妇女才能做输卵管结扎，而且需经夫妇双方申请，领导批准。

这个时期的鼓励生育，在思想理论上与受苏联影响有关，误认为人口不断增长是社会主义人口规律的客观要求，是社会主义优越性的表现。当时新闻媒体经常宣传人口众多的好处，宣传苏联奖励多子女母亲英雄的做法等。由于国民经济得到迅速发展，人民生活得到改善，加上客观上鼓励生育的社会政策，20世纪50年代的前半期，广大群众的生育基本没有任何限制，从而出现新中国成立以来的第一次生育高峰，其惯性影响一直持续到以后的几十年之内。

20世纪60年代初期，伴随着新中国成立以来第二次生育高峰的出现，党和政府越来越明确地认识到控制人口增长的必要性，并采取了管理措施。1962年中共中央、国务院《关于认真提倡计划生育的指示》规定："在城市和人口稠密的农村提倡节制生育，适当控制人口自然增长率，使生育问题由毫无计划的状态逐步走向有计划的状态"。1964年1月，国务院成立了计划生育委员会，开始着手试点工作。但当时控制人口属于一般号召，没有制定出具体的生育政策。

2. 计划生育的推行

1966年开始的"文化大革命"打乱了社会正常秩序，刚刚开始不久的人口控制活动被迫停顿。1966—1971年全国人口持续高速增长，平均每年净增2000万人以上，使本来就比较落后的经济濒临崩溃边缘，早已存在的人口问题更加暴露无遗。如50年代已基本解决的就业问题，由于生产发展缓慢，加上劳动年龄人口连年激增，重新变得严重起来，人民的物质文化水平得不到应有的提高。面对这一严酷现实，70年代初，党中央及时发出"人口非控制不可"的指示。国务院批转的卫生部军管会、商业部、燃料化学工业部《关于做好计划生育工作的报告》明确指出："除人口稀少的少数民族地区和其他地区外，都要加强对这项工作的领导，使晚婚和计划生育变成城乡广大群众的自觉行动，力争在第四个五年计划期间作出显著成绩"。1972年国务院正式提出了"实行计划生育，使人口增长与国民经济发展相适应"，并要求把计划生育作为各级领导的一项中心工作，与生产任务紧密结合，"做到领导思想有计划生育的位置，制订计划有计划生育的指标，检查总结工作有计划生育的内容"。1973年国务院计划生育领导小组成立，各地区、基层单位也开始陆续建立计划生育工作机构。同年，国家把人口指标第一次正式列入国民经济计划中。这样，从70年代初期开始，控制人口增长的活动在全国范围内大规模地推广开来，控制人口的政策也开始形成。当时生育政策的基本要求是"晚、稀、少"，即鼓励晚婚晚育，拉长生育胎次间隔，减少生育子女数量，重点放在少生子女上。后来进一步提出"一个不少，两个正好，三个多了"的口号，对少生子女提出了更加明确的要求。

3. 计划生育基本国策的确立

党的十一届三中全会以后，随着工作重心向社会主义现代化建设的转移，党和政府总结了新中国成立以来在人口问题上的经验教训，把计划生育摆在了更加重要的地位。1980年9月，中共中央发出了《关于控制我国人口增长问题致全体共产党员、共青团员的公开信》，从我国国情出发，号召一对夫妇只生育一个孩子，同时指出："某些群众确有符合政策的实际困难，可以同意他们生育两个孩子，但不能生三个孩子"。1981年11月全国人大五次会议的《政府工作报告》明确提出"控制人口数量，提高人口素质"是我国的人口政策。1982年9月党的十二大《政治报告》公开宣布："计划生育是我国的一项基本国策"。在党的代表大会上把计划生育作为基本国策提出来，这是党的十一届三中全会以来我们党坚持实事求是的思想路线的重大成果之一，是在人口问题上同左倾思想划清界限、拨乱反正的重要体现，也说明党中央为了国家和人民的利益，为了中华民族的健康繁衍，坚持走计划生育道路，自觉调节人口再生产的决心。在建设社会主义现代化的伟大事业中，这是具有重大历史意义的战略性决策。

计划生育基本国策的确立，使生育政策的落实在国家管理方面有了具体的法律保障、组织保障和经济保障。在立法方面，推行计划生育作为公民的义务写入了国家根本大法《宪法》的总纲，《婚姻法》中也提出了具体条款和要求，各省、直辖市、自治区还颁布了一系列地方法规。在组织方面，建立健全了国家各级管理计划生育的行政机构，几次机构精简、调整，计划生育都列为保留、充实、加强的部门。各乡镇、街道、村及企事业单位都配备了计划生育专职或兼职干部，还有一支相当规模的科研、技术、宣传队伍活跃在各级服务机构中，全国城乡已经形成推行计划生育的工作网络。尤其重要的是，国务院公文明确规定了政府各有关部门、群众团体对计划生育承担的任务，为组织全社会力量齐抓共管开拓了道路。在经济方面，国家财政拨款的计划生育事业费用年年有所增加，1978年为1.9亿元，1987年增加到8.5亿元，1998年增加到52亿元，高于全国财政支出的增长幅度。各行政机关、企事业单位和农村基层承担的各种计划生育补助费、奖励费、独生子女保健费数量也颇为可观。为了落实计划生育基本国策，许多地方把计划生育列入党政主要领导干部任期目标责任制之中，作为考核党政领导干部政绩的重要依据，达不到一定要求标准的，给予"一票否决"。到目前为止，计划生育政策的贯彻实施已经形成了一个比较完整的体系，有了比较可靠的基础。

（二）山东省的人口发展历程

新中国成立50年来，山东省人口随着国家人口生育政策的变化走过了从盲目增长到有计划增长的过程。1949年，山东总人口为4549万人。到1999年，山东总人口达到8882.8万人，50年共增加4333.8万人，平均每年增长86.7万人，年均递增率1.35%。同期内山东省历年出生率平均为23.20‰，自然增长率平均为14.12‰。（参见表1）现将山东省50年的人口发展划分为五个阶段。

表1　　山东省历年总人口、人口出生率、死亡率、自然增长率

单位：万人、‰

年份	总人口	出生率	死亡率	自增率	年份	总人口	出生率	死亡率	自增率
1949	4549	28.10	12.20	15.90	1975	6971	21.56	7.53	14.03
1950	4640	30.10	12.20	17.90	1976	7038	18.46	7.63	10.83
1951	4732	32.90	12.20	20.70	1977	7099	16.96	7.24	9.72
1952	4827	31.50	12.20	19.30	1978	7160	16.80	6.50	10.30
1953	4924	32.60	12.10	20.50	1979	7232	16.94	6.15	10.79
1954	5052	37.70	11.70	26.00	1980	7296	13.91	6.40	7.51
1955	5174	37.30	13.70	23.60	1981	7395	16.48	6.41	10.07
1956	5256	32.70	12.10	20.60	1982	7494	17.05	6.10	10.95
1957	5373	35.80	12.10	23.70	1983	7564	15.10	6.73	8.37
1958	5422	25.00	12.80	12.20	1984	7637	13.80	5.80	8.00
1959	5373	20.90	18.20	2.70	1985	7711	15.12	6.64	8.48
1960	5188	19.50	23.60	-4.10	1986	7818	19.90	7.28	12.62
1961	5265	21.40	18.40	3.00	1987	7958	23.35	7.07	16.28
1962	5426	38.10	12.40	25.70	1988	8061	17.54	6.04	11.50
1963	5585	44.20	11.80	32.40	1989	8160	16.88	5.70	11.18
1964	5606	36.90	12.00	24.90	1990	8493	18.21	6.96	11.25
1965	5711	35.50	10.20	25.30	1991	8570	15.40	6.54	8.86
1966	5851	34.50	9.90	24.60	1992	8610	11.43	6.88	4.55
1967	5968	30.00	9.00	21.00	1993	8642	10.49	6.76	3.73
1968	6086	38.00	8.00	30.00	1994	8671	9.69	6.67	3.02
1969	6265	30.40	6.60	23.80	1995	8705	9.82	6.47	3.35
1970	6441	33.89	7.34	26.55	1996	8738	10.60	6.76	3.84
1971	6568	29.01	7.81	21.20	1997	8785	11.28	6.65	4.63
1972	6683	27.60	7.66	19.94	1998	8838	11.58	6.12	5.46
1973	6793	23.89	6.94	16.95	1999	8883	11.08	6.27	4.81
1974	6876	20.95	7.23	13.72					

资料来源：《山东省统计年鉴2000》，中国统计出版社，1999。

1. 人口快速增长阶段（1950—1957年）

新中国成立前，山东省人口再生产类型基本属于"高出生、高死亡、低增长"的传统型。新中国成立初期，由于国民经济恢复、发展很快，人民安居乐业，生活明显改善，1950—1957年，年均人口出生率高达33.68‰，从而形成第一个人口出生高峰。与此同时，由于医疗卫生条件的改善和防病治病、妇幼保健工作的开展，人口死亡率下降，一般在12‰左右，以致人口自然增长率较高，一般在20‰左右。人口再生产类型由此完成了由新中国成立前的"高出生、高死亡、低增长"向"高出生、低死亡、高增长"的过渡，并直接导致了该期总人口的高速增长：8年净增人口824万人，年均增加人口103万人，平均递增速度为21‰。

2. 人口负增长阶段（1958—1961年）

由于"左"倾路线和特大自然灾害的影响，该期出现了全国性的经济困难，人民生活水平下降，妇女生育能力明显减弱，死亡人口大量增加。4年出生率平均为21.7‰，死亡率平均为18.3‰，自然增长率平均只有3.4‰。加之，该期省内人口大量迁出（见表2），从而出现1961年总人口比1957年减少108万人，年均减少27万人，平均递减0.5%。这是山东省人口无控制状态下的增速最低阶段，也是人口发展50年中的一个特殊阶段。

3. 人口急剧增长阶段（1962—1970年）

三年困难时期过后，山东省又出现了第二个出生高峰，人口的高出生率和高自然增长率持续了9年之久，年均出生率和年均自然增长率分别为35.3‰和25.0‰，人口再生产类型继续维持在"高出生、低死亡、高增长"的过渡型。尽管该期山东人口迁移仍为净迁出，但远不能抵挡急剧自然增长（年均148.5万人）的人口洪流。9年总人口净增1176万人，年均增加130.6万人，平均增速为23‰，达到新中国成立以来的最高水平。特别是1962年和1963年，两年增加人口320万，年均递增30‰，大大高于全国25‰的增长速度。

4. 人口增长速度趋缓阶段（1971—1990年）

1971年以后，山东省开始把人口增长指标列入国民经济发展计划，在城乡全面推行计划生育，人口进入有控制增长时期，人口再生产类型开始由过渡型向现代型转变。1971—1979年的9年，人口出生率由33.89‰

表2　　　　　　　山东省历年省际净迁移　　　　　　单位：万人

年份	净迁移人口	年份	净迁移人口	年份	净迁移人口
1950	8	1967	-7	1984	12
1951	-6	1968	-63	1985	9
1952	2	1969	29	1986	9
1953	-3	1970	7	1987	11
1954	-2	1971	-11	1988	12
1955	1	1972	-17	1989	8
1956	-25	1973	-4	1990	5
1957	-9	1974	-11	1991	2
1958	-17	1975	-12	1992	1
1959	-64	1976	-9	1993	1.4
1960	-163	1977	-8	1994	0.5
1961	61	1978	-12	1995	4.2
1962	23	1979	-6	1996	5.2
1963	-20	1980	10	1997	4.3
1964	-118	1981	8	1998	2.4
1965	-38	1982	9	1999	0.2
1966	-2	1983	9		

资料来源：1950—1992年：《跨世纪的中国人口》（山东卷）；

1993—1999年：山东省公安厅统计资料。

下降到16.94‰，年均出生率为21.87‰，已明显低于前9年。但由于死亡率稳定在较低水平，年均自然增长率仍在14‰以上。1980年，党中央向全国共产党员、共青团员发出号召，提倡一对夫妇只生一个孩子，并于1982年把"控制人口数量，提高人口素质，实行计划生育"定为基本国策。人口出生率继续下降，到1984年，全省出生率又下降到13.8‰，创新中国成立以来的最低水平。也就在这一年，国家调整生育政策，允许农村独女户可以有间隔地生育二孩，加上第二个生育高峰期出生的人口相继进入婚育年龄，一些地方工作没跟上，使人口增长从1985年起出现回升，并形成第三次人口出生高峰。以致到1987年，出生率和自然增长率分别高达23.35‰和16.28‰。总之，这20年内山东省人口增长呈现起伏性变化：1971—1984年，人口增长速度稳步下降，年平均增速为12.2‰；从1985年开始，人口增长出现明显反弹，1985—1990年人口年平均增长速度反弹到17.9‰，高出前14年0.57个百分点，但仍低于1950—1957年、1962—1970年的增长速度。20年间总人口净增2052万人，年平均增加102.6万人，年均增长速度为13.9‰，人口控制工作取得初步成功。

5. 人口低增长阶段（1991—1999年）

针对80年代中期特别是1987年人口增长反弹的实际，山东省委省政府立即认识到解决人口问题的重要性和迫切性，在全国较早地确立了以"人均占有"考核经济建设实绩的指导思想，明显加大了抓计划生育工作的力度，提出了"抓基层、打基础，抓后进、促平衡，抓改革、上水平，严格计划管理、严格执行政策、严格领导责任"的工作思路。1988年，由山东省人大常委会颁布了《山东省计划生育条例》，并在全省普遍实行人口与计划生育目标管理责任制，通过一年一度严格的责任制考核，仅用了三四年时间，人口增长过快的势头就得到了有效控制。到1991年，人口出生率降到15.40‰，自然增长率也降到10‰以下（8.86‰）。山东省统计局一年一度的人口变动抽样调查数据表明，1991—1999年，全省年平均人口出生率11.25‰，年平均自然增长率为4.68‰。妇女总和生育率在1990年1.95‰的基础上，1991年下降到1.59‰，1992年以来一直稳定在1.2‰左右，率先全国7年进入低生育水平，人口再生产类型真正转变为"低出生率、低死亡率、低自然增长率"的现代型，实现了历史性的突破。此9年内总人口共增加390万人，平均每年增加43.3万人，年均增长速度5‰，大大低于同期全国11‰的增长速度。

从世界人口发展的进程看，在无任何干预的自发状态下，人口再生产由传统型过渡到现代型，一般需要100—200年的时间。而山东省由于推行了计划生育政策，仅用了不到50年的时间就完成了从"高、高、低"过渡到"低、低、低"的历史性转变。如果从70年代全面推行计划生育开始，实际不到30年的时间。这不能不说是一个奇迹。

纵观山东省50年人口发展历程，山东省人口增长速度的下降幅度高于全国。全国1950年的人口增长速度为19‰，1999年为8.8‰，下降了1.02个百分点。而山东省1950年人口增长速度为20‰，到1999年降为5.1‰，下降了14.9个千分点，高于全国4.7个千分点。正是由于山东省人口增长速度下降较快，导致了山东人口平均增长速度低于全国水平（17‰）3.5个千分点，并在总体上构成了山东人口占全国人口的比重呈逐年下降的趋势。在整个50年代，山东人口占全国人口的比例都在8%以上，平均为8.32%。而从1964年降到7.95%以后，除个别年份外，一直呈下降趋势。特别是进入90年代以来，下降幅度明显高于前40年。1950—1990年，山东省总人口占全国的比重由8.41%下降到7.44%，平均每年下降0.024%；而1991—1999年，这一比重从7.44%下降到7.06%，平均每年下降0.042%。

三　山东省人口控制投入分析

山东省70年代以来的生育率下降以及由此带来的人口增长速度的减缓，在很大程度上依赖于社会各方对人口控制的投入。

（一）人口控制投入构成

人口控制投入是指因实施人口控制而投入的各种要素的总称。就投入客体而言，它既包括可以转化为货币形态的经济投入，或称"硬投入"，如人、财、物等；又包括无法以货币衡量的非经济投入，或称"软投入"，如领导重视、政策宣传、科学管理等。就投入主体而言，它既包括以政府为代表所进行的国家投入，也包括其他社会组织所进行的社会投入，还包括育龄夫妇家庭和个人所进行的个人投入。二者构成了一个完整的投入体系。（见图3）

考虑到人口控制的"软投入"无法以量的形式表示出来，难以与其产生的效果进行对比分析，而人口控制的个人投入与国家投入、社会投入相比在我国不占据主导地位，且难以获取准确的资料。因此，本课题所分析的人口控制投入，主要限于国家和社会的经济投入。

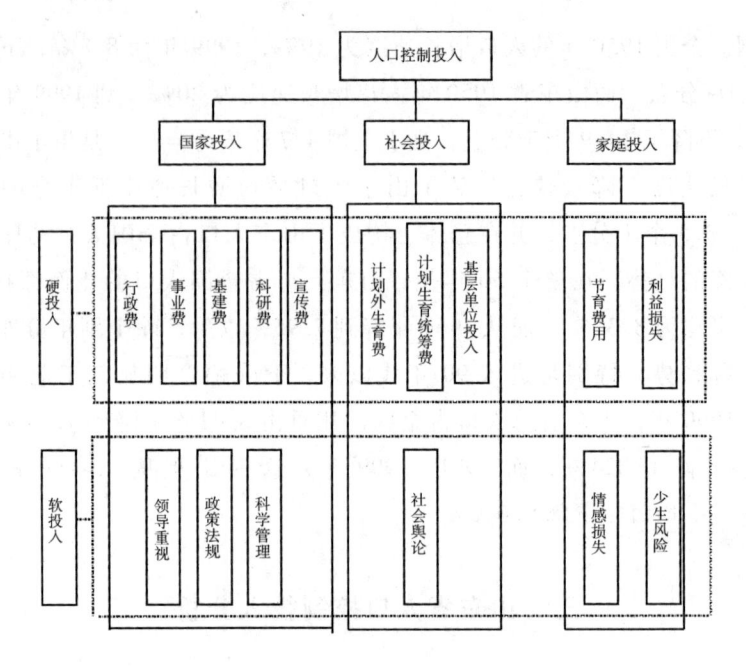

图 3　人口控制投入系统图

（二）国家投入

国家投入是指政府财政直接投向计划生育的经费，包括计划生育手术费、药具费、宣传费、培训费、基建费以及行政管理费等。自 1971 年以来，各级财政每年都直接拨付一定数额的资金用于山东省的计划生育工作（见表 3），换算成 1999 年价格（所用价格指数见《山东省统计年鉴 2000》，下同），累计达 37.3 亿元。

从总的趋势来看，国家计划生育投入的数额是不断攀升的：扣除物价变动因素，1971—1999 年年均递增率 19.84%。分年度看（当年价格），1971 年总投入仅为 580 万元，人均 0.09 元；1992 年总投入超过 1 亿元，人均 1.2 元；1995 年总投入超过 2 亿元，人均 2.6 元；到 1999 年总投入已达到 4.47 亿元，人均 5 元。

从投入来源来看，可分为中央、省、市地、县四级投入。自 1982 年至今，中央、省、市地投入所占比重逐渐降低，县级投入所占比重逐渐升高，1999 年，县级投入占到了总投入的 82.9%。

从投入方向来看，可分为手术费、药具费、独生子女费、宣传培训费、基层专干费以及其他费用等六部分。抛开其他费用，基层专干费所占比重最高，占 26%，其次为手术费占 18%，宣传培训费占 15%，药具费占 7.6%，独生子女费占 1.7%。其间，手术费呈大幅度下降趋势，占总投入的比重从 1971 年 60% 下降到 1999 年的 0.9%。就绝对量来看，1971 年手术费投入 350 万元，1999 年投入 390 万元，1999 年投入似乎略高于 1971 年。但是若换算为可比价格，1999 年的实际投入仅有 1971 年的 35%。升幅较快的是基层专干费和宣传培训费，占总投入的比重前者从 1980 年的 11.4% 提高到 1999 的 36.7%，后者从 1986 年的 2.71% 上升到 1999 年的 25.3%。

表 3 　　山东省 1971—1999 年国家财政投入计划生育经费统计表

单位：万元

年份	合计	按投入来源分				按投入方向分					
		中央	省	市地	县（市、区）	手术费	药具费	独生子女费	宣传培训费	基层专干费	其他
1971	580					350	230				
1972	727					400	327				
1973	615					410	205				
1974	930					550	380				
1975	1521					650	350				521
1976	1465					520	340				605
1977	1187					540	300				347
1978	1466					542	361				563
1979	2436					1362	220				854
1980	2572					1592	236			293	451
1981	2367					1302	221			369	475
1982	2712	260	350	380	1722	1407	243			477	585
1983	3973	460	410	420	2683	2500	141	3		511	818

续表

年份	合计	按投入来源分				按投入方向分					
		中央	省	市地	县（市、区）	手术费	药具费	独生子女费	宣传培训费	基层专干费	其他
1984	4341	460	450	480	2951	1863	156	8		725	1589
1985	3639	290	420	450	2479	1311	133	63		791	1341
1986	3929	330	566	500	2533	1125	135	191	107	780	1591
1987	3968	350	438	502	2678	1219	100	279	148	752	1470
1988	5058	390	413	552	3073	1260	77	464	941	916	1400
1989	5982	440	421	580	4541	1191	126	614	1283	1281	1487
1990	7376	1174	500	757	4945	1056	876	587	1574	1508	1775
1991	8920	1223	1254	1048	5395	910	758	166	2194	2063	2829
1992	10494	1510	1314	1124	6546	834	1092	456	2602	2529	2981
1993	12403	1594	1265	1100	8444	869	853	114	2985	3539	4043
1994	16612	1785	1272	1828	11727	922	1250	104	3989	5018	5329
1995	22425	2028	1295	2221	16881	1043	1647	125	4789	7263	7558
1996	27043	1996	1383	2385	21279	833	1642	274	4884	9883	9527
1997	31035	2292	1393	2475	24875	820	1701	137	6357	12299	9721
1998	38299	2301	1730	2798	31470	444	1823	87	6810	14823	14312
1999	44695	2438	2160	3025	37072	390	1740	197	11290	16410	14668

注：(1) 表中数据为当年价格。(2) "其他"项目主要包括行政管理费等。

资料来源：山东省计划生育委员会。

（三）社会投入

社会投入也称非政府财政直接投入，按投入来源，将其分为4个部分：

（1）计划外生育费（含社会抚养费）。

（2）计划生育统筹费，即农民上交的乡统筹款中用于计划生育的部分。

（3）城镇基层单位计划生育费，即党政机关、企事业单位以及街道居委会用于计划生育的各项开支，主要包括宣传、节育、独生子女补助费等。

（4）农村基层单位计划生育费，即农村村委会用于计划生育的各项开支，主要包括宣传、服务阵地建设、节育补助、人员补助、独生子女补助费等。

上述4部分中，第一、二两项数据有统计资料可查，第三、四两项数据的获取成为难点，尤其困难的是分年度数据。为解决这一问题，课题组在山东省计划生育委员会的帮助下，进行了估计和推算。推算的基本依据是2000年7月对山东省济南市、青岛市的12个居民委员会，对烟台市、淄博市、济宁市、泰安市、聊城市、日照市、滨州地区的57个村民委员会以及齐鲁石化公司、胜利油田、莱芜钢铁总厂、济南铁路局4大企业1999年的计划生育支出回顾调查。调查项目包括1999年的计划生育经常性开支，如工作人员经费、办公费、宣传费、独生子女奖励费、节育手术补助费、营养补助费等，同时包括自开展计划生育以来对基层计划生育站室、设备的累计投入。该调查汇总结果表明：1999年城市居民委员会及大企业对每位已婚育龄妇女的计划生育投入平均为113.9元，农村村民委员会对每位已婚育龄妇女的计划生育投入平均为68.7元。按照山东省计划生育委员会的历年已婚育龄妇女人数统计以及山东省统计局的历年农业人口、非农业人口统计，推算出1980—1999年山东省分城乡的已婚育龄妇女人数。按照国家财政1980—1999年对已婚育龄妇女人均计划生育投入的递增速度，推算1980—1999年历年分城乡的基层单位对已婚育龄妇女的人均计划生育投入。将各年份城乡的已婚育龄妇女人数与分城乡的基层单位对已婚育龄妇女的人均计划生育投入数相乘，得出1980—1999年各年份城乡基层单位的计划生育投入。另外，将推算出的城乡基层单位对计划生育站室建设的累计投入也按照国家财政对已婚育龄妇女人均投入年递增率分配到每年中去。根据有关统计资料及上述在回顾调查基础上推算的结果，得出山东省1980—1999年历年社会性计划生育投入费用（见表4）。换算成1999年价格，累计为210.2亿元。

山东省社会性计划生育投入也呈递增趋势，扣除物价变动因素，1980—1999年年均递增率12.1%。1995—1999年的投入构成，以农村基层所占比重最高，占41.2%，其次为乡镇统筹费，占27.1%，城镇基层费用占20.8%，计划外生育费占10.9%。

表4　　　　　山东省社会性投入计划生育经费统计表　　　　单位：万元

年份	合计	计划外生育费	乡镇统筹费	农村计划生育费用	城镇计划生育费用
1980	9364			8051	1313
1981	8594			7337	1257
1982	20153	10224		8435	1494
1983	24603	10224		12136	2243
1984	25988	10224		13006	2758
1985	23445	10224		10747	2474
1986	21539	7375		11620	2544
1987	27031	12725		11619	2687
1988	31282	12813		14318	4151
1989	36370	14373		16583	5414
1990	54838	27802		20169	6867
1991	92864	59946		24347	8571
1992	77260	38412		28187	10661
1993	65260	19057		32749	13454
1994	83222	20891		42743	19588
1995	143745	15497	43885	56972	27391
1996	174506	17281	55220	67806	34199
1997	200666	26316	57302	77314	39734
1998	227008	27284	55598	95700	48426
1999	248217	22319	58107	111046	56745

注：表中数据为当年价格。
资料来源：根据山东省计划生育委员会统计及调查资料整理。

（四）总投入

将国家投入与社会投入数据汇总，得出山东省1971—1999年历年计划生育经费总投入状况（见表5），换算成1999年价格，累计247.5亿元。

由于计划生育是一项社会公益事业，政府应为投入的主体，这在计划生育刚刚启动的初期表现得比较突出。随着计划生育工作强度的加大，政府投入虽有较大增长，但仍远远不能满足工作需要，于是社会性投入介入（因70年代社会性投入较少，这里未做统计），并在总投入中占据主导地位（85.6%）。山东省计划生育投入趋势图（见图4）示出，计划生育总投入走势基本与社会性投入平行，说明山东省计划生育总投入的增加主要得益于社会性投入。也就是说，80年代以来，山东省城乡各行各业的社会力量从投入上为计划生育事业作出了巨大贡献。然而，社会性投入毕竟不够稳定，尤其是计划外生育费一项，将来的趋势必定是大幅度减少乃至基本消失，所以，尽快提高政府计划生育投入的比重是十分必要的。

表5　　　　山东省1971—1999年计划生育经费总投入统计表

年份	合计	国家财政投入		社会性投入	
		金额	比例	金额	比例
1971	580	580	100.0		
1972	727	727	100.0		
1973	615	615	100.0		
1974	930	930	100.0		
1975	1521	1521	100.0		
1976	1465	1465	100.0		
1977	1187	1187	100.0		
1978	1466	1466	100.0		
1979	2436	2436	100.0		
1980	11936	2572	21.5	9364	78.5
1981	10961	2367	21.6	8594	78.4
1982	22865	2712	11.9	20153	88.1
1983	28576	3973	13.9	24603	86.1
1984	30329	4341	14.3	25988	85.7
1985	27084	3639	13.4	23445	86.6

续表

年份	合计	国家财政投入		社会性投入	
		金额	比例	金额	比例
1986	25468	3929	15.4	21539	84.6
1987	30999	3968	12.8	27031	87.2
1988	36340	5058	13.9	31282	86.1
1989	42352	5982	14.1	36370	85.9
1990	62214	7376	11.9	54838	88.1
1991	101784	8920	8.8	92864	91.2
1992	87754	10494	12.0	77260	88.0
1993	77663	12403	16.0	65260	84.0
1994	99834	16612	16.6	83222	83.4
1995	166170	22425	13.5	143745	86.5
1996	201549	27043	13.4	174506	86.6
1997	231701	31035	13.4	200666	86.6
1998	265307	38299	14.4	227008	85.6
1999	292912	44695	15.3	248217	84.7

注：表中数据为当年价格，绝对数单位万元，相对数单位%。

资料来源：根据山东省计划生育委员会统计及调查资料整理。

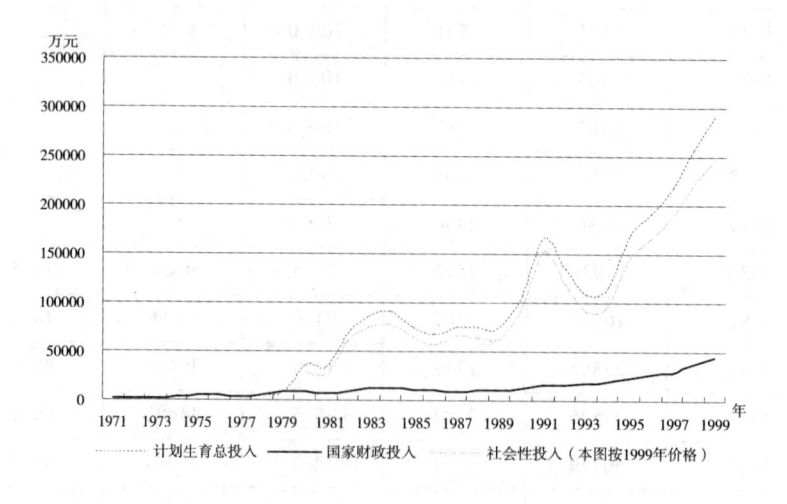

图4 山东省1971—1999年计划生育投入增长趋势图

四　山东省人口控制的人口效益

人口控制的人口效益是因人口控制而产生的直接效益，即开展计划生育所减少的出生人口数以及相应的投入产出比。

（一）因开展计划生育而少生的人口数

即使不开展计划生育，山东省也会因社会经济发展而导致生育水平的缓慢下降。因此，生育率下降既是计划生育作用的结果，同时又是各种非计划生育因素作用的结果。为了把两种不同因素的作用区别开来，以搞清楚真正因计划生育而少生了多少人，这里采用国内外认可的趋势分析法进行推算。趋势分析法取计划生育的起始年份作为一个分界点，在此之前的生育率曲线可以看作是非人口控制因素的作用结果，而在此之后的生育率曲线可以看作是人口控制因素与非人口控制因素共同作用的结果。因此，若将计划生育起始年份以前的生育率曲线延长下去看作是未实施人口控制情况下的推测生育率曲线，而实际观察值与推测出生人数之差，就是真正属于人口控制的人口效益。以计划生育的起始年份为分界点，假设既未推行计划生育，且社会经济水平维持不变，可认定生育水平将维持不变，而此时推测出生人数与实际观察值之差，就是包含人口控制因素与非人口控制因素共同作用在内的人口总效益。人口总效益与人口控制的人口效益之差，应为因社会经济发展而少出生的人口数。

运用趋势分析法对山东省1971—1999年少生人口数的具体推算步骤如下：

第一步，以育龄妇女一般生育率作为衡量生育水平的指标，对山东省1951—1970年的一般生育率进行回归分析，得到回归函数 $y = 0.17647 - 0.00129x$（y为年人口数，x为年份序数，以1954年为1），据此推算1971—1999年假设未推行计划生育条件下的一般生育率。

第二步，根据山东省1982年、1990年人口普查中的分性别、年龄资料及1982年山东省的女性人口生命表，推算出1971—1999年的15—49岁育龄妇女实际人数。

第三步，1971—1985年不开展计划生育条件下的出生人口利用相应

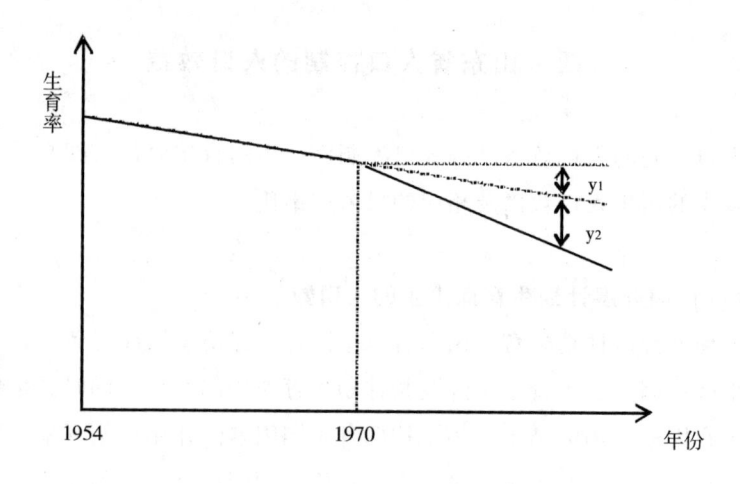

y₁：因社会经济发展导致的生育率下降值
y₂：因人口控制导致的生育率下降值

图 5　趋势分析法示意图

年份的实际育龄妇女数及第一步推算出的一般生育率即可得出，将此出生人口减去实际出生人口便得出 1971—1985 年因开展计划生育而少生的人口。

第四步，由于少生的女性人口长到 15 岁即进入育龄人群，因此，1986—1999 年不开展计划生育条件下的育龄妇女人数应相应加入 1971—1984 年少出生的存活女性人口。根据 1971—1984 年山东省的出生性别比资料及 1982 年山东省的女性人口生命表，推算出 1971—1984 年少生的女性人口存活到 15—49 周岁的历年人数，然后合并计算出 1986—1999 年未推行计划生育条件下的育龄妇女人数。同样用第三步的方法便可得出 1986—1999 年因开展计划生育少生的人口数。

第五步，根据第三、四步结果及实际死亡模式、实际总人口，推算出未推行计划生育条件下的历年总人口以及出生率。

第六步，推算 1970 年生育水平不变条件下的历年少生人口及总人口，所用方法同第二、三、四、五步。

推算结果表明（见表 6，图 6），若以 1970 年的生育水平始终不变为假定条件，山东省 1971—1999 年的 29 年间共少生 5947 万人。这是社会经济因素和计划生育因素共同作用的结果。若剔除社会经济因素的影响，山东省 1971—1999 年的 29 年间因开展计划生育而少生的人口是 4613 万人，占少生人口总量的 77.6%。

由于少生人口的累积效应（少生女性人口长到 15 岁即进入育龄人群），山东省年均少生人口数呈迅速增长态势。70 年代年均少生 83.8 万人，80 年代年均少生 141.4 万人，90 年代年均少生 244.5 万人。这一态势还会继续发展。1999 年，山东省因开展计划生育少生人口 279 万，为当年实际生育人数 98.2 万的 2.8 倍。

表 6　　　　山东省 1971—1999 年两种方案少出生人口数据表

单位：万人

年份	实际出生人数	方案1 推算出生人数	方案1 当年少生人数	方案1 累计少生人数	方案2 推算出生人数	方案2 当年少生人数	方案2 累计少生人数
1971	188.7	221.8	33.1	33.1	222.7	34.0	34.0
1972	182.9	228.4	45.5	78.6	227.4	44.5	78.5
1973	161.0	235.8	74.8	153.3	232.8	71.8	150.3
1974	149.8	238.9	89.1	242.4	233.9	84.1	234.4
1975	149.3	242.0	92.7	335.2	234.9	85.6	319.9
1976	137.9	243.2	105.3	440.5	234.0	96.1	416.0
1977	128.5	248.0	119.5	559.9	236.5	108.0	523.9
1978	133.6	259.9	126.3	686.3	245.6	112.0	636.0
1979	133.5	268.8	135.3	821.5	251.7	118.2	754.2
1980	122.9	275.9	153.0	974.5	256.0	133.1	887.4
1981	138.4	284.5	146.1	1120.6	261.6	123.2	1010.6
1982	136.3	291.1	154.8	1275.4	265.3	129.0	1139.6
1983	113.7	297.3	183.6	1459.0	268.4	154.7	1294.3
1984	104.9	306.0	201.1	1660.2	273.7	168.8	1463.1
1985	116.0	315.2	199.2	1859.4	279.3	163.3	1626.4
1986	154.5	327.3	172.8	2032.1	287.2	132.7	1759.1
1987	184.2	337.9	153.7	2185.9	293.7	109.5	1868.6

续表

年份	实际出生人数	方案1推算出生人数	方案1当年少生人数	方案1累计少生人数	方案2推算出生人数	方案2当年少生人数	方案2累计少生人数
1988	140.5	350.7	210.2	2396.0	301.6	161.1	2029.7
1989	169.7	362.6	192.9	2589.0	308.5	138.8	2168.5
1990	153.8	378.7	224.9	2813.9	318.6	164.8	2333.2
1991	131.4	391.4	260.0	3073.9	325.4	194.0	2527.2
1992	98.2	403.8	305.6	3379.4	331.7	233.5	2760.7
1993	90.3	416.7	326.4	3705.8	338.0	247.7	3008.5
1994	83.9	430.6	346.7	4052.5	344.8	260.9	3269.4
1995	85.3	444.5	359.2	4411.6	351.2	265.9	3535.3
1996	92.4	456.5	364.1	4775.8	355.8	263.4	3798.7
1997	98.8	474.6	375.8	5151.6	364.8	266.0	4064.6
1998	102.0	490.1	388.1	5539.7	371.2	269.2	4333.9
1999	98.2	505.7	407.5	5947.3	377.4	279.2	4613.1

注：方案1是按照1970年生育水平不变推算，包含社会经济因素、计划生育因素作用在内的少生人口；

方案2是因计划生育因素所少生人口。

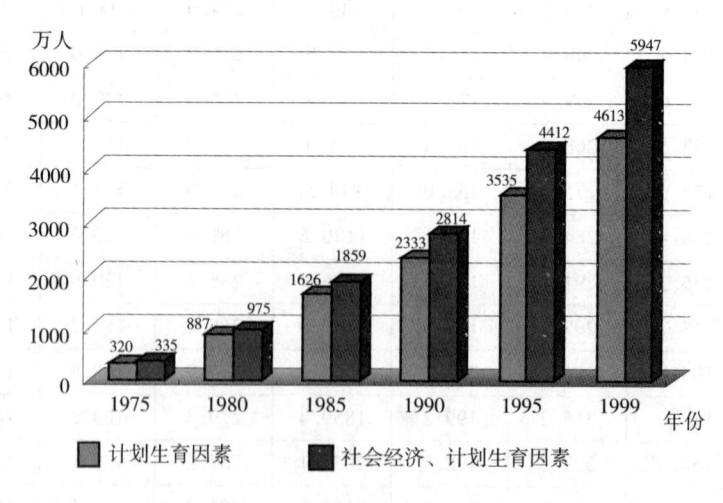

图6 1971—1999年山东省不同因素作用下所减少的累计出生人口

如果不开展计划生育，山东人口1999年的出生率会从1970年的33.89‰缓慢下降到28.58‰（见表7、图7），相当于世界不发达地区（不含中国）1999年的平均水平（29‰），比山东省实际出生率11.08‰高出17.5个千分点。

如果不开展计划生育，山东省总人口早在1984年就超过了9000万，1988年就超过了1亿，而1999年将达到1.3亿以上（见表7、图8）。正是在计划生育的巨大作用下，山东省才敢于制定并可望实现"2000年总人口控制在9000万之内，下个世纪总人口不过亿即开始回落"的宏伟目标。

表7　山东省不实行计划生育条件下的历年总人口与出生率数据表

年份	总人口（万人）	出生率（‰）	年份	总人口（万人）	出生率（‰）
1971	6602.0	34.15	1986	9532.8	30.50
1972	6760.8	34.03	1987	9777.9	30.42
1973	6941.6	33.98	1988	10038.1	30.44
1974	7107.1	33.30	1989	10270.9	30.38
1975	7285.7	32.64	1990	10764.0	30.29
1976	7446.6	31.77	1991	11029.7	29.86
1977	7613.1	31.41	1992	11297.1	29.71
1978	7783.3	31.90	1993	11569.7	29.56
1979	7970.5	31.95	1994	11851.8	29.44
1980	8164.3	31.73	1995	12143.4	29.27
1981	8382.8	31.62	1996	12431.0	28.96
1982	8607.2	31.23	1997	12735.0	28.99
1983	8828.1	30.79	1998	13047.9	28.79
1984	9065.5	30.59	1999	13362.4	28.58
1985	9297.9	30.42			

（二）少生人口的投入产出比

把山东省1971—1999年计划生育经费投入与同期因开展计划生育少生的人口数量相比较，便可得出少生人口的投入产出比。山东省29年间因开

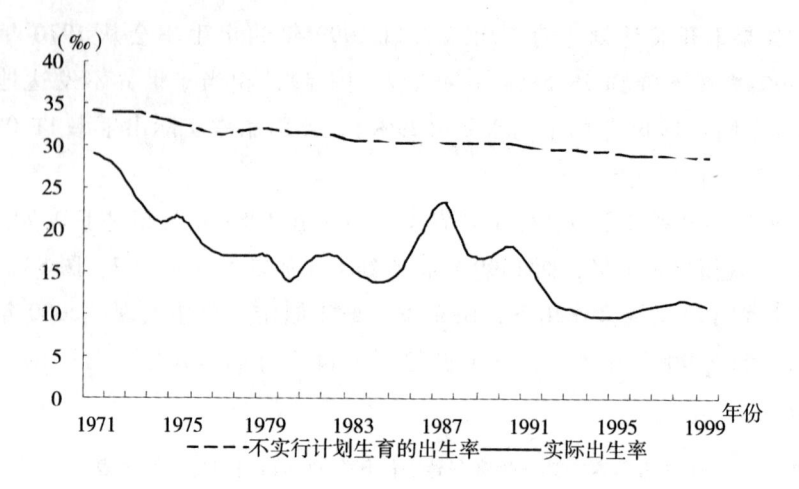

图7　1971—1999年山东省人口出生率在两种条件下的变动状况

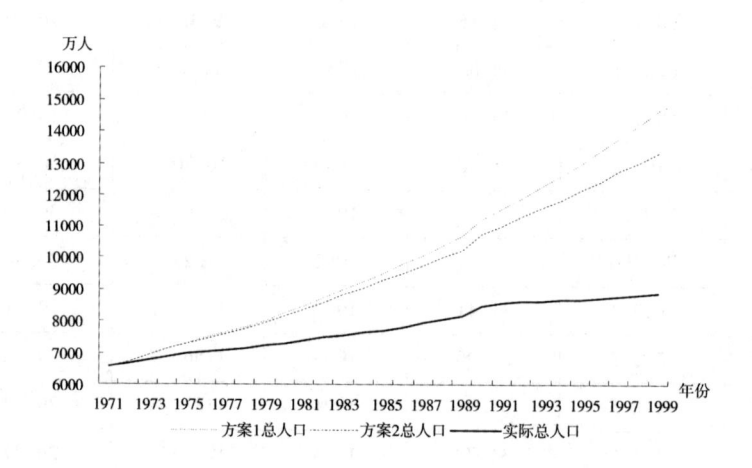

图8　1971—1999年山东省人口总量在三种条件下的变动状况

展计划生育少生4613万人，计划生育经费投入总计247.5亿元（1999年价），每少生一个孩子投入的经费为537元，每投入万元经费少生孩子19人（见表8）。随着经费投入的增加，少生人口的数量不断增加，二者之间呈现较强的正相关关系，其相关系数为0.862。投入产出比的变动趋势是：每万元投资少生人数基本上是递减的，每少生一个孩子需要的计划生育投入是递增的。这说明：（1）随着市场经济的完善，行政手段在计划生育工作中发挥的作用在逐步减小，经济手段的作用日益增强；（2）人口由中出生率向低出生率或者由低出生率向更低出生率下降，确实比人口由高出生率向中出生率下降困难得多。因此，在当前低生育水平下，山东省要巩固人口控制成果，加大计划生育投资力度是十分必要的。

表8　　　　　　　　山东省人口控制人口效益评估表

年份	少生人数（万人）a	人口控制总投入（万元）b	万元投资少生人数（人/万元）c = a÷b	少生一人需投资（元/人）d = b÷a
1971	34	1846	184	54
1972	45	2320	192	52
1973	72	1964	366	27
1974	84	2976	283	35
1975	86	4860	176	57
1976	96	4676	206	49
1977	108	3794	285	35
1978	112	4666	240	42
1979	118	7633	155	65
1980	133	36321	37	273
1981	123	32791	38	266
1982	129	67954	19	527
1983	155	86132	18	557
1984	169	90391	19	535
1985	163	74384	22	456
1986	133	66938	20	504
1987	110	75205	15	687
1988	161	74100	22	460
1989	139	73868	19	532
1990	165	106809	15	648
1991	194	166570	12	859
1992	234	135198	17	579
1993	248	108518	23	438
1994	261	115934	23	444
1995	266	168985	16	636
1996	263	191559	14	727
1997	266	218456	12	821
1998	269	257619	10	957
1999	279	292912	10	1049
合计	4613	2475381	19	537

注：表中数据为1999年价格。

五 山东省人口控制的经济效益

人口控制的人口效益可以间接地产生经济效益。人口控制的经济效益是指人口控制投入在经济上给社会、家庭和个人所带来的好处。它可以体现为因少生孩子而节省的少年儿童抚养费，也可以体现为对宏观经济发展所产生的推动力。

(一) 节省的少年儿童抚养费用及投入产出比

对0—16岁少年儿童抚养费用进行定量分析，是人口控制投入—产出、成本—效益分析的重要内容。少儿人口要成长为生产者，需要耗用一定量的社会资源，其作为消费者则要消费社会财富，特别是在未成长为劳动力人口以前要由家庭和社会来供养和教育。人口控制经济效益最直接的方面，首先体现为少生人口节省的家庭和社会少年儿童抚养费用。这就涉及对少年儿童抚养费用构成的界定。

美国哈佛大学经济学教授莱宾斯坦（H. Leibenstein）创立了著名的孩子成本—效用理论。莱宾斯坦把孩子的成本分为两部分：①直接成本，指从孕育一个孩子起到孩子生活自立时止，父母抚养孩子所花费的生活费用、教育费用、医疗费用以及其他费用支出。②间接成本，指父母尤其母亲因为抚养孩子耗费时间而丧失受教育、晋升或获得更有利岗位以取得更高收入的机会，所以又称机会成本。莱宾斯坦对少年儿童家庭抚养成本构成的界定得到了国内外人口学界的认同及广泛使用。

少年儿童抚养成本的支出主体还包括社会。这是国外关于孩子成本研究的薄弱环节。我们认为，社会抚养成本也分直接成本、间接成本两部分。社会直接抚养成本是指国家或社会为一个孩子成长为社会正常劳动力而支付的费用，就中国而言，包括为母亲生育孩子而支出的产假工资，为孩子本人提供的文化教育补贴、医疗卫生补贴、独生子女保健费等，还包括国家对基础建设、生活公共设施的投资分摊到每个公民的部分。社会间接抚养成本则指社会为增加上述支出及承受孩子的生存发展活动在资源、环境方面付出的代价并导致的经济发展损失。图9勾勒出孩子抚养成本的总构成。

```
                    ┌─────────┐
                    │ 孩子成本 │
                    └────┬────┘
              ┌──────────┴──────────┐
         ┌────┴────┐           ┌────┴────┐
         │ 家庭成本 │           │ 社会成本 │
         └─────────┘           └─────────┘
```

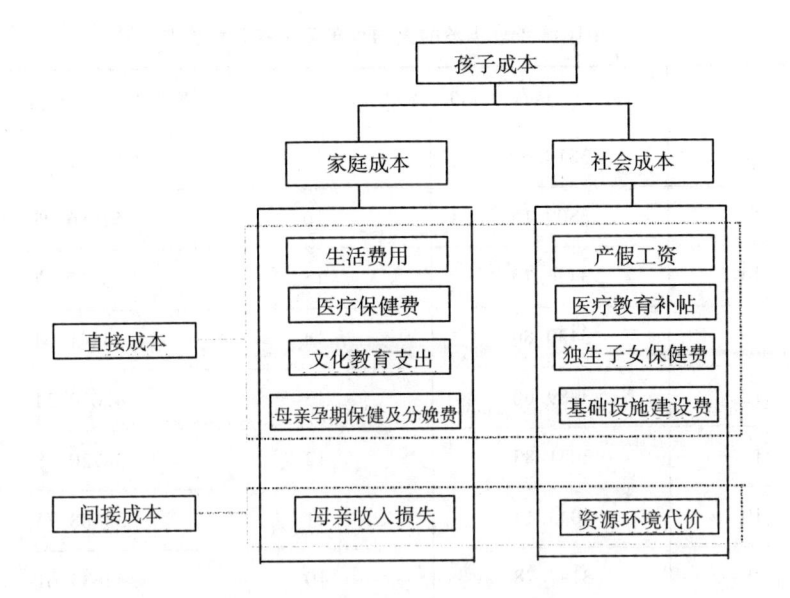

	生活费用		产假工资
直接成本	医疗保健费		医疗教育补帖
	文化教育支出		独生子女保健费
	母亲孕期保健及分娩费		基础设施建设费
间接成本	母亲收入损失		资源环境代价

图 9　孩子抚养成本构成示意图

　　0—16 岁少年儿童抚养费用调查是一项工作量极为庞大的工作。1991 年，本课题组部分成员曾对山东省 1000 户农民家庭的孩子抚养费进行了为期一个月的调查，得出了当时山东省农民家庭的孩子抚养费用数额。时过近 10 年之后，家庭孩子抚养费用发生了很大的变化，直接采用 1991 年的数据显然不合理。加之，缺乏山东省城市家庭孩子抚养费用资料。而本课题又不具备直接组织此项调查的经费条件。所以，决定采用国家计划生育委员会课题组 1998 年关于中国少年儿童抚养费调查的基本数据。

　　国家计生委课题组对全国东、中、西部三大经济区近万户城乡家庭孩子抚养费用的调查结果表明：1998 年，中国城市家庭平均每个 0—16 岁少年儿童抚养费最低是 9.5 万元，若家庭再为少年儿童投健康保险，抚养费将升至 11.1 万元，若家庭再为 0—3 岁孩子雇用保姆，抚养费将升至 12.2 万元；中国农村家庭平均每个 0—16 岁少年儿童抚养费与上述城市家庭相对应的三组数据分别为 3.6 万元、3.8 万元、4 万元；城乡合计的 0—16 岁少年儿童家庭抚养费相应地为 5.1 万元、5.7 万元、5.9 万元。表 9 为 1998 年全国城乡分年龄的人均少年儿童家庭抚养费。

表 9　　　　　中国城乡分年龄的人均少年儿童家庭抚养费

年龄	年家庭抚养费（元）	家庭累计抚养年（年）	家庭累计抚养费（元）
16	3818.60	17	56505.55
15	3809.18	16	52686.95
14	3436.73	15	48877.77
13	3430.80	14	45441.04
12	3289.66	13	42010.24
11	3031.83	12	38720.58
10	3043.14	11	35688.75
9	3197.78	10	32645.61
8	3235.15	9	29447.83
7	3425.88	8	26212.68
6	3308.29	7	22786.80
5	3471.19	6	19478.51
4	3290.56	5	16007.32
3	3146.83	4	12716.76
2	3125.59	3	9569.93
1	2743.31	2	6444.34
0	2163.25	1	3701.03
	1537.78（分娩费用）		

注：本表数据为 1998 年价格。

资料来源：根据国家计划生育委员会课题组资料计算。

根据表 9 所列数据以及山东省 1971—1999 年历年少生人口数和各自已被抚养的年份，我们得出山东省 1971—1999 年历年人口控制所节省的少年儿童家庭抚养费（见表 10），按 1998 年价格计算，累计达到 15269.2

表 10　　山东省分年度人口控制所节省的少年儿童抚养费用

年份	当年少生人数（万人）	人均家庭抚养费（元）	全省家庭抚养费（亿元）
1971	34.0	56505.55	192.12
1972	44.5	56505.55	251.45
1973	71.8	56505.55	405.71
1974	84.1	56505.55	475.21
1975	85.6	56505.55	483.69
1976	96.1	56505.55	543.02
1977	108.0	56505.55	610.26
1978	112.0	56505.55	632.86
1979	118.2	56505.55	667.90
1980	133.1	56505.55	752.09
1981	123.2	56505.55	696.15
1982	129.0	56505.55	728.92
1983	154.7	56505.55	874.14
1984	168.8	52686.95	889.36
1985	163.3	48877.77	798.17
1986	132.7	45441.04	603.00
1987	109.5	42010.24	460.01
1988	161.1	38720.58	623.79
1989	138.8	35688.75	495.36
1990	164.8	32645.61	538.00
1991	194.0	29447.83	571.29
1992	233.5	26212.68	612.07
1993	247.7	22786.8	564.43
1994	260.9	19478.51	508.19
1995	265.9	16007.32	425.63
1996	263.4	12716.76	334.96
1997	266.0	9569.93	254.56

续表

年份	当年少生人数（万人）	人均家庭抚养费（元）	全省家庭抚养费（亿元）
1998	269.2	6444.34	173.48
1999	279.2	3701.03	103.33
合计	4613.1		15269.2

注：本表数据为 1998 年价格。

亿元，人均3.3万元。应该指出的是，这里所计算的仅仅是少生人口已经节约的费用。对于1971—1983年出生，1999年年龄在16—28岁的人口群体来说，所节约的是17年的抚养费用；对于1984—1999年出生，1999年年龄在0—15岁的人口群体来说，所节约的仅是16年及以下的抚养费用，他们所节约的相当一部分费用还将在未来体现。

关于0—16岁少年儿童的社会抚养成本，国家计生委课题组根据《中国统计年鉴》资料进行了估算。所得结果是：1998年我国为每个0—16岁少年儿童平均支付的社会抚养费在城市为1.6万元，在农村为0.5万元，前者为后者的3倍多；如将城乡加权合计，1998年我国每个0—16岁少年儿童平均社会抚养费为7781元。这里所估算的仅指直接社会抚养成本，间接社会抚养成本由于涉及问题过于复杂，暂未予考虑。将这里估算的社会抚养费和前面调查得出的家庭抚养费加总，便知我国现阶段少年儿童抚养费用支出主体以家庭为主，社会为辅，前者占86%，后者占14%。以此比例推算，山东省1971—1999年因人口控制所节省的直接社会抚养费可达2485.6亿元（1998年价格）。

家庭抚养费和社会抚养费两项合计，山东省1971—1999年因开展计划生育节省的少年儿童总抚养费达到17754.8亿元（1998年价格）。这相当于1998年山东省国内生产总值的2.4倍，全社会固定资产投资的8.6倍，地方财政收入的50倍。山东人口控制的巨大经济收益由此可见一斑。

把山东省1971—1999年人口控制投入与节约的少年儿童总抚养费相比较，便得出人口控制经济收益的投入产出比（见表11）。计算结果表明，该项比值为1:70，即在人口控制上每投入1元大约可以得到节约70元抚养费的回报。如此高的投入产出比，任何的物质生产项目都无法与之相比。这也就是从孩子成本效益角度体现的山东省人口控制经济效益。

表 11　　　　　　　山东省人口控制经济效益的投入产出比

年份	节省的总抚养费（亿元）a	人口控制总投入（万元）b	人口控制投资经济效益（元）c = a÷b	年份	节省的总抚养费（亿元）a	人口控制总投入（万元）b	人口控制投资经济效益（元）c = a÷b
1971	223.39	1901	1175.1	1986	701.17	68936	101.7
1972	292.38	2389	1223.9	1987	534.90	77450	69.1
1973	471.76	2023	2332.0	1988	725.34	76312	95.0
1974	552.57	3065	1802.8	1989	576.00	76073	75.7
1975	562.43	5005	1123.7	1990	625.58	109997	56.9
1976	631.42	4816	1311.1	1991	664.29	171541	38.7
1977	709.60	3907	1816.2	1992	711.70	139233	51.1
1978	735.89	4805	1531.5	1993	656.31	111757	58.7
1979	776.62	7861	987.9	1994	590.92	119394	49.5
1980	874.52	37405	233.8	1995	494.92	174029	28.4
1981	809.47	33770	239.7	1996	389.49	197276	19.7
1982	847.58	69982	121.1	1997	296.00	224976	13.2
1983	1016.44	88703	114.6	1998	201.72	265308	7.6
1984	1034.13	93089	111.1	1999	120.15	301654	4.0
1985	928.11	76604	121.2	合计	17754.83	2549261	69.6

注：本表数据为 1998 年价格。

（二）对山东省宏观经济的积极作用

山东是一个人口大省，长期以来，人口基数大、增长速度快始终是社会经济发展的障碍。多年来，山东省多数经济总量指标在全国名列前茅，但人均经济发展水平却居于中游。进入 90 年代，山东省经济增长速度加快与人口增长速度降低的合力直接导致了山东省人均经济指标位次的前移：人均国内生产总值 1990 年居全国第 11 位，1991 年移至第 10 位，1995 年又移至第 9 位至今。90 年代后期，山东宏观经济发展稳中有升，一直保持良好状态。

如果仅仅以人均经济指标位次的前移表现人口控制的宏观经济效益，未免失之简单。为了深入地探讨山东省 70 年代以来人口增长与经济增长之间的关系，计量人口控制因素对经济增长的影响程度，课题组建立了人口—经济运行动态模型，对 1971—1999 年间不同人口增长条件下的经济增长进行模拟和比较。该模型从资本形成和资本/产出比例变动的角度来分析人口（尤指劳动力）对经济发展的作用，强调人口增长与经济增长的内在联系，把人口增长当作经济增长的内生变量。人口增长与经济增长虽然有各自的发展规律，但又有相互作用、共体同生的一层关系。模型的建立恰是着眼于人口与经济关系的后一个方面，从人口增长和经济增长的合力效应中，综合分析不同人口增长状态下的经济发展水平，揭示人口对经济增长影响的真正机制。人口—经济运行动态模型的基础，是三个要素模型的构建，即消费模型、固定资产存量模型、劳动投入模型，以揭示和计量总人口、消费水平、劳动年龄人口等对资本投入产出和劳动投入产出的影响。在满足柯布—道格拉斯生产函数所要求的条件的基本假定下，建立表示经济总量与要素增长率关系的差分方程，利用初始年份（1970）的有关经济指标，计算出不同人口增长状态下的经济总量以及相应的人均经济量、固定资产投资、固定资产存量、劳动生产率等。对人口—经济运行动态模型的详细介绍见分报告《山东省人口控制对经济发展贡献率研究》，这里给出模拟山东省 1971—1999 年在不实施人口控制状态下的经济运行过程后所得出的部分结果。

1. 人口控制对山东省 GDP 的贡献在 1/5 以上

1999 年，山东省 GDP 实际总量为 7662.1 亿元，而如果不实施人口控制，可能实现的 GDP 总量只有 5914.6 亿元，比实际总量少 22.8%。（见图 10）表明人口控制对山东省 GDP 的贡献份额超过 1/5。从 GDP 的增长速度看，1971—1999 年实际的 GDP 平均增长速率是 10.71%，而如果不控制人口增长，GDP 的年平均增长速率只是 9.73%，比实际增长速度慢了 1 个百分点。

2. 人口控制对人均 GDP 的贡献接近 1/2

人口控制对人均 GDP 水平提高的影响作用更大。1999 年，山东省人均 GDP 实际为 8626 元，换算成美元是 1014 美元，按照世界银行 1994 年的划分标准，已达到世界中等收入国家的水平；而如果不实施人口控制，

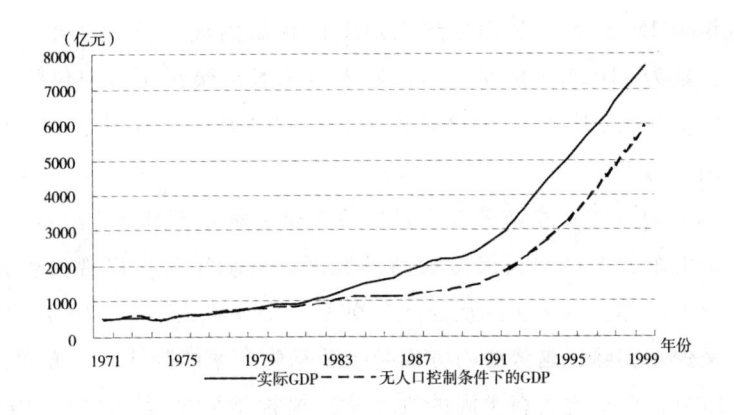

图 10　山东省有、无人口控制的 GDP 比较

可能实现的人均 GDP 仅为 4426 元，比实际水平低 48.7%，换算成美元是 520 美元，仅相当于世界低收入国家的水平。（见图 11）因此，山东省的人均 GDP 中约有 1/2 是人口控制所做出的贡献。从人均 GDP 的增长速度看，1971—1999 年实际的人均 GDP 平均增长速率是 9.49%，而如果不控制人口，人均 GDP 的年平均增长速度只有 7.00%，比实际增长速度慢了 2.49 个百分点。

图 11　山东省有、无人口控制的人均 GDP 比较

3. 人口控制对山东省固定资产存量的贡献份额约为 1/3

模拟结果显示，在没有人口控制条件下，山东省 1971 年的消费规模为 364.5 亿元，比实际的 249.4 亿元多出 40%（97 亿元），这使 1972 年的固定资产积累减少近 100 亿元。在以后的各年中，固定资产投资比实际

平均每年少 250 亿元，从而导致固定资产存量的减少。1999 年，实际固定资产存量为 11012.6 亿元，不控制人口增长的情况下，则仅为 7296.2 亿元，比实际低 33.7%。也就是说，人口控制对山东省固定资产存量的贡献份额约为 1/3。

4. 人口控制对山东省劳动生产率的贡献份额为 37%

如果山东省人口增长保持较高的速度，劳动年龄人口规模也相应加大，从业人员亦会多于实际从业人员数量，而生产总量（GDP）、固定资产存量又少于实际，这势必一方面导致劳动生产率的降低，一方面造成劳动就业压力，形成比现在更高的失业率。模拟结果显示，1971—1999 年，实际劳动生产率增长速率为 7.96%，不控制人口增长的情况下，则仅为 6.27%，比实际低 1.69 个百分点。1999 年，实际劳动生产率为 14418 元，不控制人口增长的情况下，则仅为 9116 元，比实际低 37%。

5. 人口控制对山东省居民人均消费水平的贡献份额为 46.5%

在不实施人口控制的情况下，由于总人口增长速度高于实际，总消费规模增长速度低于实际，则导致人均消费水平远远低于实际水平。1999 年，山东省实际的人均消费水平为 4288 元，不实施人口控制的模拟结果仅为 2295 元，比实际水平低 46.5%。（见图 12）从增长速度看，1971—1999 年实际人均消费水平年平均增长速率为 8.68%，不实施人口控制的模拟结果仅为 6.36%，比实际低 2.32 个百分点。

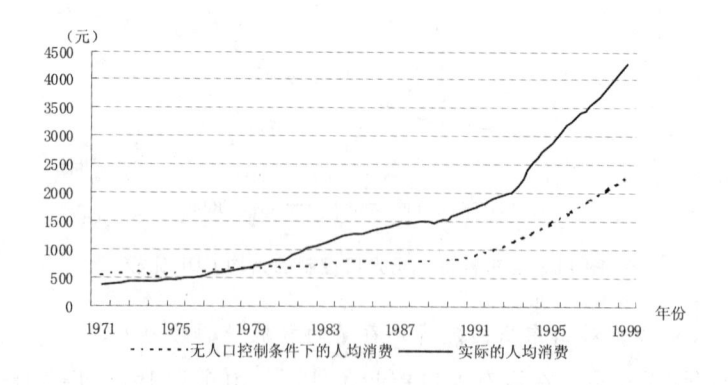

图 12　山东省有、无人口控制的人均消费比较

上面所给出的还只是人口控制对 1999 年各单项经济指标的贡献份额。

为了给出人口控制对山东经济发展的总贡献率，我们选取了衡量经济发展的10个指标，其中5个绝对量指标，5个相对量指标，根据上述单项指标的贡献率和经15位专家判断的各指标所占权重平均值，计算出70年代以来的人口控制对山东省1999年经济发展的总贡献率是31.94%。这就是说，山东省1999年的经济发展成就中，有30%以上是70年代以来人口控制做出的贡献。

总之，运用人口—经济运行动态模型进行模拟研究的结果表明，山东省在不控制人口增长的情况下，经济也可以有所增长，但其增长速度与控制人口情况下相比将大打折扣。其内在机制是：过快的人口增长使消费人口数量与生活资料比例不相适应，一方面导致人均消费水平降低，一方面挤占社会积累基金，影响扩大再生产的规模和速度；过快的人口增长也使劳动人口的数量与生产资料的比例不相适应，一方面导致失业人口增加，一方面降低劳动生产率。需要特别指出的是，在我们模拟中的一些前提条件是按实际情况设置的，但是在人口增长的压力下，一些前提条件很可能不如我们设置得那样乐观。例如，中国的一些改革政策和措施可能因人口压力而不能出台或顺利实施；科学技术进步发展势头也会因人口增长而受到严重影响；资源也很可能难以支撑高生育率水平条件下的经济增长。因此，模拟的结果和所作出的结论只是确定生育率迅速下降和人口控制对山东省经济增长影响的低限。换言之，人口生育率迅速下降对山东经济增长的影响程度很可能比上面所描述的更大、更深远。

六 山东省人口控制的社会效益

山东省人口控制不仅产生了巨大的经济效益，还产生了巨大的社会效益。对社会发展的积极影响主要表现在以下几个重要方面：

（一）减轻了就业压力

将山东省1971—1999年因计划生育所少生的人口进行年龄分组，得知已有1294.3万人成长为16—28岁的劳动力人口，占1999年实际从业人员的27.5%。目前山东省城镇登记失业人口已近40万，还有数量更多的隐性失业人员以及下岗人员，农村剩余劳动力约1075.6万人（1996），社会就业形势已十分严峻。如果不开展计划生育，势必又有1300余万劳动力投入失业大军，从而为社会稳定带来难以估量的负面影响。

（二）提高了人口文化素质

1999年，山东省因计划生育而少生的4613万人口中，0—6岁的人口1037.9万，7—12岁的人口1001.7万，13—15岁的人口464.8万。如果这部分人口全部入学（园），根据现有学校规模状况，需要扩建幼儿园53970所、小学33841所，初中3437所，分别相当于现有学校数的1.6倍、1.1倍、0.9倍。由此可见，计划生育为教育事业减轻的压力也是不可估量的。计划生育大大增加了人均教育投资（含家庭投资和社会投资），为人口文化素质的较快提高创造了极为有利的条件。

（三）提高了人口身体素质

山东省29年间因计划生育少生人口4613万人，有效地改善了山东人口拥有的卫生资源状况。1999年，山东省共拥有3151所医院、138910名医生，每所医院和每名医生负担的人口分别是2.82万人、639人。如果不开展计划生育，每所医院和每名医生负担的人口将分别达到4.24万人、962人。另一方面，由于实行计划生育，促使广大育龄妇女晚婚晚育、少生优生，这就可以减少妇女早婚早育、多生劣生给母子健康带来的各种风险，有利于降低孕产妇死亡率、婴幼儿死亡率和出生缺陷儿发生率。据测算，山东省因计划生育而减少的出生缺陷儿累计为76.76万。

（四）提高了妇女社会地位

70年代以前，山东省育龄妇女的生育模式属于"早、密、多"的自发型。70年代以后，由于实行计划生育，妇女生育子女数大大减少。目前，总和生育率已降低到1.5以下，这意味着平均每个妇女一生生育孩子数要比五六十年代减少3—4个。由于摆脱了家庭、子女的羁绊，越来越多的妇女有了更多的学习机会以提高自身素质，有了更大的可能去广泛参与经济、文化、政治活动，从而使自身的社会地位显著提高。

(五) 加快了生育观念转变

人们生育观念的转变,从根本上决定于社会经济的发展。但是,计划生育的作用也是不可忽视的。一方面,计划生育促进社会经济发展,产生转变人们生育观念的自发力量;另一方面,计划生育开展的各种宣传教育活动,形成转变人们生育观念的自觉力量。更为重要的是,计划生育营造了一种崭新的人口氛围:1—2个孩子的小家庭渐成风尚。这就使多子多福、重男轻女、传宗接代等传统的生育观念逐渐失去原有的群众基础,代之而起的则是现代生育观念。90年代以来,山东省符合二孩生育政策而自动放弃生育指标的育龄夫妇在逐年增加,1999年已达12余万户,此种现象仅仅用社会经济发展来解释是缺乏说服力的。可以说,计划生育本身就是人们生育观念转变的催化剂。

七 山东省人口控制的资源环境效益

人口控制的人口效益及经济社会效益又可派生出资源、环境效益,促进人与自然的和谐共处。

(一) 减缓了人均资源占有量降低的速度

人口控制的资源环境效益首先表现在对人均资源占有量的影响上。在资源总量一定的前提下,即使实施人口控制,人均资源占有量也会因人口的惯性增长而降低,若不实施人口控制,人均资源占有量降低的速度会快得多。这里仅以空间资源、耕地资源、水资源、森林资源为例。

空间资源即拥有的国土资源,是人们生产生活的基地和场所。空间资源的总量是不会改变的,人均占有空间资源的数量随着人口的增加不断减少,人口的生存空间越来越拥挤。反映人口与空间资源关系的基本指标是人口密度。1970年,山东省人口密度411人/平方公里,1999年为567人/平方公里,每年平均提高5.4人/平方公里。若不实施人口控制,1999年人口密度将升至853人/平方公里,高于实际密度286人/平方公里;1999年比1970年每年平均提高15.2人/平方公里,相当于实际年均提高额的2.8倍。

耕地资源是人们的衣食之母。随着经济发展，大量耕地被占用，耕地总量在不断减少，加之人口增加，人均耕地迅速减少。1970年，山东省人均耕地1.80亩，1999年为1.12亩，29年共下降38%。如果不实施人口控制，1999年山东省人均耕地则为0.75亩，将比1970年下降58%；如果再考虑到耕地总量因多生人口的占用而减少的因素，人均耕地下降的速度会更快。

淡水资源是一切生命进行新陈代谢的介质，人、生物、工农业生产每时每刻都离不开淡水。山东省地处淡水资源缺乏的干旱地区，多年平均水资源总量308亿立方米。1970年，山东省人均水资源478立方米，1999年为347立方米，约相当于全国平均水平的1/6。如果不实施人口控制，1999年人均淡水资源将下降到230立方米，水资源短缺的矛盾就会更加突出。

森林是保护人类生存和发展的天然屏障。1999年，山东省人均森林面积仅有0.03公顷，不及全国平均水平的1/3。如果不实施人口控制，1999年人均森林面积将会下滑到0.02公顷。

（二）提高了资源的利用效率

资源利用是指通过社会生产和人们的劳动，把自然资源转化为社会财富或使之为人们提供服务的过程。如果资源利用效率高，在人均资源占有量较少的情况下，资源紧张的状况会得到缓解；相反，如果资源利用效率低，即使人均资源占有量较多，人口对资源的压力也可能较大。影响资源利用效率的重要因素有两个，即科技创新水平和开发资源的投入量。人口控制通过提高人口素质和扩大积累基金提高全省科技创新水平及增加开发资源的投入资金，提高资源利用效率。这里以经济密度（单位国土面积上国民生产总值的分布值）作为衡量空间资源利用效率的指标。1999年，山东省经济密度489万元/平方公里，若不实施人口控制，经济密度将降至377万元/平方公里，意味着资源利用率约降低23%。

（三）减轻了人类活动对环境的压力

随着经济的发展，环境恶化成为一个危及可持续发展的严重问题。人口过快增长对环境的压力主要表现在：人口数量越多，生活排污量也越多；人口多粮食需求多，为了增产粮食，人们过量施用化肥和农药，使大量农田被浸蚀；人口多工业品需求多，工业生产规模扩大，工业"三废"量相应增加；人口多，阻碍了经济发展，限制了治理环境的能力等等。

据中国科学院可持续发展研究组1999年报告，由于中国的自然条件和地理特点，同时由于中国具有世界最强烈的人类活动规模和强度，决定了中国的生态环境同世界平均水平相比，具有明显的脆弱性。而山东省的多项环境质量指数，均达不到全国平均水平，由区域环境水平、区域生态水平、区域抗逆水平构成的区域环境总体支持能力在全国30个省市区中仅排第19位。如果山东省不实施人口控制，比目前再多出四五千万人口，必将使目前已经超荷的生态环境更加不堪重负。

八　山东省人口控制的负面影响

上面着重从正面分析了中国人口控制政策在山东省所产生的效益。任何一项社会政策的实施，都会存在正负两方面的社会效果，人口控制政策也是这样。尽管人口控制所产生的负面影响与其对经济发展、社会进步所产生的正面作用不可比拟，我们更不能因它有负面影响而裹足不前，但决不等于对这些影响视而不见，听之任之。随着人口控制时期的延长，山东省已经和即将出现的新人口问题主要是：

（一）人口老龄化加速

新中国成立以来，山东人口年龄构成类型经历了几个起伏变化的过程，但总的趋势是由成年型向老年型转变。

从表12可以看出，新中国成立前，由于山东经济文化落后，人口出生率高，死亡率也比较高，人口增长缓慢，人口年龄构成类型呈现为"成年型早期"。1953年人口普查时的人口年龄构成状况正是新中国成立前人口发展变化的反映。新中国成立后，由于人民生活水平的提高、医疗卫生条件的改善，人口死亡率大幅度下降，出生人口增多，人口增长速度加快。到1964年人口普查时，人口年龄构成转变为典型的"年轻型"。这是新中国成立后十多年人口发展变化的反映。70年代后，由于计划生育工作的开展，人口出生率大幅度下降，出生人口逐年减少。到1982年人口普查时，人口年龄构成类型由"年轻型"转变为"成年型"。随着人口增长继续得到控制，到1990年人口普查时，人口年龄构成类型逐步由"成年型"向"老年型"转变，人口年龄构成类型介于"成年型"和"老年型"之间。到1995年"小普查"时，我省人口年龄构成类型已完全进入"老年型"，且老龄化速度呈越来越快的趋势。

人口老龄化是指老年人口占总人口比例逐渐增长的过程。它的形成是由出生率和死亡率的降低引起的。随着山东计划生育工作的深入发展，人口增长得到有效控制，人口死亡率降低，人口平均预期寿命延长，老年人口逐年增多，使山东人口老龄化速度加快，且高于全国水平。根据山东人口发展预测，在未来几十年，人口老龄化将有明显加快的趋势。如果生育政策不变，到2012年老年人口将达1472万人，老年人口比重为15.4%，到2029年，老年人口为2450万人，老年人口比重为25.8%，到2050年老年人口比重将接近1/3。

表12　　　　　　　　山东省几个主要年份的人口年龄构成

	类型	0—14岁人口比重（%）	65岁以上人口比重（%）	老少比（%）	年龄中位数（岁）	平均年龄（岁）
人口年龄构成类型标准	年轻型	>40	<4	<15	<20	
	成年型	30—40	4—7	15—30	20—30	
	老年型	<30	>7	>30	>30	
人口年龄构成状况	1953	36.4	6.3	17.3	23.2	27.3
	1964	40.9	4.5	11.0	19.9	25.5
	1982	31.0	5.6	18.1	24.5	28.2
	1990	26.6	6.2	23.3	26.4	29.6
	1995	24.6	7.4	30.1	32.2	30.3
	1999	21.4	8.6	40.2	33.4	34.5

资料来源：全国历次人口普查资料及1995年全国人口抽样调查资料；1999年数据根据山东统计年鉴数据计算得出。

山东省面临的老龄化挑战最为严重的时期大约是在2020年以后，届时老年人口将会在巨大规模的基础上持续增长，老龄化发展速度最为迅速,人口年龄负担比也进入上升时期。所以,在老年人口迅速增长和老龄化迅速发展的形势下,我省的收入分配制度、社会福利制度以及公共政策将面临着巨大的冲击。

(二)"四二一"家庭结构

山东省在独生子女生育政策的影响下,目前已形成大约560万人以上的独生子女群体。从21世纪初开始,这部分人将陆续进入婚育期,从而可能出现"四二一"结构家庭。"四二一"结构家庭的数量取决于多种因素,其中最主要的因素有三个:一是独生子女人数;二是独生子女与独生子女结婚的概率;三是独生子女夫妇的生育状况。假如独生子女与独生子女结婚的概率为100%,他们仍然执行只生一个孩子的政策,那么将出现280万个以上独生子女夫妇家庭,属于"四二一"结构家庭的人口约有近2000万,这当然是一个规模相当大的人口群体。

实际上,"四二一"结构家庭问题不会像上面假设的那样严重。其一,独生子女与独生子女结婚的概率不可能达到100%。据北京大学郭志刚教授的最新研究结果,中国25—49岁年龄段中独生子女比例最高的时间,城市是2030年左右,届时"双独"婚姻的概率约为34%;农村相应的时间是2045年左右,届时"双独"婚姻的概率约为7%。估计山东省因独生子女政策执行得较好,"双独"婚姻的概率可能会高一些。其二,将三代人的年龄因素考虑进去之后,发现独生子女夫妇在婚育初期的十余年内,其父母还处于劳动年龄阶段,从而使其赡养4位老人的期限推迟。其三,两个独生子女结婚后又生一个孩子的人数很可能会因生育政策微调而减少。但无论如何,"四二一"结构家庭都会在社会上形成一部分,越是计划生育开展较早和人口控制水平较高的地区,"四二一"结构家庭出现的可能性就越大,出现的时间也会越早。随着此类家庭老年人逐渐退出劳动年龄期,他们的生活照料问题终将成为一个需要社会予以重点关注的问题。

(三)出生性别比偏高

按照国际常用标准,出生性别比的正常值域大致为103—107,这是世界各国长期经验统计的大数定律,任何明显偏离(小于或大于)该正常值范围的现象均被视为异常。1953年和1964年人口普查时,山东省 0 岁组人口性别比分别为 104.01 和 103.04，说明 50 年代和 60 年代山东出生婴儿性别比一直在正常范围。但进入 80 年代后，0 岁组婴儿性别比明显升高。1982 年为 109.18，1990 年为 116.28，到 1995 年为 118.92，都明显偏离了正常范围，且升高趋势比较明显。从 1996 年起，全省开始重视出生性别比偏高的问题，逐步加强了控制措施。1998 年，山东省人大颁布《山东省禁止非医学需要鉴定胎儿性别和选择性终止妊娠的规定》，各地控制力度进一步加大，出生性别比开始下降。据计划生育统计资料，到 1999 年，出生婴儿性别比已降到 110.0，但仍超出正常范围 3 个百分点。

表 12　　　　　　　山东省历次人口普查 0 岁组人口性别比

年份	1953	1964	1982	1990	1995
性别比	104.01	103.04	109.18	116.28	118.92

资料来源：全国历次人口普查资料。

出生性别比偏高是"生育选择空间"的狭小和"偏男生育意愿"过于强烈互相冲突和挤压的结果，它本身意味着男性与女性人口数量的不匹配。当出生性别比失衡的同批人成长到婚育年龄时，人口的最大可能性婚配概率只能以人数"短缺"的女性为基数，"富余"出来的男性根本不存在与之相匹配的女性，即由于先天性的性别失调，总有一部分男性不能婚配。如果出生人口性别比长期偏高，将会导致婚姻市场竞争加剧，造成结婚的物质和精神成本提高。长期的出生人口性别比偏高还会强化区域性婚姻挤压，即城市男性到农村寻找配偶，经济较发达农村的男性到经济欠发达地区的农村娶妻，挤来挤去，多余的男性最终可能沉积在农村地区，尤其是条件较差的农村地区。

男性"富余"人口的堆积对女性人口也并不是福音。虽然一部分男性找不到与他们一一对应的女性，并不意味着他们没有性的正常需求和权利。一旦这种权利和需求通过正常的途径得不到满足，矛盾就可能激化，非理性行为甚至违反法律的行为随之产生，显而易见，女性便成为这种性犯罪行为的直接受害者。

性别比失衡还将加重社会保障负担。受历史传统和经济发展水平的影响，我国以家庭养老为主的养老模式短期内是难以改变的，农村地区尤其如此。由于性别比失衡所造成的大量终生未婚的无子女老人将形成老而无所养的状态，增加社会养老的负担和养老的复杂性。

（四）人口素质"逆淘汰"

由于我国实行的人口控制政策对城市严农村宽，在人口控制过程中始终存在城市人口生育率大大低于农村，文化水平高人口的生育率大大低于文化水平低人口的现象。而城市人口及文化水平较高的人口往往更有条件培育下一代具有较高的文化素质，这就出现了人口素质的"逆淘汰"现象。当然，相对于人口无控制条件下对人口素质提高的制约而言，人口控制从总体上看是有利于人口素质提高的，由城乡经济发展水平不同而自发形成的城乡生育水平差异并导致的人口素质"逆淘汰"也是一不可避免的情况。而我国目前的人口素质"逆淘汰"与人为制定的人口政策有关，这是不可否认的客观事实。

（五）独生子女伤亡风险及部分育龄妇女的健康损失

随着全省独生子女规模的扩大及独生子女年龄的增长，独生子女中途夭折者也在逐年增加。一旦此类事件发生，便成为独生子女家庭的最大悲剧，其精神损失难以用任何物质来补偿。独生子女父母若在35岁以下，尚可以再生一个来补救，最为不幸的是40岁甚至50岁以上的独生子女父母。山东省荣成市最近就出现了这样一个事件：一位20几岁的独生子突遇车祸身亡，其年逾50的父母痛不欲生的情景令诸多独生子女家庭不寒而栗，也令计划生育主管部门感到愧疚。他们因响应政府号召而终生只生一个子女，由此带来的损失及所承担的风险政府是不应该坐视不管的。遗憾的是，到目前为止，政府并没有具体的政策措施。

从总体上看，育龄夫妇因少生孩子而减少了疾病和死亡风险，提高了生殖健康水平，但不排除部分育龄妇女因避孕和做节育手术而使身体健康受到不同程度的损失。尤其是部分大月份怀孕的引流产手术，受术者身体所受损失往往大于正常分娩。目前全省患节育手术后遗症者虽然为数不多，且大部分为70年代和80年代初期计划生育"大突击"时所患，但其中确有终生不愈者，其家庭生活、生产状况均受到重大影响。

九 启示与建议

对山东省30年来人口控制效益的研究，带给我们的启示是多方面的。下面仅就五个带有全局性的问题发表意见和建议。

（一）重视人口控制投入，保证必需的投入规模

人口控制是一项投入产出比很高的社会公益事业。我们在课题研究中所讨论的还仅仅是1971—1999年人口控制成果已经产生的经济、社会、资源、环境效益。事实上，人口控制效益更多地将在未来发展中显现出来，更加受惠的将是子孙后代。换言之，没有对人口的有效控制，便没有山东省未来的可持续发展。然而，由于人口控制的直接成果不是物质产品，"少生人口"看不见，摸不着，产生的效益具有隐蔽性、长期性、难以计量的特点，所以计划生育工作往往被人们所忽视，进而不能保证人口控制所必需的投入数量。近30年来，山东省计划生育投入虽有很大的增长，但投入规模仍不能满足计划生育事业发展的需求，供需矛盾十分突出。一是财政投入所占比重较小，没能发挥主渠道的作用，大部分经费来源依靠计划外生育费、乡镇统筹费及基层单位投入。随着计划生育工作水平的提高及农村税费改革的实施，计划外生育费和乡镇统筹费将呈减少趋势。因此计划生育工作水平越高、经费越紧张的矛盾将越来越突出。二是由于经费投入相对不足，造成支出结构不合理，在相当一部分地区，《山东省计划生育条例》规定的独生子女父母奖励政策长期不能兑现，有的将应由政府财政承担的节育手术费大部分或全部转嫁给了集体和手术者个人负担。为了使山东省未来人口控制目标不受投入数量的制约，提出以下对策建议：

第一，进一步提高各级领导的计划生育投入意识。要按照江总书记提出的"计划生育要算全局、长远的大账"的指示精神，多算计划生育投入的效益账，增强计划生育的投入意识和投入行为，切实做到投入到位。

第二，明确计划生育投入属于政府公共支出，政府为计划生育投入主体的特点，进一步加大计划生育的财政投入，以保障未来计划生育事业的顺利开展。

第三，按计划生育的工作目标确定计划生育的投入，并将其与物价指数的变动挂起钩来，与国家财政的增长速度联系起来，以满足对计划生育投入不断增长的需求。

第四，深化改革，推行计划生育统筹费和社会抚养费的"费改税"，以确保地方基层，特别是广大农村计划生育经费的落实。

（二）积极创造社会条件，使外生性低生育率向内生性低生育率转变

山东省目前所达到的低水平生育率具有典型的外生性特征，要真正完成"生育率革命"，稳定低生育水平，必须创造条件，使外生性低生育率向内生性低生育率转变。外生性低生育率是指在孩子的价值和成本还没有发生根本性变化，或者说在夫妇自觉进行家庭计划的社会和经济条件还不具备的情况下，由国家和政府推行人口控制政策而导致的低生育率。山东省70年代以来人口生育率的下降之所以会如此迅速，在很大程度上归功于自20世纪70年代以来实行的严格控制人口增长的计划生育政策。在严格的计划生育政策限制下，个人生育决策的范围非常狭小，只能服从国家的生育政策，在生与不生之间选择，而没有选择生多生少的权利。由于人们的生育意愿与国家政策要求之间存在着偏差，一旦人们强烈的生育冲动冲破了计划生育政策的规定，就会出现生育率的反弹。内生性低生育率是指夫妇根据孩子（数量和质量）价值与（数量和质量）成本的变化而自觉节制生育所导致的低生育率。内生性低生育率的形成需要现代化的社会经济条件，包括经济的快速增长、教育的发展与改革、城市化的不断推进，人民收入水平及生活质量的提高等，但最为重要的是要建立起公正、合理、有效的社会保障制度。社会保障制度是一种社会财富再分配和转移支付的社会机制，其人口学意义在于这种社会机制存在对孩子某些价值的替代功能，从而有利于降低人们对孩子数量的需求。

社会保障制度的核心内容是社会养老保障。我国社会养老保障的性质和覆盖范围将直接影响到人口变化的趋势和实现内生性低生育率的水平。目前城镇地区正在建立的社会养老保险制度仍然存在许多问题，而农村的社会养老保险制度几乎还是一个空白，在这种养老社会条件下，人们对孩子养老价值的需求会很大。特别是农村地区社会养老保险制度的缺位，既不符合我国社会主义制度的性质，也不符合我国人口控制战略的需要。可以说，我国能否建立一个公平有效的社会养老保险制度不仅关系到人民的生活福利水平，而且直接关系到人口与计划生育政策的成败。我们认为，社会养老保险制度应该充分体现社会主义制度的性质，充分发挥社会养老保险制度的保障、社会转移支付和储蓄的功能。在农村地区应该建立专门的社会养老保险制度，国家应该在农业和农村的税、费中拨付一定比例的资金用于建立农村社会养老保险基金。根据未来经济发展和老龄化演进趋势，在可以预见的老龄化水平上，我国并不会存在资源短缺问题，否则我们也就不能供养整个人口，关键的问题是分配问题，即收入分配和社会再分配制度。鉴于我国用于社会保障的支出占中央财政支出的比例在世界明显偏低的状况，国家应尽快调整财政支出结构，加大对社会保障包括对农村社会保障的投入。

在"长寿老龄化"的人口背景下，老年人对医疗卫生服务的需求将会以更快的速度增长，但是目前的社会医疗保险制度基本上处于失效状态，就医难的问题不仅直接影响到老年人的健康水平和生活质量，而且很可能引致老年人的贫困问题。因此，在全国范围内建立一个合理有效的社会医疗保险制度应该作为构建我国社会福利制度优先考虑的领域。

（三）实行补偿政策，保护人口控制效益创造者的切身利益

实行计划生育的育龄夫妇是人口控制的基本动力和承担者，是人口控制巨大效益的创造者，其生育控制的个人成本应该得到补偿。

在外生性低生育率转变的条件下，育龄夫妇实际生育的孩子数低于其期望生育的孩子数，与内生性低生育率转变相比，将会导致较高的生育控制的私人成本。这种成本除了包括一般意义上的节制生育费用、节育手术带来的健康损失之外，还包括少生孩子的机会成本，如孩子收入效应和保险效用的损失，父母和家庭成员对男孩或女孩偏好的损失，天伦之乐的损失，孩子病残和死亡的风险等。接受独生子女政策的夫妇，其付出的生育控制成本最高。生育控制个人成本的形成不是即时的，也不是短期的，而是一个长期的积累过程。对实行计划生育的夫妇而言，这种成本可能会伴随其一生。育龄夫妇在生育控制上承担的这种成本，可以说是为公众利益做出的牺牲，因此，有关鼓励人们实行计划生育的政策，本质上应该是一种补偿政策。

我国现在实行的对生育控制成本的直接补偿，在国家政策上只有一种形式，即向独生子女发放"独生子女费"。但是，在我国目前的物价水平和收入水平条件下，这种力度的补偿政策已经失去了实际意义。可以说，在我国执行严格人口控制政策的同时，对生育成本的补偿基本上是一项空白。这项政策的缺位表明对个人和家庭生育控制成本的补偿并没有引起政府的重视。虽然在我国一些地区有当地政府和群众组织开展了一些扶助项目，如"少生快富工程"、"幸福工程"等，但这类项目并不能替代国家的政策。因为，对这种关系到人民利益的问题需要制度性的保证。因此，我国应该尽快建立起生育控制成本补偿制度，把该制度纳入社会保障和福利体系当中。这种补偿制度的政治基础是我国社会主义的性质；这种补偿制度的道义基础是我国群众为了国家和民族的利益，在生育利益上做出的牺牲；这种补偿制度的经济基础是我国群众在生育利益上做出的牺牲已经换来了我国经济的迅速发展，我国已经具备了相应的补偿能力。对独生子女家庭的补偿具体可以包括以下几个方面：

（1）建立独生子女风险基金，对于中途夭折或严重伤残的独生子女而其父母又基本失去生育能力的，政府发放一次性补贴或按月发放补贴，补贴数额至少应相当于长期雇用一个家庭保姆的费用。

（2）建立独生子女专门医疗保险制度。

（3）减免除独生子女和农村"双女户"子女义务教育阶段的全部费用。

（4）对独生子女实行"低门槛"高校入学制度。

（5）建立独生子女就业专门保障制度。

（6）建立独生子女父母补充养老保险制度。

（7）独生子女父母享有购房额外补贴。

（8）实施农村公共经济资源的分配向独生子女户倾斜政策。

（9）建立农村独生子女父母的专门医疗保险制度。

（10）建立农村独生子女父母最低生活费补助制度。

（四）改革和完善计划生育管理和服务，保证人口控制效益持续发展

由外生性低生育率转向内生性低生育率，归根结底取决于经济社会发展水平的全面提高。所以，这必将是一个渐进的过程。由中国的基本国情所决定，在今后一个相当长的时期内，政府对人口控制的管理职能不但不应削弱，还应该加强。但是，由于21世纪的人口与计划生育工作所面临的内外环境将发生极为深刻的变化，如社会主义市场经济将更加完善，依法治国将全面实施，广大群众的需求日益多样化，城市化水平将逐步提高，改革的力度进一步加大，人口与计划生育工作的任务将更为繁重，等等，相应地，人口与计划生育管理的思路、方法和手段都要在总结以往经验教训的基础上进行改革和完善。只有如此，山东人口控制的成果才能巩固和发展，不仅继续有效控制住人口数量，而且提高出生人口素质，改善人口性别结构。

山东省在贯彻落实中共中央、国务院《关于加强人口与计划生育工作稳定低生育率水平的决定》的过程中，已经确定了人口与计划生育改革发展的目标模式，即：以邓小平理论和江泽民"三个代表"思想为指导，坚持依法管理、村民自治、优质服务、政策推动、综合治理的方针，转变观念，调整思路，改革创新，提高水平。以稳定低生育率为主线，完善人口与计划生育工作调控体系，建立适应社会主义市场经济要求的人口与计划生育工作管理体制，全面落实计划生育基本国策，维护广大群众的合法权益，加快实现人口现代化步伐。以调动党政领导、有关部门、非政府组织和广大群众实行计划生育的积极性为标志，坚持领导抓、抓领导，逐步从被动走向自觉；坚持依法管理，逐步从人治走向法治；坚持抓根治本，逐步从包办走向自治；坚持以人为本，逐步从强制走向服务。促进人口与经济、社会、资源、环境协调发展和可持续发展。而要实现上述目标，必须选准切入点和突破口。我们认为，紧紧围绕育龄群众的需求广泛深入地开展计划生育优质服务，应成为新时期转变人口与计划生育工作思路和方法的切入点和突破口。优质服务体现了以人为本的现代管理理念和共产党全心全意为人民服务的根本宗旨，符合"寓管理于服务之中"、"管理、服务一体化"的新型管理方式。开展优质服务，要以技术服务为重点，全面实施避孕节育服务、出生缺陷干预和生殖道感染综合防治"三大工程"。要在全省范围内积极推行避孕节育措施知情选择，通过宣传引导、技术服务、科学管理，使群众自觉落实以长效节育措施为主的避孕方法，确保避孕节育措施及时率、到位率、有效率稳步提高。要充分发挥各级计划生育服务机构和卫生资源的合力作用，围绕生育、节育、不育,积极开展孕前检查、优生咨询、产前诊断、围产期保健、不孕症治疗、妇科病防治等服务,努力提高育龄群众的生殖健康水平。要加强科技服务体系创新,积极推行"计卫联手、医育结合",促进科学研究、技术服务、产业开发一体化发展,不断改善服务条件和服务环境,提高服务工作的科技含量。总之,通过优质服务,推动计划生育工作全面上水平,使计划生育由"苦涩的事业"变为"甜蜜的事业"。

(五)适时对生育政策进行"微调",减少人口控制的负面影响

我国政府在1980年提出"在今后20—30年内,要普遍提倡一对夫妇只生育一个孩子"的生育政策,说明独生子女政策仅仅是一个时期的过渡性政策。时隔20年,当第一代独生子女进入婚育年龄之后,是否还需要继续坚持这一政策呢?我们的回答首先是肯定的。无论是山东省还是全国,21世纪的第一步人口发展目标是实现"零增长",这也是实现可持续发展战略必须跨越的第一个门槛。如果现在取消了独生子女政策,即意味着全面开放二胎生育,总和生育率即刻便回升到更替水平以上,人口零增长的实现将变得遥遥无期,总人口规模也将会无限制地膨胀下去,这意味着多年计划生育所取得的成果被基本葬送掉。所以,中央一再强调现行生育政策的稳定问题。

然而,稳定并不等于不做任何小范围的调整。在基本稳定现行生育政策、确保实现既定人口发展目标的前提下,适时对已婚独生子女的生育政策进行"微调",对减少人口控制的负面影响是必要的和有益的。这里需要特别强调:调整一定要慎之又慎,应十分注意前后政策衔接,在生育上要采取渐变方式,差异不能一下子拉得太大。正是基于这一原则,我们建议:第一代独生子女进入婚育年龄之后,政策可以允许他们生育两个孩子,对自愿生育一个孩子者,政府给以适当奖励,即在他们身上真正体现"提倡(不是强制)一对夫妇只生一个孩子"。

独生子和独生女结婚可以生育两个孩子,这在山东省现行的计划生育条例中已有规定。由于在过去的20多年里,两个独生子女结婚的夫妇极少,实际上这一规定没有产生大的影响。据测算,自2000年起,独生子女夫妇的比重在山东省自东向西逐渐增加。上述规定的实施,将在一定程度上提高二孩生育比重,这实际上起到了政策微调的作用。问题是,目前不仅许多群众不了解这一规定，而且一些计划生育干部也没有足够的认识。这就可能使一部分可以生二孩的夫妇在不知情的情况下推迟生育，造成生育堆积。应适时、适当地解释这一规定，解除干部的思想顾虑，合理安排独生子女夫妇生育二孩，确保政策微调平稳实施。

关于一位独生子女和一位非独生子女结婚后是否可生二孩的问题，目前尚有争议。有的持否定态度；有的倾向于农村可以，城市不可以；有的倾向于城乡都可以。我们基本赞成最后一种意见，理由如下：

第一，中国的独生子女政策是为遏制人口过快增长的势头不得已而为之的政策，中央1980年所提"20—30年"的期限实质上是指一代人成长的时间。第一代为独生子女者，不论其配偶是否为独生子女，都不应该再强制他们的第二代仍为独生子女。这是社会公平的起码要求。

第二，省内外的多项测算表明，夫妇一方为独生子女者允许生二孩与只允许双方为独生子女者生二孩相比，生育数量的增加在人口发展目标允许的范围内。

第三，随着社会经济的发展，新一代年轻人的文化水平比其父母辈有显著提高，其生育观念将发生根本性变化，必定有一批人自愿终生只生一个孩子，从而从总体上减少二孩生育数量。须知，"自愿放弃生"与"政策不允许生"所产生的社会心理效应是大不相同的。

第四，这样做可使独生子女在寻求配偶时处于相对有利的地位。这在某种意义上也是对其家庭生育控制成本的一种补偿。同时，独生子女与非独生子女的结合，对减轻独生子女的养老负担也是有利的。

第五，有利于人口生育政策向城乡一体化发展。城乡分体的二元化生育政策在一定时期具有历史合理性，也切实可行，但随着改革开放的不断深入与市场经济的发展，城乡分体的社会经济格局发生了很大的变化，城乡之间的人口流动日趋活跃，二元化的生育政策日益暴露出固有的弊端：既大大增加了生育管理的难度，又导致人口素质"逆淘汰"。所以，逐渐改变生育政策上的双轨制已成为大势所趋。

主要参考文献

（1）蒋正华：《社会经济因素对中国生育率的影响》，《人口研究》1986年第3期。

（2）吴中观等：《中国 1971—1990 年计划生育投入产出效益评估》，《人口与计划生育》1993 年第 2 期。

（3）彭希哲等：《中国生育率转变与经济发展》，《人口与计划生育》1993 年第 2 期。

（4）盛朗：《建立稳定的计划生育投入保障机制》，《人口与计划生育》2000 年第 1 期。

（5）盛朗等：《中国计划生育投入的规模与构成》，《人口与计划生育》2000 年第 3 期。

（6）魏津生等：《计划生育的效益与投入》，2000 年 7 月。

（7）李建民等：《中国生育率下降经济后果的计量分析》，《中国人口科学》2000 年第 1 期。

（8）江亦曼等：《21 世纪稳定低生育率的战略和政策》，《中国人口科学》2000 年第 5 期。

（9）山东省计划生育委员会：《山东人口发展报告》，2000 年 9 月。

（10）班开庆等：《山东省人口与计划生育工作前瞻性研究报告》，2000 年 9 月。

（11）蒋正华：《人口统计与分析规划》，陕西科学技术出版社 1984 年 12 月。

（12）魏津生等：《中国计划生育作用评估：理论与应用》，华东师范大学出版社 1992 年 12 月。

（13）王秀银等：《人口控制比较研究》，中国统计出版社 1993 年 8 月。

（14）魏津生等：《中国人口控制评估与对策》，高等教育出版社 1996 年 3 月。

（15）中国科学院可持续发展研究组：《中国可持续发展战略报告》，科学出版社 1999 年 3 月。

（16）李建民等：《持续的挑战：21 世纪中国人口形势、问题与对策》，科学出版社 2000 年 8 月。

（报告执笔：王秀银）

山东省人口控制效益研究

分报告1 山东省计划生育投入机制研究

计划生育投入及投入机制问题近年日益受到国家和各级政府的关注。江泽民同志在2000年中央人口资源环境工作座谈会上曾明确指出，"计划生育……环境保护工作，都是有着显著社会效益的公益性事业，各地要按照中央的要求，确保对这些领域的投入到位"。2000年中共中央国务院《关于加强人口与计划生育工作稳定低生育水平的决定》也明确指出，"人口与计划生育工作是一项具有显著社会效益的公益性事业，对人口与计划生育工作的投入属于国家经济社会发展的基础性投入"。

近30年来，山东省人口与计划生育工作取得的巨大成绩，与省委省政府及全社会对计划生育事业所给予的大量人力、物力和财力投入，有着十分直接和密切的关系。不同的投入总量，不同的投入结构，以及不同的经济水平、不同的生育水平，都对计划生育和人口控制目标的实现，产生十分明显的影响和调节作用。随着21世纪我省计划生育工作进入一个新的重要发展时期，计划生育外部环境和内在要求都在发生十分剧烈的变动，计划生育投入和投资机制问题也将会更加突出和重要。

一 山东省计划生育经费投入特点分析

山东省计划生育经费投入与其他部门有很大不同，一是投入总量少，尤其是国家财政投入少；二是投入体制不合理，投入主体主次位置颠倒，投入运行呈缺口运转状态，投入决策尚未完全进入科学化法制化轨道。

（一）投入总量少，在 GDP 中的份额较低

表1可见，山东省计划生育部门是一欠账多、起步晚、积累少的部门。在70年代初组建计划生育部门时，全省计生经费投入仅为580万元。尽管近些年来计划生育经费投入增长幅度较大，但在整个国民经济中的地位，占国内生产总值的比重，依然比较低。即使是计划生育经费投入最高年份的1999年，计划生育经费投入占全省国内生产总值的比重也仅为0.382%（见表1）。

表1　1971—1999年山东计划生育经费投入占国内生产总值比重

年份	计划生育经费投入（亿元）	国内生产总值（亿元）	计划生育经费占GDP比重（%）
1971	0.0580	139.69	0.042
1972	0.0727	146.52	0.050
1973	0.0615	154.33	0.040
1974	0.0930	130.81	0.071
1975	0.1521	166.19	0.092
1976	0.1465	179.58	0.082
1977	0.1187	207.07	0.057
1978	0.1466	225.45	0.065
1979	0.2436	251.60	0.097
1980	1.1936	292.13	0.409
1981	1.0961	346.57	0.316
1982	2.2865	395.38	0.578
1983	2.8576	459.83	0.621
1984	3.0329	581.56	0.522
1985	2.7084	680.46	0.398
1986	2.5468	742.05	0.343
1987	3.0999	892.29	0.347
1988	3.643	1117.66	0.325

续表

年份	计划生育经费投入（亿元）	国内生产总值（亿元）	计划生育经费占GDP比重（%）
1989	4.2352	1293.94	0.327
1990	6.2214	1511.19	0.412
1991	10.1784	1810.54	0.562
1992	8.7754	2196.53	0.400
1993	7.7663	2779.49	0.279
1994	9.9834	3872.18	0.258
1995	16.6170	5002.34	0.332
1996	20.1549	5960.42	0.338
1997	23.1701	6650.02	0.348
1998	26.5307	7162.20	0.370
1999	29.2912	7662.10	0.382

注：本表按当年价格计算。计划生育投入数据见本课题主报告表5。国内生产总值数据见《山东统计年鉴2000》。

（一）投入体制不合理

事实上，目前山东省计划生育经费投入是在投入体制不合理甚至扭曲状态下运行的，表现在：

1. 投入主体的主次位置颠倒

计划生育既然是一项基本国策，既然是一项以政府为倡导主体和行为主体的政府行为，其投入主体就应是政府。但事实上目前山东省计划生育的投入主体是以非政府投入为主、以政府投入为辅。自70年代初设立计划生育委员会以来，全省各级财政用于计划生育的投入累计为37.3亿元（1999年价格），而同期非国家财政的计划生育投入累计为210.2亿元（1999年价格），在近30年的计划生育总投入额中，国家财政投入仅占15.07%，政府投入大大低于非政府投入。这种状况在全省各部门的经费投入及财政运行体制中都是少见的（见主报告表5）。

2. 投入决策尚未步入法制化科学化轨道

计划生育国家财政投入规模，多年来并未有一个科学合理的准则，不是按计划生育工作量的多少亦即按控制人口的指标来衡定,而是按照计生部门工作人员的人头费来衡定。近年来这种"人头费"的衡定范围虽然扩大至总人口,但仍未与控制人口指标挂钩。由于缺少科学合理的经费投入准则,计划生育经费中的很大一部分被变成一种预算外行为或是"找米下锅"的非规范化行为,或是变成一种需要请求某位领导支持的个人行为。计划生育作为"两种再生产"的十分重要的组成部分,其维持人口再生产正常运行的经费投入,本应将其置于与物质资料再生产同等重要的位置。当然,这种同等位置,并不是要求同等数量的资金投入,而是要求在投入决策和财政支出分配上应有同等的科学性、合理性、合法性,与物质资料再生产一样,将其投入规模多少的衡定,与工作目标挂钩,与产出的效益挂钩。然而事实上,现阶段计划生育经费投入的衡定包括国家财政计划生育支出分配,并未实现这种科学合理的安排,而是在一种扭曲状态下运行。一方面将工作目标定得很严,既要抓紧又要抓好;一方面又不按工作目标配给经费额度,由此在经费的"开源挖渠"方面产生许多不应有的负效应(如某些地方出现的"放水养鱼"现象——为多收罚款而对计划外怀孕者睁一只眼闭一只眼)。

另外,不仅投入决策尚未步入法制化,投入行为实施的随意性在一些市、县的许多地区也时有发生。例如有些市、县以财政困难为由,常常连最基本的按人头费拨付的计划生育经费也不能足额到位,拖欠经费拨付的事时有发生,挤占挪用计划生育经费的事在许多地方也屡见不鲜。仅据1991年山东省计生委调查,该年间全省挤占挪用、借支计划生育经费的比重占全省计划外生育费的 13.3%[①]。

3. 投入运行呈缺口运转状态

如前所述,地方财政中计划生育经费投入的缺口部分虽然由非国家财政投入弥补,但这种弥补远不能抵补计划生育工作实际需求量的缺口。计划生育工作要适应社会主义市场经济发展和人民群众日益增长的生殖健康的需求,实现计划生育优质服务和节育技术的更新,以及管理服务的网络化和方便快捷,都需要大量的经费支持。但目前计划生育经费投入不仅不能以雄厚的资金支持计生工作进入现代服务和管理的新阶段,就连最起码

[①] 参见黄可华主编:《改革开放的山东财政》,山东人民出版社1993年版,第485页。

的维持现行工作的运转都常常陷入困境,许多地方计划生育工作人员的工资和节育手术费都是在"找米下锅"。据了解,在相当一些地区,独生子女父母奖励政策已有多年不能兑现,节育手术费大部分或全部转嫁给了集体和受术者个人负担。

计划生育经费投入的缺口还表现在无论是地方财政投入或是非国家财政投入,几乎都无法顾及计划生育科研经费支出,经费的主要部分都是用于应付计划生育的"人头费"和节育药具手术费,计划生育工作的科研投入和现代管理服务投入,在许多市、县根本没有能力安排。实际上,计划生育工作的成效,不是只要有基本的节育手术费和工作人员人头费支持所能奏效的,更重要更关键的环节是如何劝说群众接受避孕节育。从政府拨款提供药具手术费,至这些药具手术能够真正在育龄人群中见效,其间还有很长一段距离的工作要做,并不是简单的只要提供避孕节育服务,出生人口数量就能降下来。国外有关研究表明,计划生育经费投入还应大量地投入在说服群众接受计划生育的宣传教育工作上。宣传教育工作对控制人口增长有十分重要的作用,宣传劝说包括广告的投入是计划生育经费支出不可低估的部分。

(二) 未货币化计量的投入较多

由于计划生育经费短缺,同时由于计划生育"既要抓紧又要抓好"的政治压力,各地在开展计划生育工作时,实际上是在不能顾及经费配给是否够用的情况下,用无偿付出未能货币化计算的巨大人力、物力来支撑的。

1. 未能货币化计算的人力投入

据调查,目前山东省计划生育战线的基层工作人员约20万人①。这批工作人员8小时以外无报酬工作的工作小时是难以精确计量的,仅按周六周日无报酬加班工作日计算,每人每年的无报酬工作日至少有30天,一年合计全省约为600多万个无报酬工作日。另外,社会团体和群众组织无偿为计划生育工作所奉献的人力投入也是未能货币化计算的。例如计划生育协会会员的无报酬人力投入。目前全省计划生育协会会员约有800

---

① 参见《山东省人口与计划生育工作前瞻性研究报告》中分报告"山东省计划生育干部需求与业务素质建设调研报告"。

万，按 1/20 会员骨干每人每年 10 天无报酬工作日计算，每年合计约为 400 万个无报酬工作日。

未货币化计算到计划生育投入的人力投入还包括：非计划生育部门的各级领导干部及工作人员对计划生育工作支援协作的工作投入；各类企事业单位对计划生育工作的人力投入等等。

事实上，在市场经济比较规范的国家，上述列举的各种计划生育人力投入都是用货币化计量的。美国经济学家朱利安·L. 西蒙教授的调查表明，用于节制生育的人力投入的货币化计量应是很精细的，在收入不同的国家里，劝说接受避孕节育的"每一推销工作单位（例如每一千人中的一次家庭通话或无线电报）的费用可能与一次门诊，一次上门送花，一封国内信件的邮费，一份报纸的费用保持合理的比例[①]"。但现阶段在我省则很难做到这种精细的货币化计量。

2. 未能货币化计量的物力投入

在山东省广大的基层乡村，未能货币化计算的计划生育物力投入也是一笔相当大的数目。在一些计划生育工作基础装备比较差的乡村，每年的计划生育工作检查用车、用油及办公消耗材料等，许多都是无偿从其他非计划生育部门调用，或是乡镇政府，或是工商、公安部门，或是一些驻地的企业。据不完全统计，每年基层计划生育工作检查，调用的汽车 70% 左右是来自非计划生育部门。据调查，在 1998 年山东省某县年度县直机关计划生育工作检查中，共调用汽车 34 部，其中从乡镇抽调 18 部，从县直机关抽调 16 部，这些被调用汽车的部门有教育局、卫生局、粮食局、环保局、水利局、供电局、公路局、棉麻公司、纱厂等等。在其全县另一次年终计划生育工作考核中，所用汽车也是大部分从乡镇调用，并明文规定，车辆机燃费由出车乡镇承担，生活费由被查乡镇负责，材料费由县计生委负责。[②]

二 计划生育投入水平与计划生育工作水平关系分析

（一）不同经济水平下计划生育的投入及人口控制效益

不同经济水平下计划生育投入及产出的人口效益，取决于下列几个因

---

① 朱利安·L. 西蒙：《人口增长经济学》，北京大学出版社 1984 年版，第 540 页。
② 参见山东省某县 1998 年度《人口与计划生育目标管理责任书》执行情况调查实施方案。

素：(1)平均节育成本的大小。(2)经济水平即人均收入水平的高低。(3)计划生育投入规模。

计划生育人均节育费用随人均收入水平增高而增高的趋势在山东省同样存在。在1978年城乡人均收入水平为140元时，我省少生1孩的节育费用为13元（均为当年价格，下同）；在1986年人均收入水平为500元时，少生1孩的节育费用为192元；在1995年人均收入水平为2300元时，少生1孩的节育费用为625元。在1999年为3400元时，少生1孩节育费用为1049元（见表2）。表明计划生育人均节育费用是随人均收入水平增高而增高，二者呈正相关关系。另一方面，在人均收入水平提高时，计划生育投入产出的人口效益是在逐步减弱的，同样的投入不能产生同样的人口控制效果，因为平均节育成本费用在逐渐提高，这是计划生育投入产出效益的一个内在规律。

表2　　　　我省不同年代不同人均收入与计划生育节育费用变动表

单位：元

年　份	城乡人均收入	少生1孩节育费
1978	140	13
1980—1981	250	90
1982—1983	350	180
1986	500	192
1987	600	283
1988—1989	700	310
1990	800	378
1992—1994	1400	383
1995	2300	625
1997	3000	871
1999	3400	1049

注：［1］不同年份城乡人均收入根据当年农民人均纯收入和城镇居民人均全年可支配收入加权计算，参见《山东统计年鉴2000》。

［2］此表数字均为当年价格。

(二) 不同生育水平下计划生育投入及人口控制效益

生育水平的下降有一"平台"规律。世界发达国家生育水平的下降轨迹表明，当生育水平下降到更替水平附近，生育水平的继续下降就只能是非常微小的幅度，或曰走入"平台"区间。山东省生育水平的下降也呈现出了"平台"规律。1971年全省总和生育率为5.19，5年之后的1976年下降到2.75，下降幅度较大；其后的14年期间总和生育率基本是在2.75—2.0区间内波动；1990年降到2以下，其后的9年间，总和生育率一直在1.95—0.97非常狭窄的区间窄幅波动（见表3）。

生育水平下降的"平台"规律表明，当生育水平降到更替水平以下时，每少生1个孩子都要付出比前1个更多的代价，每少生1个孩子所花费的节育费用，是呈滚动增加的态势。在1975年总和生育率为3.06时，少生1孩的节育费用平均为57元（1999年价格，下同）；在1978—1989年总和生育率为2.99—2.00时，少生1孩的节育费用平均为409元，与1975年相比增长幅度为617%；在1990—1999年总和生育率为2.0以下时，少生1孩的节育费用平均为716元，与80年代平均水平相比增长幅度为75%。上述研究表明，随着生育水平逐渐降低，计划生育投入的平均节育成本费用在逐渐提高，这种现象在生育水平进入"平台"区间表现得更为明显。在"平台"区间，即使生育水平下降幅度很小，也要付出较高的节育成本费用；尤其是当生育水平进入"平台"区间不是完全自发进入，而是靠某些强制因素介入作用时，这种节育成本费用才会更高。

三 理顺计划生育投入机制应遵循的原则

（一）确定政府为投入主体的原则

在现阶段，计划生育工作的开展是以政府为主体、非政府组织为辅助进行的，因此，政府理应是计划生育的投资主体。因为人口政策和"基本国策"的制定实施，本身是属于政府的职责范围（政府的"产出"严格说来只有两种产品，即"政策"和"秩序"）。在这种情况下，政府对人口政策投入多少资金和赋予多大政治权威，就决定了这一政策具有多大有效性。目前世界许多国家，计划生育经费投入是以政府为主体，政府投

表 3　　山东省生育水平的"平台"现象及节育费用变动趋势

年份	总和生育率	少生1孩节育费	年份	总和生育率	少生1孩节育费
1971	5.19	54	1986	2.56	504
1972	4.46	52	1987	2.71	687
1973	3.75	27	1988	2.41	460
1974	3.30	35	1989	2.14	532
1975	3.06	57	1990	1.95	648
1976	2.75	49	1991	1.59	859
1977	2.35	35	1992	1.07	579
1978	2.13	42	1993	0.98	438
1979	2.42	65	1994	0.97	444
1981	2.07	266	1995	1.01	636
1982	2.37	527	1996	1.12	727
1983	2.09	557	1997	1.14	821
1980	1.85	273	1998	1.24	957
1984	2.10	535	1999	1.20	1049
1985	1.91	456			

注：根据本课题主报告表 8 和山东省计划生育委员会"山东人口发展报告"整理。节育费用为 1999 年可比价格。

入占计划生育总支出的比重约在 55%—80% 左右。世界银行《1984 年世界发展报告》披露，在所调查的国家中，2/3 以上的国家政府投入约在 80% 左右；在发展中国家，政府投入约占 75%。[①]

政府出钱推行计划生育，是因为在全社会推行计划生育仅靠某一部门或商业机构难以组织协调。譬如仅靠卫生保健部门会遇到避孕药具的发放、政策和知识的宣传等困难，"保健部门可能会配备不足，不能很好地组织社会销售方案，发展向大众宣传的规划，或协调公共的、私人的、非政府的和商业性的各种活动[②]"。另外，避孕方面的科学研究也必须由政

---

① 世界银行：《1984 年世界发展报告》，中国财经出版社 1984 年版，第 148 页。
② 同上书，第 139 页。

府出资进行。世界银行 1979 年调查，世界各国用于避孕研究的资金有 80% 以上是政府提供的，企业出资的份额由 1965 年的 32% 降至不足 1/10[①]。

政府出资推行计划生育，不仅是用于避孕药具的研制生产，还包括需要雇用大量的计划生育基层工作人员（或曰外勤人员）来确保"社会的接受"。"使用外勤人员的深入基层的制度对是否能使全国家庭生育计划服务规划有效执行是一个关键——它可以解决不容易找到医生的问题、降低避孕的花费、把服务直接送至受益人。……深入基层的好处很多：培训外勤工作人员比培训医务专业人员少花时间和钱；以社区为基地的外勤工作人员对地方上的需要常常了解得最为清楚[②]"。在韩国，外勤工作人员负责照应育龄人群避孕节育的服务比率为 1∶1200（农村地区）；在菲律宾，这一比例为 1∶2000；在印度这一比例为 1∶3000—5000。

当然，政府用于计划生育的经费，除了直接花在提供避孕服务和基层管理以外，还包括"实行规划的行政费、信息—教育—通信活动费用、研究和评审费用以及人事培训费用"。[③] 虽然目前在世界上一些国家，政府试图通过补贴等办法鼓励扩大私人对计划生育服务的参与，如对商业性的避孕药具发放给予补贴，对私人医生做节育手术给予补贴等，但尽管如此，政府仍是承担这方面经费开支的主体，例如在韩国，政府负责全部的绝育费用，对放置宫内节育器手术费则采用分摊办法——政府三分之二，用户三分之一[④]。

总之，要使计划生育获得成功，就要看政府有多大的政治决心以及有多大的全面性行政能力来协调规划的部署、人员培训、监督以及人员配备。这些都会影响旨在推广避孕措施的使用的三大战略是否有效，这三大战略是：使人们愈来愈容易获得服务、改进服务的质量以及确保社会能普遍接受[⑤]。

在我省，要确保政府成为计划生育的投资主体，应在有关法规条文中

---

① 世界银行：《1984 年世界发展报告》，中国财经出版社 1984 年版，第 133 页。
② 同上书，第 141 页。
③ 同上书，第 151 页。
④ 同上书，第 142 页。
⑤ 同上书，第 140 页。

明确规定，国家财政对计划生育的投入拨款，是计划生育经费的主渠道；应力争各级财政对计划生育拨款占计划生育总投入的60%左右，彻底扭转计划生育投入以计划外生育费为主体的非正常发展格局。

（二）两种再生产协调发展的原则

牢牢把握两种再生产协调发展的原则，将人口再生产置于与物质资料再生产同等重要的位置，是理顺计划生育投入机制的关键所在。因为不同的投入原则、投入意识，决定了这一投入的规模、增长速度、运行过程及运行机制。如果在计划生育经费投入的基本原则上把握不准，势必直接影响计划生育工作和国民经济对人口再生产的要求，影响两种再生产协调发展，使人口再生产成为两种再生产协调发展"瓶颈"。

"两种再生产协调发展"的原则具体细化就是"两个比例"的原则，即争取计划生育投入在国内生产总值中达到较高比例，在地方财政支出中达到较高比例。目前山东省计划生育投入占全省GDP的比重只有0.382%（1999年，下同），计划生育各级财政支出占全省财政支出比重只有0.813%，这两个比例不仅与"两种再生产"的地位不相适应，而且大大低于教育（18.18%）、卫生（4.70%）等占GDP和国家财政支出的比例。

事实上，"两个比例"不仅是从国民经济布局和投资结构上确保计划生育和人口再生产达到国策地位的最基本的要求和保证，也是衡量一个国家和地区对计划生育和人口再生产重视程度的最根本的标志。要通过"两个比例"保证两种再生产协调发展，可否考虑在21世纪第一个十年，使全省计划生育投入占GDP的比重逐步达到0.5%，占财政支出比重逐步达到1.0%；在21世纪第二个十年，使计划生育投入占GDP的比重逐步达到1.0%，占财政支出比重逐步达到1.5%（1980年尼泊尔和孟加拉国的计划生育经费占GDP的比重已分别达到0.42%和0.41%，高于1999年山东省的水平）。

（三）优先的原则

计划生育经费投入是与两种再生产协调发展关系最直接的一种投入。长期以来始终困扰我国发展速度的一个"掣肘"问题即是人口多的问题。小平同志多次讲过，人多是中国最大的难题。要解决由于人口多从而给国民经济各个部门发展带来的资金压力、就业压力、教育压力、资源压力、环保压力等方方面面的压力，必须从控制人口这个根本问题上下大气力，将之置于首位的战略问题和最迫切需要解决的问题优先考虑，也就是说，无论国家财政状况吃紧或是宽松，计划生育经费投入都应放在优先考虑、优先保证的位置上。因为，计划生育经费投入不同于一般的基础性建设投入或其他许多部门的投入，它既有当年效益又有长期效益，既有人口效益又有经济效益、社会效益，并且直接关系到社会稳定、政府形象、党群关系等等诸多方面，因此，切实保证计划生育经费投入并置于优先考虑的位置是十分必要的，也是无论从两种再生产或是基本国策等哪个角度讲都是题中应有之义的事情。

"优先原则"具体细化就是：计划生育经费投入要保证"三个增长"，即每年地方财政计划生育拨款的增长要略高于地方财政经常性收入的增长；按人口平均计划生育节育费用要逐年增长；计划生育经费占 GDP 和地方财政支出的比例要逐年增长。

（四）以人口控制目标确定投入份额的原则

如果对计划生育投入性质和投入主体有一个正确的定位，其投入份额的确定就会有一个比较清楚的准则，计划生育的投入就不会再是一个可多可少、可有可无的事情。计划生育投入份额的确定应是根据每年节育指标量的规定额度和质的规定水平来加以衡量确定，如本年度需要节育的妇女人数、需要达到的生育指标和性别比指标，以及生殖保健指标等，根据这些指标确定经费投入多少，并将之列入国民经济发展规划和每年地方财政预算之中。

目前世界上一些国家计划生育投资份额确定的科学化意识愈来愈强。每项计划生育措施出台及相应的经费支出，事先要有比较精细的市场调研和科学论证。要有充分的论据证明，在哪一区间的人均收入水平及避孕节育率和计划生育服务水平，一位育龄妇女年节育费用的支出是多少，由此计算出该地区一年计划生育经费投入的多少。

目前国外一些经费投入编制方法，可参照如下：

一种是按计划产出指标确定投资份额。这种预算制度根据预先设定达到的产出指标，测量并核定每一产出单位的支付额，然后按照这种产出成本编制预算，确定投资额。

另一种是美国森尼韦尔市的办法,即根据所希望得到的服务水平编制预算,即花钱"购买"一定数量和质量的服务。国外专家认为,服务水平也是一种产出,虽然有时测量起来有一定困难。在计划生育工作中,可以将"优质服务"作为计划生育方案投入的产出部分①。见图1。譬如要使育龄群众对计划生育的满意程度、接受程度及避孕知识应知应会程度达到一定水平,即产出水平(或将此作为优质服务的测量标准),就需要有相应比例的计划生育投入做保证。没有一定比例的投入,其产出结果很难实现。因此,在确定计划生育投资份额时,一定要从"希望得到的服务水平"来编制预算。在当前,可逐步实施计划生育投入份额确定的法制化和科学化。譬如,法制化的实施,可以用制定计划生育事业发展纲要并以全省人大通过的形式,确定计划生育经费投入的阶段性发展目标,并将计划生育投入"两个比例"的问题列入国民经济发展规划和财政预算(即计划生育投入占GDP的比例和地方财政中计划生育经费所占比例),用法制化程序确保计划生育经费投入到位并逐步达到实际需要。

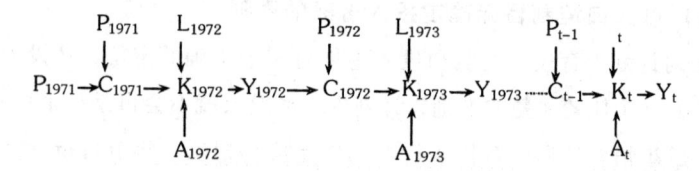

$$P_{1971} \to C_{1971} \to K_{1972} \to Y_{1972} \to C_{1972} \to K_{1973} \to Y_{1973} \cdots C_{t-1} \to K_t \to Y_t$$

以 P_{1971}、L_{1972}、A_{1972} 指向 K_{1972};P_{1972}、L_{1973}、A_{1973} 指向 K_{1973};P_{t-1}、t、A_t 指向 K_t

图1 国外研究框架:优质服务为计划生育投入的产出部分示意图

资料来源:朱迪思·布鲁斯:"计划生育优质服务的基本要素:一个简单的框架",参见顾宝昌主编:《生殖健康与计划生育国际观点与动向》,中国人口出版社1996年10月版,第240页图示。

(五)优化投入结构的原则

计划生育投入产出效益,不仅要从宏观上算大账,还要从投资结构上算细账,提高计划生育部门内各项工作的投资效益意识,以提高资金利用

---

① 顾宝昌主编:《生殖健康与计划生育国际观点与动向》,中国人口出版社1996年10月版,第239页。

率。如前所述，在计划生育工作中，宣传投入、基层管理投入都对人口出生率的下降起到明显的推动作用。来自国内其他方面的研究结果也表明，计划生育避孕技术的科研投入对提高避孕节育质量、提高服务水平，也有较好的推进作用。事实上，计划生育信息服务的投入、"三结合"工作的投入，对计划生育工作"既要抓紧又要抓好"也有很多积极的推进作用。如果对计划生育各个方面的工作今后都能用投入产出的效益意识去重新审视和组织运行，计划生育的投入将会收到更好的效果。

四 "十五"期间影响并加大计划生育经费投入的因素分析

上述研究表明，随着经济水平提高和生育水平进入"平台"所需节育费用加大，同时计划生育外部环境和内部条件的改变，"十五"期间全省计划生育所需经费将大大增加。

（一）平均节育费用增加

据测算，在未来十年，随人均收入水平、生育水平和物价上涨等因素变动，少生1孩实际投入的经费攀升幅度较大。70年代少生1孩平均投入经费33元（1999年可比价格，下同）；80年代少生1孩平均投入经费480元；90年代少生1孩平均投入经费716元。表明即使在未来10年里全省每年少生孩子数不变，仅仅因少生1个孩子经费的攀升，政府也需增加财政投入才能保持现在的人口控制水平。

如前所述，平均节育费用增加并不完全是因为物价等因素变动，当生育水平进入"平台"区域时，要维持这种"平台"，其平均节育费用往往是高于总和生育率3以上时的节育费用。尤其是当这种"平台"状态不是完全由经济发展而部分是由行政干预促成时，要稳定"平台"走势，更要付出较高的节育费用。

（二）避孕者数量增加及避孕药具使用率增加

据测算，2000—2010年是我省育龄人群增长高峰期。每年育龄妇女人数达2500万人左右，育龄妇女持续增长的峰值年份约在2004年，峰值人数达 2650 万人。表 4 可见，若以 1999 年为 100 计算，其指数值在"十五"期间增加较快，近乎每年 1 个点。这一发展趋势表明，即使未来 10 年我省生育水平不变，仅育龄人群的增加以及相应的避孕药具使用者的增加，计划生育经费就要相应增加相当份额。

表 4　　　　1999—2020 年我省育龄人口增长趋势　　　　单位：万人

年份	育龄妇女人数	以 1999 年为 100 的指数变动
1999 *	2560	100.00
2001	2603	101.68
2002	2625	102.54
2003	2643	103.24
2004	2648	103.44
2005	2642	103.20
2006	2625	102.54
2007	2600	101.56
2008	2588	101.09
2009	2589	101.13
2010	2594	101.33
2011	2595	101.37
2012	2569	100.35
2013	2528	98.75
2014	2495	97.46
2015	2461	96.13
2020	2202	86.02

注：1999 年为实际观察值，2001—2020 年为预测值，参见山东省统计局《未来山东人口研究》。

事实上，避孕药具使用者状况的变化对计划生育经费投入的影响更有直接的现实意义。避孕药具使用者状况的变化表现为：a）避孕者数量的巨增（见表 4）。b）婚育人口性生活频次的增加。不仅已婚人口，未婚人口包括大中学生参与性生活和使用避孕药具的人越来越多。据国内社会学家 1990 年在全国 15 省市 24 所大学 3360 名大学生调查，在校大学生中 9.8% 的人有性伴侣，其中 50% 左右的人采用了避孕药具[①]。同一调查对中学生的性生活也有所披露，在全国 10 城市 28 所中学 6092 名中学生中

---

① 刘达临主编：《中国当代性文化》，上海三联书店 1992 年版，第 132、194 页。

调查，其中有 8% 的中学生曾与异性有身体接触的性行为，有 1% 的中学生有过性交行为①。由此可以推算，在全省高校 20 多万名在校生中（1999 年全省高校在校生为 21.4 万人），按 5% 的人使用避孕药具计算，每年至少有 1 万名高校学生使用避孕药具。同一调查还显示，90 年代初我国城市夫妇平均每月性交次数为 4.66 次，农村夫妇平均每月为 5.43 次②，性生活频次增多也导致避孕药具使用量的增加。c)"知情选择"等因素使得采用长效避孕方法的人群减少，结扎者比重下降，避孕药具使用量增加。统计资料表明，1991 年我省男女结扎占已婚育龄人群各项节育措施的比重为 55.3%，1999 年这一比重已降至 41.7%③。与此相应，采用宫内节育器及其他避孕药具的人开始增多。

据世界银行专家实证研究，发展中国家用在避孕药具方面的开支，1980 年调查，在墨西哥全年使用口服避孕药的开支为人均 5 美元，埃及为 6 美元，而尼日利亚为 90 美元。以各国综合数来算，各式避孕开支的年平均额为 20 美元至 40 美元。鉴于中国经济水平较低的国情，在中国，国内专家估算，即使按每位避孕者各式避孕开支年平均额为 10 美元计算，一年仅避孕药具及节育手术费开支也在 36 亿美元，折合人民币近 300 亿元（国内专家测算，在 90 年代我国避孕者采用口服避孕药避孕的年成本费用为 40 元，避孕套的年成本费用为 50 元，宫内节育器每例成本费用 50 元，结扎每例成本费用 200 元，人工流产每例成本费用 80 元）。以此推算，我省仅避孕药具一项开支至少将在 20 亿元。

（三）生殖健康和优质服务的承诺

生殖健康，已从一种个人需求变成一种政府承诺，并成为 21 世纪全球性的优先关注和发展的领域。在我国，各级政府也向全社会做出承诺，提出在 2000 年、2010 年、2020 年逐步实现向全国人民提供初级的、基本的、优质的生殖保健服务，而这种承诺是需要有充分的服务条件和人力财力投入做保障的。国家计生委提出的我国育龄夫妇享有初级生殖保健的标

---

① 刘达临主编：《中国当代性文化》，上海三联书店 1992 年版，第 98 页。
② 同上书，第 337 页。
③ 山东省计划生育委员会 1991 年、1997 年计划生育统计资料。

准是，在一类地区育龄夫妇的人口、计划生育及生殖保健知识接受率达到85％，已婚育龄妇女综合避孕率达到80％以上，避孕有效率达到90％，已婚育龄妇女人流率降到2以下，节育手术并发症发生率降到0.5，妇女常见病普查率达到90％，常见遗传病咨询率达到80％等。根据国家计生委和省委省府的意见，山东省的奋斗目标不仅应定在一类地区标准，而且提出在2010年山东应实现全省基本生殖保健服务，并正式写入2000年山东省委省府《关于加强人口与计划生育工作稳定低生育水平的决定》的实施意见中。而要使全省5000多万育龄群众都能享有基本生殖保健，则是需要很长一段时间的工作努力和大量的人力物力投入才能达到。即只有足够的投入，承诺才有可能兑现。

生殖健康和优质服务的承诺兑现，必须做到：

——足够的服务装备投入。如山东省近年在全省逐步推开生殖保健系列化服务，全省有4715个村实行避孕节育措施知情选择，建省、市、县、乡四级计划生育服务机构2477个，95％以上的村建起了一室多用的服务室，在乡以上普遍采用B超查环、查孕、查病，许多乡镇还配备了红外光、微波妇科治疗仪以及乳腺诊断仪等①。这些投入都需要大量的资金投入做保证。在生殖保健服务搞得较好的山东省平度市，近年来市镇两级先后投资1100多万元对32个镇服务站全部进行改建扩建，各镇也相继投资购置了诊断仪、治疗仪等一些必备的医疗设备。据不完全调查统计，仅镇一级服务站的生殖保健设施建设，每个镇大约需投入70万—100万元甚至更多②。正如国外研究表明，真正实现"避孕方法的选择"，必须以完

---

① 1999年山东省计划生育科技工作会议工作报告。
② 平度市万家镇1998年总人口4.2万人。1996年投资70余万元，建起一座1182平方米的服务楼，内设门诊室、化验室、B超室、手术室、观察室、更衣室、刷手室、治疗室、优生优育咨询门诊、药具室、消毒室、宣传培训室、人口学校等宣传服务科室；配备了B超、妇炎康治疗仪、显微镜、红外线诊断仪、电动吸引器等设备；人口学校配有彩电、单放机、照相机、录音机和各种计划生育科普录像带等系列电教设施。能独立开展检查、放、取宫内节育器、小月份流产、优生优育咨询、宫颈涂片、血尿常规化验和诊治各种妇科常见病等服务项目。近年为育龄妇女义务健康查体8741人次，做巨细胞病毒化验985例，开展孕情监测、查出并及时终止异常妊娠15例，实施各类手术2885例；同时举办各类培训班89期，受教育6530人次；基本实现孕前型管理，药具有效率、应用率、随访率均达到99％以上。同一地域的平度市南村镇、蓼兰镇，也先后投入了92万元和86万元建起与此功能相仿的计划生育服务站。

善的服务条件为前提。服务人员的数量和能力，提供服务的方式，服务站的装备等，都会影响到"优质服务"的效果。

——足够的服务人员和服务水平的投入。落实生殖保健和优质服务还有一项十分重要的投入，即基层管理服务水平和管理服务方式的转变。21世纪的计划生育工作不再是以往将降低生育率置于高于一切的涵义。21世纪的计划生育工作被赋予新的涵义，那就是帮助每个人以一种健康的方式实现他们的生殖意愿。这其中需要基层管理服务人员做大量的与以往完全不同的深入细致的服务咨询和指导工作，它意味着要付出比以往更多的工作量，或增加工作人员，或增加人均工作量。国外研究表明，服务质量同服务时间呈正比，服务人员与服务对象接触的时间越多，则服务质量也越高。因此一些国家提出要用抓技术质量的精神去抓人际关系的改善，提出以量化与服务对象接触频率的方法改进服务工作。但目前在我省一些乡村，不会服务不能服务的问题仍十分突出，操作不按规程、消毒隔离不严格、病历书写不规范、随访服务不落实等现象随处可见。

——更安全方便的避孕技术的研制开发投入。据山东省计生委1997年对省内12个计划生育优质服务试点县调查，96.4%的群众最需要的技术服务项目是：第一，帮助治疗妇科病；第二，避孕节育和健康保健咨询服务；第三，提供满意的避孕方法和药具。但目前在避孕技术和生殖健康方面的服务远未达到群众的需求。据北京大学人口所近年调查，育龄妇女因避孕失败而非意愿怀孕的问题仍未能很好地得到解决，人工流产妇女中现仍有68.6%的人是因避孕失败意外妊娠去做人工流产手术[①]。口服避孕药、避孕套、IUP等都还有未能克服的副作用和失败率，不仅直接影响着这些避孕方法的续用率和有效率，而且群众也不满意。况且，随着生活质量的提高，人们对避孕技术的要求也愈来愈高，使用者所关心的许多避孕方法的副作用，已经不仅是指医学上的危害，而是对本人或配偶在身心上包括性生活所引起不适的关注。

积极开展更安全方便的避孕技术的研制开发，是使计划生育工作更受群众欢迎的一个重要因素。目前世界许多国家对避孕技术的研制开发愈来愈重视，认为安全方便的避孕技术不仅能够成功地控制非意愿怀孕，而且

[①] 郑晓瑛：《生殖健康导论》，中国人口出版社1997年版，第209页。

还有很多非避孕方面的健康效益,比如减少妇科病、爱滋病、缺铁性贫血症等。世界各国的共识是,避孕技术的安全性已成为重要的公共卫生问题,在医学史上还没有其他的药物和器具受到如此细致的审查。由于不同的避孕方法的风险/获益比率在不同的人群、不同的个体、甚至同一个体的生命的不同阶段,都可能是不同的,因此探寻研制更多种类以符合不同的安全性要求的避孕技术是21世纪在这一领域的主要挑战。国外一些专家认为,特别应该引起注意的是,目前尽管发展中国家在扩大避孕选择范围和新避孕方法对生殖健康的潜在影响方面出现了迅速增长的需求,但避孕研究和开发的经费依然短缺,对此应强化加强科研经费投入的意识,因为"科学研究在今天看来更为重要,因为人们需要根据研究结果来授权一些人去利用有限的资源完成更多的事情[①]"。

(报告执笔　鹿立)

---

① 顾宝昌主编:《生殖健康与计划生育国际观点与动向》,中国人口出版社1996年版,第295页。

山东省人口控制效益研究

分报告2 山东省人口控制对经济发展贡献率研究

自70年代以来,山东省广大城乡日益深入开展的人口控制工作成绩显著。根据本课题组测算,1971—1999年的29年间山东省因开展计划生育少生人口4613万人。若不开展计划生育,山东省1999年底的总人口将达到13362.4万人,比实际总人口8882.8万人多出一半以上(见主报告)。应该说,人口控制为全省社会主义现代化建设创造了不断改善的人口环境,缓解了人口过多对社会经济发展所造成的压力,保证了人民生活水平的大幅度提高。那么,人口控制究竟在多大程度上促进了山东省的经济发展?换言之,人口控制对山东经济发展贡献率究竟是多少?此问题引起理论工作者和实际工作者的极大关注,但是鲜有关于这方面的综合研究成果。本课题组在研究若不实施人口控制人口发展轨迹的基础上,运用计量经济学方法,建立人口—经济运行动态模型,定量分析人口数量与经济发展的关系,模拟在无人口控制条件下山东省宏观经济可能的发展状况,再通过与实际的经济发展水平相比较,以判定人口控制对山东省经济发展的贡献率。

下面着重介绍人口—经济运行动态模型的建立以及模拟结果。

一 人口—经济运行动态模型

(一)基本条件与假设

模型中最重要的函数为柯布—道格拉斯(Cobb - Dauglas)生产函数,函数常用以分析资本与劳动对生产的影响以及人口增长率同投资的关系,用如下公式表示:

$$Y = AK^{\alpha}L^{\beta}$$

Y表示产出量，K表示资本投入，L表示劳动力投入，A为综合要素生产率，α为资本产出弹性参数，β为劳动产出弹性参数，α+β=1。

函数成立需满足6个前提条件：

①土地要素不变；

②商品构成保持不变；

③劳动者的平均生产能力不变，即不存在劳动力的质量上的变化；

④用固定价格表示的资本的生产力保持不变；

⑤劳动者每年的劳动时间不变，设备的开工率不变；

⑥产出和生产要素之间保持一次齐次关系，即规模报酬不变。

为保证模型的有效性，特作如下的基本假定：第一，山东省基本社会环境不变；第二，资源和环境容量不超负荷，即能够承受山东省1971—1999年期间的人口增长，保障经济正常运行；第三，满足柯布—道格拉斯生产函数所要求的6个条件；第四，科学技术进步的趋势一定。

变量符号及含义：

Y_t——t年国内生产总值（GDP）；

y_t——t年人均国内生产总值；

C_t——t年总消费；

c_t——t年人均消费；

K_t——t年固定资产存量；

δ_t——t年固定资产折旧率；

G_t——t年固定资产投资；

I_t——t年社会总投资；

π_t——t年固定资产投资占社会总投资比例；

L_t——t年从业人员数；

p_t——t年劳动年龄人口；

l_t——t年从业人员占劳动年龄人口的比例；

A_t——t年综合要素生产率；

P_t——t年总人口。

（二）要素模型的构建

1. 消费模型

首先，从人是消费者入手，判断人口增长对消费的影响，进而判断对积累和经济增长的影响。根据凯恩斯消费函数，人均消费与人均收入的关系应为：

$$c_t = a + by_t \qquad ①$$

该式两边同乘以总人口 P_t，则最终消费函数为：

$$C_t = c_t P_t = aP_t + bY_t \qquad ②$$

最终消费函数表明，最终消费是人口和国内生产总值的线形函数。

2. 固定资产存量模型

在经济增长中，资本是重要的要素。资本投入和积累决定着经济的规模。反映一国资本存量最重要的因素就是固定资产存量。固定资产存量函数如下：

$$K_t = K_t{-}1\,(1-\delta_t) + G_t \qquad ③$$

又：

$$C_t + I_t = Y_t \qquad ④$$

$$G_t = I_t \pi_t \qquad ⑤$$

从中可以看出固定资产形成与人口和消费的关系。

3. 劳动投入模型

从人是生产者的角度出发，分析人口增长对劳动供给的影响，进而分析对经济增长的影响。劳动投入函数中考虑的指标是从业人员和劳动年龄人口。

$$L_t = p_t l_t \qquad ⑥$$

（三）人口—经济运行动态模型

在我们的基本假定下，人口—经济运行的生产过程满足柯布—道格拉斯生产函数条件，因此有以下方程式：

$$Y_t = A_t K_t^2 L_t^B \qquad ⑦$$

为方便分析经济总量与要素增长率的关系，可将⑦式用离散方法处理得到差分方程：

$$\triangle Y_t/Y_t - 1 = \triangle A_t/A_t - 1 + \alpha \triangle K_t/K_t - 1 + \beta \triangle L_t/L_t - 1 \qquad ⑧$$

上述函数②、③、④、⑥、⑦就构成了人口—经济发展计量模型：

$$\begin{cases} C_t = c_t P_t = aP_t + bY_t \\ K_t = K_t - 1 \ (1 - \delta_t) + G_t \\ C_t + I_t = Y_t \\ L_t = p_t l_t \\ Y_t = A_t K_t^x L_t^\beta \end{cases}$$

模型中各主要变量关系的运行路径见图1：

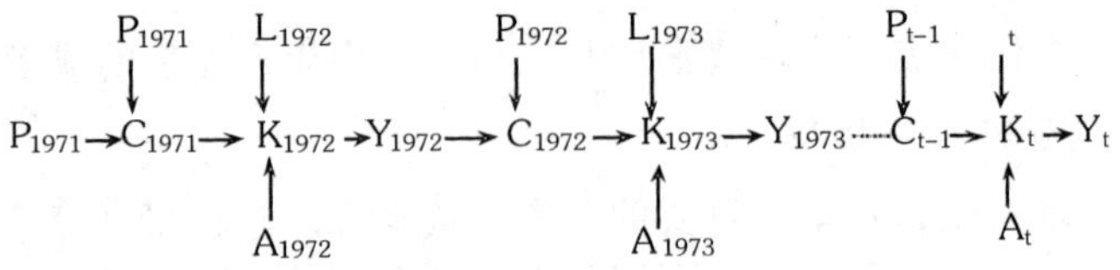

$$P_{1971} \rightarrow C_{1971} \rightarrow K_{1972} \rightarrow Y_{1972} \rightarrow C_{1972} \rightarrow K_{1973} \rightarrow Y_{1973} \cdots C_{t-1} \rightarrow K_t \rightarrow Y_t$$

其中上方箭头指向：$P_{1971}, L_{1972}, P_{1972}, L_{1973}, P_{t-1}, t$；下方箭头指向：$A_{1972}, A_{1973}, A_t$

图1　人口—经济发展计量模型运行路径

二　数据确定及参数选择

模型中所需原始数据参见表1，在实际运算过程中将各种经济指标换算成可比价格。

表1　　山东省1970—1999年社会经济发展数据表

年份	GDP（亿元）	GDP指数（1952=100）	总消费（亿元）	固定资产投资（亿元）	从业人员（万人）	劳动年龄人口（万人）
1970	126.31	251.57	77.85		2564	
1971	139.69	290.84	78.36		2694	3180.1
1972	146.52	315.13	85.48		2763	3280.8
1973	154.33	332.34	95.12		2822	3384.5
1974	130.81	279.76	95.31		2897	3488.8
1975	166.19	361.53	104.50		2925	3537.3
1976	179.58	380.33	112.95		2942	3586.2
1977	207.07	423.35	127.80		2950	3608.2

续表

年份	GDP（亿元）	GDP指数（1952=100）	总消费（亿元）	固定资产投资（亿元）	从业人员（万人）	劳动年龄人口（万人）
1978	225.45	466.15	143.67	41.87	2970	3675.9
1979	251.60	496.92	155.83	61.35	3016	3834.8
1980	292.13	557.74	188.26	69.97	3118	3955.4
1981	346.57	589.92	212.91	79.60	3192	4068.2
1982	395.38	656.29	257.12	85.00	3270	4192.7
1983	459.83	747.38	285.15	96.46	3795	4351.8
1984	581.56	877.20	318.40	140.15	3564	4450.4
1985	680.46	977.29	365.69	194.33	3561	4563.5
1986	742.05	1038.37	410.40	223.08	3651	4690.5
1987	892.29	1181.98	481.01	297.77	3766	4821.6
1988	1117.66	1330.20	592.91	369.82	3887	4924.1
1989	1293.94	1383.01	700.93	305.54	3940	5022.8
1990	1511.19	1455.62	807.32	335.66	4043	5091.8
1991	1810.54	1668.43	914.36	439.82	4219	5160.2
1992	2196.53	1950.56	1078.95	601.50	4303	5229.3
1993	2779.49	2377.34	1263.34	892.48	4379	5279.9
1994	3872.18	2763.90	1889.34	1108.00	4382	5331.4
1995	5002.34	3154.99	2479.05	1320.97	4384.6	5389.5
1996	5960.42	3541.16	2997.89	1558.01	5227.9	5444.1
1997	6650.02	3939.19	3293.88	1792.22	5256.1	5491.1
1998	7162.20	4366.20	3533.34	2056.97	5287.6	5567.2
1999	7662.10	4808.93	3809.13	2243.90	5314.2	5632.9

资料来源：山东省统计局编《2000 山东统计年鉴》，中国统计出版社，2000 年 7 月；1970—1977 年总消费根据《奋进的四十年（山东分册）》（中国统计出版社，1989 年 6 月）中数据推算；劳动年龄人口根据 1982 年、1990 年人口普查资料推算。

注：表中数据为当年价格。

(一) 从业人员数量

根据1982年、1990年人口普查资料，推算出1971—1999年劳动年龄人口数量，这里对劳动年龄人口的界定按照中国通用的界限"男性16—59岁，女性16—54岁"。又根据历年少生人口，得到少生人口中进入劳动年龄人群的数量（注：按实际死亡模式推算），继而推算人口无控制下各年劳动年龄人口。各数据输入函数⑥，即假设从业人员占劳动年龄人口的比例不变，可得到人口无控制下的各年从业人员数量（见表2）。

表2　　山东省人口无控制条件下从业人员及劳动年龄人口数量

单位：万人

年份	从业人员	劳动年龄人口	年份	从业人员	劳动年龄人口
1971	2694	3180.1	1986	3651	4690.5
1972	2763	3280.8	1987	3792	4854.5
1973	2822	3384.5	1988	3947	5000.0
1974	2897	3488.8	1989	4054	5168.0
1975	2925	3537.3	1990	4223	5318.2
1976	2942	3586.2	1991	4472	5469.1
1977	2950	3608.2	1992	4633	5630.8
1978	2970	3675.9	1993	4798	5785.3
1979	3016	3834.8	1994	4886	5944.6
1980	3118	3955.4	1995	4976	6116.2
1981	3192	4068.2	1996	6049	6298.7
1982	3270	4192.7	1997	6187	6463.8
1983	3795	4351.8	1998	6329	6663.4
1984	3564	4450.4	1999	6488	6877.3
1985	3561	4563.5			

(二) 固定资产存量的估算

根据函数③，t年固定资产存量取决于三个因素：一是起始年份的固定资产存量；二是t年以前各年进行的固定资产投资；三是固定资产折旧率。按照"中国初始固定资产存量在1952年全部形成，而且1952年固定资产存量相当于当年GDP的三倍"①，推算出山东省1952年的固定资产存量为487.84亿元（1999年价）。固定资产折旧率按一般规律取10%。把实际数据输入函数③，估算出1971—1999年山东省历年的固定资产存量（见表3）。

表3　　　　　　　山东省历年固定资产存量

年份	固定资产存量（亿元）	年份	固定资产存量（亿元）
1971	346.91	1986	2424.38
1972	376.23	1987	2904.35
1973	410.94	1988	3368.01
1974	451.59	1989	3564.10
1975	498.79	1990	3783.96
1976	553.29	1991	4125.33
1977	615.90	1992	4639.51
1979	811.02	1993	5422.60
1978	687.58	1994	6167.01
1980	942.84	1995	6893.65
1981	1086.68	1996	7685.07
1982	1230.63	1997	8606.32
1983	1398.32	1998	9743.05
1984	1676.18	1999	11012.64
1985	2042.26		

注：表中数据为1999年价格。

不同人口增长状态下，固定资产的投资水平与积累速度也会不同。未实施人口控制的情况下，利用函数⑤对固定资产存量做出估计，⑤中参数π_t则按实际情况下各年固定资产投资占社会总投资比例的平均数确定，$\pi_t = 60\%$。

---

① 张军扩：《"七五"期间经济效益的综合分析——各要素对经济增长贡献率测算》，《经济研究》1991年第4期。

(三) 消费函数检验

基于 GDP、最终消费和人口规模等数据对函数①进行检验。发现人均消费水平 c_t 与人均 GDP 水平 y_t 具有较强的线性关系（见图 2）。利用最小二乘法对这两组数据进行线性回归，得到：

$$c_t = 209.09 + 0.4712_t$$

$$R^2 = 0.9896$$

模型检验结果显著。由此可以得到总消费、总人口和国内生产总值的关系：

$$C_t = c_t P_t = 209.09 P_t + 0.4712 Y_t$$

根据此式可以推算出山东省 1971—1999 年期间不同人口增长状态下的总消费规模。

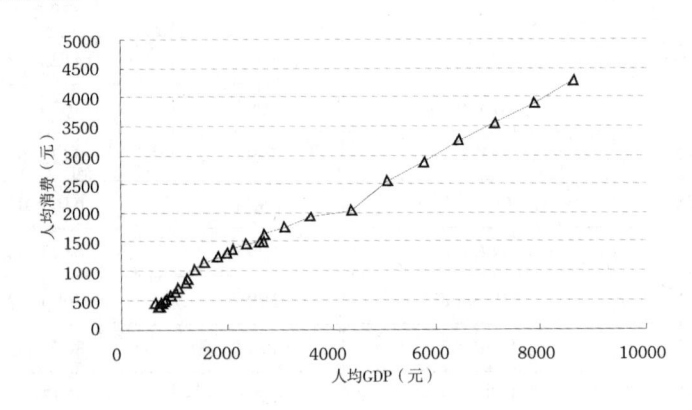

图 2 人均 GDP 与人均消费关系

(四) 生产函数中 α 和 β 的确定

把函数⑦两边取对数，得到：

$$\log Y_t = \log A_t + \alpha \log K_t + (1-\alpha) \log L_t$$

利用最小二乘法得出：资本弹性 α = 0.75；劳动弹性 β = 0.25。这一估算结果与我国一些经济学者的估算值比较接近（α = 0.72；β = 0.28，李健民，2000）①，"将资本与劳动的产出弹性系数之比设定为 0.7:0.3 比

---

① 李建民等：《中国生育率下降经济后果的计量分析》，《中国人口科学》2000 年第 1 期。

较符合我国的实际情况"①。

三　模拟结果

模拟结果见表4。

表4　　　　山东省无人口控制条件下的经济发展水平数据表

年份	GDP（亿元）	人均GDP（元）	总消费（亿元）	人均消费（元）	固定资产存量（亿元）	固定资产投资（亿元）	劳动生产率（元）
1970	400.8	622	247.5	384	322.5	50.1	1563
1971	480.6	728	364.5	552	364.2	73.9	1784
1972	535.4	792	393.6	582	409.9	82.1	1938
1973	583.5	841	420.1	605	467.7	98.9	2068
1974	456.1	642	363.5	511	465.7	44.7	1574
1975	589.8	810	430.2	591	514.7	95.7	2016
1976	615.4	826	445.7	598	564.8	101.5	2092
1977	686.6	902	482.7	634	630.6	122.3	2327
1978	762.4	979	522.0	671	711.9	144.4	2567
1979	768.3	964	528.7	663	779.2	138.5	2548
1980	830.1	1017	561.9	688	861.0	159.7	2662
1981	836.7	998	569.5	679	930.5	155.7	2621
1982	906.0	1053	606.9	705	1016.5	179.0	2771
1983	1011.7	1146	661.3	749	1125.2	210.4	2666
1984	1124.8	1241	719.6	794	1254.7	242.0	3156
1985	1151.8	1239	737.1	793	1366.2	237.0	3234
1986	1126.0	1181	729.9	766	1451.5	221.9	3084
1987	1178.3	1205	759.6	777	1550.6	244.3	3107

---

① 张军扩：《"七五"期间经济效益的综合分析——各要素对经济增长贡献率测算》，《经济研究》1991年第4期。

续表

年份	GDP（亿元）	人均GDP（元）	总消费（亿元）	人均消费（元）	固定资产存量（亿元）	固定资产投资（亿元）	劳动生产率（元）
1988	1254.2	1249	800.9	798	1664.7	269.2	3178
1989	1323.9	1289	838.6	816	1789.7	291.5	3266
1990	1411.5	1311	890.2	827	1923.5	312.8	3343
1991	1630.5	1478	998.9	906	2108.6	377.4	3646
1992	1906.8	1688	1134.7	1004	2359.9	462.2	4115
1993	2303.0	1991	1327.1	1147	2709.3	585.3	4800
1994	2736.6	2309	1537.3	1297	3153.7	715.4	5601
1995	3263.6	2688	1791.7	1475	3715.4	877.0	6559
1996	3860.5	3106	2079.0	1672	4413.7	1069.8	6382
1997	4508.2	3540	2390.5	1877	5243.3	1271.0	7286
1998	5186.9	3975	2716.9	2082	6204.1	1485.2	8196
1999	5914.6	4426	3066.4	2295	7296.2	1712.6	9116

注：表中数据为1999年价格。

表5　　　　　　　　山东省历年经济发展水平数据表

年份	GDP（亿元）	人均GDP（元）	总消费（亿元）	人均消费（元）	固定资产存量（亿元）	固定资产投资（亿元）	劳动生产率（元）
1970	400.8	622	247.5	384	322.5	50.1	1563
1971	463.4	706	249.4	380	346.9	56.7	1720
1972	502.1	751	272.9	408	376.2	64.0	1817
1973	529.5	780	304.0	447	410.9	72.3	1876
1974	445.7	648	304.9	443	451.6	81.7	1539
1975	576.0	826	334.0	479	498.8	92.4	1969
1976	606.0	861	360.6	512	553.3	104.4	2060
1977	674.5	950	408.4	575	615.9	117.9	2287
1978	742.7	1037	457.3	639	687.6	133.2	2501
1979	791.8	1095	488.2	675	811.0	192.2	2625

续表

年份	GDP（亿元）	人均GDP（元）	总消费（亿元）	人均消费（元）	固定资产存量（亿元）	固定资产投资（亿元）	劳动生产率（元）
1980	888.7	1218	572.9	785	942.8	212.9	2850
1981	939.9	1271	636.9	861	1086.7	238.1	2945
1982	1045.7	1395	764.2	1020	1230.6	252.6	3198
1983	1190.8	1574	859.5	1136	1398.3	290.8	3138
1984	1397.7	1830	948.9	1243	1676.2	417.7	3922
1985	1557.1	2019	1004.3	1302	2042.3	533.7	4373
1986	1654.4	2116	1078.7	1380	2424.4	586.3	4531
1987	1883.3	2366	1167.0	1466	2904.4	722.4	5001
1988	2119.4	2629	1209.0	1500	3368.0	754.1	5453
1989	2203.6	2700	1222.5	1498	3564.1	532.9	5593
1990	2319.3	2731	1386.0	1632	3784.0	576.3	5736
1991	2658.3	3102	1496.4	1746	4125.3	719.8	6301
1992	3107.8	3610	1662.3	1931	4639.5	926.7	7222
1993	3787.8	4383	1765.2	2043	5422.6	1247.0	8650
1994	4403.7	5079	2194.0	2530	6167.0	1286.7	10050
1995	5026.9	5775	2521.0	2896	6893.7	1343.3	11465
1996	5642.2	6457	2849.3	3261	7685.1	1480.8	10792
1997	6276.3	7144	3105.6	3535	8606.3	1689.8	11941
1998	6956.7	7871	3430.9	3882	9743.1	1997.4	13157
1999	7662.1	8626	3809.1	4288	11012.6	2243.9	14418

注：表中数据为1999年价格，根据表1数据推算，1970—1977年固定资产投资根据《山东统计年鉴，2000》中的国有经济固定资产投资递增速率推算。

表6　1971—1999年山东省不同人口增长状况的经济指标年均增长率　（%）

经济指标	实际	人口无控制
国内生产总值	10.71	9.73
人均国内生产总值	9.49	7.00
总消费	9.88	9.07
人均消费	8.68	6.36
固定资产投资	12.95	11.35
固定资产存量	14.01	12.95
劳动生产率	7.96	6.27

表5为推算为可比价格的山东省实际经济数据，表6为1971—1999年山东省不同人口增长状况的经济指标年均增长率对比表。根据表4、表5、表6所示数据计算出山东人口控制对1999年重要经济指标的贡献份额。

1. 人口控制对山东省GDP的贡献在1/5以上

1999年，山东省GDP实际总量为7662.1亿元，而如果不实施人口控制，可能实现的GDP总量只有5914.6亿元，比实际总量少22.8%。表明人口控制对山东省GDP的贡献份额超过1/5。从GDP的增长速度看，1971—1999年实际的GDP平均增长速率是10.71%，而如果不控制人口增长，GDP的年平均增长速率只是9.73%，比实际增长速度慢了近一个百分点。

2. 人口控制对人均GDP的贡献接近1/2

人口控制对人均GDP水平提高的影响作用更大。1999年，山东省人均GDP实际为8626元，换算成美元是1014美元，按照世界银行1994年的划分标准，已达到世界下中等收入国家的水平；而如果不实施人口控制，可能实现的人均GDP仅为4426元，比实际水平低48.7%，换算成美元是520美元，仅相当于世界低收入国家的水平。因此，山东省的人均GDP中约有1/2是人口控制所做出的贡献。从人均GDP的增长速度看，1971—1999年实际的人均GDP平均增长速率是9.49%，而如果不控制人口，人均GDP的年平均增长速度只有7.00%，比实际增长速度慢了2.49个百分点。

3. 人口控制对山东省固定资产存量的贡献份额约为 1/3

模拟结果显示，在没有人口控制条件下，山东省1972年的固定资产积累减少近100亿元。在以后的各年中，固定资产投资比实际平均每年少250亿元。从而导致固定资产存量的减少。1999年，实际固定资产存量为11012.6亿元，不控制人口增长的情况下，则仅为7296.2亿元，比实际低33.7%。也就是说，人口控制对山东省固定资产存量增长的贡献份额约为1/3。

4. 人口控制对山东省劳动生产率的贡献份额为 37%

如果山东省人口增长保持较高的速度，劳动年龄人口规模也相应加大，从业人员亦会多于实际从业人员数量，而生产总量（GDP）、固定资产存量又少于实际，这势必一方面导致劳动生产率的降低，一方面造成劳动就业压力，形成比现在更高的失业率。模拟结果显示，1971—1999年，实际劳动生产率增长速率为7.96%，不控制人口增长的情况下，则仅为6.27%，比实际低1.69个百分点。1999年，实际劳动生产率为14418元，不控制人口增长的情况下，则仅为9116元，比实际低37%。

5. 人口控制对山东省居民人均消费水平的贡献份额为 46.5%

在不实施人口控制的情况下，由于总人口增长速度高于实际，总消费规模增长速度低于实际，则导致人均消费水平远远低于实际水平。1999年，山东省实际的人均消费水平为4288元，不实施人口控制的模拟结果仅为2295元，比实际水平低46.5%。从增长速度看，1971—1999年实际人均消费水平年平均增长速率为8.68%，不实施人口控制的模拟结果仅为6.36%，比实际低2.32个百分点。

四 山东省人口控制对经济发展的贡献率

经济发展与经济增长是两个既有联系又有区别的不同概念。我们在此讨论人口控制对经济发展的贡献率，有必要将两个概念加以区分。"经济增长"意味着更多的产出，指一个国家或地区产品和劳务数量的增加，或人口平均的实际产出的增加，如上文中出现的 GDP 的增长以及人均 GDP 的增长。"经济发展"概念内涵较多，不仅限于单项产出的增加，而且包含居民物质福利的增进等。

根据人口—经济运行动态模型运作所得到的资料，我们选取以下两类

10个经济指标反映山东省1999年的经济发展水平。

绝对量指标：

B1　GDP

B2　人均GDP

B3　人均消费水平

B4　固定资产存量

B5　劳动生产率

相对量指标：

B6　GDP年均增长率

B7　人均GDP年均增长率

B8　人均消费水平年均增长率

B9　固定资产存量年均增长率

B10　劳动生产率年均增长率

人口控制对经济发展的贡献率应是对上述10个指标贡献率的加权平均数。每个指标在综合贡献率中所占的权重通过专家打分法确定。各指标的贡献率及根据15位专家打分平均数计算的权重列于表7。

表7　　　　　　　　　山东省人口控制对经济发展贡献率数据表

经济指标（Bi）	GDP	人均GDP	人均消费	固定资产存量	劳动生产率	GDP增长率	人均GDP增长率	人均消费增长率	固定资产存量增长率	劳动生产率增长率
人口控制对各指标贡献率(C_i)（%）	22.80	48.70	46.50	33.80	36.80	9.19	26.24	26.71	12.30	21.27
各指标占经济发展的权重(D_i)（$\sum D_i$ = 100）	7.47	16.53	12.80	8.73	12.73	6.13	11.53	8.53	6.40	9.13

注：权重数据为15位专家判断平均值。

人口控制对经济发展的总贡献率用如下公式计算：

$$A = \sum_{i=1}^{10} C_i \times D_i / 100$$

A 代表人口控制对经济发展的总贡献率。

将表 7 中数据输入公式，得到：A = 31.94%。说明山东省人口控制对经济发展的贡献率约为 32%。

人口—经济运行动态模型模拟研究的结果表明，山东省在不控制人口增长的情况下，经济也可以有所增长，但其增长速度与控制人口情况下相比将大打折扣。这就推翻了部分西方人口经济学家如［美］朱利安·L. 西蒙[①]和［美］D. 盖尔·约翰逊[②]关于"人口增长促进经济增长"的判断，启迪我们更加全面地把握不同国度、不同时空条件下人口增长与经济增长之间的内在联系和不同的外在表现形式，建立符合中国国情的人口经济学理论体系。

需要特别指出的是，在我们模拟中的一些前提条件是按实际情况设置的，但是在人口增长的压力下，一些前提条件很可能不如我们设置得那样乐观。例如，中国的一些改革政策和措施可能因人口压力而不能出台或顺利实施；科学技术进步发展势头也会因人口增长而受到严重影响；资源也很可能难以支撑高生育率水平条件下的经济增长。因此，模拟的结果和所作出的结论只是确定生育率迅速下降和人口控制对山东省经济增长影响的低限。换言之，人口生育率迅速下降对山东经济增长的影响程度很可能比上面所描述的更大、更深远。

（报告执笔：卢笋　周德禄）
（1999 年山东省软科学非招标项目，2001 年 3 月结项）

[①] ［美］朱利安·L. 西蒙：《人口增长经济学》，北京大学出版社，1984 年 5 月。
[②] ［美］D. 盖尔·约翰逊：《人口增长与经济财富》，《中国人口科学》2000 年第 5 期。

马克思主义哲学研究的问题与出路
——兼论唯物辩证法对形而上学的批判

郝立忠

历史进入 21 世纪,一个不可回避的问题摆在我们面前:当代马克思主义哲学研究最重大、最急切的问题到底是什么?与此相关,马克思主义哲学的根本出路在哪里:是坚持传统形而上学,建立绝对真理的体系,还是坚持唯物辩证法,认识和解决重大的社会现实问题?对这些问题的正确回答,对于准确理解和把握马克思主义哲学,弄清唯物辩证法在马克思主义哲学中的地位、作用及其与传统形而上学的本质区别,进一步坚持和发展马克思主义哲学,特别是对于我国改革开放的实践,有着重要意义。

一 传统形而上学是一种被马克思主义哲学终结了的哲学形态

《哲学研究》2002 年第 4 期发表的《马克思与形而上学的颠覆》一文,已经对马克思哲学如何颠覆了以绝对为根基的形而上学和马克思哲学的现代走向将颠覆肯定有限性的形而上学,发表了有益的意见,指出了两个形而上学的"合法性"基础,不论是知识的合法性基础还是承认有限性才是形而上学的合法性基础,都是站不住脚的。该文认为,马克思对形而上学的颠覆,其基本的方法论精神是要真实地面对社会生活,随着社会生活的发展而不断地实现对社会历史过程的批判反思,并以此为契机来重构社会生活过程。

确实如此，马克思哲学总是要面对现实社会生活，而不仅仅是某种纯粹哲学的抽象"词藻"的批判：将黑格尔作为批判的对象时如此，将把黑格尔哲学用到经济学领域的蒲鲁东的看法作为批判的对象时更是如此。特别是后者，马克思以论战的形式第一次对马克思主义中有决定意义的论点作了科学的表述。鉴于它的重要性，以及我国学界对此很少涉及，我们在此讨论一下它是有意义的。

马克思在《哲学的贫困》第 2 章中，即"政治经济学的形而上学"中，批判了蒲鲁东滥用黑格尔辩证法，随意杜撰政治经济学的非历史的抽象范畴，指出概念、科学抽象不是精神、意念的产物，而是现实过程的构造。不是范畴、概念规定历史，恰好相反，人们按照生产方式建立相应的社会关系，又按照自己的社会关系创造相应的原理、观念和范畴。它们是历史的暂时的产物，并非永恒的存在。把范畴自身看作永恒不变的教条，自我产生、运动的真理，应用到政治经济学上来，就会得出政治经济学的逻辑学和形而上学。这种形而上学不仅有理论的误导——麻痹工人阶级的思想意识，更有实践上的祸害——以改良、调和来代替革命和战斗。例如，从这种观点出发，认为只有两种制度：一种是人为的，一种是自然的；前者是封建制度，后者是资本主义制度；资本主义制度是符合自然规律的、永恒的东西。其实，二者都不是永恒的。资本主义制度产生财富也产生贫困，发展生产力又压抑生产力；这些关系不断消灭资产阶级单个成员的财富，又产生不断壮大的无产阶级。

各种学派随着阶级对抗发展，生产出理论上不同派别的对抗、分歧和代表人物或学派。其中，宿命论经济学家对资产阶级生产的有害方面漠不关心，这一派中的古典代表力图清洗封建经济关系的污垢，这一派中的浪漫代表自命高尚，蔑视创造财富的活的机器。第二派是人道学派，只想缓和现有的对比，劝人们安分守己，听天由命。博爱学派是完善的人道学派，他们愿意所有人都变成资产者。第三派是社会主义者和共产主义者的理论家。但这个学派经历了从空想到科学的行程；到了这时，也只有到了这时，这个由历史运动产生并且充分自觉地参与历史运动的科学才不再是空论，而是革命的科学了。

蒲鲁东完全看不到这一点，按照他的驾轻就熟的一贯公式——即任何经济关系都有好的一面与坏的一面，他指出：好的一面由经济学家来揭示，坏的一面由社会主义者来揭露。他从经济学家那里借用了永恒关系的必然性，从社会主义者那里借用了把贫困只看作贫困的幻想。他自以为批判了这两者，其实远在这两者之下。"他希望充当科学泰斗，凌驾于资产者和无产者之上，结果只是一个小资产者，经常在资本和劳动、政治经济学和共产主义之间摇来摆去"。①

马克思批判了蒲鲁东在哲学上的谬说和四个现实个案上的荒谬。这里仅从一个现实个案即"分工和机器"这个由分工揭开的经济进化序列的开端，已见一斑。他认为，分工是一个永恒的规律，行会、工场手工业、大工业等，只用一个"分"字就可以解释清楚了。马克思说："历史的进程并非是那样绝对的。德国为了建立城乡分离这第一次大分工，整整用了三个世纪……14世纪和15世纪，殖民地尚未出现……那时候分工的形式与表现，与17世纪西班牙人……英国人和法国人已在世界各处拥有殖民地时的分工完全不同。市场的大小和它的面貌所赋予各个不同时代的分工的面貌和性质，单从一个'分'字，从观念、范畴中是很难推论出来的。"②蒲鲁东喜欢用好的一面、坏的一面概括一切，可惜的是对现代分工的长处、局限，即现代分工产生专业和特长的优点、产生职业痴呆的缺点，没有看出来，当然更看不到自动工厂中唯一革命的一面了："个人对普遍性的要求以及全面发展的趋势就显露出来。"③但消灭分工的世界历史却不一定给各民族带来福音。马克思早就说过："各个相互影响的活动范围在这个发展进程中越是扩大，各民族的原始封闭状态由于日益完善的生产方式、交往以及因交往而自然形成的不同民族之间的分工消亡得越彻底，历史也就越是成为世界历史。例如，如果在英国发明了一种机器，它夺走了印度和中国的无数劳动者的饭碗，并引起这些国家的整个生存形式的改变，那么这个发明便成为一个世界历史性的事实……由此可见，历史向世界历史的转变，不是'自我意识'、宇宙精神或某个形而上学怪影的某种纯粹的抽象行动，而是完全物质的、可以通过经验证明的行动"。④

马克思说的"如果在英国发明了一种机器，它夺走了印度和中国的

---

① 《马克思恩格斯选集》第1卷，第156页。
② 同上书，第157页。
③ 同上书，第169页。
④ 同上书，第88—89页。

无数劳动者的饭碗,并引起这些国家的整个生存形式的改变",就是"可以通过经验证明的行动",确实不是"某个形而上学怪影的某种纯粹的抽象行动"。可是到了我国20世纪80年代国学热时,"可以通过经验证明的行动",例如中国的现代化,在某些新儒家那里便成了一种道德的绽开,所谓"返本开新",即通过返回道德修养开出社会的现代化。新儒家的这个原版说:"此道德主体之要求建立起其自身之兼为一认识的主体时须暂忘其为道德主体。即此道德主体须暂退于认识主体之后,然后施其价值判断,从事道德之实践,并引发实践之活动"。这种一厢情愿的游戏语言,即使不用马克思主义来加以分析,就是在波普尔的"三世界"理论面前也是行不通的。按照波普尔,世界1(物质)和世界3(客观知识)的相互作用,必须通过世界(精神)的中介。可是在新儒家那里,只有世界3(儒家典籍)和世界2(道德精神)而没有世界1(物质生活),那么充其量只是前两者的循环,而没有真正作用于世界上,所以"现代化"的开新就无可能。由新儒家引起的连带现象是认为亚洲存在着现代化的动力:亚洲儒家文化圈。例如日本的腾飞。这种现象在学术领域中曾经走红一时,实际上是一种自厢情愿的非历史的文化研究。有点历史常识的人都知道:在古代,日本汲取中国文化,使国家文明化;在近代则是汲取西方科技,使经济现代化。忠义的武士传统转换为商场的忠义的职员也是如此,即有赖于原先的传统和工具理性的"生长点",而与儒家不相关。所以"返本"不能返回儒家,而是要重温马克思的哲学,作为指南,继续前进。

二 马克思主义哲学就是唯物辩证法

要弄清马克思主义哲学与传统形而上学的本质区别,就要弄清马克思主义哲学的本质特征是什么:它与黑格尔哲学为代表的传统形而上学、与黑格尔唯心辩证法,仅仅是唯物与唯心的区别,还是两种截然不同的哲学?

马克思主义哲学就是唯物辩证法。它研究现实、反映现实、改造现实,是现实生活的灵魂和时代精神的精华,而不是传统形而上学和本体论;是以历史、实践为基础的真正的智慧学,而不仅仅是知识或科学;是在认识世界基础上改造世界的智慧,而不仅仅是对自然知识、社会知识和思维知识进行概括和总结,更不是凌驾于科学之上的"科学的科学"。唯物辩证法作为一种全新的哲学,与传统形而上学和本体论全面对立。

1. 在研究目的上,唯物辩证法以改造世界、解决重大社会现实问题为目的,坚持从现实出发、理论联系实际、理论服务于现实。而传统形而上学和本体论则是"为了知识而追求知识,并不以某种实用为目的"。

2. 在哲学本性上,唯物辩证法是认识世界、改造世界的"智慧",而不仅仅是认识世界的"知识"。形而上学和本体论把自己看作是认识世界的"知识"或"科学",因而也就常常把自己混同于具体科学,甚至把自己看作"科学的科学"。

3. 在研究对象上,唯物辩证法把现实作为哲学研究的对象,认为理论是来自现实的,是现实的反映,坚持理论与实际在实践基础上的统一,强调"按照事物的真实面目及其产生情况来理解事物"①。而在传统形而上学和本体论中,则是把"本体"作为研究对象,是理论与现实相脱离或背离:唯心主义认为现实是"思维过程的外部表现",自然界只是观念的外化;旧唯物主义虽然反对现实是"思维过程的外部表现"的唯心主义观点,但其哲学也仅仅是从头脑中而不是现实中产生出来的思想。恩格斯在《路德维希·费尔巴哈和德国古典哲学的终结》中批判黑格尔时说:"在黑格尔看来,自然界只是观念的'外化',它不能在时间上发展,只能在空间扩展自己的多样性,因此,它把自己所包含的一切发展阶段同时地、并列地展示出来,并且注定永远重复始终是同一的过程。黑格尔把发展是在空间以内、但在时间(这是一切发展的基本条件)以外发生的这种谬论强加于自然界。"② 恩格斯在批判费尔巴哈时也指出,由于"他虽然有'基础',但是在这里仍然受到传统的唯心主义的束缚……从他的孤寂的头脑中,而不是从与他才智相当的人们的友好或敌对的接触中产生出自己的思想"③,因此,"我们一接触到费尔巴哈的宗教哲学和伦理学,他的真正的唯心主义就显露出来了"④。

4. 在哲学研究方法上,强调历史与逻辑的一致。马克思在《〈政治经

---

① 《亚里士多德全集》第 7 卷,第 76 页。
② 《马克思恩格斯选集》第 4 卷,第 229 页。
③ 同上书,第 230—231 页。
④ 同上书,第 233 页。

济学批判〉导言》中讲了这个问题。马克思指出研究政治经济学有两条途径：一条是完整的表象蒸发为抽象的规定，另一条是抽象的规定在思维行程中导致具体地再现。"后一种方法显然是科学上正确的方法。具体之所以具体，因为它是许多规定的综合，因而是多样性的统一。因此它在思维中表现为综合的过程"。① 在思想中，具体表现为综合即概括或总集。这正是逻辑与历史的一致，所以显然是科学上正确的方法。马克思对劳动范畴作了分析后提出：这"令人信服地表明，哪怕是最抽象的范畴，虽然正是由于它们的抽象而适用于一切时代，但是就这个抽象的规定性本身来说，同样是历史条件的产物，并且只有对于这些条件并在这些条件之内才具有充分的适用性"。②

5. 坚持理论与实际统一，研究重大社会现实问题，是马克思主义哲学研究的唯一出路。马克思主义的唯物辩证法从社会发展中、从解决重大社会现实问题中寻找自己的出路，马克思主义哲学之所以具有强大的生命力，就在于它是为现实服务的哲学，为人民大众服务的哲学。马克思主义在中国久盛不衰的根本原因，就在于对唯物辩证法的弘扬与发展，在于把马克思主义基本理论与中国实际相结合，从中国实际出发，解决中国的重大社会问题。寻求马克思主义哲学研究的正确道路，决不能坚持传统形而上学和本体论的方法，从"思想体"和本体出发，而必须坚持马克思的唯物辩证法，从中国改革开放和社会主义市场经济建设的实际出发。从现实出发，抛弃脱离经验的纯粹概念体系，研究丰富多彩的现实世界，是坚持和发展马克思主义哲学的必由之路，也是中国哲学发展壮大的根本出路。

在目的、功能上，哲学研究必须以研究重大社会现实问题为己任，彻底改变从概念推演中寻求出路的老套子。彻底摆脱远离现实、追求抽象概念体系的形而上学模式，处理好哲学与现实的关系，坚持哲学为现实服务，为人民大众服务，为社会主义现代化建设服务。致力于提高民众哲学素养，维护人民大众的利益，为人民大众的认识活动和实践活动提供理论支持，彻底克服哲学的现实化、大众化与中国哲学的形而上学传统之间的

---

① 《马克思恩格斯选集》第2卷，第18页。
② 同上书，第23页。

矛盾。

在研究方法和学风上,哲学研究坚持以重大社会现实问题为反思对象,而不是以脱离现实的纯粹概念为对象。改变脱离人民大众、以深奥难懂为荣的形而上学作风,坚决反对从虚构的概念出发来推演哲学体系的传统形而上学方法。特别是近些年国内哲学界出现的诸种"本体论"哲学,这些"本体论"哲学的共同特征就是站在"形而上"的角度,从概念出发而不是从现实出发,片面强调一点或一面,"追求终极",好走极端;只要强调什么,就把什么推到"本体"的地位。

在功能和作用的发挥上,哲学理论要具有现实性和超前性,成为人民群众实践的向导,捍卫理论与实际相统一的马克思主义学风。反对理论与实践相割裂,把理论或实践片面化、绝对化的形而上学倾向。既要反对理论脱离实际、一味从纯粹概念出发的"纯粹理论家"和整天泡在各种各样的会议上读别人写好的稿子的"纯粹演说家",也要反对理论与实践相割裂、只知盲干,既不懂马克思主义辩证法、也不懂社会科学特别是现代管理科学的"纯粹实践家"。从理论和实践两个方面坚持唯物辩证法,反对形而上学。

在研究对象和领域的确定上,哲学研究必须根据社会发展需要而不是自然科学的已有研究成果来确定研究对象和重点领域。哲学研究的重大问题只能是重大社会现实问题的反映。唯物辩证法作为现实的哲学,并不要求对某一个具体事件提出解决办法,而是要求对一些有关民族、国家以至人类前途和命运的具有普遍性的、根本性的重大现实问题(包括理论的和实践的)进行研究和解决。就目前而言,如何正确认识我们民族最广大人民群众的思想、经济、文化现状,如何提高全民族的思想文化素质特别是科技素质、增强全民族的凝聚力和战斗力,如何认识和削弱传统文化对社会主义现代化建设的不利影响,如何用最广大人民群众的根本利益作为我们党和国家一切理论和实践的评价标准,如何从政治、经济、文化、法律等不同方面建立最广大人民群众的根本利益的保障机制,如何使最广大人民群众按照自己的意志行使当家做主的权力等等,都需要我们运用马克思的唯物辩证法去思考、去解决。否则,如果我们始终局限于传统形而上学的思维模式,致力于从纯粹概念出发去构建形形色色的哲学体系,不仅不能推动马克思主义哲学的发展,反而会葬送了马克思主义哲学。

这并非耸人听闻。从我国新中国成立之后的一些重大问题上，就可以见出端倪。为什么有真理标准的大讨论？因为有"两个凡是"的"本本主义"等在作祟。毛泽东同志在1930年写的《反对本本主义》一文中就指出："我们说马克思主义是对的，决不是因为马克思这个人是什么'先哲'，而是因为他的理论，在我们的实践中，在我们的斗争中，证明了是对的。我们的斗争需要马克思主义。我们欢迎这个理论，丝毫不存什么'先哲'一类的形式甚至神秘的念头在里面。读过马克思主义'本本'的许多人，成了革命叛徒，那些不识字的工人常常能很好地掌握马克思主义。马克思主义的'本本'是要学习的，但是必须同我国的实际情况相结合。"① 如果把文中的"马克思主义"换成"毛泽东思想"，就成了对"两个凡是"派的错误的批评。由此可以引申出，貌似拥护毛泽东思想的"凡是"派，实际上正是毛泽东同志所反对的"本本主义"者；在这点上，他们走到了毛泽东提倡的东西的反面。其实，这也是一种"形而上学"，把毛泽东思想"教条化"、"绝对化"、"神圣化"及把毛泽东的片言只语当作"绝对命令"了。毛泽东生前为什么多次批判"四人帮""唯心主义横行，形而上学猖獗"，为什么批判"四人帮"自身？盖在于此，在于前者是对唯物辩证法的背叛，而后者则是"宗派主义"的价值观——企图篡党夺权的体现。这也是毛泽东为什么在粉碎林彪反党集团前对称"天才"、"四个伟大""讨嫌"，警告"四人帮"勿要借"钟馗打鬼"的初衷之一。

如果说，马克思哲学的建立颠覆了西方的传统形而上学，那么，中国化了的马克思哲学——毛泽东思想、邓小平理论等，则是对泛起于现代中国本土的形而上学的颠覆。继毛泽东对中国古代形而上学如"天不变道亦不变"的"君权神授"的批判，对革命、战争、建设中的形形色色的"教条主义"、"本本主义"①的批判之后，邓小平同志对"两个凡是"的批评和亲自领导和发动的真理标准大讨论，则是20世纪中国颠覆形而上学的一个大事件。当然，这次大讨论的意义决不限于哲学，但是从哲学上切入却是不争的事实。正因为如此，它成了拉开改革开放的序幕，解放思

---

① 《毛泽东著作选读》，第50—51页。

想、实事求是的动员令、进军鼓,从此中国进入了一个新时期。它的意义远远超越了颠覆形而上学自身,它所激起、引发和收到、获取的丰硕成果是难以估量的。它成了中国改革开放的智慧。然而,遗憾的是,邓小平提出的"解放思想,实事求是"并未立即得到理论、学术界的普遍的准确理解。有的同志把"解放思想,实事求是"分成两半:前一半被解释成"思想",后一半说成是"事实"。这一"划界"把一个完整思想打成了两截,引起了混乱。刘奔同志的文章《解放思想就是实事求是》澄清了这一误解,把邓小平的这一思想真谛如实传达了出来。"误解"与"形而上学"余韵有无关联,我们并不知道,但起码不是正解——基于实践的唯物辩证法的理解。

正如马克思颠覆了传统形而上学又有现代形而上学(海德格尔)产生,中国化的马克思哲学颠覆了本土的形而上学之后,也生出一些形而上学的东西,所谓"马克思主义'中源说'"就是一例。这种观念认为马克思主义哲学来自中国古典辩证法。非常有趣的是,这些人与"本本主义"完全一样,从《易经》、《老子》中去寻找这个"源头"。按这种看法,希腊辩证法作为马克思主义哲学源头不是更有资格吗?因为马克思的博士论文直接谈到古希腊哲学。然而马克思自己说,他的辩证法是黑格尔"头足倒立"的"辩证法的再颠倒改造而来",所以列宁说马克思哲学来源于德国古典哲学。马克思、列宁等人是根据实践基础上的活的思想来确定"源",而非根据"本本"来确定"源"的。即使这样,"源"与"流"也还有极大差异,"流"是在现实生活之上的继承的发展、批判的扬弃。丢开了生活、实践,也就没有这样的事情发生。就像我们开头讲马克思批判蒲鲁东时所说的是阶级的对抗孕育出宿命派、人道派、革命派的,而非"本本"中冒出来的。从马克思批判形而上学及其变种至今,已有150多年了,毛泽东批判形而上学也有很多年了,但形而上学的东西至今不绝,可见形而上学的顽固性。但它一出来,立即受到大多数人的批评,也可以反射出它的圈子是缩小了,马克思主义哲学普及的范围、影响已今非昔比地扩大、加强、深化了。

参考文献

1. 《马克思恩格斯选集》,1995 年,人民出版社。

2. 《毛泽东著作选读》,1986 年,人民出版社。
3. 《亚里士多德全集》,1993 年,中国人民大学出版社。

(原刊《哲学研究》2002 年第 8 期)

中国高校人才供给与产业人才需求拟合研究

鹿 立

近年来,中国开始出现的大学生就业难,根本症结在于高校的人才供给与产业需求出现了一定偏差。然而,人们对这一问题的认识有些模糊,主要表现为:(1)高校人才培养供给与需求定位模糊。如有学者将高校人才培养的需求方,理解为受教育者的需求和社会的需求两种需求,前者是高等教育入口的需求,后者是高等教育出口的需求。(2)测量指标设置的含混。如有学者用每万人拥有大学生数、职位供需比、大学生就业率、每亿元国内生产总值占有大学生数、高等教育增量与城镇就业岗位增量等指标,作为评判高校人才供需是否平衡与合理的标准。事实上,当人才供给的结构以及产业人才配置效益出现问题时,这些指标并不能客观准确地反映。(3)对人才供给总体形势判断的偏颇。有学者认为,当中国高等教育毛入学率达到10%左右时,高等教育环境就发生根本性变化,中国高级专门人才供给总体上已不再稀缺(吕育康,2004:10—14)。笔者认为,面对这些认识上的模糊与混乱,有必要加强高校人才供给与产业人才需求的拟合研究,其意义在于:确认高校人才供给与需求的定位;由此定位来筛选出更贴切的测量指标;给出更符合客观实际的总体判断和预警的数据支持。

一 拟合研究的数据和方法

高校人才培养结构与对应产业人才需求"供需"状况的比对和匹配分析过程分为以下两个主要步骤:

第一，确定并细化产业（行业）人才需求的度量指标——产业（行业）人才就业弹性系数。以往研究劳动力就业的吸纳状况及就业弹性系数，往往是粗线条的一、二、三次产业部门分析，且未将产业中大专及以上人才分离出来。本项研究考虑到进一步细化区分各产业（行业）人才就业状况及其弹性系数，与高校人才培养结构有较强的对应关系，因此，按照经济学有关劳动力就业弹性系数的一般计算公式，并将1990年以来国家统计局提供的各行业GDP的统计数据按1978年不变价格进行标准化处理，以及根据1990年以来各次全国人口普查分行业大专及以上人口数据并进行相应年份内插外推，计算出1992—2002年全国分行业人才就业弹性系数。见表1。

表1 1992—2002年全国分行业人才就业弹性系数

年份	交通运输、仓储及邮电通信业	农业	批发和零售贸易餐饮业	房地产业	地质勘查和水利管理业	金融保险业	建筑业
1992	1.6257	11.6518	1.2568	1.4471	-0.0516	1.9893	-0.0314
1993	1.6342	4.9210	-14.5424	4.6846	-0.0482	2.1021	0.0680
1994	2.8553	1.0750	1.7029	2.0763	-0.0516	1.8002	0.2697
1995	31.8371	1.1985	1.7129	3.1470	-0.0570	1.7444	0.3859
1996	1.8004	1.4837	1.6867	8.2342	1.7768	1.9744	0.6878
1997	1.7267	6.4894	0.9176	2.0804	1.4096	1.3235	1.8235
1998	1.1501	2.3313	0.8272	0.8964	4.7768	2.6098	0.9634
1999	1.1466	6.2611	0.9060	1.9567	1.7823	2.2130	1.6911
2000	0.5675	-4.3623	1.1056	-0.5674	3.9406	1.7951	1.6137
2001	1.3244	1.4833	0.7995	0.2159	5.2088	2.2789	2.1177
2002	11.7493	10.0729	40.3389	0.1030	1.7707	-0.7246	2.0439
11年均值	5.2198	3.8732	3.3374	2.2068	1.8597	1.7369	1.0085

年份	工业	其他行业	社会服务业	教育文化艺术及广播电影电视业	卫生体育和社会福利业	科学研究和综合技术服务业	国家机关政党机关和社会团体
1992	0.4376	3.4707	1.2667	0.5960	0.9881	0.6119	0.7773
1993	0.3815	2.1974	0.9046	0.5785	1.1595	1.3970	1.7358
1994	0.5227	2.2467	2.2114	0.5412	1.2579	0.3378	1.3691
1995	0.5653	155.0305	1.6571	5.1967	-6.0354	0.2565	-16.6410
1996	0.6367	1.1343	4.2930	0.6287	0.8591	0.1358	1.8709

续表

年份	交通运输、仓储及邮电通信业	农业	批发和零售贸易餐饮业	房地产业	地质勘查和水利管理业	金融保险业	建筑业
1997	0.6445	0.6438	0.7372	0.5733	0.9400	0.0091	1.3252
1998	1.1966	0.4382	0.7115	0.4668	0.5277	-0.1247	0.7574
1999	0.8662	0.1230	1.3845	0.4956	0.6570	-0.1473	0.7420
2000	0.5211	-0.3161	1.2932	0.6505	0.6112	-0.4139	1.7075
2001	1.1870	-1.2337	0.8521	0.6229	0.3521	-0.6805	1.2338
2002	1.0067	-0.0746	0.6814	0.2935	0.0852	-0.6968	0.2696
11年均值	0.7242	14.8783	1.4539	0.9676	0.1275	0.0623	-0.4412

注：行业人才就业弹性系数 = $\dfrac{(该年度行业人才 - 上年度行业人才) \div 上年度行业人才}{(该年度GDP - 上年度行业GDP) \div 上年度行业GDP}$

资料来源：国家统计局编：《中国统计年鉴》（1993—2003），中国统计出版社，相应年份。

分行业人才就业弹性系数反映了各行业对大专及以上人才的吸纳程度，人才就业弹性系数愈高，反映其对人才的吸纳程度及需求程度愈高。全国分行业人才就业弹性系数11年平均值按经济部门排序依次为：交通运输仓储业及邮电通信业、农业、批发零售和贸易餐饮业、房地产业、地质勘查和水利管理业、金融保险业、建筑业、工业。全国分行业人才就业弹性系数11年平均值按社会发展部门排序依次为：其他行业、社会服务业、教育文化艺术及广播电影电视业、卫生体育和社会福利业、科学研究和综合技术服务业、国家机关政党机关和社会团体。

产业（行业）人才就业弹性系数这一指标设置及其度量结论是：1992—2002年期间，中国交通运输仓储业及邮电通信业、农业、批发零售和贸易餐饮业、房地产业这4大行业人才吸纳程度较高，人才就业弹性系数均在2以上；而国家机关政党机关和社会团体、科学研究和综合技术服务业、卫生体育和社会福利业、教育文化艺术及广播电影电视业这4大行业人才吸纳程度较低，均在1以下，已接近饱和状态。

第二，确定高校人才培养结构与产业人才需求的比对指标——高校分学科本专科毕业生环比指数（上年=100）。目前高校人才培养的主体是本专科学生，而大学生就业出现就业难的人群主要也是这部分群体，因此本研究的对象及其指标设置为本专科毕业生。再者，考虑到与行业人才就业弹性系数的年度变动的对应关系,本研究选定了高校分学科本专科毕业生环比指数作为比对指标,以观察近年来分学科本专科毕业生规模增减的趋势是否与产业(行业)人才需求变动趋势相吻合。另外,由于目前高校一级学科专业设置与国民经济各部门并不是严格的一一对应关系,如经济学专业毕业学生的"对口"就业岗位几乎涉及所有经济部门,如进入工业、农业、建筑业、批发零售贸易餐饮业、金融保险业、房地产业等,甚至也流向教育、党政机关、科研部门;而工业部门的人才需求和吸纳,也不完全是经济学毕业生,也包括工学、理学甚至法学、教育学等其他专业的学生。因此,本项研究在进行高校毕业生与产业人才需求匹配状况分析时,只能根据某专业毕业生的主体流向部门进行粗线条的比对分析。

二 高校人才培养结构与产业人才需求拟合状况分析

对1992—2002年我国高校按10个门类学科本专科毕业生环比发展指数与同期国内10多个行业部门人才就业弹性系数匹配分析表明,其中有半数左右的专业毕业生环比发展指数与对应产业(行业)人才就业弹性系数比较吻合;有半数左右的专业毕业生环比发展指数高于其对应产业(行业)人才就业弹性系数。具体情况如下。

第一,高校本专科毕业生环比发展指数与对应产业(行业)人才就业弹性系数基本吻合的专业是:经济学、工学、理学。近十年间,这3科毕业生环比发展指数与对应7大行业部门(工业、建筑业、交通运输仓储及邮电通信业、批发零售贸易餐饮业、地质勘查及水利管理业、金融保险、房地产业)人才就业弹性系数的匹配状况是:1992—1997年间,3科毕业生环比发展指数一直高于7大行业人才就业弹性系数,但在1997年二者变动曲线出现相交,且在1998—2002年间,二者变动曲线呈现相互咬合上扬的态势(见图1)。另外,图1表明,自2000年以来,3科毕业生环比发展指数的线性走势开始出现低于7大行业部门人才就业弹性系数的线性走势,或者说低于7大部门人才吸纳的增长速度,表明在今后一段时期,经济学、工学、理学三科毕业生还应有较快的发展速度。

第二,高校本专科毕业生环比发展指数高于对应行业部门人才就业弹性系数的专业是:教育学、文学、历史学、哲学、法学。这5科合计毕业

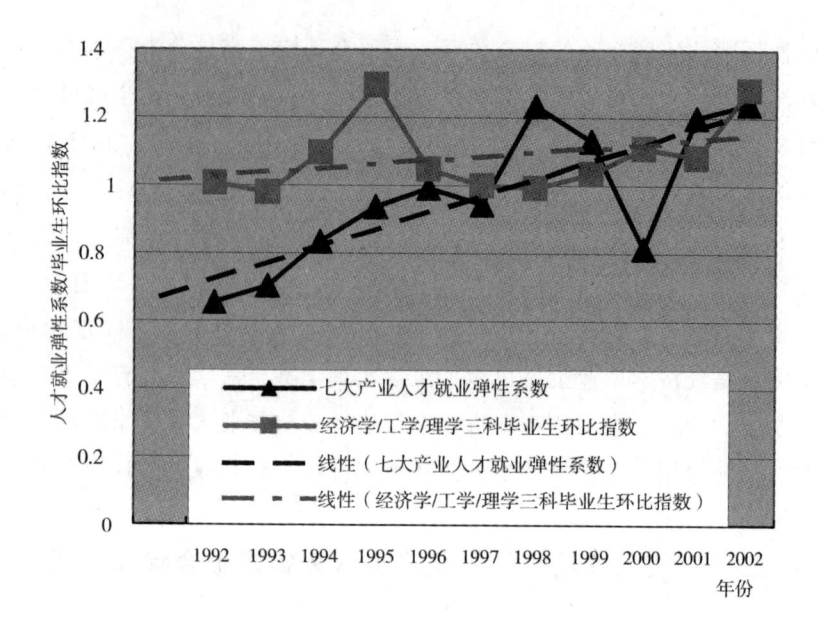

图 1　1992—2000 年七大行业人才就业弹性系数与经济学、工学、理学毕业生环比指数变动曲线

生环比发展指数变动曲线与教育文化艺术及广播电影电视业、国家机关政党机关和社会团体、科学研究和综合技术服务业等 3 大部门合计的人才就业弹性系数的匹配状况是：在 1992—1993 年间，二者曲线有些交汇，但在其后的近十年间，二者分离程度日愈扩大，至 2002 年最大（见图 2）。另外，图 2 给出的二者线性趋势线走势，显示出了这种背道而驰的偏离状况，即 5 科毕业生"供给"的环比发展指数日愈走高，而三大部门的人才需求日愈走低。

医学专业的人才"供给"与对应行业部门人才需求的匹配及偏离状况基本上也属上述类型，即医学专业的人才"供给"大于对应行业部门人才需求，医学专业本专科毕业生环比发展指数变动曲线与卫生体育和社会福利业历年人才就业弹性系数曲线二者的匹配状况是：1992—1996 年间，二者在不同年份有过几次交汇，但在 1997 年之后后者出现快速下滑，而同期前者则呈平稳上抬走势（见图 3）。图 3 显示的二者线性趋势线走势也表达出了这一偏离状况。

第三，高校本专科毕业生环比发展指数低于对应行业部门人才就业弹性系数的专业是：农学。该学科毕业生环比发展指数变动曲线与农业部门

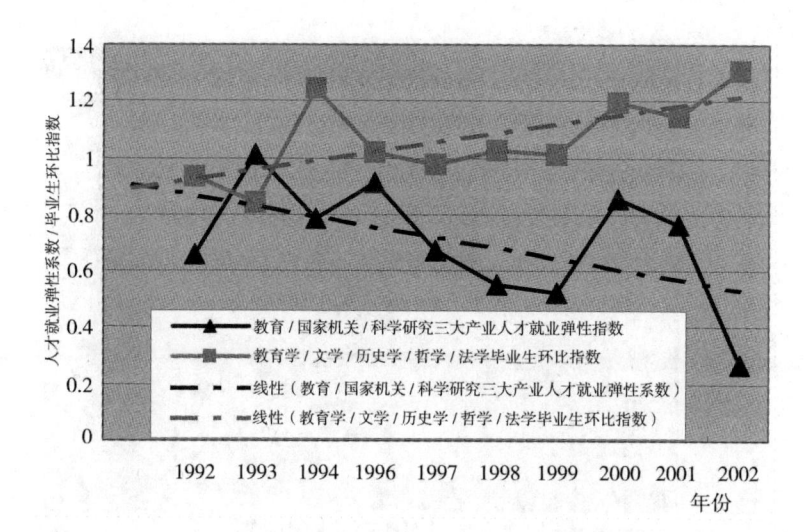

图 2 1992—2002 年三大部门人才就业弹性系数与教育学、文学、历史、哲学、法学毕业生环比指数变动曲线拟合图

人才就业弹性系数二者的匹配状况是：1994—1996 年和 2000—2001 年间，二者曾出现短时间交叉，而在其余时间段里，均是农业部门人才就业弹性系数高于农学专业毕业生环比发展指数（见图4）。另外，图4显示：在 1992—2002 年的 11 年间，农业部门人才就业弹性系数均线始终高于农学毕业生环比发展指数均线；但二者在近二三年间呈现间距或曰偏离状况缩小的态势。

三 对人才供需拟合及偏离状况的多视角分析

（一）统计学视角分析

在统计学的定量分析中，产业人才就业弹性系数与产业人才就业产出弹性系数是一种倒数关系。前者直观反映的是产业人才吸纳程度，其计算公式是：产业（行业）人才就业弹性系数 = $\frac{（该年度行业人才 - 上年度行业人才）÷ 上年度行业人才}{（该年度行业 GDP - 上年度行业 GDP）÷ 上年度行业 GDP}$。这一公式表明，当产业（行业）人才增长速度快于其对应产业（行业）GDP 增长速度时，产业（行业）人才就业弹性系数就会呈现较高态势；反之，则会较低。而产业人才就业产出弹性系数直观反映的是产业人才吸纳规模对

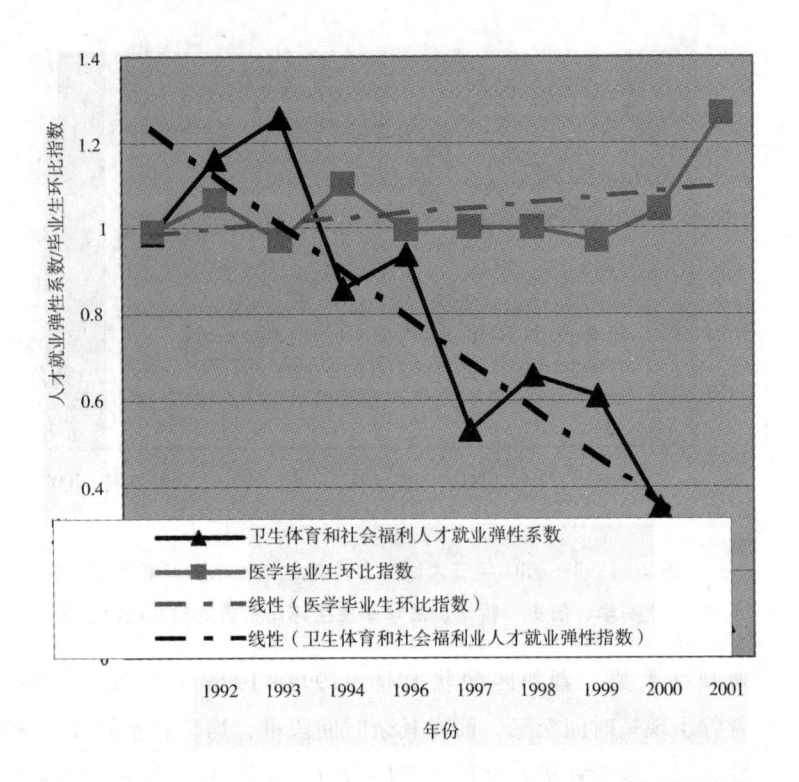

图3 1992—2002年卫生体育和社会福利业人才就业弹性系数
与医学专业毕业生环比指数变动曲线拟合图

GDP产出的效益程度，其计算公式是：产业（行业）人才就业产出系数 $= \dfrac{（该年度行业GDP-上年度行业GDP）÷上年度行业GDP}{（该年度行业人才-上年度行业人才）÷上年度行业人才}$。这一公式表明，当产业（行业）人才增长速度快于其对应产业（行业）GDP增长速度时，产业（行业）人才就业弹性系数就会呈现较低态势；反之，则会较高。这两种弹性系数由于计算中分子与分母的倒数置换，因而得出的结果往往出现形式上的悖论。如农业部门，在某一时期作为劳动密集型行业，人才吸纳程度以及人才就业弹性系数会较高，但也正因为劳动密集程度高以及部门资本有机构成相对较低，往往造成劳动生产率较低，从而人才就业产出弹性系数就会出现较低现象。在许多情况下，从统筹发展的角度考虑，事实上很难断言人才就业弹性系数和人才就业产出弹性系数孰高孰低更好，因为这两种弹性系数是从两个不同侧面反映了一个产业（行业）人才吸纳和经济效益的实时现状。不能一味追求人才就业弹性系数的较高水平而不顾产业（行业）经济效益，同时也不能一味追求产业

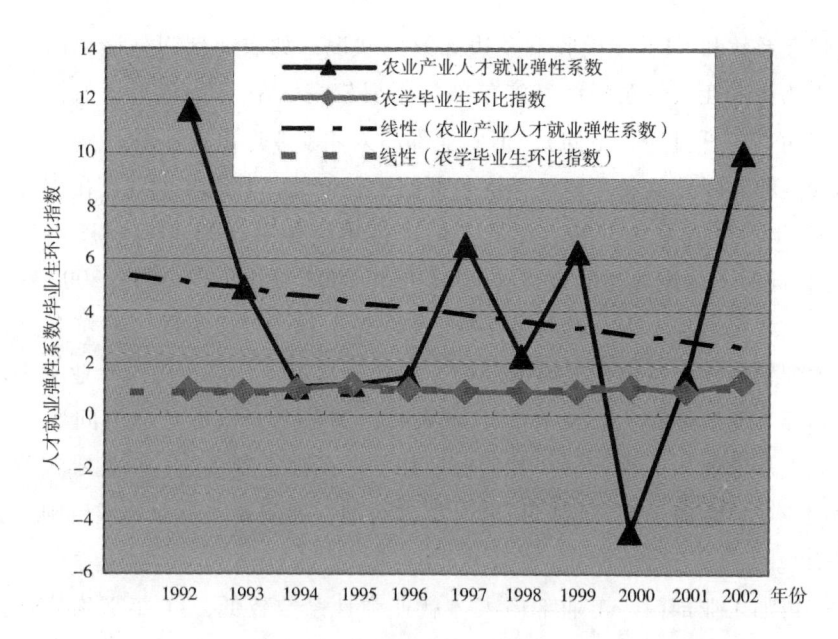

图 4 1992—2002 农业部门人才就业弹性系数与农学专业毕业生环比指数变动曲线

(行业)经济效益而忽视人才就业水平。另外,在许多情况下,一定时点上的人才吸纳程度高,可能会对当时"人均"经济效益有影响或带来人才就业产出弹性系数较低,但就人才聚集对产业(行业)发展"突破"而言,可能又是必要的前期积累。因此,在引用这两种弹性系数分析当前高校人才培养结构与产业人才需求时,应对统计学的分析结论有一个清醒认识。

(二)经济学视角分析

从经济学视角分析产业(行业)人才需求及人才就业弹性系数,需要运用更多经济指标进行多层面综合观察。如需要结合产业(行业)人才就业产出弹性系数、产业(行业)GDP 规模收益和产业(行业)边际效益等指标一并进行分析。即在判断某一行业的人才吸纳程度及其发展空间时,既要分析它的人才就业弹性系数,也要分析它的人才就业产出弹性系数,以及人才变动对行业 GDP 产生的规模收益和边际效益。在人才就业弹性系数出现较高数值的情况下,不能仅根据这一项指标值就做出对应学科本专科学生还要大规模扩招的决策,还应分析该行业部门人才就业产出弹性系数和 GDP 规模收益及边际效益状况。如农业部门，该部门近年人才就业弹性系数在国民经济各部门中属较高水平，11 年平均值排第二位（由高向低排序，下同）。但农业部门人才就业产出弹性系数及 GDP 规模收益和边际效益又是国民经济各部门中较低的，其人才就业产出弹性系数 11 年平均值为 0.3650，在各部门中排第十位（2000 年曾一度出现负数）；同时人才配置边际效益在 2001 年和 2002 年均出现负数，2002 年其行业人才每增加 1 人，其行业 GDP 减少 2.3 万元，成为国民经济各部门人才配置规模收益出现递减的部门。在这种情况下，高校农学专业学生规模还要不要继续扩大，或者要不要缩减，都是需要慎重考虑的问题（但如果农学专业毕业生能够在其他行业如农产品加工制造业、批发零售贸易餐饮业或社会服务业等部门拓展出更多新的发展领域和就业领域，则另当别论）。

再如工业部门。工业部门人才就业弹性系数较低，11 年平均值仅为 0.7242，在各部门中排第十一位；但工业部门人才就业产出弹性系数较高，11 年平均为 1.5869，在各部门中排第四位。然而，工业部门人才配置边际效益近 10 年中开始呈现递减迹象，行业人才每增加 1 人的边际效益，由 1990 年的 35.83 万元下降为 2002 年的 21.17 万元。在工业部门人才就业弹性系数较低、人才配置边际效益出现下滑的情况下，工学专业及相关专业本专科生规模还要不要扩大，或扩大的增速要不要减缓，也都是需要权衡多种指标慎重考虑的。

（三）多视角分析

统计学和经济学的不同视角分析提示我们，判断当前高校本专科学生学科设置及招生规模是否合理，以及如何确定今后的调整方向和调整力度，应注意把握以下几点：

第一，产业人才就业弹性系数和产业人才就业产出弹性系数的结合运用。按 11 年平均值，如果某行业人才就业弹性系数和人才就业产出弹性系数均为正值，应视为人才需求尚有一定或较大发展空间的行业。目前同时满足上述两个条件的行业有：农业、工业、交通运输仓储业及邮电通信业、批发零售和贸易餐饮业、金融保险业、房地产业、社会服务业、卫生体育和社会福利业、教育文化艺术及广播电影电视业、科学研究和综合技术服务业。不能同时满足上述两个条件的行业有：建筑业、地质勘查及水利管理业、国家机关政党机关和社会团体、其他行业。能够同时满足上述两个条件且两个系数均在0.5以上的行业有：工业、交通运输仓储业及邮电通信业、批发零售和贸易餐饮业、房地产业、社会服务业、教育文化艺术及广播电影电视业。因此，这6个部门应视为人才吸纳程度较高且人才产出效益较好并且仍有发展空间的行业。

第二，产业人才就业弹性系数、产业人才就业产出弹性系数与产业人才配置边际效益三个指标的结合运用。在某些情况下，如果人才就业弹性系数较低，譬如卫生体育和社会福利业（11年平均为0.1275），但人才就业产出弹性系数较高（11年平均为2.2144），同时人才配置边际效益相对较高且呈递增趋势，这时即使对口专业即医学专业毕业生环比发展指数与该部门人才就业弹性系数走势出现背离（见图3），也不能由此断定该部门对专业人才吸纳已经饱和。事实上，只要人才配置边际效益呈递增趋势且不出现负值，即使人才就业弹性系数较低，其对应专业培养的毕业生就应该有其就业岗位和就业前景。就一个具体行业部门而言，如果产业人才就业产出弹性系数大于产业人才就业弹性系数，则表明与这一部门对应专业毕业生今后几年的就业前景可能还要好于当前的就业现状，如工业、卫生体育和社会福利业、教育文化艺术及广播电影电视业、科学研究和综合技术服务业等；如果产业人才就业产出弹性系数低于产业人才就业弹性系数，则表明与这一部门对应专业毕业生当前的就业现状可能要好于今后的就业前景，如农业、建筑业、地质勘查水利管理业、金融保险业、房地产业等。

第三，从目前高校经济学、工学和理学毕业生对应的工业、建筑业、交通运输仓储及邮电通信业、批发零售贸易餐饮业、地质勘查及水利管理业、金融保险业、房地产业等七大部门人才就业弹性系数和人才就业产出弹性系数分析，其人才就业弹性系数和人才就业产出弹性系数11年均值均为正值，分别为0.9717和1.0291，表明目前高校经济学、工学、理学3科毕业生的对应产业人才需求吸纳空间和人才配置产出效益都属健康良好状态，同时亦表明这3科本专科毕业生培养规模的设置也是基本合理的，是与产业人才需求相吻合的。而且从图1给出的3科毕业生增长率与七大部门人才就业弹性系数的线性趋势线分析，3科毕业生规模增加的速率已低于七大部门人才就业弹性系数，因此这3科学生培养规模还应适当增加。

从目前高校教育学、文学、历史学、哲学、法学毕业生对应的教育文化艺术及广播电影电视业、国家机关政党机关和社会团体、科学研究和综合技术服务业三大部门合计的人才就业弹性系数和人才就业产出弹性系数分析，其人才就业弹性系数和人才就业产出弹性系数11年均值也均为正值，分别为1.6334和0.8596，表明目前高校教育学、文学、历史学、哲学、法学毕业生对应部门人才需求吸纳空间和人才配置产出效益也都属健康良好态势，对这些专业毕业生有较强的吸纳能力，这些专业毕业生就业不应有太大问题。

四　建立高校人才供需动态平衡机制的几点想法和建议

（一）建立高校人才培养结构与产业人才需求实时拟合的监测预警系统

保障高校人才培养结构与各产业（行业）人才需求"供求"关系平衡，其前提是建立二者平衡关系实时监测系统，以随时掌握二者供求数量的动态变化，并根据实时监测的供求信息向决策层提出早期预警报告，防止高校人才培养结构与产业人才需求出现较大偏差。近年来，部分高校大学生就业出现的"冷""热"专业就业"两重天"，所给予的警示是建立高校人才培养结构与产业人才需求实时拟合的监测预警系统已迫在眉睫。

建立高校人才培养结构与产业人才需求实时拟合的监测预警系统，应从以下几方面着手：①建立预警模型。预警模型又称信号指标模型，主要是通过筛选将实时拟合中相关性最强的几项变量指标作为信号指标，并在深入探寻主要变量指标基本关系基础上构建成预警模型。目前经济学领域已有的一些比较成熟的监测预警模型，如货币危机早期预警系统及模型等，都是值得借鉴和参考的。②建立监测预警指标体系。监测预警系统和监测预警模型都需要一套灵敏的监测指标体系，筛选并确定这些灵敏的监测指标，需要做大量的数据筛查，产业（行业）人才就业弹性系数、高校分学科本专科毕业生数量规模等变量指标，都可以考虑作为重要指标纳入监测指标体系。③建立监测预警组织机构。目前首位工作是建立宏观和中观二个层次的监测预警机构。宏观监测机构主要负责指导督促和接收中观层即省级监测机构提交的各种信息，包括各省最新经济发展战略和经济结构调整信息、各省高校发展战略和人才培养发展战略的最新信息等，同时亦包括对中央相关部委发展战略及相关社会经济政策调整和全国教育事业发展最新信息收集，以及对所有信息分析、处理等。中观层监测预警机构主要负责本省区高校人才培养与产业人才需求供求关系的监测，同时负责将本省区信息及时向宏观监测机构传递，并在传递和接收宏观监测机构的最新信息的同时，不断捕捉最新动向，对本辖区提出早期预警报告。④建立监测预警制度。主要包括组建由发展改革委员会牵头、教育部门等一些相关部门参与的一套督导监测的班子和工作机构；建立联系会议制度和信息披露制度，定期召开联席会议，定期向社会发布全国或省级高校人才培养和产业人才需求的信息；并考虑在条件成熟的情况下，建立高校人才培养规划制定的"公众参与的民主法制机制"，通过举行听证会、论证会等形式，使更多"方面"（如企业、受教育者本人、教育投资者等）参与到高校人才培养规划制定的决策中来。

（二）将高校人才培养与产业人才需求的拟合"前置"

将高校人才培养与产业人才需求的拟合"前置"，是指高校人才培养结构的确立，或者说中长期规划和年度计划的制订，应与产业部门直接挂钩，在规划中进行拟合即"前置"拟合。具体而言，就是与相关部门和企业联合"办学"（此处联合办学，是指专业课程设置、招生规模大小等与企业协商，主要不是指企业出资）。国外在这方面有许多成功经验。例如，英国目前高校与企业的协作已从简单的、一次性的、一对一的企业人员与高校部门之间的联系发展到复杂的、长期的、涵盖了许多机构和一系列研究教学活动的关系。通常情况下，职业性课程的咨询委员会中都有企业方的代表。当地的一次专题调查表明，在被调查的院校中有33%的院校均设置了针对特定企业或企业群体需求的本科生课程（其课程都是与企业一同设计的），85%的院校建立了企业对课程的反馈机制；在本科生及硕士课程设计上，企业参与决策的程度占80%以上，而中央政府及当地政府在此方面参与意见及决策的程度总共不及20%（刘云等，2002）。

国外经验及国内实践表明，无论关于教育是否具有产业性质的争论是否达成共识，但目前存在的一个不争的现实问题是，要解决高校人才培养结构的动态平衡及大学生就业问题，必须建立在政府宏观指导下的面向社会的自动调节机制，即人才培养与产业需求积极拟合的调节机制。这一调节机制，应尽量减少人才供给与需求的多重环节，像现代企业取消库存直接按订单生产并输送到用户一样。将高校人才培养与产业人才需求的拟合"前置"，就是减少人才供给与需求的多重环节，减少人才积压和浪费（包括人才培养成本的浪费）的一种有效的调节机制。

（三）进一步优化吸纳高校各种专门人才的外部环境和外部体制

严格说来，与国外发达国家比较，我国仍处于整体人口文化素质不高、人才总量短缺的阶段。目前出现的部分大学生就业难，除传统就业观念因素影响外，其中一个重要原因应归结为吸纳人才的外部环境和外部体制问题，即社会经济发展仍然存在某些方面不足的问题。以医学专业及对应的卫生部门为例。近年来，卫生体育和社会福利业人才就业弹性系数出现快速下滑迹象，已由1993年的1.1595降到2002年的0.0852，而卫生体育和社会福利业这一行业近年GDP规模收益和人才配置边际效益却是呈上升趋势，按常理与这一行业对应的医学专业人才应该是供不应求，尤其近年又提出要大力发展国内公共卫生健康事业，但事实却是相反。据国家教育发展研究中心1998年对国内49所高校问卷调查，医学类本科毕业生就业率并不乐观，其当年就业例为71.6%，低于文学（82.7%）、工学（82.3%）、经济学（82.2%）、哲学（78.6%）、理学（77.4%）、管理学（76.6%）等许多专业毕业生就业率。究其原因，主要与一些产业（行业）目前存在的垄断就业，以及一种非正常的资本替代劳动的效应有关。

目前我国劳动就业领域存在一种现象，即近年的经济增长并没有带来显性就业，其重要原因，是许多产业（行业）部门由于能够利用诸多便利取巧得到大批资金支持（如大型国有企业常常可以得到巨额贷款），使得资本变得相对便宜，并且在计算企业产值时又有较高的业绩，因而使得许多企业和产业部门在比较选择中形成用资本替代劳动的倾向。许多部门比之人力资本投入更偏好资本投入，由此也衍生出产业（行业）部门人才就业弹性系数较低而GDP规模收益较高的现象。上述提及的卫生体育和社会福利部门以及本文第二部分分析的工业等部门表现出的令人费解的特征，也都可以由此得到解释。

另外，目前存在的行业垄断和市场准入等问题也是限制人才吸纳程度进一步提高的重要原因，如金融、电信、交通、教育、卫生、广播电影电视业等部门或多或少存在的行业垄断的问题等。在这些行业，由于缺乏竞争，一方面冗员不能释放，一方面新毕业大学生难以进入，同时也由于居高不下的垄断性的服务价格抑制了消费的进一步增长，从而也抑制了产业发展规模，最终又限制了对人才的大规模需求。

进一步优化吸纳高校各项专门人才的外部环境的举措主要有：(1) 改变宏观经济政策的单纯 GDP 取向，将扩大就业作为统筹发展的主要目标（蔡昉，2004）。(2) 在引导政府和社会投资时，应参照各行业的就业吸纳能力，确定重点投资领域的优先次序，如信贷政策应改变那种偏好大项目、偏好国有大企业和资本有机构成高的项目的倾向，让更多劳动密集型产业（行业）有平等的机会获得资本要素，以推动就业从而推动人才吸纳更快增长。(3) 加快经济体制深层改革。应进一步打破行业垄断并降低市场准入"门槛"，让更多具有新知识的大学生毕业充实到各个行业中来，尤其是原先行业垄断程度较高和市场准入"门槛"较高的部门，愈是这样的部门，愈应该有更多的新型人才充实进来，推动这些行业部门快速发展。

参考文献

【1】吕育康著：《非主流教育新视野——人才供给非稀缺阶段的中国教育》，郑州大学出版社，2004 年。

【2】蔡昉等："就业弹性、自然失业和宏观经济政策"，《经济研究》2004 年第 9 期。

【3】刘云等编著：《英国科学与技术》，中国科学技术大学出版社，2002 年。

(原刊《中国人口科学》2005 年第 1 期)

城市低收入者群体人口社会保障问题研究

崔树义

摘 要

1. 城市低收入者群体人口若干基本问题研究

"弱势群体"一词的使用目前在舆论界非常混乱,在理论界也没有一致的定义,其原因在于人们的学科背景和出发点不同,着眼解决的问题不同。但是,在将弱势群体与诸如社会保障这样的实际问题联系起来进行研究时,必须对弱势群体给出一个清晰的、可以明确指出其外延的概念,只有这样,才能做到有的放矢,使研究成果具有实际应用价值。我们认为,对社会保障视野下的弱势群体概念的定义,应该主要从经济维度出发,主要用经济的标准来衡量。而且,通常那些被称为弱势群体的人,其共同特征就是经济收入低。所以,本文认为:所谓城市弱势群体,实际是指城市居民中那些依靠自身力量或能力无法保持个人及其家庭成员最基本生活标准、需要国家和社会给予支持和帮助的低收入者群体。"低收入者群体"的主要衡量标准是经济贫困,在操作上以政府颁布的贫困线为主,具体到目前我国的实际情况,所谓城市低收入者群体人口,主要就是享受城镇居民最低生活保障者。

现阶段我国的城市低收入者群体人口规模庞大,虽然其共同特征是收入低或者根本没有收入,从而导致生活贫困,但这些人的构成状况比较复杂,概括起来主要包括以下几个部分:一是贫困者群体,二是下岗、失业者群体,三是残疾人群体,四是老年人群体。他们具有一些共同的特征,如收入低、生活贫困,这是城市低收入者群体人口共同的根本特征;个人无力改变其弱势地位,需要国家和社会力量给予帮助或支持;政治影响力低，其命运通常由强势群体决定；弱势心理明显，容易形成社会失调；年龄偏大，文化教育程度偏低，技能单一或缺乏专门技术。其中，收入低、生活贫困是他们最根本、最主要的特征，可以说，城市低收入者群体的其他重要特征都是由于收入低、生活贫困而导致的。

在低收入者群体形成的原因上，不外乎个体和社会或者说自身和外部两个方面。在以往的研究中，人们多强调外部或者说社会原因，而忽视了内部自身原因。本文认为，尽管导致贫困和低收入者群体产生的根本原因是外部环境，但在适应这种处境的过程中发展起来的贫困文化，也确实成了这些人改变其社会和经济地位的一个新的障碍。虽然政府和社会不能因此而完全放弃为他们提供社会保障的责任，但如何更多地重视低收入者群体的自身原因并找出比较切实可行的解决办法，使有限的社会保障资金更好地发挥作用，在更深的层次上保障社会公平，确实应当成为我们必须认真重视的一个问题。在当前我国城市低收入者群体人口的发展趋势上，主要表现为一是数量庞大且日益增长，二是产业工人地位下沉，三是低收入者群体年轻化，四是低收入者群体女性化。

城市低收入者群体人口当前最迫切需要解决的有四个共同问题：一是能够吃饱；二是能够有地方住；三是能够看得起病；四是子女能够受教育。这四个问题概括为一句话，就是能够保证城市低收入者群体人口的基本生存和后代发展。基于这种认识和分析，我们认为，针对城市低收入者群体人口，现阶段社会保障制度建设的重中之重和当务之急，是迅速构建一个能够保障其生存需要的综合性初级社会保障体系，它主要应包括四个方面的内容：一是要建立和完善城市居民最低生活保障制度；二是要建立和完善疾病医疗救助制度；三是要建立和完善住房保障制度；四是要建立和完善教育救助制度。

当前研究城市低收入者群体与社会保障问题的意义在于，它一是构建社会主义和谐社会的迫切需要；二是缩小和消除两极分化，实现社会公平、公正的需要；三是关心和支持低收入者群体是党和政府的一贯政策。

2. 建立和完善城市居民最低生活保障制度

"最低生活保障制度"是指根据维持最起码的生活水平的消费需求设立一个最低生活保障标准，每一个公民，当其收入水平低于最低生活保障标准而生活发生困难时，都有权利得到政府按照明文公布的法定程序和标准提供的现金和实物救助。它是社会救助体系中最规范化、制度化的部分，是我国社会保障安全网中的最后一道防线，为保障城市低收入者群体群众即城市低收入者群体的基本生活起着"兜底保证"作用。从1993年6月1日上海市政府宣布建立"城市居民最低生活保障线制度"以来，我国的城市低保制度经历了两大发展阶段，即1993—1999年的"创立和推广阶段"和1999年至今的"提高和完善阶段"。在第一阶段，城市低保制度完成了由点及面、在全国普遍建立的历史使命，1999年出台的《城市居民最低生活保障条例》，标志着这项制度已经成为我国的一项正式的法律制度和长期的基本国策。在第二阶段，则主要是突破了"资金瓶颈"，从而发挥出其应有的作用。

13年以来，城市低保制度在我国经过不断改进、完善和规范化建设，在保证城市低收入者群体人口基本生活、保持社会稳定和促进中国城市社会经济发展中发挥了重要作用，但同时也还存在一些缺陷和问题。从低保制度本身来看，其缺陷主要表现在四个方面：其一，它是一种"收入维持制度"，并不能帮助低保对象脱贫；其二，低保制度需要大量的人工成本；其三，会同时受到"养懒汉"与"不人道"的指责；其四，它使得低保线边缘的群体实际生活水平低于低保对象。从低保制度在我国的实际执行情况来看，其主要问题在于一是还存在许多认识上的偏差，如把低保看成是一种道义甚至恩赐；把低保当作福利；把低保当作一种永久保障；把低保看作是政府掏钱请客，不拿白不拿。二是居民家庭收入和低保对象界定困难；三是动态管理亟须加强；四是基层工作力量薄弱；五是低保资金供给渠道单一，地方财政支付压力增大；六是"福利依赖"初露苗头；七是"三条保障线"衔接不够。

针对当前城市低保制度中存在的上述问题，本文提出如下一些政策建议：

一是应加强宣传，转变观念。应使人们认识到，低保不是社会慈善事业，倡导"劳动光荣"，鼓励有劳动能力的人劳动自救，不应把低保作为依赖，同时应加强公民的基本权利和义务教育；应大力宣扬社会保障虽然是保护网，但不是"免费的午餐"；最后还要转变人们的传统就业观念。二是要建立独立、有效的家计调查机构。家计调查机构可设在民政部门，自上而下逐级设立，一直到街道办事处，其主要职责是对申请低保者和低保对象以及申请住房、医疗、教育救助者和救助对象进行个人和家庭收入调查及审查，除在批保前对申请低保者的收入状况进行调查和审查外，还要对低保对象的经济状况进行定期调查和不定期抽查。三是要合理分担和使用资金。中央和地方政府应进一步调整财政支出结构，压缩一般性支出，增加对社会保障的支出力度；上级财政加大转移支付的力度，增加对困难地区"低保"资金的补助；从社会福利基金和福利彩票收益中安排一定比例的资金用于低保，为低保资金提供稳定的来源；加大宣传力度，完善社会捐助制度，为低保对象提供实质性的帮助。在资金的分担和使用方面，中央和省级的低保资金投入要尽快以法规或文件的形式固定下来，不能总是"随机应变"，要给下面一颗实实在在的"定心丸"。同时，从中央到地方各级政府在资金的分担方面要实事求是、合理分担。四是要加强动态管理。动态管理主要包括对低保对象的动态管理和对低保标准的动态管理两个方面。不应当简单地根据经济增长速度和物价上涨幅度同比例地提高最低生活保障标准，尤其不能频繁地调整。五是要积极促进就业和再就业。当务之急是将劳动就业培训作为政府帮助低收入者群体就业工作的重点；其次，针对"差额补助"的弊端，为鼓励低保对象就业，可实行"救助渐退"办法；第三，要降低企业用工成本，鼓励企业吸收困难人群就业；第四，要提高外来劳动力的成本，如通过行政执法，把有些企业一直拖欠的外来劳动力的社会保障资金交齐；第五，要加强劳动执法、检查工作。六是要加强三条保障线的衔接和政府部门间的协作。将最低生活保障、临时救助、失业保障、再就业培训和服务、教育与医疗救助、住房救助等内容，整合为一个统一的城市低收入者群体人口社会保障体系。七是要加强规范化建设。如尽快实现低保资金的银行发放、建立低保对象信息库、建立家访制度等。

3. 建立和完善疾病医疗救助制度

"看病难"、"看病贵"是当前人们普遍面临的一个问题，医药支出目前已成为我国居民的第三大消费。对于城市贫困人口来说，医疗消费更几乎是一种奢侈，他们不仅疾病经济负担重，医疗保险覆盖率也低，2003年城市低收入人口中无医疗保障的比例高达76%，他们中的许多人已经陷入了"穷→病→穷"或"病→穷→病"的恶性循环。为有效解决过去医疗制度中存在的问题，保障人民群众的身体健康，国家从20世纪90年代开始进行医疗制度改革，其主要标志是确立了新型的城镇职工基本医疗保险制度模式。但是，但总体上看，社会医疗保险制度改革的进展不尽如人意，新制度运行过程中的问题还很多，面临社会医疗保险覆盖范围狭窄、保障水平不足、医疗卫生体制改革与医疗保险制度改革不配套、政府对医疗资源投入不足等严重问题，以至于目前人们普遍认为，目前的医疗卫生体制改革"基本上是不成功的"。

鉴于现有医疗保障制度的种种不足，特别是考虑到城市低收入者群体人口的实际情况及其对医疗保障的最迫切需要，近年来，我国各地开始积极探索对低收入者群体人口的医疗救助办法。通过几年的摸索实践，我国的医疗救助制度已经取得了一些成功经验，但总的来看还不完善，存在许多不足。主要有：第一，救助资金需求与供给的矛盾非常突出。目前各地医疗救助遇到的最大问题就是资金短缺，而且主要是依靠政府投入。这将是长期困扰我国城市医疗救助制度的一大问题。第二，重大病救助，轻视日常医疗保健。第三，缺乏统一协调的领导机构和完善的救助制度。突出表现为各有关部门之间信息不够畅通，缺乏统一的协调机构和具体的工作目标和计划，更缺乏建立长远相关机制的规划。第四，救助范围狭小。被纳入救助范围的低收入者群体人口多只限于拥有本市户籍的低保人口，而对于外来人口、特别是农民工缺乏任何医疗救助措施，对于未达到低保线，但经济实力较差的患重大疾病的人群也没有相应的措施和办法。第五，社会公益宣传不够，未充分发动社会力量和社会爱心来关心和支援医疗救助事业，医疗救助资金主要依靠政府拨款。第六，由于医疗救助体系的缺陷，拖欠医疗单位医疗费用问题严重。

为了更进一步解决好城市低收入者群体人口的基本生活问题，使其能够健康地生存，迫切需要尽快建立全国性的规范的城市医疗救助制度。本文根据国务院办公厅2005年转发的《关于建立城市医疗救助制度试点的工作意见》的精神，就建立规范的城市低收入者群体医疗救助制度提出了若干政策建议。认为，统一的城市医疗救助制度应坚持实事求是，因地制宜，先行试点，稳步推进，多方筹资，多种方式，量力而行的基本原则，力争做到公平性、广覆盖性、低标准、可及性、互助性、协调性和社会化。试点时间不宜、也没有必要过长。在资金来源方面，不但要有政府的财政投入，还要重视不同形式的社会资金渠道，如通过与社会保障税同步征收的形式筹集医疗救助资金，逐步建立稳定的筹资渠道和可持续性筹资机制。在救助范围方面，应逐步扩大到城市所有常住人口，急症的医疗救助更是应扩大到所有需要救助的急危重症患者。在救助方式上，应更加强调社区卫生服务的作用。此外，还要建立有效的监督和评估机制。

4. 城市低收入者群体人口的住房保障

"衣、食、住"是人类生存最基本的需求，特别是对于城市低收入者群体人口来说，对"住"的需求尤为迫切，急需政府提供有效的住房保障制度加以解决。综观世界各国尤其是发达国家和地区，都把为低收入者群体人口提供比较完善的住房保障作为其生活保障体系的重要内容，其成功经验值得我们广泛借鉴，如重视相关法律制度建设、制定长期目标、政府唱主角、面向低收入者群体、加强管理、加强财政补贴、实行税收减免优惠和采取灵活的金融政策等。

为了解决低收入家庭住房问题，我国已经制定了一系列政策，并采取各种措施保障政策的落实。从20世纪90年代中期至今，陆续推出了国家安居工程、经济适用住房、廉租住房等政策。但是，无论是经济适用住房还是廉租住房，目前都存在许多问题。特别是经济适用住房问题，目前已经引起了社会各界的强烈关注。概括起来，经济适用住房的问题主要表现为一是扰乱价格体系，降低社会福利；二是破坏社会信用，鼓励弄虚作假；三是扩大贫富差距，没有真正帮助低收入群体；四是缺乏合理的分配原则；五是容易滋生寻租腐败；六是不利于建立有效的社会救助系统；七是增加房地产市场的交易成本；八是鼓励提前消费，增加了银行潜在风险。廉租住房制度建设中存在的问题则主要在于一是缺乏明确的目标和长远规划；二是制度建设落后；三是保障覆盖面小；四是房源紧张，供需矛盾尖锐；五是资金短缺；六是政府职能发挥不足；七是缺乏相关法律、法规。

为最低收入家庭提供廉租房，是政府在实施住房商品化、市场化过程中为缓和贫困人群住房困难的矛盾而建立起的一道特殊的保障网。为加快廉租房制度建设，根据当前经济适用房和廉租房制度建设中存在的问题，本文特以下政策建议：

一是改变观念。"居者有其屋"应该是居者有住房，而不是有私房。住房领域的"超前消费"和"一步到位论"观念也应该改变。在为城市低收入者群体解决住房问题方面，不能强调"市场主导"，住宅的商品化并不意味着政府从住宅市场退出，解决低收入群体的住房问题更是政府责无旁贷的责任。二是改革住房金融，化解金融风险。发展房地产投资信托基金，建立廉租房体系，是解决低收入群体住房需求，防范房地产金融风险的重要途径。三是立即停建经济适用房，大力建造廉租住房。目前的经济适用房建设和分配实际上已经违背了最初设计的政策目标，应立即停建经济适用房这种非市场化的"商品房"，同时取消有关"限制集中兴建廉租住房"的规定，大力建造廉租房，这才是解决城市最低收入家庭住房问题的根本途径。四是加强法制建设，明确政府责任。应尽快起草出台《住宅法》，从法律上明确界定政府、社会等在廉租房建设中的责任和义务、承建商的权利和优惠以及公民在住宅方面的权利和义务。其中，由于廉租房是一种得到政府补贴的福利住房，廉租房建设是一种政府行为，政府应该在其中起到关键作用。五是制定长远规划和分阶段目标。中央和地方各级政府应根据国民经济和社会发展规划，制定符合经济和社会发展水平的居民住房长远规划和分阶段目标，不断提高低收入群体在不同阶段上的住房消费水平。

5. 城市低收入者群体人口的教育保障

知识贫困往往是导致城市低收入者群体人口处于弱势处境的更具长远性和潜在性的影响因素。因此，政府和社会应该从其实际需要出发，为城市低收入者群体人口提供相应的教育保障，特别是对其子女教育的保障政策和措施。我国政府已经在这方面做了许多努力。目前来看，尽管和农村低收入者群体家庭相比，城市低收入者群体家庭子女在九年义务教育阶段遇到的困难相对较少，但仍存在这样那样的问题，而且，其子女的大学教育救助问题也和农村一样较为突出。

传统观点普遍以为，城市家庭在孩子义务教育阶段没有什么经济困难。但有关研究表明：占到城镇家庭一半以上的有在校生的家庭，特别是有义务教育阶段在校生的家庭是一类经济相对弱势的群体；城镇只有义务教育阶段在校生的家庭的教育负担在逐年增加，且低收入阶层家庭的教育负担远高于高收入阶层的教育负担；城镇只有义务教育阶段在校生家庭的教育支出之间的差距较大，并且这种差距随着时间的推移有拉大的趋势。

实行九年制义务教育是我国的既定国策，教育保障是社会保障的重要方面。对于城市低收入者群体子女在义务教育阶段遇到的种种困难，政府和社会必须采取有效对策加以解决。第一，健全法律法规，确保低收入者群体子女的教育权利。具体说，应建立九年义务教育全免费制度；妥善解决民工子女教育问题；制定贫困家庭子女义务教育补贴或教育费减免的政策，为特困户、失业贫困户子女提供必要的特殊帮助。第二，建构无差别、无歧视的学校教育环境，做到教学公平。首先应转变观念，端正学校管理者办学指导思想；其次应在教学中做到教学公平。第三，加大教育投入力度，积极加快办学形式多样化。首先要合理配置教育资源，在指导原则上要体现整体公平、差别对待和切合原则；其次，公立学校要成为吸收流动儿童就学的主渠道，支持和促进社会力量办学，鼓励社会捐资集资办学，设立教育基金会等，为低收入者群体子女提供助学金，解决他们的上学问题；再次，可结合我国国情，借鉴国外的经验，试行"教育券制度"。

近年来我国高校的扩招政策使得越来越多的社会成员有机会接受高等教育，同时，教育产业化的发展使得教育成本由最初的国家单独承担转向国家、社会、个人分摊，使得社会成员个体接受高等教育的成本逐渐增大。特别是对于本来就已经十分贫困的低收入者群体家庭来说，高等教育已经成为一个非常沉重的负担，甚至在一些低收入者群体家庭中，"上不起大学"已经成为一种较为普遍的现象，急需建立低收入者群体家庭大学生救助制度。因此，建立贫困家庭大学生救助制度，使其能够顺利完成学业不单单是对学生个体的帮助，而是一个涉及学生、家庭与整个社会的重大问题，具有非常广泛而持久的社会意义。

目前，我国大部分高校都建立起了针对低收入者群体家庭大学生的救助制度，国家从资金和政策方面给予了扶持，社会各界也以不同的形式对贫困大学生进行了扶持，但也还存在一些问题。从学校的操作方面看，一是对低收入家庭的界定标准不一，没有形成一个客观有效的审核体系和衡量标准；二是救助的透明度和公平性有待于进一步提高；三是救助模式以免费午餐式的经济救助为主。从对学生的负面影响看，一是加重部分受助者的心理负担；二是注重经济救助，忽视精神救助。从施助者的角度看，一是在国家助学贷款方面，商业银行的经济利益与社会利益之间出现了冲突；二是主要以国家和学校为主，社会资源相对较少。

健全和完善低收入家庭大学生救助制度是完善城市低收入者群体人口社会保障制度、实现教育公平和社会公平的内在要求，是大势所趋。为解决目前该制度存在的种种问题，我们认为，主要应从政策本身的改进和外部制度的配套两个大的方面入手。在政策改进方面，一是在低收入家庭大学生救助政策的制定与实施过程中，应建立广泛的听证制度；二是加强政策制定、执行过程中的监督与评估；三是加强政策的立法和制度建设，同时强化政策宣传工作；四是实行雇主资助；五是建立科学合理的低收入家庭界定标准，保证救助的公平合理性。在制度配套措施方面，一是完善最低生活保障等其他保障措施，在给最低收入家庭以基本生活保障的同时，在医疗、住房、教育等方面加以统筹考虑，形成一个低收入者群体人口基本社会保障体系；二是在全社会建立低收入者群体家庭档案；三是拓宽渠道，争取更多的社会救助资源；四是提倡"他助"与"自助"相结合，特别是要努力提供更多的提供勤工俭学岗位；五是在全社会建立诚信档案，为国家助学贷款和其他商业贷款提供保障；六是为低收入者群体家庭大学生提供心理救助。

1. 城市低收入者群体人口若干基本问题研究

1.1 城市低收入者群体人口的概念

首先必须说明，本课题最初立项时的题目为"城市弱势群体人口社会保障问题研究"。但是在研究过程中，我们发现"弱势群体"并不是一个严格的研究概念，因此在本报告中以"低收入者群体"取代了"弱势群体"概念，课题名称也相应地变为"城市低收入者群体人口社会保障问题研究"。我们的理由是："弱势群体"虽然是目前、尤其是前几年我国最为流行的概念或用语之一，但同时也是界定最不清楚、使用最混乱、最容易引起歧义的概念或用语之一。特别是在舆论界，对"弱势群体"的使用非常混乱，给人的印象是，那些为了个人利益希望获取政府、社会或者单位帮助的人，都可以自己是"低收入者群体"自居。例如，那些在普通人眼里无疑属于"强势群体"的歌星、影星等各类"明星"，经常自称自己是"弱势群体"，因为同普通人相比，他们的个人隐私更不容易得到保护。甚至有人声称，"干部群体"和"成功人士"，也可以被看作是弱势群体。这也可以理解。本来，有强才有弱，"弱势"总是相对于"强势"而言的，而且，无论是"弱"还是"强"，都是就个体或者群体的某一个或某几个方面而言的，因为完全可能的情况是：个体或群体在这一方面表现出明显的"弱势"，而在那一方面却又表现出明显的"强势"：娱记们可以不遗余力地去追踪报道某大牌明星今天与谁吃宵夜了，明天又将与谁出国旅游，但绝不会去报道任何一个普通百姓的儿媳生的是男孩还是女孩！因此也可以说，在个人隐私的保护方面，相对于普通百姓而言，明星群体的确是一个"弱势群体"。而"干部群体"整天公务缠身，时间不自由，"成功人士"思想压力大，睡眠不充足，在此意义上也可以被称作"弱势群体"。正是由于"强"与"弱"的这种相对性，任何一个人或者任何一个群体，都可以自称或者被称为是"弱者"或者"弱势群体"。而这样一来，所谓"弱势群体"也就成了一个万能标签，可以随便贴在任何人或者任何群体身上，从而使得对"弱势群体"的研究也就失去了理论和实践意义。

不仅在舆论界如此，学术界对于"弱势群体"这一概念的定义、特征、构成等也莫衷一是，甚至有不同的称法，如"弱势群体"（weakgroup）、"脆弱群体"（invulnerablegroup）、"劣势群体"（disadvantagedgroup）、"被排斥群体"（excludedgroup）等。仅就定义来看，目前国内学者们根据自己的研究、从不同的角度对低收入者群体进行了各自的界定。如有的学者将社会弱者作为社会工作的对象，认为"弱势群体是在遇到社会问题的冲击时自身缺乏应变能力而易于遭受挫折的群体"。有的学者从经济的角度，将弱势群体看作是贫困群体或者是贫困群体的一部分，认为"脆弱群体指的是这样一些人口群体：由于各种外在和内在原因，他们抵御自然灾害和市场风险的能力受到很大限制，在生产和生活上有困难。脆弱群体一部分已经是贫困者，另一部分是潜在的贫困者"。或者社会弱者群体"是一个在社会资源分配上具有经济利益的贫困性、生活质量的低层次性和承受力的脆弱性的特殊社会群体"。有的学者则从政治和法律的角度，将弱势群体界定为在社会中处于不利地位的群体，认为

"弱势群体是一个相对的概念,在具有可比性的前提下,一部分人群(通常是少数)比另一部分人群(通常是多数)在经济、文化、体能、智能、处境等方面处于一种相对不利的地位。"并且认为法治社会应该从法治的公正性出发,对弱势群体予以公平的对待,对弱势群体的人权保障要给予例外对待和特别保护,最大限度地缩小弱势群体与强势群体的差距;有的学者从社会学的角度,认为"社会脆弱群体是指凭借自身力量难以维持一般社会生活标准的生活有困难者群体",或者认为"弱势群体是指创造财富、聚敛财富能力较弱,就业竞争能力、基本生活能力较差的人群";诸如此类。

我们认为,弱势群体作为社会学、政治学、社会政策研究中一个核心概念,常常用于分析现代社会的经济利益分配和社会权利分配的不平等以及社会结构不协调、不合理现象等许多层面的问题。由于学者们的学科背景和出发点不同,着眼解决的问题不同,他们对"弱势群体"给出不同的界定是可以理解的,因此上述各种定义都可以说是正确的。之所以出现定义上的歧义甚至混乱,是因为它把经济学、社会学和政治学等不同学科研究社会群体结构的多重变量交织在一起了。然而,在将弱势群体与诸如社会保障这样的实际问题联系起来进行研究时,必须对弱势群体给出一个清晰的、可以明确指出其外延的概念,也就是说,必须让大家明白所谓"弱势群体"到底指的是哪一部分人,他们最需要什么样的社会保障,在现有条件下,应当和能够为他们提供哪些社会保障。只有这样,才能做到有的放矢,使研究成果具有实际应用价值。鉴于通常那些被称为低收入者群体的人,其共同特征是低收入,因此我们建议用"低收入者群体"来替代"弱势群体"这一概念。"低收入者群体"的主要衡量标准是经济贫困,在操作上以政府颁布的贫困线为主,具体到目前我国的实际情况,所谓城市低收入者群体人口,主要就是享受城镇居民最低生活保障者。这种定义和理解,也和我国基层民政、劳动、教育、医疗等政府部门有关工作人员的理解和实际操作是一致的。在后面的论述中,我们将尽量始终遵循这种定义和理解。

1.2 城市低收入者群体人口的构成

现阶段我国的城市低收入者群体人口规模庞大,虽然其共同特征是收入低或者根本没有收入,从而导致其生活贫困,但这些人的构成状况比较复杂，概括起来主要包括以下几个部分：

1.2.1 贫困者群体

贫困问题的研究者一般将贫困分为绝对贫困与相对贫困两种类型。绝对贫困是指个人或家庭缺乏起码的资源，以维持最低的生活需求，甚至难以生存。在测量绝对贫困标准时，一般只考虑为了维持身体健康而绝对必须购买的物品，并且，所购买的物品应当是最简单、最经济的。使用绝对贫困的概念，至少从理论上说，一个社会是可以消除贫困现象的。相对贫困是指个人或家庭所拥有的资源虽然可以满足其基本的生活需要，但是不足以使其达到一个社会的平均生活水平，而只能维持远远低于平均生活水平的状况。因而，相对贫困可以反映财富或收入在不同社会成员之间的分配，国际上通行的做法是把收入水平低于社会成员平均收入一半的人口看作相对贫困人口。相对贫困概念表明，任何社会都存在贫困现象。

贫困问题是当今世界的一个全球性社会问题，无论在发达国家或者是发展中国家都是无法回避的客观社会事实。但是，发达国家中的贫困主要是指相对贫困，而且绝大多数集中在城市；而发展中国家的贫困则表现为大众贫困，在数量上要比发达国家多得多，而且一般是指绝对贫困，同时，其贫困人口中的绝大多数集中在农村。在我国，由于长期实行城乡有别的二元体制，国家对城市居民采取了一系列的保障措施和倾斜政策，使得贫困现象主要发生在农村地区，在20世纪80年代中期，城市社会救济的对象只占到城市总人口的1%。由此也在人们心目中形成了一种传统观念，即认为贫困只发生在农村。但是，随着市场改革的进一步深化和宏观利益格局的重新整合，城市贫困现象开始出现并且日益严重。根据尹海洁、关士续对哈尔滨市贫困居民的调查，在目前的城市贫困居民中，只有1/3是属于原发性贫困，即在社会转型之前他们就是贫困人口，只不过是由于当时社会普遍贫穷和社会分配的平均化使其相对贫困程度不十分显著；而2/3的城市贫困居民属于继发性贫困，即在社会转型期间出现的新贫困。而且在这些城市贫困人口中，生活水平上升的人越来越少，维持生活水平不变的人数也在持续下降，而生活水平下降的人数却急剧增多。从当前我国城市贫困人口的数量方面看，我们仅以享受城镇居民最低生活保障的人数来说明。1997年我国建立城镇居民最低生活保障制度时进入此范围的人数不超过200万人，1998年为184万人，1999年为265.9万人，

2000年为403万人，2001年为1170.7万人，2002年剧增到2064.7万人，2003年为2246.8万人，2004年11月份为2204.3万人。这些人的生活水平非常低下，贫困程度不断加剧，属于一种真实的绝对贫困。很多贫困家庭用于食品消费的支出比例很大，而且营养水平低下，穿戴和日用品简陋，住房条件差。一些人被迫卖血为生，甚至走向卖淫、犯罪的道路。很多困难职工最怕过"三关"（生病关、子女辍学关、年节关），并把医疗、教育和住房方面的支出负担比作新的"三座大山"。

关于享受低保者的贫困程度，我们在此借用程胜利博士2004年对济南市部分低保家庭的调查数据来加以说明。

低保家庭的资产状况：数据显示：低保家庭拥有的资产很少，如果不包括房产，被调查家庭的家庭资产平均值只有5815元，中位值仅为2000元，这说明如果不包括房产，有一半的低保家庭资产不超过2000元。不包括房产，家庭资产超过20000元的低保家庭只有4.7%，而50000元的只有2.2%；不包括房产，资产低于10000元的低保家庭占90.6%，低于6000元的占87.0%，低于5000元的占80.1%，低于4000元的占75.0%，低于3000元的占61.8%，低于2000元的占43.0%，不足1000元的占20.8%，其中，超过被调查总数1.6%的低保家庭净资产为负值。包括房产，仍然有51.1%的低保家庭的资产低于10000元，45.0%的低保家庭的资产低于5000元，25.4%的低保家庭的资产低于2000元，仍然有1.1%的低保家庭净资产为负值。

低保家庭的月收入和结余分布状况：如果没有低保收入，23.2%的低保家庭月均收入不足200元，其中10.2%的家庭没有任何收入；月均收入在200—400元之间的低保家庭占34.4%；400—600元之间的占26.3%；600—800元之间的占9.3%；800—1000元之间的占3.5%；超过1000元的家庭只有3.4%。如果没有低保收入，低保家庭全部月均收入的平均值为378元，中位数为320元。加上低保收入之后，仍有一些低保家庭的月均收入不足200元，但其所占的比例下降到3.4%；月均收入在200—400元之间的占26.4%；400—600元之间的达到34.4%；600—800元之间的增加到24.2%；800—1000元之间的增加到8.3%；超过1000元的达到6.7%。有了低保收入之后，低保家庭月均收入的平均数达到568元，中位数为524元。这一方面说明即使在领取了最低生活保障金之后，低保家庭的收入仍然是比较低的，只能维持家庭的最基本生活；另一方面也说明最低生活保障金对于保障城市贫困家庭基本生活的重要性，由于领取低保金，使低保家庭的收入平均增长了50.3%。

由于低保金的设定只是为了保障低保家庭的最基本生活，没有考虑到低保家庭在住房、教育和医疗方面的潜在支出，所以即使有了低保金，低保家庭也常常处在收不抵支的状态之下，低保金虽然能帮助他们维持最基本的生活，但不可能帮助他们有效地积累家庭资产，如果没有其他帮助，他们很难摆脱贫困。如果没有低保金，低保家庭的月平均收入的平均值只有378元，由于月平均消费支出的平均值为712元，平均缺口高达332元；有了低保金后，低保家庭的月平均收入的平均值达到568元，仍然不能支付712元的平均消费支出，平均缺口为144元。如果没有低保金，90.0%的低保家庭都处在收不抵支状态，60.3%的低保家庭每月收入缺口在200元以上，29.3%的低保家庭的每月收入缺口在400元以上，14.5%的家庭每月收入缺口在600元以上，7.4%的家庭每月收入缺口在600元以上，有5.1%的低保家庭每月收入缺口甚至超过1000元。有了低保金的支持之后，仍然有66.3%的低保家庭收不抵支，29.9%的低保家庭每月收入缺口在200元以上，14.5%的低保家庭每月收入缺口在400元以上，7.5%的家庭每月收入缺口在800元以上，5.5%的家庭每月收入缺口在800元以上，甚至有5.1%的低保家庭每月收入缺口超过1000元。

低保家庭的住房条件：从住房面积看，大部分低保家庭（65.0%）的居住面积集中在20—40平方米之间，其中不足20平方米的有20.1%，甚至有1.5%的低保家庭居住面积不足10平方米。只有14.8%的低保家庭住房面积在40—50平方米之间，14.9%的低保家庭居住面积超过50平方米。在住房类型方面，只有56.7%的低保家庭居住条件比较好，住上了普通的单元楼房，有43.3%的低保家庭住在平房或其他临时搭建的住房里，其中包括有20.9%低保家庭住在无独立卫生间和厨房设施的平房中，14.4%的低保家庭住在筒子楼、简易房、棚户房或非居住房改建房中，住房条件越差的低保家庭平均居住面积越小。

更为严重的是，目前人们对我国城市贫困家庭的持续贫困程度认识不足。根据贫困的持续时间长短，可以将贫困区分为过渡性贫困与持续性贫困两种类型。所谓过渡性贫困，是指个人或家庭由于意外损失、失业、特定时期内供养人口过多以及其他因素，导致收入的下降或开销的增加，从而陷于贫困，但是随着相应条件的改善和风险的消失，个人或家庭又会很快摆脱困境，过上正常的社会生活。所谓持续性贫困是指个人或家庭无法摆脱或不愿摆脱其贫困地位的一种情形。相比过渡性贫困而言，持续性贫困更不利于社会整合与社会稳定，需要社会做出长期的、稳定的制度安排，以预防和抑制其负面影响。

对于当前中国的城市贫困究竟属于过渡性质还是持续性质这一问题，人们似乎还没有清醒的共识，总的来看是过于强调贫困的过渡性，而对贫困的持续性认识不足。一些学者认为，当代中国城市贫困具有明显的转型期特点，"是在一个特殊时期出现的特殊现象。随着整个经济和社会转型期的结束，目前的城市贫困的特点也就会发生变化"，"如果我们在目前的转型期中能够对经济和社会制度作出较合理的安排，将来就有可能较好地控制城市贫困问题"；另一些学者则认为，考虑到目前城市贫困人口的结构性特征，即以失业下岗人员为主，限于这些人自身的条件，"即使新的经济增长来临，即使国有企业的改革搞好了，他们的状况也难有根本的改变。对于他们中的绝大部分人来说，第一，回到社会的主导产业中去，根本没有可能；第二，在目前的体制之下，回到原来那种稳定的就业体制中去，也根本没有可能；第三，朝阳产业不会向他们提供多少就业机会。这也就意味着，目前的下岗和失业者，事实上是社会中的被淘汰者，他们已经成为被甩到社会结构之外的一个群体"，如果缺乏必要的制度安排，他们的贫困状况实际上会表现出持续性。从有关政府官员的讲话看，似乎更加强调目前城市贫困的过渡性质。一些高级领导人认为，国有企业实行减员增效、下岗分流，是经济体制转轨时期的必然举措，从根本上说是为了把经济更快更好地搞上去，下岗职工牺牲一些眼前的利益，有利于企业和国家发展的全局，也有利于自己将来过上富裕生活。职工失业下岗所造成的低收入者群体，只是暂时的。只要各级领导干部坚定信心，克服消极情绪，积极落实有关政策，帮助下岗职工再就业，就可以很快解决他们的低收入问题，从而消除城市贫困现象。应该说，强调目前城市贫困的过渡性质，有一定的客观依据，也有重要的现实意义，最为明显的就是有利于经济体制改革的顺利进行，不会使失业下岗人员陷于绝望而产生激烈的抵抗。但是，这种观点的潜在危害性也是很明显的，它容易造成失业下岗人员的幻觉，不利于其正确认识形势，并及时主动地采取应对策略。事实上，一些失业下岗人员对政府寄予不切实际的期望，在转变就业观念，积极寻求就业方面表现不突出，很多人期望着经济形势好转后，自己可以顺利上岗。

但是，实际情况表明，目前失业下岗人员再就业的难度越来越大，再就业率持续走低，而且，由于中国劳动力供大于求的现实，这种状况短期内几乎不可能改变，所以，目前城市贫困人口期望通过正规就业摆脱贫困的可能性确实不大，而陷于持续贫困的几率却明显增加。从另外的角度看，整体经济形势的好转与特定贫困者的生活改善并不一定有直接的联系。即便是目前的失业下岗人员能够通过再就业摆脱贫困，也还会出现新的由于失业等原因而导致的贫困者，因为，在市场经济条件下，优胜劣汰是普遍规律，市场竞争中的失败者是不可避免的。在这种意义上可以说，贫困人口的构成可能会发生动态变化，但是贫困本身作为一种社会现象，将是与市场经济相伴随的一种长期性现象，是不可能通过紧急动员的方式加以解决的，只有做出相应的制度性安排，才能达到保障陷于贫困者的基本生活的目的。换句话说，在市场经济条件下，对城市低收入者群体人口的社会保障将是一项长期性任务，其重点应当是着眼于具有长期效力的制度建设，而不只是仓促出台具有明显救急色彩的各种"政策"。

1.2.2 下岗、失业者群体

下岗、失业者群体是一种就业低收入者群体，其直接后果是导致有关人员丧失收入或收入大幅度减少，进而导致生活贫困。现阶段我国的失业者群体主要由失业人员和未重新就业的下岗职工组成。在人们的传统观念中，失业是资本主义制度的产物，社会主义社会不存在失业现象。所以，长期以来，我们在理论上不承认中国存在失业，在政策上则用牺牲经济效益的办法实现"充分就业"，结果既损失了经济效益又造成了大量的隐性失业。到了90年代中期以后，随着国有企业改革的不断深化，城市失业和下岗职工规模日益庞大，我国的下岗失业问题日益凸现出来，城镇的登记失业率与职工下岗率逐年上升（见下表）。国务院新闻办公室2004年4月26日发布的《中国的就业状况和政策》白皮书显示，到2003年底，我国城镇登记失业率为4.3%，城镇登记失业人数为800万。需要指出的是,城镇登记失业率不包括国有企业和集体企业的下岗职工,因为这些人员与企业还存在劳动关系,而且理论上有企业保障他们的基本生活,更不包括大量的进城务工的农民工。有专家认为,这些指标虽然明显低于许多发达国家的同期水平,但是考虑到统计口径等问题,我国目前的失业率要远远高于上述指标,即可能达到10%左右的较高水平。

城镇登记失业情况

年份	1999	2000	2001	2002	2003	2004
城镇登记失业人数（万人）	575	595	681	770	800	827
城镇登记失业率（%）	3.1	3.1	3.6	4.0	4.3	4.2

资料来源：劳动和社会保障部、国家统计局公布的各年度劳动和社会保障事业发展统计公报。

《中国的就业状况和政策》白皮书显示,1998年到2003年,中国国有企业累计下岗2818万人,而且失业1年以上、下岗3年以上者的比例高达50%以上。国有单位、城镇集体单位的职工人数从1999年以来逐年递减,其他单位的职工人数大幅度增加。从不同经济成分就业结构看,1990—2003年,国有企业从业人员减少3470万人,为6876万人;城镇个体私营经济组织的从业人员增加3596万人,为4267万人,占同期城镇新增就业人数的46.5%。虽然非全日制、临时性、季节性、钟点工、弹性工作等各种就业形式迅速兴起,并且成为扩大就业的重要渠道,但是由于这些工作不稳定,收入低,福利保障状况差,使得从事这些工作的人抗风险能力很低。此外,从城镇居民最低生活保障人数的变化也可以看出低收入者群体数量不断增加的趋势。1997年我国建立城镇居民最低生活保障制度时进入此范围的人数不超过200万人,1998年为184万人,1999年为265.9万人,2000年为403万人,2001年为1170.7万人,2002年剧增到2064.7万人,2003年为2246.8万人。民政部公布的2004年民政事业发展统计报告显示,该年度城镇居民最低生活保障人数为2205万人。

1.2.3 残疾人群体

这是一种生理性低收入者群体,由于其自身的生理缺陷,这一群体在社会竞争中处于不利地位,就业困难,生活贫困。目前全世界大约有5亿多残疾人，占世界总人口的10%左右。我国有残疾人约6100万。在残疾人群体中，一部分具有劳动能力或部分劳动能力，另一部分则不具备劳动能力或失去劳动能力。其中，有劳动能力或部分劳动能力的残疾人中的一部分人在福利企业就业，但是收入较低；而没有劳动能力或者丧失劳动能力的残疾人则只能依靠国家救济或家人抚养。据统计，我国目前70%的残疾人的经济来源是靠国家救济或家人抚养。

1.2.4 老年人群体

老年人群体是一种年龄低收入者群体，也可以说是一种生理性低收入者群体。1982年维也纳"老年问题世界大会"以60岁作为老年人口的年龄起点。《中华人民共和国老年人权益保障法》也以60岁作为老年人口的年龄起点。据此，我们将老年人群体的年龄起点确定为60岁。这一群体由于年龄的原因，生理上处于纯粹的衰退期，逐渐从社会中失去竞争优势，并且从舞台的前台退到后台，处于社会生活的弱势地位。其中，独居的高龄老人、无自理能力的老人更是成为明显的低收入者群体。我国是世界上老年人口最多的国家，到20世纪末，我国60岁及以上的老年人口接近1.3亿人，占全国人口的10%，其中，80岁以上的高龄老人有1200万人，占老年人口的9.6‰，并以年均5%的速度递增。目前我国已经开始进入老龄化国家，老年人群体的队伍越来越庞大。据估计，目前我国60岁以上的老年人口达到1.4亿左右，占亚洲老年人口总数的1/2，世界老年人口总数的1/5。中国人口老年化的速度之快，高龄人口之多，都是世界人口史上前所未有的。这个庞大的老年人群体主要依靠退休金生活，或者依靠家人实现保障。

显然，以上简单分析的我国城市低收入者群体人口的构成是有交叉的，而且除了贫困者群体外，并非所有的失业下岗、残疾人或者老年人都属于低收入者群体，如果按照一般的定义，根本无法准确指出到底哪些人是低收入者群体，也无法统计出我国城市社会低收入者群体人口的准确数字，从而无法有的放矢地在社会保障的视野下进行有实际意义的研究，这也是我们同意以低收入群体来代替低收入者群体概念，并以享受最低生活保障者数量代表城市低收入者群体人口数量的一个直接现实原因。当然，用低收入者或享受低保者群体来代替低收入者群体概念未必完全准确，因为尽管政府早在几年前就宣称已经做到了"应保尽保"，而实际情况却不尽然,由于受到财力和有关制度安排及非制度因素的限制和影响,仍然有许多城镇贫困人口或"边缘贫困"人口没有被纳入低保体系,因此,即使是按照我们的定义,目前我国城市低收入者群体人口数量仍然要大于享受低保者数量。

1.3 城市低收入者群体人口的特征

作为一个松散的社会集合,城市低收入者群体人口有着区别于其他社会群体的若干特征。概括起来主要有:

1.3.1 收入低、生活贫困,这是城市低收入者群体人口共同的根本特征

城市低收入者群体一般来说都是经济上的低收入群体,其个人及家庭生活其经济收入低于社会人均收入水平,大多徘徊于贫困线边缘,达不到社会认可的最基本标准,只能通过救济才可以维持"最低生活"。这决定了他们的生活水平的低层次性。这种低层次性突出表现在其消费结构中,其绝大部分或全部收入都用于食品,恩格尔系数高达80%—100%,入不敷出;住房条件差,看不起病,日常社会中使用廉价物品、穿破旧衣服、没有文化、娱乐消费,并有失学等后果。

1.3.2 个人无力改变其弱势地位,需要国家和社会力量给予帮助或支持

城市低收入者群体之弱势,有的来自个人的原因,有的来自社会,例如制度变革、技术发展等,也有些是个人和社会原因共同造成的,例如我国转型期部分群体的下岗、失业。尽管他们并非不想改变自己的弱势困境,但只依靠自己的力量是无法改变的。在这种情况下,来自国家和社会的支持成为改善其状况的关键因素和主要力量。当然,现代意义的社会支持不是消极被动的施与,而是强调借助外力的支持,同时通过自身的力量的结合,提升社会弱者的能力,增加他们社会参与的机会,从而达到改变弱势处境的目的。这也是现代社会工作所强调的"助人自助"的理念的具体体现。

1.3.3 政治影响力低,其命运通常由强势群体决定

低收入者群体在社会分层中处于底层,政治参与机会少,对于社会政治生活的影响力低。政治生活的产品是公共政策,而公共政策是政府对整个社会的价值做权威性分配。显然,强势群体在公共政策的制定过程中具

有更重要的影响力。他们可以通过自己的影响力和游说活动,使得公共政策的制定有利于自己的利益需求,或者至少不影响自己的既得利益。而低收入者群体由于远离社会权力中心,较少参与社会政治活动,难以影响公共政策的制定。同时,这也意味着低收入者群体仅仅依靠自身的力量很难或者很难迅速摆脱自身的困境,解决自己的问题,制定更加公正的社会政策,建立社会保障体系,从各个方面为低收入者群体提供社会支持,保护低收入者群体的权利,维护低收入者群体的利益。

1.3.4 弱势心理明显,容易形成社会失调

心理问题是人类特有的、普遍的问题。但是,由于城市低收入者群体人口在知识技能、生存条件、经济地位、社会地位、人格尊严、心理感受等诸多方面与"体制内"人员、与不断提高的社会消费要求形成强烈反差,因此其心理问题更加复杂、更具倾向性,比较普遍的是在他们当中存在着以自卑心理、不平衡心理和依赖心理为主要特征的弱势心理。

1.3.4.1 自卑心理。自我评价过低,对自己价值的怀疑,是一种人格上的缺陷,一种失去平衡的行为状态。他们在实际生活中常以消极防御的形式出现。如嫉妒、猜疑、羞怯、孤僻、迁怒、自欺欺人、焦虑紧张、不安等。有这种心理的人心情低沉,郁郁寡欢,对周围的事物十分敏感,经不起任何刺激。他们常因害怕别人瞧不起自己而不愿与他人交往,缺少朋友,甚至自疚、自责;享受不到成功的喜悦和欢乐,因而感到身心疲惫,心灰意冷。因而,他们缺乏生活自信和挑战困难的勇气。不去主动提高自己的文化水平和劳动技能,以适应现代社会的需要,掌握生活的主动权。而是听天由命,坐等"施舍"。

1.3.4.2 不平衡心理。他们对自己与社会的差距缺乏正确认识的能力,因此不能自觉地去适应不断变化的外界环境,更不能去能动地营造适合自己的环境。他们与所处的社会环境明显表现为不平衡、不协调。时常产生不满思想情绪而陷入内心矛盾,并因此产生抱怨、不安和对抗心理。不能自觉控制和调整情绪,遇到不幸、不公或挫折,就会迁怒于人、迁怒于社会,甚至采取极端的手段予以发泄。因此,偷盗、抢劫财物、破坏公共设施、报复斗殴等,成为他们寻求心理平衡的方式。一个时期以来,城市低收入者群体不断发生的集中上访、围堵企业和政府机关的事件,充分诠释了这一心理效应。这种群体心理及其导致的行为,严重地扰乱了社会

的生产、生活和经济秩序,威胁着社会的稳定。

1.3.4.3 依赖心理。依赖心理是城市低收入者群体的主要心理特征。由于他们在社会竞争过程中所占有的资源有限,缺乏获取生活资料的途径,其生存需要,也即"第一需要"得不到很好的满足,生活质量也得不到相应的改善和提高。在日新月异的社会变迁和飞速发展的经济政治生活中,他们有一种"自我渺小"的感觉。面对困难便一筹莫展,缺乏主见。倾向于以别人的看法来评价自己。理所当然地把政府的救济、社会的帮助、甚至他人的接济当作自己的"真心依靠",依赖心理,从小的方面讲影响了个人的前途,从大的方面讲则是影响一代人的发展乃至整个国家的命运。长期以来,国家的一些有效的保障政策,起到了一些作用。但同时也助长一些低保人员的依赖性,出现了"低保养懒汉"的现象。甚至在"政府的钱不拿白不拿"的思想支配下,向政府部门隐瞒收入,争保、赖保。这三种心理还会派生出失落心理、厌世心理、压抑心理、忧虑心理、孤独心理等等,都是城市低保群体常有的心理现象。

1.3.5 年龄偏大,文化教育程度偏低,技能单一或缺乏专门技术

城市低收入者群体人口中虽然存在年轻化趋势,但总的来看是年龄偏大,身体较弱。以下岗职工为例。在下岗职工中,普遍存在"两高"(年龄偏高、女工所占比例高)现象。据劳动和社会保障部规划司的调查,企业下岗职工中35—45岁的占48.9%,45岁及以上的占23.2%,这两个年龄段的职工合计达72.1%,全国下岗职工平均年龄为39岁。同时,失业下岗职工的文化程度明显偏低,初中和初中以下文化程度占60%。

我们还可以列举出城市低收入者群体人口的其他若干特征,但收入低、生活贫困是他们最根本、最主要的特征。经济基础决定上层建筑,可以说,城市低收入者群体的其他重要特征都是由于收入低、生活贫困而导致的。

1.4 城市低收入者群体人口的形成原因

上一部分已经提到,概括而论,低收入者群体形成的原因不外乎个体和社会或者说自身和外部两个方面:年幼、年老、残疾、体弱多病等任何自身原因,或者自然的、历史的、经济的、政治的、文化的等外部某一因素或某些因素的综合,都可能导致一些人陷入低收入者群体之中。对此,国内外学术界都已经有不少现成的解释,为节省笔墨,我们在此只做简单的论述。

1.4.1 外部因素

目前我国规模庞大的低收入者群体的存在，除了人口众多、生产力发展水平总体还比较低等客观因素以外，主要是与社会转型有关。在社会转型阶段特别是转型社会中，低收入者群体现象可能会更加严重。当前我国仍处于典型的社会转型时期，正经历着三个比较大的变化过程：一是由计划经济体制向市场经济体制的转变；二是从公有制向以公有制为主体、多种所有制并存的基本经济制度转变；三是从农业为主导的经济社会向以工业和服务业为主导的经济社会转变。这三大转变必然引发社会各个层面、各个领域的深刻变化，其中一个重要的变化就是导致低收入者群体的广泛存在。这是因为：第一，现代市场经济是竞争经济，它遵循的是优胜劣汰的竞争法则，竞争的胜负直接关系到每个人的经济利益和政治地位，不可避免地使一部分人成为竞争的胜利者，形成强势群体，同时又使一部分人沦为竞争的失败者，形成为低收入者群体。第二，在市场化改革过程中，在众多利益的选择中，政府无力保护所有社会成员使其利益免受损失，这样，某些社会成员就会进入低收入者群体。迫于市场竞争的压力和企业改革的需要，许多企业和单位因承载不了人员多、效率低的包袱和压力而实行减员增效，一些企业职工成为下岗人员。任何改革都是需要支付成本和代价的，按理说，改革的成本和代价应当由全体社会成员共同承担，但实际情况却是受到这种改革代价影响最大的往往是国有企业职工和农民，他们反而承担了更多的改革成本和代价。第三，工业化是世界各国经济发展和现代化建设的必由之路，这是由世界范围内的现代化进程和历史向世界历史转变的进程决定的。一般来说，工业化是推动整个国家或地区从经济不发达到发达这样一个过程的最重要的动力，工业化必将使更多的人由农业转往工业就业，自农村移向城市居住生活。中国已进入了工业化的中期阶段，工业化尚未完成，二元经济现象严重。在中国由传统的农业与现代的工业并存的二元经济结构向一元经济结构转变中，农业人口必然大量涌入城市，他们中的一部分人会因为找不到工作成为失业者。第四，在社会经济转型时期，产业结构的调整会更频繁，力度也会更大。结构调整是一个就业破坏和创造并存的过程，甚至需要付出相当大的代价。由于产业结构具有路径依赖性，即某种产业结构一旦形成，调整都是渐进及相当微妙的。只有在经济环境发生大变化的条件下，如一些旧的传统产业逐渐衰落和被替代，新的现代产业不断崛起，产业结构必然发生大调整。如果这种情况发生，在传统产业工作的大批传统产业工作人员将被推向社会，由于这些传统产业工人在文化知识、技术水平等方面都无法很快适应新的产业或行业，难免成为失业人员。目前，中国失业率攀升，是国有企业改革与产业结构大转型的结果。中国正处于结构调整的初期，由于旧工作岗位比例高因而调整所造成的总就业破坏的规模大，由于结构调整的力度大因而调整的阵痛和代价大。因此中国社会失业问题就非常严重。失业就意味着失去了经济来源，面临着生存危机。第五，随着90年代以来我国就业机制由"计划安置型"向"自主择业型"的转变以及下岗就业工程的推行，由传统就业制度和分配制度所造成的抑强扶弱，弱者也能分得一杯羹的平均主义"大锅饭"现状被彻底改变，弱者无法通过隐性途径获得收入，通过公开途径所获得的收入也十分有限。我国社会主义市场经济体制建设首先以追求经济效率为发展目标，增进效率一定程度上必然会出现分配不公，从而加剧了低收入者群体的弱势地位。再加之转轨时期制度或体制的缺陷及政策不到位，体制缺陷比如新旧体制并存、体制缺位、体制错位、体制虚设等，使少数人能够通过不法或非正当途径占有本来应属于全体社会成员共享的社会资源，最突出的是80年代后期到90年代前期的炒差价、倒批件，成为规模盛大的"免费午餐"，许多人抓住价格双轨、利率差价、房地产批租、炒原始股的缝隙，凭借特权、关系而一夜暴富，从而导致居民收入差别非正常扩大，更加剧了低收入者群体的不利地位和劣势程度。

1.4.2 自身原因

根据我们的定义，城市低收入者群体即低收入者，即通俗意义所说的"穷人"。国外对穷人之所以贫穷的原因的解释，最初是从穷人自身着手的，认为穷人之所以贫穷不是制度上的原因，而是出于自然的、天生的不平等。穷人有某些天生的生物学特征，使得他们偏向于贫穷。早在18世纪，英国著名经济学家马尔萨斯就把贫困看作是与人口增长相联系的，主张限制福利水平将会刺激人们去工作，并将其家庭规模限制在其工资可以养活的水平。贫困的增加将会产生一部分邪恶、懒惰、无知和依附的"多余人口"，他们除了在生存线上挣扎，不应该得到别的什么。迈修则根据对19世纪中叶伦敦贫民窟生活的研究，认为就业机会的分布是不平等的，许多人只能得到不定期的临时性的工作，其报酬使得他们不足以摆脱贫困生活。这些人是被迫陷入堕落状况的。但是，有的人则是主动选择了一种堕落生活，通过街头交易、乞讨和犯罪活动维持生存。他认为应得到救济与不应得到救济的人的区别是"不能工作的"与"不想工作的"人的区别，并认为这种道德区别有其生物学基础。这种观念支配着维多利亚时代的思想。只有当穷人愿意遵从主流社会规范并主动努力摆脱贫困时，他们才被认为是"值得尊敬的穷人"，是应当得到帮助的，因为他们的贫困是一种能够而且应当消除的暂时状况。另一方面，那些拒绝过值得人尊敬的生活并追求堕落和犯罪生活的人则是"不应当得到帮助"的。他们被认为会对社会秩序带来威胁，因而被称为"危险的阶级"。特别是"贫困文化"理论的提出，更是为这种观点找到了理论根据。莫雷在1984年出版的《失落的地平线》一书中根据对美国内城少数民族聚居区居民的研究，认为在这些地区存在一个主要由单亲家庭、特别是黑人女性单亲家庭构成的"底层阶级"，而导致"底层阶级"贫困的主要原因是相信宿命论、只重眼前不管将来的"贫困文化"，是现代国家的高福利，因此他建议削减福利，鼓励自立。他还试图把下层阶级成员的智力与其"种族"联系起来，认为是黑人低下的智力使得他们陷于贫困文化而不能自拔。

这种观点把贫困的主要原因归结于贫困者自身，其逻辑结论必然是"穷人活该受穷"，在主观和客观上都起到了为强势者、为既得利益者辩护，最终为资本主义制度辩护的作用。从20世纪50年代起，便受到了社会批判学派等激进社会理论的批评。目前，国内外学者一般都认为，产生低收入者群体的主要原因在于外部，主要是社会制度、社会结构的不公平与不合理。在社会分层研究中，学者们也越来越把失业、贫困、疾病、不发展等现象同社会制度的不公平联系起来，认为由于社会制度方面的原因，由于某些社会成员缺乏权力和竞争能力而使他们陷入困境。但是，又有许多人矫枉过正，从一个极端走向了另一个极端，即只强调低收入者群体产生的外部原因，而忽视其自身因素。这一点，在当前国内的有关研究中尤为明显。其实，公正地说，尽管导致贫困和低收入者群体产生的根本原因是外部环境，但在适应这种处境的过程中发展起来的贫困文化，也确实成了这些人改变其社会和经济地位的一个新的障碍。不可否认，在当前我国城市低收入者群体人口中，文化素质低、思想观念落后等自身因素起了很大作用，而且确实有这样一些人，他们在落后的"贫困文化"的影响下，消极悲观，不思进取，甚至懒惰成性，总希望不劳而获，甘当社会"寄生虫"，在某种程度上说他们"主动选择"了贫困生活也不为过。当前各地城市实施"低保"过程中反映较为强烈的"懒汉"现象便是一个明证。虽然政府和社会不能因此而完全放弃为他们提供社会保障的责任，但如何更多地重视低收入者群体的自身原因并找出比较切实可行的解决办法，使有限的社会保障资金更好地发挥作用，在更深的层次上保障社会公平，确实应当成为我们必须认真重视的一个问题。

1.5 城市低收入者群体人口的现状与发展趋势

对城市低收入者群体人口的现状与发展趋势有一个基本正确的认识和把握，是研究制定有关社会保障制度和措施的重要基础。

1.5.1 数量庞大且日益增长

1.5.1.1 生理性低收入者群体。我国是世界上老年人口最多的国家，2000年，我国60岁及以上的老年人口接近1.3亿人，占全国人口的10%，并以年均5%的速度递增。在我国，城市老年人主要依靠退休金生活，大部分老年人生活质量不高。我国有6100多万残疾人，在残疾人中，一部分具有劳动能力或部分劳动能力，另一部分则不具备劳动能力或失去劳动能力。据统计，我国目前70%的残疾人的经济来源是靠国家接济或家人抚养。

1.5.1.2 社会性低收入者群体。关于以城市失业和下岗职工为主体的城市低收入者群体的规模，人们根据不同的定义和理解有不同的说法，一般都在2000万—3000万人之间。根据本文对城市低收入者群体人口的定义，我们从城镇居民最低生活保障人数的变化可以看出低收入者群体数量不断增加的趋势。1997年我国建立城镇居民最低生活保障制度时进入此范围的人数不超过200万人，1998年为184万人，1999年为265.9万人，2000年为403万人，2001年为1170.7万人，2002年剧增到2064.7万人，2003年为2246.8万人。民政部公布的2004年民政事业发展统计报告显示，该年度城镇居民最低生活保障人数为2205万人。

总之，现在看来，有关的趋势将是，我国城市低收入者群体的规模将进一步扩大,其弱势程度将进一步加深。如果将享受低保人员和处在贫困边缘的城市人口加总,估计我国城市目前的低收入者群体人口约在3000万左右。

1.5.2 产业工人地位下沉

我国是工人阶级领导的、以工农联盟为基础的人民民主专政的社会主义国家。这里的工人阶级,其主体是产业工人。新中国成立后,工人阶级、特别是产业工人在"低工资、低报酬、低福利"的情况下为国家的高速积累做出了巨大贡献。但自经济体制改革以来,产业工人阶层的社会经济地位明显下降,其人员构成发生了根本性的变化,工人不但面临"减员增效"的压力,还要面对单位雇用廉价"农民工"来"换员增效"的压力。在当前我国城市的失业和下岗职工中,绝大多数是产业工人。

1.5.3 低收入者群体年轻化

失业年轻化已经成为世界性难题。国际劳工组织发表的《2004年世界就业趋势》调查报告显示,全世界青年的失业率猛增,达到创纪录水平。2003年,大约有8800万15—24岁的青年没有工作,比10年前增长了25%。全球15—24岁的青年人仅占15—64岁劳动力人口的25%,而其失业人数却占全球1.86亿失业总人数的约47%。从我国情况看,2004年《中国的就业状况和政策》白皮书显示,截至2003年底,我国城镇登记失业的800万人口中,35岁以下的占70%左右,表明我国的青年就业问题日渐突出。我国青年人口规模庞大,每年新成长劳动力数以千万计,给全社会的就业工作带来巨大压力。2003年的大学生初次就业率只有50%,从下表可以看出,24岁以下的城镇失业人员中毕业后未工作的比例竟高达72.7%。

济南市劳动力市场2004年第二季度供求状况结果显示,失业人员开始逐渐呈现"年轻化"和"知识化"的特征。在总共登记求职的90042人中,从来没有从业经历的"新成长失业青年"占到40.16%。失业人员的年轻化和持续多年的高校扩招有关,加上这一群体较少自我创业,对于单位和工资有所挑拣,成为新的就业难点。此外,目前雇用双方的劳动关系一般只有1—3年,就业周期缩短也造成了失业人员的年轻化。

按失业原因分的城镇失业人员年龄构成（%）

年龄	16—19	20—24	25—29	30—34	35—39	40—44	45—49	50—54	55—59	60—64
失业人数	6.6	13.6	13.3	17.2	16.7	13.3	12.0	5.2	1.7	0.2
下岗		1.7	9.7	18.5	21.0	18.9	19.1	8.1	2.9	0.1
失去工作	1.4	15.4	21.5	20.3	14.6	11.3	4.9	1.2	0.2	
毕业后未工作	27.9	44.8	16.3	7.2	2.7	0.8	0.2	0.1		
其他	5.3	12.2	17.4	22.3	17.5	10.4	7.3	4.2	1.3	1.7

资料来源：《中国统计年鉴2003》，中国统计出版社，2003。

1.5.4 低收入者群体女性化

近年来，女性就业人数逐年减少，女性正在成为中国最大的就业低收入者群体。国务院新闻办公室发布的《中国的就业状况和政策》白皮书显示，目前中国为4156万人，占城镇单位从业人员的38%。从下表可以看出，我国城镇女性从业人员的数量从1990年以来呈准下降趋势。2000年末，在18岁至64岁的城乡女性在业比例为87%，比男性低6.6个百分点。18岁至49岁青年女性的在业率为72%，与1990年相比下降了16.2个百分点。该白皮书还显示，1998—2003年，中国累计有1336万女性下岗，只有972万人实现了创业和再就业。

城镇单位女性就业情况　　　　　　　　　　　　　　　单位：万人

年份	1999	2000	2001	2002
人数	4613	4411	4226	4156

资料来源：《中国统计年鉴2003》，中国统计出版社，2003。

在就业领域男性收入普遍高于女性。我国工资的性别差异明显，根据《1998年人类发展报告》，我国女性的收入份额为38.1%，男性为61.9%。1999年城镇在业女性年均收入仅为男性的70.1%，2000年男女两性的收入差距比1990年扩大了7.4个百分点。

社会分工中的性别隔离也表现明显，从横向看，在某一职业中的性别构成比例与其在全部劳动力人口中的比例不一致；纵向看，在几乎所有职业中，具有较高的技术、责任、地位、收入和声望的职业上，都存在着女性比例不断下降的趋势。随着经济体制改革的不断深化，政府以往用行政手段对女性就业实行的倾斜政策已难以在具有不同经济成分和不同所有制的企业中执行，法律实际上也难以保障女性婚前的充分就业和婚后的连续就业。

同时，女性社会权利的贫困化呈现制度化倾向。我国虽然从政策和法律上确立了妇女在社会中与男子平等的权利，但是社会对女性的歧视和排斥得到了一些制度安排和社会习俗的认可、保护甚至纵容。例如，许多企业明确规定，女性必须在45岁退休，甚至40岁就"内退"；用人单位不论是否确实为工作考虑，都纷纷宣称"限招男性"。妇女所背负的社会职责——家务和生育，已经成为妇女参与发展的直接和潜在的阻力。女工下岗、女性失业、女大学生难分配、妇女回家等问题，从另一方面暴露出了市场经济发展中妇女所处的不利境遇。性别上的社会歧视各国皆有，但西方发达国家至少不敢公开宣扬歧视，"只能悄悄做、不能公开说"是各西方国家实施性别歧视的一贯"底线"和基本"规则"。但在中国，不仅敢做而且敢说，这种制度性歧视不但大行其道，而且毫无遮蔽地公开宣扬。

另外，中国女性就业还呈现出边缘化趋势，非正规就业成为中国女性就业的主要方式，开放的劳动力市场使低素质、低文化的女性面临更大的就业压力。随着市场经济的发展，女性逐渐失去国家行政支持和意识形态的保护，职业的性别分化日渐明显。随着经济体制改革的进一步深化、经济结构的调整和对劳动力资源的优化配置，在劳动密集型产业和非正规部门就业的女性越来越多，女性就业的职业层次、稳定性及福利保障有下滑的趋势。女性大量集中于劳动力密集型产业，如服装业和纺织业的女工比重分别在六七成以上，而在资本或技术密集型产业中，女性所占就业比重相对较小，例如交通设备制造业的女工比例只有四分之一。即使在资本或技术密集型产业中，妇女也大多集中在技术层次低、收入低、简单而重复性的体力劳动部门，而在管理和技术部门的就业机会很少。由于受教育程度偏低，又有家务劳动的拖累，女工很难向更高层次的岗位流动，而且一旦下岗，到正规部门再就业很困难，只能选择非正规就业，社会福利的保障相对较差。特别在当前我国劳动力市场供大于求的情况下，用人单位人为地抬高就业门槛、设置性别限制，使得女性将在就业竞争中持续处于弱势地位。

1.6 城市低收入者群体人口对社会保障的需求

社会保障以保障国民的基本生活为基本职责，有鉴于此，社会保障中的低收入者群体应当是指由依靠自身能力难以摆脱生活困境的社会成员构成的特定群体,简单地说,就是人口中的低收入群体。虽然社会保障并非只是面向低收入者群体的制度安排,而是以增进全体国民的福利为己任,但是综观世界各国社会保障的发展历史,可以发现社会保障与社会低收入者群体之间一直存在着不可分割的内在联系。一方面,社会低收入者群体构成了各国社会保障实践活动的最基本的具体对象,并持续地推动着社会保障事业向前发展;另一方面,各国社会保障制度又均以保护低收入者群体的最低生活水平为最基本职责,进而促使全体社会成员在免于沦为低收入者群体的同时尽可能过上平等幸福的生活,最终实现整个社会的和谐发展。换句话说,社会保障制度的最基本职责和功能,是首先要保证社会低收入者群体的基本生存,然后才能谈及其他。为城市低收入者群体人口提供社会保障,需要从实际出发,综合考虑"供"、"需"两方面的情况,即不仅要考虑政府和社会"能够"保什么,而且更要考虑低收入者群体人口"需要"保什么。只有首先了解城市低收入者群体人口最需要什么,政府和社会才能够在力所能及的情况下,有的放矢地为他们提供切实有效的社会保障。

根据我们前面对城市低收入者群体人口现状、特征、分类、构成、产生原因及发展趋势等方面的讨论,新时期的城市低收入者群体无疑对于社会保障有着急切的需求,在需求内容的轻重缓急方面虽然有差异,但也有明显的共性。概括而言,城市低收入者群体人口当前最迫切需要解决的有四个共同问题:一是能够吃饱、二是能够有地方住、三是能够看得起病、四是子女能够受教育。这四个问题概括为一句话,就是能够保证城市低收入者群体人口的基本生存和后代发展。

基于这种认识和分析,我们认为,针对城市低收入者群体人口,现阶段社会保障制度建设的重中之重和当务之急,是迅速构建一个能够保障其生存需要的综合性初级社会保障体系,它主要应包括四个方面的内容:一是要建立和完善城市居民最低生活保障制度,二是要建立和完善疾病医疗救助制度,三是要建立和完善住房保障制度,四是要建立和完善教育救助制度。当然,一个完整的城市低收入者群体人口社会保障体系还应有更多的内容,如法律援助制度和各种社会保险制度等。但是,作为一个只以城市低收入者群体人口为对象的社会保障体系,只是整个社会保障体系的一部分，或者说是其最基本的部分，不应该无所不包；而且，即使只以城市低收入者群体人口为对象的社会保障，其内容也十分庞杂，作为一篇篇幅有限的研究报告，也无法做到面面俱到。所以，我们以下仅从当前城市低收入者群体人口最迫切需要的基本生活、医疗、住房和子女教育四个方面，展开我们的讨论。

1.7 研究城市低收入者群体与社会保障问题的意义

关于研究城市低收入者群体与社会保障问题的意义，人们已多有论述，概括起来主要有以下几个方面：

1.7.1 是构建社会主义和谐社会的迫切需要

构建社会主义和谐社会的关键，是社会各阶层、各群体之间的关系要和谐，特别是强势群体与低收入者群体之间的关系要相对和谐。一个低收入者群体得不到保障的社会，一个社会弱者受到歧视的社会，不可能是一个稳定和协调发展的社会，更谈不上是一个和谐的社会。在资本主义出现以前的各社会形态，强势群体与低收入者群体的关系处于尖锐对立之中，其结果往往是两败俱伤。在资本主义发展之初，这种情形更是达到极致，导致了低收入者群体的激烈反抗，严重威胁到社会强者的既得利益。一些先进的资产阶级政治家、思想家从维护资本所有者的利益出发，开始思考并实际推行社会政策以安抚社会弱者，西方各国自19世纪后期起纷纷出台社会保障政策决不是偶然的。低收入者群体是一种利益被相对剥夺的群体，当他们将自己的不如意境遇归结为获益群体的剥夺时，就会对剥夺他们的群体怀有敌视或仇恨心理，社会中就潜伏着冲突的危险，甚至他们的敌视和仇视指向可能扩散到社会其他群体。犹如经济学上的"水桶效应"，水流的外溢取决于水桶上最短的一块木板，社会风险最容易在承受力最低的社会群体身上爆发，从而构成危及社会稳定、影响社会发展的一个巨大社会隐患。因此，为低收入者群体建立适当的社会保障体系，帮助他们减轻来自经济、社会和心理的巨大压力，不仅是各级政府部门的责任，而且也是全社会的义务，其中社会强者应尽更多的义务。我国目前正在加速推进经济体制的改革，尽管经济增长很快，使得相当规模的人群摆脱贫弱的地位，改善了生活水平，但依然有相当数量的弱势人群，他们不但有增长的趋势，而且其弱势程度还在继续加深。应该说，低收入者群体达到这样的规模和比例，已经构成了对改革、发展与稳定的严重威胁，迫切需要重视和研究。

1.7.2 是缩小和消除两极分化，实现社会公平、公正的需要

有中国特色社会主义的本质，是"解放生产力、发展生产力、消灭剥削，消除两极分化，最终达到共同富裕"。加快社会主义现代化建设的目的，是为了更好地体现社会主义的本质，使全体中国人民都过上好日子。改革开放以来，我国经济飞速发展，国民生产总值的增长速度连续多年保持或接近两位数，这种发展势头令世界上许多发展中国家羡慕不已，也让海外的炎黄子孙振奋不已。目前，我们已经实现了现代化建设"三步走"战略的第一步、第二步目标，人民生活总体上达到小康水平。但是同时，随着经济结构的调整，居民收入不平等的扩大，城市低收入者群体问题日益突出，社会贫富两极分化也日趋严重。2004 年全国 5 万户城镇住户抽样调查结果表明，上半年最高 10% 收入组人均可支配收入 13322 元，是全国平均水平的 2.8 倍；而最低 10% 收入组人均可支配收入为 1397 元，仅为全国平均水平的 29%。高低收入组人均收入之比为 9.5∶1，比上年同期 9.1∶1 有所扩大。区域之间、行业之间的收入差距同样呈扩大趋势。国家统计局城市社会经济调查总队发布的图表及数据显示，当前中国 10% 的居民占有 45% 的城市财富；基尼系数已经超过国际公认的 0.4 的警戒线，社会低收入者群体的规模不断扩大、弱势程度不断加深，不平等现象也日益明显，主要表现在：收入分配上的差距持续拉大；财富分配上的差距更大，更多的人处于赤贫状态；城乡差距不断扩大，地区间发展的不平衡十分突出；农民和城镇下岗、失业人员生活日益困苦；教育领域的不平等十分悬殊；医疗、卫生保健方面的不平等越来越难以接受，多数人看不起病。面对诸多的社会不平等和不公正，国家在社会保障的基础上怎样为他们构筑新时期社会保护体系，如何保障他们享有生存和发展的权利并帮助他们逐步摆脱已陷入的生活困境，显得尤为迫切。

1.7.3 关心和支持低收入者群体是党和政府的一贯政策

中国共产党始终代表人民的根本利益，一直以执政为民为己任。改革开放以来，党和政府在推动经济发展的同时，不断建立健全社会政策，保障广大人民的利益，特别是保护低收入者群体的利益。在目前社会贫富分化有加剧趋势的情况下，党和政府一再强调要关心困难群众的生产与生活。2002 年 2 月 4 日，中共中央政治局常务委员会召开会议，专门部署

安排好困难群众生产和生活的工作。江泽民同志在会上强调指出,贯彻"三个代表"的要求,最根本的是要不断实现好、发展好、维护好最广大人民的根本利益。各级领导干部必须更好地为广大人民群众服务,更好地为最需要帮助的困难群众服务。3月份,在全国人民代表大会上,朱镕基总理明确提出要关心低收入者群体,帮助低收入者群体就业。在2002年11月召开的中国共产党第十六次全国代表大会上,江泽民主席多次强调了与保护低收入者群体有关的内容。2002年底胡锦涛同志主持召开中央政治局常委会议和中央经济工作会议,部署加强社会保障、确保困难群众生活的工作,强调要加强就业和社会保障工作,努力提高人民生活水平,做好"两个确保"和"三条保障线"的衔接工作,继续大力推进扶贫开发,增加扶贫投入,提高扶贫开发的成效。即将制定实行的全国第十一个国民经济和社会发展规划,也将把完善社会保障体系、保障低收入者群体的利益,列为一个重要内容。

2. 建立和完善城市居民最低生活保障制度

所谓"最低生活保障制度",是指"根据维持最起码的生活水平的消费需求设立一个最低生活保障标准,每一个公民,当其收入水平低于最低生活保障标准而使生活发生困难时,都有权利得到政府按照明文公布的法定程序和标准提供的现金和实物救助"。它是社会救助体系中最规范化、制度化的部分,是"我国社会保障安全网中的最后一道防线",为保障城市低收入者群体群众即城市低收入者群体的基本生活起着"兜底保证"作用。总的来说,城市居民最低生活保障制度的建立,"无论从中国的社会脉络看,还是与国际经验相比较,低保制度都是一项实实在在可信赖的制度。它以明智的混合目标机制,为适应中国多变的社会环境提供了一种制度弹性"。

2.1 我国城市居民最低生活保障制度的历史回顾

1993年6月1日,上海市政府宣布建立"城市居民最低生活保障线制度",由此拉开了中国社会保障制度改革的序幕。上海市的这项制度规定,凡城市居民,家庭人均收入低于市府规定的最低生活保障线(当时的标准是月人均120元),都有权向政府有关部门申请社会救助。13年来，我国的城市低保制度经历了两大发展阶段，即1993—1999年的"创立和推广阶段"和1999年至今的"提高和完善阶段"。

2.1.1 城市低保制度的创立和推广阶段

城市低保制度在这一阶段用了7年的时间，完成了由点及面、在全国普遍建立的历史使命：最初，城市低保制度的创立表现为一些城市的地方政府与时俱进的政策创意和自发的行政行为，继上海之后，又有大连、青岛、烟台、福州、厦门和广州等东部沿海城市加入了有个性的创建制度的行列；1995年，这项制度为中央政府的相应职能部门所认可，并下决心在全国组织推广；1997年，这项制度再次上升为国务院的一项重要决策，发出了《国务院关于在各地建立城市居民最低生活保障制度的通知》，要求在21世纪末，全国所有的城市和县政府所在的镇都要建立这项制度；到1999年新中国成立50周年前夕，民政部宣布：全国668个城市和1638个县政府所在地的建制镇已经全部建立起城市居民最低生活保障制度。1999年出台的《城市居民最低生活保障条例》，标志着这项制度已经成为我国的一项正式的法律制度和长期的基本国策。

2.1.2 城市低保制度的提高和完善阶段

随着21世纪的到来，城市低保制度的发展进入了第二阶段。在这一阶段，城市低保制度首先用了4年的时间，突破了"资金瓶颈"，从而发挥出其应有的作用。在第一阶段的创建过程中，当时的政策取向是城市低保经费主要由地方财政负担，这就造成了一个悖论：越是经济发展水平落后、地方财政困难的地方政府，面临的城市低保对象越多，分担的低保资金也就越多。在这种政策背景下，城市低保制度实际上并没有真正发挥保障城市贫弱群体最起码的生活水平的作用。当全国所有的城市和县镇都建立起这项制度时，实际上只有281万城市贫困人口得到了救助。与当时学界和一些国际组织对中国城市贫困人口在1500万—3000万的估计数相比，只占五分之一到十分之一。

2000年，国务院做出重要决策，从2001年到2003年，中央财政负担的低保经费要连续翻番，即从2000年的8亿，增加到2001年的23亿，2002年的46亿，再到2003年的92亿，2004年的105亿。加上地方财政支出后，全部低保经费从2000年的27亿，增加到2001年的42亿，2002年的109亿，再到2003年的151亿和2004年的173亿。随之，低保制度保障的人数也大幅度增长，从 2000 年的 403 万，增加到 2001 年的 1171 万，2002 年的 2065 万，再到 2003 年的 2247 万，2004 年的 2201 万。2005 年，截至 5 月份的统计数字，累计支出低保经费 77 亿元，低保对象为 2182 万人。

从 2003 年起，城市低保支出稳定在 150 亿元以上，低保对象稳定在 2200 万人上下。于是，完善城市低保制度的重点走向了"配套措施"和"分类救助"。所谓"配套措施"是指为解决低保对象在医疗、子女教育、住房及冬季取暖（北方）等方面所面临的实际问题所采取的配套政策。所谓"分类救助"是指对低保家庭中有特殊需要的家庭成员，如老人、未成年人、残疾人、重病人等采取的特殊政策。2003 年，民政部发出了《关于建立城市医疗救助制度有关事项的通知》；2004 年，民政部、建设部等联合颁布了《城镇最低收入家庭廉租住房管理办法》，民政部与教育部联合发出了《关于进一步做好城乡特殊困难未成年人教育救助工作的通知》，民政部发出了《关于做好普通高等学校困难毕业生救助工作的通知》。从 2004 年开始，民政部积极与其他相关的政府部门进行协商，总结、推广部分省、市的经验，着手探索和建立以城市低保制度为主体，以优惠政策和临时救助制度为补充，以医疗救助、教育救助、住房救助等相配套的综合性社会救助体系，争取为城市贫困居民解决更多的实际困难。

通过以上对我国城市低保制度发展历史的简单讨论，我们可以对其性质做如下定位：

第一，低保制度是保障城市居民基本生活权利的制度。与以往基于人道主义的社会救济相比，低保制度强调居民拥有满足其基本生活需要的权利。《城市居民最低生活保障条例》第二条明确规定："持有非农业户口的城市居民，凡共同生活的家庭成员人均收入低于当地城市居民最低生活保障标准的，均有从当地人民政府获得基本生活物质帮助的权利"。

第二，低保制度是以家庭调查为前提的选择性救助制度。首先，低保制度是针对极端贫困的城市居民的；其次，低保制度要求按照一定的程序识别贫困居民。低保条例的第七条规定："申请享受城市居民最低生活保障待遇，由户主向户籍所在地的街道办事处或者镇人民政府提出书面申请，并出具有关证明材料，填写《城市居民最低生活保障待遇审批表》"，"管理审批机关为审批城市居民最低生活保障待遇的需要，可以通过入户调查、邻里访问以及信函索证等方式对申请人的家庭经济状况和实际生活水平进行调查核实","申请人及有关单位、组织或者个人应当接受调查，如实提供有关情况"。在实际工作中，为了保证申请者确实符合资格，往往还要进行民主评议、张榜公告。这样，接受救助者往往被标示为一个特殊群体。

第三，低保制度是一种低水平的收入补差制度。低保条例规定，"城市居民最低生活保障待遇由管理审批机关以货币形式按月发放"，只是在必要时才给付实物。因此，低保制度主要是一种现金救助制度。现金救助的数量主要参照两个标准，一是各地制定的居民最低生活保障标准。按照条例第六条的规定，这一标准"按照当地维持城市居民基本生活所必需的衣、食、住费用，并适当考虑水电燃煤（燃气）费用以及未成年人的义务教育费用确定"。但在实际工作中，很多地方主要是根据政府的财政支付能力，遵循"低标准起步"的原则。因此整体上看，全国城市居民最低生活保障标准是很低的。二是申请者家庭的人均收入水平。低保制度实际上是参照以上两个标准的现金补差制度。

第四，低保制度是由地方人民政府负责的制度，也就是由地方政府出钱的制度。按照低保条例的规定，中央政府只对低保制度的实施负有行政管理的责任，"国务院民政部门负责全国城市居民最低生活保障的管理工作"。低保制度的实际责任主体是各级地方政府，"城市居民最低生活保障制度实行地方各级人民政府负责制"，低保资金"由地方人民政府列入财政预算，纳入社会救济专项资金支出项目，专项管理，专款专用"。

第五，低保制度是实行动态管理的制度。按照低保条例的规定，如果申请者合乎条件，被批准享受最低生活保障待遇，那么他们就可以从当地政府获得定期的现金补助。但是，一旦申请者家庭收入状况发生变化，或者当地居民最低生活保障标准发生变化，申请者接受现金补助的水平就有三种可能的变化：增加、减少、取消，同时伴随着低保对象的增减。因此，就低保资金的发放和低保对象的管理而言，低保制度是实行动态管理的制度。理论上讲，低保制度只对那些符合条件的人给予一定期限的救助，它所覆盖的人群应当是不断变化的。

第六，低保制度要求合乎条件的低保对象履行一定的社会义务。按照低保条例的规定，低保对象中"在就业年龄内有劳动能力但尚未就业的城市居民，在享受城市居民最低生活保障待遇期间，应当参加其所在的居民委员会组织的公益性社区服务劳动"。这个规定在一定程度上体现了权利与义务对等的原则，但在实际工作中往往被作为发放低保金的附加条件之一。

第七，低保制度实际上是"最后的安全网"。相对于职工最低工资制度、下岗职工基本生活费补助制度、失业人员救济制度以及老年人退休金制度而言，城市居民最低生活保障制度是较晚正式出台的。这项制度设计的前提是：在其他制度有效实施的情况下，对于生活仍然困难的居民给予最后的保障。

2.2 最低生活保障制度存在的问题

从 1993 年上海市开始实行城市居民最低生活保障制度的 13 年以来，城市低保制度在我国经过不断改进、完善和规范化建设，低保对象迅速增加、低保资金投入力度空前加大、低保工作机构得到初步加强、低保工作日益规范，在保证城市低收入者群体人口基本生活、保持社会稳定和促进中国城市社会经济发展中发挥了重要作用，得到了政府和公众的信任，在国际上也享有盛誉，"在中国目前所有的社会保障制度中，城市低保制度是发展得最好的，也是与国际惯例最为接轨的"。但是同时，也还存在一些缺陷和问题。

从制度本身看，最低生活保障制度的最大优点，是能够保证将有限的资金用到"最需要的人"身上，它的这个优点几乎是与生俱来的。最低生活保障制度本身的缺陷也像其优点一样，也是显而易见的。主要表现在四个方面：

2.2.1 低保制度并不能帮助低保对象脱贫

在国际上，低保制度或社会救助制度也被称为"收入维持制度"，其目标是最低限度的"民生"问题，即政府通过差额补贴的方式，使人均收入低于某一最低标准的家庭的收入维持在一个最起码的水平上。因此，从该制度的设计目标来说，其功能是"维持"性的而不是发展性的，或者说这项制度本身是"消极的"、"被动的"，而不是"主动的"、"积极的"。一句话：城市低保制度并不能使城市贫困人口脱贫。从中国的实践看，当城市居民最低生活保障制度的救助对象 2002 年突破了 2000 万大关后，2003 年再度上升，达到 2247 万；2004 年略有下降，2201 万；2005

年上半年再度小幅下降,则为2182万。可以预计,如果不采取其他更加积极的政策,在今后一段时间内,城市低保对象的规模将稳定在2000万—2200万人之间。而将2000多万城市贫困人口置于城市低保制度的庇护之下,并不是国家政策的最终目的。

2.2.2 低保制度需要大量的人工成本

无论从国际还是从中国的实际看,低保制度都是一项高成本的制度设计,因为城市低保制度要求首先对所有申请者进行家庭经济调查,以确定其是否符合法定的受助条件。在受助者享受低保金期间,还要对其进行追踪调查,以确认其在此期间有没有从其他途径获得收入,一旦其收入超过法定标准,就必须取消其受助资格。以上这些法定程序的进行,都需要大量的人工。但从中国的实践看,在城市低保制度的实施过程中,政府巧妙地利用了遍布在中国城市中"横向到边,纵向到底"的80017个(2004年数)的社区居委会,动员起至少30万—50万人的从事调查审核的"志愿者"队伍,只花费了极少的人工成本,就使一个庞大的"低保机器"运转起来。换句话说,由于社区居委会的积极介入,使我们得到了大量的成本极低的人力资源,从而使这项制度的成本降到了一个在国际上看来难以想象的极点。表面上看来,这似乎成功地解决了城市低保制度成本过高的问题,但实际上又埋下了其他隐患。其一,社区居委会与社区居民的几乎"零距离"的接触为他们掌握对制度实施必要的信息提供了非常有利的条件,但是当制度进入平稳运行时,这种"零距离"的工作关系可能会产生两种负面影响:一是优亲厚友,二是人身安全受到威胁。其二,社区居委会干部基本上都没有受过专业训练,只是在凭自己的良心和热情在工作,在与低保对象打交道时,常常会暴露出恩赐观念和特权心态,对工作产生一定的负面影响,从而使得我们在人力资源上的优势变为劣势。因此,低保工作人员的专业化、职业化问题必须被尽快提上议事日程。其三,更重要的是,尽管我们依靠这种得天独厚的人力资源优势在低保审核和动态管理方面作了大量艰苦细致的工作,"低保对象审核难"仍然是实际工作中反映出来的一大突出问题,今后仍需大力加强家计调查工作。也就是说,城市低保制度的高人力成本是不可避免的事情。

2.2.3 低保制度"养懒汉"与"不人道"

低保制度还容易同时受到来自两个方面的指责。该制度最初的设计应该是针对没有劳动能力者的，对于这些处于绝对弱势地位的社会群体，出于人道主义思想和互助互济传统的社会救助在社会上比较容易取得一致的看法。但是，当贫困者是有劳动能力但没有就业机会、特别是有就业机会而不愿意就业的人也获准享受同样待遇时，问题就变得复杂起来。因为低保制度"养活穷人"的钱实际上来自于全体纳税人，于是，一部分纳税人对这项制度是否"养懒汉"变得十分敏感；而另一部分人又常常从人道的角度，同时对这项制度的行政程序中的"羞辱性"问题提出指责，认为诸如反复细致的家计调查和三番五次的张榜公布的做法"不人道"，有损受助者的人格等。这种同时受到两面夹攻的尴尬处境，常常使低保制度进退维谷，无所适从。从中国的实践看，在2200万左右的城市低保对象中，实际上70%上下是失业人员，而有劳动能力的要占到总数的50%左右。因此，自从低保制度实施以来，对这项制度"养懒汉"的担心颇盛，以至于许多地方普遍采取所谓"虚拟收入"（对失业人员不管事实上有没有收入都按当地最低工资计算其收入）等做法来设置"门槛"，造成了大量失业人员被排除在外的"应保未保"的现象。而与此同时，又有人从人道的理念出发，对严格的家庭经济调查和追踪调查进行严厉批评，在社会舆论中，在新闻媒体上，造成了对低保制度的负面影响。

2.2.4 低保线边缘的群体实际生活水平低于低保对象

目前各地对最低生活保障均采取了许多配套措施，低保对象除了每月的低保金外，还能享受到医疗、教育、住房等方面的优惠政策，所以，其实际得益水平远超过最低生活保障标准，以至于有的城市低保家庭宁可放弃低保金，也要坚持享受其他优惠政策。而家庭月人均收入在低保线和低保线以上1.5倍之间的居民，按政策规定不能享受上述诸多优惠，所以其实际生活水平低于低保对象，其中还不乏患有重、大病的居民。这种制度安排对这些边缘困难群体来说显然是不公平的。但是，如果扩大低保范围，不但将面临财政上的困难，而且会继续产生其他"边缘困难群体"，从而陷入一个难以走出的怪圈。

以上是城市低保制度本身所具有的一些缺陷。从它在我国的实际执行情况来看，这一制度还存在如下一些主要问题：

2.2.5 认识上的偏差

城市低保制度在我国只有短短十几年的历史，同对任何新生事物的认识一样，人们对这一制度在认识上还存在种种偏差，这种偏差不仅普通百姓有，政府官员以至一些学者也有，这是难免的。辩证唯物主义认识论告诉我们，对事物本质的认识是一个漫长的过程，尤其是对一种新生事物，人们不可能在一开始就对其本质和规律有完全清醒、正确的认识。虽然有国外发达国家的经验可资借鉴，但由于各方面的国情不同，城市低保制度在我国的实施必然要伴随着人们认识的不断深入而逐渐完善。就目前而言，比较明显、因而对低保制度的顺利实施有较大影响的认识误区主要有这样一些：

2.2.5.1 把低保看成是一种道义甚至恩赐。认为低保是政府和社会出于对弱者的同情而做出的一种施与，表现在有些政府工作人员那里，就是以救世主的姿态高高在上；在有些低保人员那里，则是千恩万谢，感恩戴德。

2.2.5.2 把低保当作福利。享受低保尽管不是一种耻辱，但也不是一种荣耀。但现实中的确有些人把享受低保当成了一种国民待遇，一种福利，以为是一件很有面子的事。

2.2.5.3 把低保当作一种永久保障。最低生活保障是一种过渡性的保障制度，它所要解决的只是困难人群暂时的困难，最根本的出路还在于自谋职业。但现实中有些人将低保当成是一辈子的事，进去容易出来难，由此导致低保制度的退出机制在实施中困难重重。

2.2.5.4 把低保看作是政府掏钱请客，不拿白不拿。因为有了这些观念误区的存在，"人情保"、"关系保"、"安抚保"、"退保难"等现象的存在也就不足为奇了。

2.2.6 居民家庭收入和低保对象界定困难

实施城市居民最低生活保障制度，严格、正确地界定居民家庭收入并据此界定低保对象的范围是前提，特别是由于我国城市居民最低生活保障实行的是差额补助，因而核定低保人员家庭收入是关键所在。而正是在这一点上，目前存在不少困难，这是当前低保工作中存在的一个共性问题。有人将核实家庭收入总结为"四难"：一是家庭收入的多样化，带来了调查取证难，尤其是隐性就业、弹性就业及隐性收入难掌握；二是在职职工所在单位提供的工资收入证明的真实性难保证；三是城市居民邻里交往和了解程度低，提供相关情况难；四是银行存款、股票及其他有价证券情况调查难等。如何准确、真实地核定低保人员家庭收入已成为低保工作顺利开展的最大难题。当然，放眼世界，这一问题并非中国所特有，即使在国人看来已经不存在或者已经从法律上解决了这个问题的发达国家，随着20世纪末以来失业率的上升和非正规就业的增长，实际上也面临着同样或相似的问题。

2.2.7 动态管理亟须加强

应保尽保、应出尽出，实施动态管理是低保工作的原则。所谓动态管理一般包括三个方面，即进入机制、调整机制和退出机制。在进入机制方面，限于财力不足等因素，一些地方不能及时将符合条件的人员纳进来，所谓"应保尽保"实际上是"能保尽保"；在调整机制方面，由于人手不足，难以及时掌握低保对象家庭收入和人口增减变动情况，不能及时调整；在退出机制方面，有极少数低保对象找到了工作，实现了隐性再就业，但有意隐瞒，继续拿低保金，而低保管理部门又无法及时发现以核退，造成了低保对象只进不出，基数不断扩大，政府财政负担加重。另外，低保制度所需的信息化、网络化管理的滞后，使得低保对象的确定缺少有效的数据，不利于社会对其实施有效的监督，直接导致低保对象应保的未保、不应保的反而保的现象时有发生。

2.2.8 基层工作力量薄弱

造成低保难以完全真正做到"应保尽保"、特别是"应出尽出"难的一大原因是专门机构的缺乏，尤其是基层工作力量的薄弱。目前全国多数地方民政部门均设有专门的最低生活保障工作机构，在街道、社区也有各自的低保工作站或低保中心，但有的省市却没有设立，镇、社区等也没有配备专职的低保工作人员。比如，不少社区只有1名工作人员兼顾低保工作，他们往往需要对100多户甚至更多的低保户进行"动态管理"，1∶100的比例显然很难达到"应出尽出"的要求。而且，许多社区都是实行手工操作，管理手段落后，工作效率不高，影响了低保工作的时效和质量。

2.2.9 低保资金供给渠道单一，地方财政支付压力增大

依据《城市居民最低生活保障条例》，城市居民最低生活保障所需资金主要由地方政府负责，目前低保资金的来源实行中央、省、市、县级财政分担的办法。近年来加大了低保资金的转移支付力度。但是随着国企改

革的逐渐深入，一些企业经济下滑，下岗职工和失业职工不断增加。这些人陆续进入最低生活保障范围，尤其是2002年开始实行"应保尽保"，导致低保支出成倍增长，从而对地方财政的压力已显现出来，低保金不能及时足额发放，已经成为低保工作一个比较具有普遍性的问题。许多地方的补助水平明显偏低，部分地区压低水平发放、平均发放、不按月发放低保金等问题相当严重，群众因不能及时足额领到低保金而上访的现象屡有发生。

2.2.10 "福利依赖"初露苗头

"应保尽保"在一定程度上滋生助长了"不劳而获"的懒汉。按照应保尽保的原则，只要家庭人均收入达不到当地最低生活保障标准，就应该纳入低保给以补足。但是如果把很多有劳动能力的人纳入最低生活保障，容易出现养懒汉，依赖政府的现象，也使政府负担加重，一旦政府没能力负担，矛盾将会更加突出。之所以会出现"宁愿在家吃低保，不愿出外找工作"的现象，主要原因还在于目前的低保制度实行的是差额补助办法，这种制度设计在实践中会出现这样的现象：如果受助家庭通过就业多挣钱，就意味着少得到救助。由于低保人员在知识、技能、年龄等方面均不占优势，就业难度较大，就业收入不会太高。如果就业不能使受助家庭的平均收入明显高于保障标准，对这个家庭来说，在经济上是没有意义的。因此，部分有劳动能力的人宁愿靠低保，不愿去就业。其次，低保政策的诸多优惠，客观上也造成了一些人"坐享其成"。目前大部分地方的现行政策规定，吃低保者除了享受低保金之外，还享受许多方面的优惠，包括水电气、房租、取暖、小孩学杂费等方面都可减免，还有资格申购价格相对较低的经济适用房等。

2.2.11 "三条保障线"衔接不够

目前我国对城市居民生活实行的三条保障线制度，即在职人员最低工资线、失业人员领取的失业保险金和城市居民最低生活保障线。前两条线由劳动部门制定、调整，低保线则由民政部门制定、调整。由于三条保障线之间缺少相互衔接，造成保障标准缺乏整体联动，保障政策互补性和协调性较弱。

以上只是从最低生活保障制度本身和实际执行情况两个方面，对这一制度的一些主要缺陷和存在问题做了简评。除此之外，还存在其他一些具体问题，如按家庭平均收入计算造成漏保、促进就业配套不完善、人户分离难管理、差额补助办法不利于鼓励低保对象找工作等等。所有这些问题，都需要在今后的工作中去完善。

2.3 进一步完善城市居民最低生活保障制度的对策建议

城市居民最低生活保障制度是我国城市低收入者群体人口社会保障的核心。它虽然通常被形容为是我国社会保障安全网中的"最后一道防线"，但其实它更是"第一道防线"，是做好城市低收入者群体人口和全体国民社会保障的最起码基础。只有首先解决了城市低收入者群体人口的基本生活或者说生存问题，才可能谈得上其他方面的进一步保障。客观地讲，经过十几年的发展，我国的城市居民低保度尽管还存在如上一些这样那样的缺陷和问题，但它无疑是目前已有的各种社会保障制度中最完善和发挥作用最好的。"人无完人，金无足赤"，任何一种社会制度安排都不可能是尽善尽美的，但这并不妨碍我们追求完美。既然我们已经认识到城市低保制度的上述种种缺陷和不足，就应当在力所能及的情况下加以改进，尽管我们也清楚地知道，旧的问题决了，还会有新的问题出现。

2.3.1 加强宣传，转变观念

这看起来完全像是老生常谈，没有一点新意。而实际情况是，尽管城市低保制度在我国的实施已经有十几年的历史，但真正普遍建立和实施这一制度，才是近几年的事情，因此在宣传和转变观念方面仍然有大量工作要做。宣传和教育虽非万灵妙药，但却是一项必不可少的基础工作。这方面的工作内容庞杂，但我们认为，今后的重点应当是：第一，低保不是社会慈善事业。几千年来人们头脑中将社会救助视为慈善事业，是对穷人的施舍和恩赐的观念一时难以彻底改变。在低保工作中，相关人员有意无意流露出施恩或帮忙意思，低保人员则处于从属或被支配的地位，人格不能得到充分尊重。因此，我们首先须在思想上观念上有所更新。《城市居民最低生活保障条例》规定"凡是处于城市最低生活保障线以下的城市居民都有申请最低生活保障金的权利"，明确指出申请必要的社会救助是贫困群体的一种不可剥夺的权利。低保工作人员必须清楚认识到这一点，加强政策和法规学习，端正态度，养成依法从事低保工作的习惯。其次，政府部门在宣传和努力做到"应保尽保"的同时，应倡导"劳动光荣"，鼓励有劳动能力的人劳动自救，不应把低保作为依赖。第三，应加强公民的

基本权利和义务教育,让他们明确公民在享有基本权利的同时也必须尽公民的义务,如参加社区组织的公益劳动,提供真实、可靠的收入状况证明,接受入户调查,在接受帮助的同时力所能及地帮助别人等。第三,应大力宣扬社会保障虽然是保护网,但不是"免费的午餐",不可能把所有的社会风险全都包下来,也不可能长期养"懒汉",人们应增强风险意识,防患于未然,在有收入来源时,尽量参加各种社会保障项目,自觉交纳社会保险费。第四,转变人们的就业观念。有就业才有收入,才会使困难家庭真正摆脱贫困。转变就业观念问题可能是近年来人们谈论最多的话题之一,而且已经由此演绎出了许多新概念,如"再就业"、"正规就业"、"非正规就业"、"弹性就业"等等。但目前人们最需要转变的,恐怕是"就业"这一概念本身。在人们心目中留下深刻印象的"就业",可能是与旧的大工业,或者更准确地说是与制造业的大机器、流水线之类生产方式相适应的,指的是包括"按时上下班"、"每天8小时"、"每月领工资"等含义在内的一种生产方式和生活方式。这种生产方式的本质可能是把劳动力视同为大机器、流水线上的"零部件"。通常情况下,人们只需要每天做重复的动作,其优劣之分只在完成每个动作的速率。久而久之,人们的创造能力和适应能力便被降低到一个非常低的水平上,这可能就是下岗、失业人员常常茫然面对未来的根本原因。因此,面对社会转型、经济转轨等几乎是翻天覆地的社会变迁,传统的"就业"概念可能会禁锢整个社会的思想活力,从而导致一种"社会自闭症"的蔓延,因此必须重新看待"就业"这个概念,把一切能够带来收入的活动都理解为"就业"。

2.3.2 建立独立、有效的家计调查机构

对申请享受低保者及其家庭进行家计调查是核实居民家庭收入、从而确定享受城市低保家庭范围的前提。我国自实行城市低保制度以来,也沿用了这种国际惯例,并付出了比发达国家同行更多的劳动,创造出了许多"具有中国特色的"家计调查方式,如负责家计调查的社区干部除了走访申请低保者的"单位"等正规渠道外,还会走访邻居、亲友、同事等几乎一切可能了解其家庭经济情况的人,进行调查;在发现单单了解其家庭收入实际上难保完全准确后,还强调在可观察的生活方式和消费层面上进行求证并使之合法化,于是许多地方明文规定了若干"不得享受"的严

格界限，如"经常吃肉者不能享受"、"佩戴贵重金银首饰者不能享受"、"家里养有宠物者不能享受"，如此等等；初审合格者，还要在社区进行"民主评议"；通过评议后，在逐级上报之前还要在社区里张榜公布，甚至在一些地方已经做到对低保对象和申请者"常年张榜公布"，以接受群众监督；任何人对其家庭经济情况有疑问，都可以上访、电话或信函等方式进行举报，社区干部据此进行重新调查；被批准的低保对象，按规定要定期向有关部门报告其家庭经济状况和求职进展情况，……总之，实际工作部门为有效解决家庭收入核实难的问题，可谓绞尽了脑汁，但实际上，"家庭收入难以核实"仍然是低保工作中反映出来的最大难题，基层干部也将此作为自己的最大"心病"。对此，我们该怎么样来看待呢？首先我们认为，在现有的制度安排和社会环境下，社区低保干部可以说已经尽了他们的最大努力，城市低保制度在中国现有的各项社会保障制度中已经是做得最好的，也是与国际惯例最为接轨的，这一点已经得到熟悉中国国情的国际专家的认同。"水至清则无鱼"，"家庭收入核实难"这一问题即使在西方发达国家也没有能够得到完全解决，在我们这个刚刚开始实行低保制度的典型的发展中国家当然也不会例外。那么，这一问题是否还有更进一步完善的余地或者办法呢？我们的答案是肯定的。办法之一，就是参照发达国家的经验，建立独立、有效的家计调查系统。

我们在 2.2.2 中曾经谈到，城市最低生活保障是一项高成本的制度设计，因为它要求首先对所有申请者进行家庭经济调查，但中国在城市低保制度的实施过程中，由于社区居委会的积极介入而得到了大量的成本极低的人力资源，从而使这项制度的成本降到了一个在国际上看来难以想象的极点。这是中国城市低保制度的特色，是优势，同时也是不足。此外，以社区干部为主的家计调查还缺乏权威性，如无权审查申请低保者的银行账户、无权对弄虚作假者（包括单位）直接进行处罚；也缺乏制度刚性，调查时间、调查方式等往往根据社区干部的时间、兴趣等而定；当然也还缺乏专业性，因为我们的社区干部绝大多数都没有受过专门训练。鉴于此，我们认为我国有必要借鉴发达国家已经有的比较成熟的经验，建立独立、有效的家计调查系统。主要构想简述如下：第一，家计调查机构设在民政部门，自上而下逐级设立，一直到街道办事处。其组成人员可先由民政、统计、司法、银行等部门抽调并编入公务员系列。第二，家计调查机构的主要职责是对申请低保者和低保对象以及申请住房、医疗、教育救助者和救助对象进行个人和家庭收入调查及审查，除在批保前对申请低保者的收入状况进行调查和审查外，还要对低保对象的经济状况进行定期调查和不定期抽查。第三，赋予家计调查机构对低保申请户的银行账户、股票及其他有价证券情况进行审查或委托审查和对以骗保为目的进行弄虚作假者进行行政和经济处罚的权利。第四，在进行家计调查时，社区干部应予以配合。

我们认为，设立独立的家计调查机构是国际惯例，是城市低保制度发展的大势所趋。政府可考虑先在几个市、区进行实验，待经验成熟后迅速加以推广。这样做，表面看来会增加政府机构和人员编制，加大低保制度的实施成本，但它对于保证低保制度的科学性、严肃性，对于维护低保制度的公平性、公正性，对于提高家计调查的工作效率，有着至关重要的意义，是一项不可缺少的制度创新。

2.3.3 合理分担和使用资金

城市低保制度能否真正做到"应保尽保"，能否顺利实行，"资金"起着关键作用。这至少包含两层意思：一是是否有足够的资金，二是能否合理配套和使用资金。在用于城市低保的资金数量上，从2000年以来，中央和地方的财政支出连年翻番，截至2005年5月，中央和地方已累计支出低保经费77亿元，低保对象为2182万人（参见2.1.2），从总量的增加方面看，尽管还不能很令人满意，以至于政府几年前就宣布已经做到的"应保尽保"，给人的印象仍然是根据资金情况"能保尽保"，但总的发展趋势是好的。为了给城市居民最低生活保障制度提供足够的资金保证，我们建议：第一，中央和地方政府应进一步调整财政支出结构，压缩一般性支出，增加对社会保障的支出力度；第二，上级财政加大转移支付的力度，增加对困难地区"低保"资金的补助，支持和帮助做好低保工作；第三，从社会福利基金和福利彩票收益中安排一定比例的资金用于低保，为低保资金提供稳定的来源；第四，加大宣传力度，让全社会都来关注社会低收入者群体的生活，完善社会捐助制度，为低保对象提供实质性的帮助。

在低保资金问题上，除了总量不足外，现在的问题主要反映在资金的合理分担和使用方面。按照《城市居民最低社会保障条例》的规定，"城市居民最低社会保障制度实行地方人民政府负责制"，"城市居民最低社会保障制度所需资金，由地方人民政府列入财政预算，纳入社会救济专项资金支出项目，专项管理，专款专用"。这似乎意味着，城市低保主要靠地方政府和地方财政自己解决自己的问题。但是实际上，除了东部沿海少数发达省份外，其他绝大多数省市区自行解决问题的可能性几乎不存在，至少到目前为止是这样。尽管从2000年以来中央低保投入连年翻番，但是同时，从中央政府到有关职能部门始终保持与《条例》一样的口径，强调低保的责任主要在地方，要求必须更多地增加地方财政投入。于是便出现了一个这样有趣的现象：尽管《条例》规定低保的主要责任在地方，但近年来实际上是中央财政在低保投入中拿了"大头"，在2003年、2004年的低保支出中都占到了60%以上。但是下面、尤其是基层要求上面增加低保投入的呼声却仍然不绝于耳，而且总是担心上面的资金"不稳定"、"不到位"，总怕万一有一天中央和省里不再投入，使得低保制度半途夭折。为此我们建议，中央和省级的低保资金投入要尽快以法规或文件的形式固定下来，不能总是"随机应变"，要给下面一颗实实在在的"定心丸"。同时，从中央到地方各级政府在资金的分担方面要实事求是、合理分担。仅仅通过年报预算的办法来落实低保资金是不够的，根据前几年的实践，地方财政最后的实际支出大都要小于年初的预算。对于这种"赖账"现象，尽管中央也采取了一些办法，比如将全国县级以上城市的低保资金预算表在民政部的网站上公布，以加强社会舆论的监督，但实际上，当上面的资金到位后，下面照样会"赖账"，因为很多地方政府实际上根本不具备兑现承诺的财政能力。因此我们同意有关专家的建议，即通过调查研究，设计一个能够对各级财政的支付能力进行如实评估的指标体系，然后用这个指标体系对各级地方财政，尤其是基层区县的财政支付能力进行评估，将评估结果作为低保资金"分担"或"配套"的依据。在这个过程中，应改进根据基层低保对象数量规定其配套资金数量的做法，跳出"越穷出钱越多，出钱越多越穷"的怪圈。特别是对于那些实际上没有财政负担能力的地、市和区、县财政，对它们应该有个合理的"说法"。如果让它们完全不负担，不仅其做好低保工作的积极性难以调动，而且低保范围可能会无限扩大，但是负担多了又根本没有能力。对此，可以选择让它们只象征性地负担一部分，或者按低保资金总额的一定比例负担低保工作经费。

按照《条例》规定，低保资金"纳入社会救济专项资金支出项目，专项管理，专款专用"，但实践表明，拖欠甚至挤占、挪用低保资金的现象比较普遍，同这种资金划拨渠道安排有很大关系。我们认为，应在财政体系中设立城市居民最低生活保障资金专户。低保资金账户除了对低保对象发放以外，堵塞其他出口，只进不出。年初，地、市和区、县的资金先到位，直接下拨到基层的低保专户中。省里的专项资金可分一年两次下拨，但应以地、市和区、县财政已经到位为前提，经省财政部门确认后再下拨，并必须在规定时间内下拨到基层专户中。同样，中央财政专款也分一年两次下拨，也应以省（市、区）和地、市和区、县的资金到位前提，由财政部抽查确认后再下拨，并在规定时间内拨到基层专户中。上述拨款程序应该尽量透明，每级、每次拨款完成后，民政和财政部门应联合向同级人大和政协通报并请他们监督，同时通过新闻媒体公布于众，接受社会监督。

此外，低保工作经费不足也是各地基层普遍存在的一个问题。在多数地方，低保工作经费的多少，往往是根据当地财政状况和领导人对低保工作的重视程度而定，但总的情况是不仅数量不足，而且缺乏制度保证。由于低保工作量的大小一般是和低保对象的多少、因而和低保经费的多少是成比例的，因此我们认为，为保证低保制度的顺利运行，为有关工作人员提供经费保证，应按照低保经费总额的适当比例来确定低保工作经费，即各级按本级财政拨款的金额相应配套规定比例的工作经费。

2.3.4 加强动态管理

城市低保制度的动态管理主要应该包括两个方面，一是对低保对象的动态管理，即建立退出机制；二是对低保标准的动态管理，即根据形势变化及时调整低保标准。城市居民最低生活保障低保作为一项制度，具有长期化、制度化、规范化的特征，但对于一个个具体的低保家庭或低保对象来说，它又具有短期性、易变性的特征，也就是说，享受低保不是终身制，因情况好转而收入高于标准的家庭应及时退出低保。建立低保退出机制有两个要点，一是准确掌握低保家庭的情况，通过建立低保信息库和家访制度，尽量及时和详细地了解低保对象的真实资料，这是建立退出机制的基础；二是严格把握标准，对收入超过标准的低保对象要坚决使其退出低保，否则整个低保制度将会陷于崩溃。对于这一问题，我们在 2.2.7、2.3.2 中曾有所讨论，在此不再赘述。

最低生活保障是国家和社会必须认真履行的对公民的最起码的保障职责，其标准是低层次的，仅仅是满足最低生活需求的资金和实物。它一方面要强调社会公平，只要符合条件即可得到政府的援助，另一方面又要兼顾社会效率，其救助水平不能太高，以免社会成员产生惰性，防止挫伤其他劳动者的积极性。在当前各方面的资金都不是非常充裕的情况下，靠预算列支的低保经费总额的增长幅度大于经济增长速度，会造成支出失控，这是大多数情况下不现实也是政府不愿意做的；同时，社会贫富差距日趋悬殊已是不争的事实，如果不提高最低生活保障水平，不但会使受保障对象的社会生活风险、经济风险和心理压力相应加大，而且会使得"相对贫困"问题会越发严重，这也是不能让人接受的。因此，低保应分享经济发展成果，各级政府应根据本地经济增长速度和物价上涨幅度，主动、适时地调高最低生活保障标准或建立起低保标准自然增长机制，以较好地平衡经济发展与社会稳定以及效率与公平的关系。这种主张无疑是正确的。

但是，是否应当简单地按照经济增长速度和物价上涨幅度同比例地提高最低生活保障标准，甚至将此以法律的形式确定下来呢？我们的答案是：不能。因为低保标准提高的结果不仅体现为现有低保对象保障水平的提高，同时也意味着保障范围的迅速扩大，从而引发低保方面的财政支出的大规模增长，给政府造成巨大的财政压力。这一点，不仅已经为 2000 年以来随着低保标准的提高，我国的低保对象和低保支出均大幅度增长的实践所证明，而且有关研究也从理论上提供了佐证。根据亚洲发展银行的有关研究，以"食品贫困线"测算，2000 年中国的贫困率是 4.73%，1477 万人；如果将贫困标准提高 15%，那么贫困率将会增加到 8.17%；如果提高 50%，那么贫困率将会增加到 20.08%。其结论是："贫困率对贫困线较小的移动具有相当高的灵敏性"，"会引起显著的变化"。

鉴于此，我们建议：不应当简单地根据经济增长速度和物价上涨幅度同比例地提高最低生活保障标准，尤其不能频繁地调整（比如每年调整一次）。同时，为了应对物价上涨对低保家庭带来的不利影响，可借鉴美国等发达国家对贫困人口发放食品券的方式，对低保对象进行实物帮困。从理论上说，这项措施是"临时应急"性质的，也就是说，当物价回落时，可以撤销这项补贴。但是从北京等地的实际操作看，由于受"能上不能下"、"能多不能少"的传统思维模式的影响，已经享受补贴的低保对象实际上大多很难接受这种"撤销"。因此，在今后进一步对低保对象实行按不同的家庭成员和实际需要进行分类救助时，可考虑将食品补贴"转正"纳入低保标准，逐步进行"内部消化"。同时，可适当扩大食品补贴的范围，即不只限于低保对象，对于人均收入略高于低保标准的"边缘可户"也给予同样的待遇。

2.3.5 积极促进就业和再就业

如 2.2.1 所述，低保制度本身并不能帮助低保对象脱贫。要使低保家庭走出贫困，关键是要帮助其中有劳动能力者就业和再就业。目前的低保对象以下岗、失业人员为主，有劳动能力者在 50% 以上。但是，其特征是年龄偏大、身体状况较差、文化程度较低、缺乏必要技术，而且思想观念比较陈旧落后，难以到劳动力市场上去参加真正意义上的职业竞争，属于典型的"就业低收入者群体"。

根据这种情况，各地劳动就业部门已经为其提供了形式多样的就业优惠政策，但效果并不明显。我们认为，目前的当务之急是将劳动就业培训作为政府帮助就业低收入者群体工作的重点。"授人以鱼，不如授人以渔"，低保对象要实现劳动自救，首先须有一技之长，各级政府部门，尤其是社区应划出专门的场所，配备相关人员和专业教师、专门经费进行培训，使技能培训成为社区低保管理的重要方面。对无正当理由拒绝培训和就业者，停发低保助济金。但是，这种技术培训和职业介绍必须要针对低保对象的特点，有的放矢地进行，否则不仅难以达到预期效果，而且根本难以使低保对象产生兴趣，造成新的资源浪费。其次，针对"差额补助"的弊端，为鼓励低保对象就业，可实行"救助渐退"办法，即低保对象重新就业后，尽管低保家庭的收入有一定的增加，但不立即取消其救助金，而是实行救助金递减办法，给予一定的缓冲期，待就业和收入稳定后再完全取消救助，使再就业者没有后顾之忧。第三，降低企业用工成本，鼓励企业吸收困难人群就业。政府应出台若干政策，促使用工单位安排下岗、失业、协保、残疾等人员的就业。如可采取行政手段，规定企业招收职工的类型，安排一定比例的就业困难人群的就业；也可采取经济调控手段，通过税收等优惠条件，鼓励企业招收一部分上述类型的人员为职工。

这些措施见效快，短期内可以减少低保的人数，但也有其明显的局限性，即无论哪种手段，要么增加产品成本，要么减少政府收入，都是以影响经济发展速度为代价的，不利于从根本上以增加社会财富的办法来做好低保工作。第四，提高外来劳动力的成本，如通过行政执法，把有些企业一直拖欠的外来劳动力的社会保障资金交齐。外来劳动力成本低于本地职工的总体水平，因此在同样条件下，用工企业更喜欢选择使用外来劳动力，这是一个不争的事实，短期内也无法彻底改变。但是，政府可以通过一定措施，适当提高外来劳动力的成本，规范企业用工行为，至少保证用工单位在录用时不排斥本市劳动力，这不仅可以保护从业人员利益，也是控制失业人口，进而调节社会救助包括低保救助规模的有效举措。第五，加强劳动执法、检查工作。目前由于《劳动法》贯彻执行中的一些问题，也在一定程度上影响了低保工作，扩大了低保人员。如许多用工单位存在未办理用工手续，不为招用的失业人员缴纳社会保险金，不严格执行最低工资制度等等，因此而导致有些人因为工资太低或不能按时领取，宁愿放弃工作而领取低保；有的企业试用期过长，或正式上班后却不与职工签订劳动合同，使得这部分人不愿也不敢放弃低保，而低保工作机构和工作人员都没有执法权，明知其违法而无能为力。

2.3.6 加强三条保障线的衔接和政府部门间的协作

针对2.2.11提出的问题，在最低工资、失业保险、最低生活保障等相关保障标准的制定上，各主管部门应相互协调，统一进行调整。进一步加强社会保障部门间的协作，民政部门及时将有劳动能力的低保对象名单送交劳动部门，劳动部门负责对未就业的人员进行就业培训，拓展就业渠道，促进其就业和再就业；民政部门负责对有劳动能力却未就业、符合低保条件的困难人员给予生活保障；财政部门根据实际需要，调整支出结构，更加合理地安排资金。在这方面，尽管通过努力近年来的情况有了很大改进，但仍然远远不够。理想的结果是，将最低生活保障、临时救助、失业保障、再就业培训和服务、教育与医疗救助、住房救助等内容，整合为一个统一的城市低收入者群体人口社会保障体系，但这无疑是一个需要付出巨大努力和经历相当漫长过程的结果。

2.3.7 加强规范化建设

经过十几年的发展，城市低保工作的规范化建设取得了令人瞩目的进步,但是仍然有很多工作可以做。比如,第一,为增强低保资金的安全性、时效性,减轻低保工作人员的工作量,应尽快实现低保资金的银行发放。具体操作程序可由民政部门定期将低保享受人员(家庭以户主为准)名单造册,或录入磁盘交给银行,银行按单发放,民政部门通过组织公益劳动和走访调查等方式进行动态管理。第二,根据国家民政部的有关精神,尽快改变部分地区按季节发放低保金的不规范做法,努力做到按月发放。第三,为了规范低保工作及享受其他配套服务,各省、市、区应制作统一规格、内容、式样的《城市居民最低生活保障金领取证》,并对"领取证"的取得、保管和使用作出具体严格的规定。第四,建立低保对象信息库。在低保普查的基础上,将低保对象的资料全部输入电脑,内容包括家庭基本情况、家庭经济收入、家庭资产情况、家庭支出情况、接受救助情况、最关心和迫切要求解决的问题、家庭成员的基本情况等,建立一个完整的低保对象信息库,并争取实现市、区、街道、社区四级联网。这样,各级民政部门不仅可以随时了解到每一个低保对象的动态资料,消除管理层级中的信息损耗和失真、迟滞等现象,同时,精确的统计有助于定量分析和动态管理,从而使政策更有针对性。第五,建立家访制度。通过家计调查机构或社区居委会,每年探访每个低保家庭不少于一次,这样不仅可以及时掌握低保家庭收入和人口增减的情况,而且可以给低保家庭送去人文关怀,让他们感受到人间温情,同时可以对低保家庭提供个性化的帮扶,对遭遇临时困难的家庭给以特殊的救助。

3. 建立和完善疾病医疗救助制度

顾名思义,建立最低生活保障制度的初衷是要解决城市低收入者群体人口的基本生活或者说"生存"问题。但是,由于其他保障制度、特别是医疗保障制度不配套,因此严格说来,最低生活保障金只是解决了这部分人"吃饭"的问题,而并没有解决其生存问题。一个严峻的现实是,当这部分人一旦需要支付较高医疗费时,就会面临"吃饭"还是"吃药"的两难选择。因此,对城市低收入者群体人口进行必要的医疗服务和保障,为他们建立切实可行的疾病医疗救助制度,是进一步解决其"生存"问题,使其摆脱贫困并重返主流社会的必要措施。

3.1 低收入者群体人口医疗服务现状

"看病难"、"看病贵"是当前人们普遍面临的一个问题。据卫生部2005年3月发布的第三次国家卫生服务调查分析报告，过去5年，我国老百姓年均收入水平增长远远小于年医疗支出增长，医药支出已成为我国居民的第三大消费。过去五年，城市居民年均收入水平增长8.9%，而年医疗卫生支出却增长了13.5%。因为经济原因，将近一半（48.9%）的老百姓看不起病。调查发现，在未采取任何治疗措施的门诊患者中，38.2%是由于经济困难；应该住院而未住院患者中，70.0%是由于经济困难。而对于城市贫困人口来说，医疗消费更几乎是一种奢侈。城乡低收入人群应住院而未住院的比例达到了41%，远高于一般收入人群。从患者未去就诊的比例来看，1993年到2003年城乡居民未就诊率、未住院率呈逐步上升的趋势，收入越低，未就诊比例越高，未就诊增加的幅度越高，也就是说城乡卫生服务利用率下降主要归因于低收入人群。低收入人群不仅疾病经济负担重，医疗保险覆盖率也低，2003年城市低收入人口中无医疗保障的比例高达76%。据对北京市最低生活保障对象的调查，他们利用门诊服务每次平均自付费用为162元，是其月收入的2/3，而利用住院服务的自付费用是他们年收入的1.25倍。可见，医疗费用对于收入几乎只能维持生活必需消费支出的贫困人口来说，是一个很重的负担。更为严重的是，由于经济条件的限制，许多贫困人口有病也不敢去看，结果小病拖成大病、重病。实证研究证明，贫困与疾病有着强烈的正相关关系，在城市低收入者群体人口或者说贫困人口中，有30%—40%是因病致贫或因病返贫的。因为家庭收入是一个家庭生活的最根本的物质保障，如果收入高，看病治病等生活需求就有足够的资金支持，人们也不必担心"身体不好，没钱看病"的问题。但如果收入低，一方面因饮食、营养、卫生和居住条件有限和心理压力，容易造成贫困人群更加困难，另一方面又没有条件就医或医疗费用开支大，致使家庭生活更加困难，最终陷入"穷→病→穷"或"病→穷→病"的恶性循环。在这一方面，已经有许多实证调查和研究资料，我们在此不再赘述。

3.2 低收入者群体人口与现有医疗保障制度

根据国外成功经验，解决城市低收入者群体人口以及其他公民医疗服务需求的根本出路，在于建立行之有效的各种医疗保障制度，其核心是各种医疗保险制度。改革开放以来，我国的医疗制度改革也取得了重要进展，其主要标志是确立了新型的城镇职工基本医疗保险制度模式。与此同时，针对基本医疗保险的制度缺陷，逐步发展了各种形式的补充医疗保险和商业医疗保险，有的地方还对低收入者群体建立了相应的医疗救助制度。

3.2.1 城镇职工基本医疗保险

相对于其他经济和社会制度改革，我国的医疗制度改革起步较晚。1998年12月，国务院颁布了《关于建立城镇职工基本医疗保险制度的决定》。新制度的基本内容包括以下几个方面：第一，"广覆盖，低水平"，保障职工基本医疗需求。"广覆盖"指新制度实施的范围广泛，包括所有城镇用人单位及其职工，企业（国有企业、集体企业、外商投资企业和私营企业等）、机关、事业单位、社会团体、民办非企业单位及其职工都要参加基本医疗保险。"低水平"是考虑我国目前生产力水平还比较低，财政和企业承受能力有限的国情而确定的原则，即：新医疗保险制度从低水平起步，平稳发展。体现在筹资水平上，就是单位缴费率为职工工资总额的6%左右，职工个人缴费比例为本人工资收入的2%左右，并在此基础上提供基本医疗水平的保障。第二，基本医疗保险费由单位和个人共同负担，形成新的筹资机制。基本医疗保险费由用人单位和职工个人按工资收入的一定比例共同交纳。一方面增强了职工个人保险意识和成本意识，另一方面减少了政府和企业的负担。第三，社会统筹和个人账户相结合。医保资金由统筹基金和个人账户基金组成，国务院《决定》明确指出，统筹基金和个人账户基金的支付范围要分别核算，不能相互挤占。个人账户主要支付门诊或小病医疗费，统筹基金支付住院或大病医疗费。统筹基金起付标准原则上控制在当地职工年平均工资的10%左右，最高支付限额原则上控制在当地职工年平均工资的4倍左右，即统筹基金支付范围是起付线以上和封顶线以下的部分。

目前，全国基本医疗保险覆盖人数已达1亿多人。全国大部分地区（98%）都启动了医疗保险制度。改革已经取得了阶段性的成果，其标志是：基本医疗保险制度的政策体系基本形成；统一的医疗保障管理系统基本建立；医疗保险制度运行基本平稳；医疗保险的保障机制初步得到发挥。医疗保险制度的改革已经产生了积极的社会影响。首先，它对促进国企改革和社会稳定发挥了作用。在1亿多参保人员中，65%是企业职工和退休人员。二是促进了参保人员的就医方式和医疗消费观的转变，参保人员比过去有了更多的就医选择权。三是推进了医疗服务和药品服务市场的竞争和健康发展。基本医疗保险用药范围、基本医疗保险诊疗项目、医疗服务设施范围和支付标准，以及基本医疗保险费用结算办法等管理措施加强了对医疗服务供方的约束，促使其提供成本更低、效率更高的服务；四是抑制了医疗费用不合理的增长势头。

3.2.2 各种类型的补充医疗保险

基本医疗保险的保障水平是有限的，因此，国家鼓励用人单位为职工建立补充医疗保险制度。在实践中，除了国家公务员补充医疗保险外，各地还摸索出多种形式的企业补充医疗保险模式。如社会保险管理机构以社会保险的方式运作的补充医疗保险；由商业保险公司举办的补充医疗保险；由工会组织经办的职工互助保险等。

总之，经过多年的改革和建设，目前我国的医疗保障制度已经基本上实现了体制转轨和机制转换。在体制上，完成了从原来公费医疗和劳保医疗的福利型向社会医疗保险型的转轨；同时，在新制度下，实行了社会统筹与个人账户相结合，费用分担，医疗服务竞争（定点医院），费用控制（结算方式）以及社会化管理等新的运行机制。在制度层面上已经初步形成了以基本医疗保险为主体，以各种形式的补充医疗保险（公务员补充医疗保险、大额医疗互助、商业医疗保险和职工互助保险）为补充，以社会医疗救助为底线的多层次医疗保障体系的基本框架。医疗卫生体制的改革也取得了一定的进展，对基本医疗保险制度的发展起到了促进作用。

3.2.3 我国城镇医疗保障制度存在的问题

尽管我国的医疗保险制度的改革和建设已经取得了长足的进展，但总体上看，社会医疗保险制度改革的进展还不尽如人意，新制度运行过程中的问题还很多，以至于国务院发展研究中心与世界卫生组织于2005年联合完成的"中国医疗卫生体制改革"课题报告指出：中国目前的医疗卫生体制改革"基本上是不成功的"。结合城市低收入者群体人口问题，我国医疗保障制度中存在的主要问题是：

3.2.3.1 社会医疗保险覆盖范围狭窄。据卫生部2005年3月发布的第三次国家卫生服务调查分析报告显示，我国城市享有城镇职工基本医疗保险的人口比例为30.2%、公费医疗4.0%、劳保医疗4.6%、购买商业医疗保险占 5.6%，没有任何医疗保险占 44.8%。大量乡镇企业、非正规就业人员、特困企业以及负担重的国有企业尚难参保。据全国总工会对部分省市困难企业参加基本医疗保险状况的调查，困难企业参保难是医疗保险范围有限的一个重要原因。例如，辽宁省大连市总工会抽样调查的 35 家困难企业中，有 22 家没有参加基本保险，占被调查企业的 63%。有关人士认为，造成这种局面的原因主要是一些医改地区政府财力有限，地方企业、特别是中小企业效益较差，无力缴纳医保资金。因此为了避免出现欠款，确保医保制度的平稳发展，社保部门拒绝困难企业参保。出于同样的考虑，一些地区还对退休职工多的企业参保设置障碍。因为医保缴费是根据在职职工工资比例确定，而医保待遇享受对象则是包括退休职工在内的全体职工。这类企业往往缴费少，而社保部门的支出大，是保险中的"逆选择"。还有一些特困企业没有能力参加保险，它们连工资都发不出来，更不用提缴纳保险费了，所以企业和职工缺乏参保的意识和能力，或者干脆放弃参保。困难企业参保难的直接后果就是职工医疗得不到保障，给职工及其家庭生活带来沉重的经济负担。

从运作机制上看，新的医疗保险制度基本上仍然是建立在保险运作机制上的，即先缴保险费，再享受医疗保险待遇，权利与义务对等。覆盖范围也基本上是国有企业或正规就业部门的职工，属于在职保险。但由于大多数困难企业仍然被排除在医保范围之外，因此即使在职，也不一定享受医疗保障。其他低收入者群体成员，就更不可能获得社会医疗保险待遇了，因为他们本身就从体制上被排除在外。据对北京市的调查，在贫困群体中，有近 2/3 的人没有参加医疗保险（62.7%）和大病统筹（66%），而在参加医保或大病统筹的人口中，能按时足额报销医费的不足 20%（分别是 18.4% 和 17.7%）；拖欠和领不到的分别为 18.8% 和 16.2%，说明低收入者群体基本上没有受到基本医疗保险制度的保护。

3.2.3.2 保障水平不足。现有的医疗保障水平明显不足，主要表现在以下几个方面：第一，由于受筹资比例、资金平衡等条件的限制，基本医疗保险制度设立了起付线，对低收入者来说，起付线的门槛相对明显偏高。如 2001 年全国职工平均工资为 10870 元，按职工平均工资 10% 设定起付线，平均是 1087 元。一些大中城市的起付线更高。这对于低收入职工、早退休职工来说，单是承担起付线以下的医疗费用就会超过其月收入,更不用提其他自付费用了。按现行基本医疗保险制度的规定,超过封顶线(职工年平均工资的4倍)以上部分的医疗费用,社会医疗保险不予支付。事实上,超过封顶线以上的高额医疗费用主要发生在患慢性病、重病、特殊病患者和老年人群。第三次国家卫生服务调查结果显示,慢性疾病将随着城市居民生活水平提高和老龄化进程加快而将进一步上升,年龄每增加10岁,慢性病患病率增加50%以上。另据卫生部的一项调查显示,老年人患慢性病的比例达71.4%,比普通人群高1倍多,有42%的老年人患有2种以上的疾病。如果没有其他补充医疗保险来分解这种高额医疗费用风险的话,这部分人就很可能出现因病致贫和因病返贫的现象。第二,参保职工自付医疗费用比例比较高。依据现行政策,除了上述两项开支外,参保人应当自付的医疗费用还包括:起付线以上、封顶线以下的部分费用,个人自付比例一般为10%左右,有些统筹地区达15%—20%。特殊检查、治疗费用(如 CT、核磁共振等)自付比例一般为20%,甚至30%—40%。此外,还有不列入基本医疗保险范围的其他项目费用需要个人自付,再加上医药卫生体制因素的不利影响,如某些医院受经济利益驱动,存在乱收费、滥检查、开大处方和开高价药的问题,以及药品生产流通环节存在虚高定价、吃回扣等问题,进一步加重了患者的医疗费用负担。据一些统筹地区的重点抽样调查,参保者因病住院由个人自付的医疗费用约占住院总费用的30%—40%,少数高达50%。以上资料说明,即使能够享受基本医疗保险的低收入职工和退休人员仍然面临着负担医疗费用的困难。

3.2.3.3 医疗卫生体制改革与医疗保险制度改革不配套。医疗卫生体制的改革是关系到基本医疗保障制度能否顺利推进的关键。医疗卫生体制包括医疗机构(主要是医院)的补偿机制问题和药品生产、流通体制问题。就一般的意义讲,医院补偿机制就是指医院获得收入的方式。在计划经济体制下,医院的性质是非盈利的和福利性的,其经费基本上来源于财政或企业(单位)拨款,医院的其他日常性成本则通过医疗服务的收费来补偿,因此,医院追求自身利益的动机也不强。随着市场经济体制的确立,政府对国有医院的补偿政策也有所变化,补偿的规模逐渐降低,医院以经营收入为主,追求经济效益成为医院的经营动机。为了医院的生存和发展,政府允许医院从他们销售药品中获得15%—30%的价差作为补偿。在中国，90%的药品是由医院零售的。在追求利润的诱导下，医院常常给患者开大处方，特别是多开国外进口或由外资企业生产的价格高昂的药品。

药品的生产和流通领域也存在着严重问题，致使药品虚高定价，严重影响了消费者的利益。医院"以药养医"的补偿机制，药品生产和流通体制的弊端，对基本医疗保险制度顺利运转形成了严重的冲击。基本医疗保险基金除了要面临人口老龄化、疾病普遍化和医疗技术的提高等自然原因带来的费用压力外，还要承受由于医药卫生体制改革的滞后所带来的考验。不少实行医疗保险制度的地区，都不同程度地出现了医疗统筹基金入不敷出的局面，这对于医疗保险制度的可持续发展是十分不利的。

医药卫生体制改革与医疗保险制度改革不配套的另一个严重后果是，医院、医保机构和患者三方之间的关系没有理顺，导致医患关系一直紧张。为了控制医疗费用的增长，政府部门下发了一系列旨在规范医院行为的文件，对医院的选择、用药、诊疗项目、费用结算方式以及定点药店的选择都作了明确规定。特别是不少城市的医保机构，改变了过去与医院实行"实报实销"的"按项目付费"的费用结算办法，而采用对医院约束力更大的"总额预算制"。这种结算办法增加了定点医院的压力，甚至出现了医院与医保机构的冲突，而医院和社保机构的矛盾，也导致了参保患者的不满。他们认为虽然参加了医疗保险，但事实上却得不到医疗保障。这将会动摇他们对医保制度的信心和对政府的信任。

3.2.3.4 政府对医疗资源投入不足。有关资料表明，实行医疗制度改革以来，政府投入到卫生医疗事业的资金比重呈逐年下降趋势，同时个人支出增长迅速。1997—1998年低收入国家（人均年收入在1000—2200美元之间）的公共健康支出占其财政支出的平均比例为1.26%，中等收入国家（人均年收入在2200—7000美元之间）的平均比例为2.25%，而中国只有0.62%。即使与发展中国家相比，中国的公共健康支出仍然处在非常低的水平。国家卫生医疗资金投入不足，是宏观上医疗保险资金短缺的一个原因。

根据有关规定，目前我国基本医疗保险的筹资比例为：单位缴纳职工工资收入总额的6%左右，个人缴纳本人工资收入的2%左右（具体缴纳比例，不同省区有所不同）。由于没有医疗基金的积累和沉淀，对于在实行新制度时已经退休的"老人"来说,他们的医疗保险资金就构成一笔"隐性债务"。在没有其他渠道的资金解决老人医疗保险"隐形债务"的前提下,仅靠在职职工缴费来负担自己和已经退休老人的医疗费用,必将使医疗保险基金的压力增大。这也是造成不少地区医保基金年年超支的一个重要原因。同时,人口老龄化对医疗保险基金也造成越来越大的压力。随着老年人口的增加,对医疗保险基金的需求量也逐年增加。老年人的发病率和患慢性病率都要远远高于中青年人,而供给医疗保险基金来源的在业劳动人口所占的比例却在减少。其结果是"医保基金短缺,每个在职职工所要承担的医疗保险责任越来越大"。医保基金筹集的有限性和医疗需求的相对无限性,是医疗保险运行的一对矛盾。这一矛盾,在今天国家对医疗卫生事业投入相对不足的背景下更加突出。

政府财政对医疗资源投入的不足,对医疗保险制度产生了十分不利的影响。医疗保险基金始终处于捉襟见肘的状态。与此同时,由于医疗服务结构的不顺,没有合理地分解患者的医疗需求,使资金流向高成本的大医院,使有限的医保资金没有得到有效的利用。

鉴于现有医疗保障制度的种种不足,特别是考虑到城市低收入者群体人口的实际情况及其对医疗保障的最迫切需要,近年来,我国各地开始积极探索对低收入者群体人口的医疗救助办法。

3.3 建立城市低收入者群体医疗救助制度

社会医疗救助制度是社会保障体系的重要组成部分,是在政府的主导下,动员社会力量广泛参与的一项面向低收入者群体的医疗救助行为,是多层次医疗保障体系的重要组成部分及最后一道保护屏障,其目的是将一部分生活处于低收入甚至贫困状态的社会低收入者群体网罗在医疗保障体系之中,通过实施社会医疗救助制度,为他们提供最基本的医疗支援,防止因病致贫、因病返贫,增强其自我保障和生存的能力,是社会发展进步与社会公平的基本内容,也是党的十六大提出的健全社会保障体系的任务之一。

3.3.1 我国医疗救助制度的实践与启示

3.3.1.1 主要做法。第一,政府积极参与并主导社会医疗救助工作,制定规范的救助政策。医疗救助是一项政府行为,已经实行了医疗救助的城市,大都由政府出台了《医疗救助暂行办法》之类的文件,对医疗救助对象、医疗救助的标准、医疗救助办法、医疗救助的资金来源等作了明确的规定。第二，政府积极投入启动资金，发动社会力量建立各种城市医疗救助基金。如上海市规定：市财政每年安排一定资金用于市劳动和社会保障部门管理的医疗救助对象和困难区县医疗救助基金缺口的补助；各区县应根据上年度享受城市最低生活保障待遇的人数，按照每人月低保标准的15%安排医疗救助资金，列入区县财政预算；从社会福利彩票所筹集的福利资金中提取15%用于特困人员的医疗救助；同时，积极扶持慈善医疗救助事业的发展，市慈善基金会通过向社会各界定向募集资金，设立慈善医疗专项基金，实施慈善医疗救助。广州市政府通过下拨专款、利用社会福利彩票募捐款，组成重大疾病医疗救助金，帮助低收入困难家庭的大病医疗，并于2002年启动了红十字社会急救医疗救助专项基金，救助在广州市行政区内因意外事件导致危及生命而又无经济支付能力的患者。上海市规定：医疗救助的资金来源实行政府自主和社会筹集项结合，市医疗救助资金按照"总量控制、统筹兼顾"的原则，由市有关单位、部门拨至民政局医疗救助专用账户，由市民政局按计划划拨各区县民政局，各区县医疗救助金按不低于市医疗救助金下拨50%的比例配套。第三，政府主导，相关部门协助配合，建立多层次、多种方式的医疗救助制度。如安徽省要求所有政府举办的非营利医院，都要设立"助困病房"或"助困病床"；郑州市成立了济困医院，以无偿服务的成本价向全市低收入人群提供可靠的基本医疗服务；广州市建立了慈善医院，所有的低保对象在慈善医院看病可按一定的标准享受免费医疗，特困户可获得更多的优惠；海口市规定市属各医院增设特优诊室，向困难群体提供优惠服务。

3.3.1.2 启示。从各地实行医疗救助制度的不同做法中，我们可以为建立新的城市医疗救助制度，获得一些有益的启示：第一，对低收入者群体的医疗救助是一项综合性系统工程，需要从宏观上进行规划，相关部门通力合作。如上海的《关于做好医疗救助工作的通知》和北京的《特困人员医疗救助暂行办法》，都是由民政局、财政局、劳动和社会保障局、卫生局联合下发的。尽管各个部门有各自的职权范围，服务对象不同，但是对社会最底层的低收入者群体的医疗服务是以上各部门的共同责任，所以医疗救助制度的实施需要从体制上打破部门利益和观念的限制，各部门协调配合，有序分工。第二，在制度构成上，制定具体的内容和相关规定。北京和上海市的医疗救助办法都对医疗救助对象、标准（待遇）、救助办法、资金来源及管理、申请和审批程序等做出了详细和明确的规定，为该制度的实施提供了基本依据。第三，在救助待遇上，社会政策相互衔接。许多城市规定，对不同救助对象要采用不同的救助标准。对能够享受医疗保险和其他救助手段的对象，要求先由医疗保险或其他办法处理，对不能通过其他途径或通过其他途径仍然难以解决的，医疗救助才给以帮助，使医疗救助确实起到最后的保障作用。第四，在操作运行上，立足于社区卫生服务。这种操作模式，至少有四点好处：一是可以盘活卫生资源，二是可以减少医疗费用开支，三是可以方便患者就医，改善医患关系，四是可以社会效益启动经济效益。

3.3.1.3 不足。尽管各地近年来实行的医疗救助制度已经取得了一些成功经验，但总的来看还不完善，存在许多不足。主要有：第一，救助资金需求与供给的矛盾非常突出。目前各地医疗救助遇到的最大问题就是资金短缺，而且主要是依靠政府投入。这将是长期困扰我国城市医疗救助制度的一大问题。第二，重大病救助，轻视日常医疗保健。第三，缺乏统一协调的领导机构和完善的救助制度。突出表现为各有关部门之间信息不够畅通，缺乏统一的协调机构和具体的工作目标和计划，更缺乏建立长远相关机制的规划。第四，救助范围狭小。被纳入救助范围的低收入者群体人口多只限于拥有本市户籍的低保人口，而对于外来人口、特别是农民工缺乏任何医疗救助措施，对于未达到低保线，但经济实力较差的患重大疾病的人群也没有相应的措施和办法。第五，社会公益宣传不够，未充分发动社会力量和社会爱心来关心和支援医疗救助事业，医疗救助资金主要依靠政府拨款。第六，由于医疗救助体系的缺陷，拖欠医疗单位医疗费用问题严重。

3.3.2 建立规范的城市低收入者群体医疗救助制度

医疗救助是城市低收入者群体人口最迫切需要的社会保障内容之一，它既是医疗保障体系中的最低层次，也是整个社会保障体系中社会救济的一个重要组成部分，其直接目标，是要切实帮助城市贫困群众解决就医方面的困难和问题。随着我国社会保障制度、特别是最低生活保障制度的不断完善，为了更进一步解决好城市低收入者群体人口的基本生活问题，使其能够健康地生存，迫切需要尽快建立全国性的规范的城市医疗救助制度。为此，2005年3月14日，国务院办公厅转发了民政部等部门《关于建立城市医疗救助制度试点的工作意见》（国办发〔2005〕10号），其总体目标是：从2005年开始，用2年时间在各省、自治区、直辖市部分县（市、区）进行试点，之后再用2—3年时间在全国建立起管理制度化、操作规范化的城市医疗救助制度。这标志着我国的城市医疗救助制度将由此进入一个新的阶段。

下面我们将根据该《意见》的精神和主要内容，就建立规范的城市低收入者群体医疗救助制度谈谈我们的看法。

3.3.2.1　基本原则。《意见》就建立城市医疗救助制度试点提出了三个基本原则：第一，实事求是，因地制宜。即从实际出发，医疗救助水平既要与当地经济社会发展水平和财政支付能力相适应，又要尽量帮助城市贫困群众解决最基本的医疗服务问题。第二，先行试点，稳步推进。即通过试点总结经验，不断完善，稳步发展。随着城市经济社会的发展和居民收入的增加，逐步完善城市医疗救助制度。第三，多方筹资，多种方式，量力而行。即通过发动社会力量资助、城市医疗救助基金给予适当补助、医疗机构自愿减免有关费用等多种形式对救助对象给予医疗救助。实施医疗救助既要量力而行，又要尽力而为。

我们认为，就建立城市医疗救助制度试点而言，这三个原则是最基本的、必不可少的。但是，就城市医疗救助制度本身而言，还应该确立若干基本原则。第一，公平性。医疗救助对救助对象要一视同仁，不可厚此薄彼或顾此失彼。第二，广覆盖性。医疗救助要尽量惠及每一个有医疗救助需要的低收入者群体成员，保障他们健康生存的权利。第三，低标准。即不完全是从救济对象的需求出发，而是以资金的可能性确定救助水平，量入为出。在有限的财力下，只有实行低标准，才能做到广覆盖。第四，可及性。要使救助对象能够比较容易地得到医疗服务和医疗费用补偿。社区卫生服务是最基本的医疗救助方式。第五，互助性。应发扬传统互助精神，鼓励社会成员之间的互助互济，充分利用居委会、邻里和亲朋等社会关系网络帮助低收入者群体成员战胜疾病，走出困境。第六，协调性。各相关职能部门应打破部门利益观念，密切合作，共同编织医疗救助网络。具体来说，要形成财政部门出资，卫生部门提供医疗设施和医务人员以及优质低价的服务，劳动保障部门参与，民政部门具体管理的运行体制。第七，社会化。医疗救助不仅是政府的责任，同时也是一项社会性事业。应动员社会各方面力量积极参与医疗救助活动，采取多种渠道筹集资金，确保低收入者群体的医疗救助可持续发展。

3.3.2.2 选择试点。《意见》提出：各省、自治区、直辖市选择不少于1/5的县（市、区）进行试点，重点探索城市医疗救助的管理体制、运行机制和资金筹措机制。同时，可从试点地区中选择2—3个县（市、区）作为示范点，通过示范指导推进城市医疗救助试点工作。参加试点的县（市、区）及示范点，由省、自治区、直辖市人民政府民政部门会同卫生、劳动保障、财政等部门，根据地方政府重视程度、工作基础、经济发展水平等因素确定，要重点考虑已开展城市医疗救助工作的县（市、区）。国务院有关部门将选择3—4个不同类型省份给予重点指导。

我们认为，建立城市医疗救助制度要先进行试点，这是必要的。但是，由于在此之前，不少地方已经根据其实际情况开展了这方面的工作，摸索和积累了相当多的成功经验，因此我们认为，试点的时间不宜、也没有必要过长，可由2年缩短为1年或1年半，然后再用1年半的时间，在全国建立起管理制度化、操作规范化的城市医疗救助制度，从而比《意见》计划的时间提前2年完成该制度的建立。我们认为，这不仅是可能的，而且是必要的。

3.3.2.3 资金来源和管理。"巧妇难为无米之炊"。建立城市医疗救助制度，关键是要有可持续的稳定的资金来源并加以科学的管理。对此，《意见》做了比较明确的规定，指出要通过财政预算拨款、专项彩票公益金、社会捐助等渠道建立城市医疗救助基金。地方财政每年安排城市医疗救助资金并列入同级财政预算，中央和省级财政对困难地区给予适当补助。在管理方面，城市医疗救助基金要纳入社会保障基金财政专户，专项管理、专款专用，不得提取管理费或列支其他任何费用。民政、财政、监察、审计等部门要加强对基金使用情况的监督检查，发现问题及时纠正，并及时向当地政府和有关部门报告。要定期向社会公布医疗救助基金的筹集和使用情况，接受有关部门和社会监督。对虚报冒领、挤占挪用、贪污浪费等违法违纪行为，按照有关法律法规严肃处理。

在这里，《意见》只谈到了政府的财政投入，而对不同形式的社会捐助强调不多。我们认为，城市医疗救助是一项由政府主导的社会事业，当然要以政府的财政投入为主要支撑，但是政府同时要鼓励社会组织和个人不同形式的捐助，并采取多种优惠政策给予支持。实践证明，要保证城市医疗救助制度的顺利运行，单纯依靠政府投入是不够的，必须动员社会各方面的力量，通过社会方式广泛筹集资金，时机成熟时，可建立由政府启动、以社会公益募捐为主的慈善基金，作为政府出资的医疗救助基金不足的补充。而随着人们生活水平的提高和公益观念的日益深入人心，社会组织和个人具有较大的捐助热情，为通过社会募捐形式为城市医疗救助筹集充足资金提供了较好的民间基础。此外，我们认为，还可以考虑通过与社会保障税同步征收的形式筹集医疗救助资金，逐步建立稳定的筹资渠道和可持续性筹资机制。这样可以借助法律手段强制筹资，使企业和个人（尤其是高收入者）应承担的义务用法律的形式固定下来。

3.3.2.4 救助对象。关于城市医疗救助的对象，《意见》作了明确规定，即"主要是城市居民最低生活保障对象中未参加城镇职工基本医疗保险人员、已参加城镇职工基本医疗保险但个人负担仍然较重的人员和其他特殊困难群众"。并指出"具体条件由地方政府民政部门会同卫生、劳动保障、财政等部门制定并报同级人民政府批准"。

可以看出，这一规定没有把救助对象的范围限定在低保对象，从而为"边缘贫困人口"享受医疗救助提供了依据，但是却限定在"城市居民"或拥有城市户籍的低收入者群体人口，因为根据有关规定，不论是参加低保还是城镇职工基本医疗保险，其前提是必须为"城镇居民"。我们认为，这一规定仍然过于狭隘。在户籍制度改革不断深入，户籍的城乡隔离作用越来越弱的今天，作为一种国家级的制度建设，常规的低收入者群体医疗救助范围应扩大到城市所有常住人口，急症的医疗救助更是应扩大到所有需要救助的急危重症患者。只有这样，才能真正体现医疗救助"救死扶伤"的本义，体现其公平性。

3.3.2.5 救助标准。救助标准是关系到医疗救助制度能否顺利运行的一个关键问题。标准过高，或者是财力难以支撑，或者是使得进入救助范围的门槛抬高，救助范围缩小；救助标准过低，则对救助对象来说等于杯水车薪，无济于事。由于救助资金并非全部来自中央或省一级的财政拨款，而是逐级配套，但各地经济财政状况又差别很大，因此不可能制定全国或全省（直辖市、自治区）统一的救助标准，而只能提出一些原则性的标准。对此,《意见》指出:"对救助对象在扣除各项医疗保险可支付部分、单位应报销部分及社会互助帮困等后,个人负担超过一定金额的医疗费用或特殊病种医疗费用给予一定比例或一定数量的补助。具体补助标准由地方政府民政部门会同卫生、劳动保障、财政等部门制定。对于特别困难的人员,可适当提高补助标准。县级以上地方政府民政部门、卫生部门共同协商,确定为当地救助对象提供医疗救助服务的医疗卫生机构,原则上参照当地城镇职工基本医疗保险甲类用药目录、诊疗项目目录和医疗服务设施目录制定医疗救助对象医疗服务标准"。根据目前已经实行医疗救助制度的普遍做法,对救助对象的挂号费、治疗费、药费、住院费等费用,都实行一定比例的减收或全部免收。同时也都确定了最高给付标准。

3.3.2.6 申请、审批程序。《意见》对医疗救助的申请、审批程序做了如下规定:救助对象本人向社区居民委员会提出申请城市医疗救助的书面材料并提供有关证明材料;街道办事处(乡镇人民政府)对上报的申请表和有关证明材料进行审核;县级政府民政部门对街道办事处(乡镇人民政府)上报的有关材料进行审批。救助金由街道办事处(乡镇人民政府)发放,也可以由县级政府民政部门直接发放,有条件的地方要实行社会化发放。我们认为,这种"申请——审核——审批"的程序是非常必要,也是比较科学的。问题是在操作过程中,要严格执行各种规章制度,真正做到"公正、公平、公开",同时,对于重大急症,可以"先斩后奏",特事特办。

3.3.2.7 领导和管理体制。建立城市医疗救助制度是切实保障困难群众基本医疗,健全和完善社会保障体系的一项重要举措,也是一项涉及面广,政策性强的复杂的系统工程。它要求各级政府和有关部门要高度重视,各负其责,相互配合,共同抓好落实。为此,《意见》提出:各省、自治区、直辖市和试点县(市、区)要成立由当地政府分管领导任组长,民政、卫生、劳动保障、财政等部门负责人参加的"城市医疗救助试点工作协调小组",负责指导和协调本地区城市医疗救助试点工作。民政部门要牵头研究拟定城市医疗救助政策,建立健全城市医疗救助管理有关规章制度,认真组织实施;卫生部门要加强医疗服务行为监管;劳动保障部门要配合做好医疗救助制度试点与城镇职工基本医疗保险制度的有关衔接工作;财政部门要研究制定城市医疗救助基金管理办法,加强对医疗救助基金的管理和使用情况的监督检查。在这许多"有关部门"中，民政部门无疑是管理主体，它不仅要"牵头"制定有关政策、建立健全有关规章制度，更要负责组织实施。根据已有的经验，在各级管理机构中，应重视加强基层即街道办事处和居委会的力量，实行政事分开，将包括医疗救助在内的社会救助管理工作的重心下移。

3.3.2.1—3.3.2.7 是《关于建立城市医疗救助制度试点的工作意见》中提出的城市医疗救助制度的主要内容。我们认为，除此之外，该制度还应该包括下述两部分内容：

3.3.2.8 救助方式。救助方式可以分成两种形式：即现金补助和医疗服务。前者是医疗救助对象通过申请，并获得批准后得到的医疗救助金；后者是由卫生医疗机构向救助对象进行的直接诊断和治疗行为。医疗服务主要由社区卫生组织提供，包括预防、保健、医疗、康复、健康教育等一系列活动。

3.3.2.9 监督和评估机制。有效的监督是城市医疗救助制度顺利实行的重要保证之一。应成立由人大、财政、审计、工会和低收入者群体代表组成的专门的医疗救助管理委员会，对医疗救助资金的使用情况及救助效果进行定期检查和监督。民政部门或医疗救助基金会有义务向社会公布医疗救助基金的使用情况，接受管理委员会的检查和监督。同时，应由政府官员和专家学者共同组成专家组，定期（如一年）对医疗救助制度实施情况进行评估。建立一系列评价指标，并通过对受助者的满意度调查，科学地评定医疗救助的实施效果，并提出改善的建议。

4. 城市低收入者群体人口的住房保障

"衣、食、住"是人类生存最基本的需求，特别是对于城市低收入者群体人口来说，对"住"的需求尤为迫切。目前，中国约有2182.5万名城市居民的家庭人均收入低于当地城市居民最低生活保障标准。在中国最大的两个城市北京和上海，当地的城镇特困家庭都超过了10000户，这些家庭不仅人均月收入在城市最低线，其家庭人均居住面积都不足5平方米。根据对济南市低保家庭的调查，大部分低保家庭（65.0%）的居住面积集中在20—40平方米之间，其中住房面积在20—30平方米之间的占总数的 23.5%，30—40 平方米之间的占总数 26.8%。有 20.1% 的低保家庭居住面积不足 20 平方米，1.5% 的低保家庭居住面积甚至不足 10 平方米。这些人的住房问题都急需政府提供有效的住房保障制度加以解决。

广义而言，住房保障制度是国家或政府依据法律规定，通过国民收入再分配，保障居民基本居住水平的一种制度。它是一种在住房领域内实行的社会保障制度，其实质是政府利用国家和社会的力量，通过行政手段为中低收入家庭提供适当住房，解决他们的住房问题。实行住房保障不仅仅是为了保护社会低收入阶层的利益，而且也为了其他人的福利的最大化。对于一个不断走向富裕、走向公正的社会而言，人人享有一定的住房是全民性的社会生存权利。综观世界各国尤其是发达国家和地区，都把为低收入者群体人口提供比较完善的住房保障作为其生活保障体系的重要内容，其成功经验值得我们广泛借鉴。

4.1 国外为低收入者群体提供住房保障的做法与经验

城市低收入者群体是世界各国各地都普遍存在的现象。在住房保障方面，许多国家都从本国、本地区的实际出发，采取了相应的住房政策对这部分人给以扶持，其共同的特点是：

4.1.1 重视相关法律制度建设

注重法制，使住房保障政策措施有法可依，进而保证政策的权威性和有效性，这是发达国家和地区住房保障制度的突出特点。如美国的《合众国住房法》规定，要为低收入家庭修建公共住房制订长远计划；《国民住宅法》要求建立住房管理署，设立联邦存款和贷款保险公司，由政府提供低利息贷款，鼓励私人投资于低收入家庭公寓住宅；《开放住房法案》以帮助穷人成为房主为目标，规定在 10 年内为低收入家庭提供 600 万套政府补助住房，并禁止在购买和租用房屋时的种族歧视，被认为是"20 世纪第一个公平住房法令"。美国还注重法制建设的与时俱进，注意根据不同时期的住房保障要求对原有法律条文进行修订或推出新的相关法律，目前在住房保障立法方面形成了比较完善的体系，涵盖了公共住房补贴、房租补贴、消除贫民窟等诸多方面。日本政府也重视住房保障方面的立法建设，先后制定实施了《住房金融公库法》（1950 年）、《公营住宅法》（1951 年）、《日本住宅公团法》（1955 年）、《城市住房计划法》（1966 年）等。此后又陆续制定了一系列相关法规，逐步建立健全住房保障的法律体系，这类法律共颁布40多部。瑞典则很注重通过立法提高居住标准，如1973年通过的《住宅更新法》，规定房主必须改善不符合最低标准的住房，国家给予贷款和必要的补助，以促进旧住宅的现代化。《建筑条例》还对房屋的改建、建筑物的管理维修、拆除等做出明确的规定。长期以来，瑞典政府为了解决住房问题制定了一系列切实可行、具有连续性的住房政策和法规。

4.1.2 制定长期目标

为低收入者群体提供住房保障是一项长期的任务，为此，许多国家和地区都制定了长期发展目标，并且一般是随着本国本地区经济发展阶段的不同而采取不同的政策和手段。如我国香港在20世纪70年代初期，其福利住房政策主要是为了安置受灾居民和赤贫人士；而在80年代，则转变为居者有其屋的计划；进入90年代，则大力推行住宅私有化的进程，同时开始进行了旧屋重建和都市更新，以为人民提供长久的基本生活保障和为地区的经济发展提供物质支持，促进社会和地区经济的稳定和繁荣。

4.1.3 政府唱主角

实行住房保障、提供公共住房是政府和社会全体成员义不容辞的责任和义务，实行住房保障不仅仅是为了保护社会低收入阶层的利益，而且也为了其他人的福利的最大化。对于一个不断走向富裕、走向公正的社会而言，人人享有一定的住房是全民性的社会生存权利。由于社会公共住房具有社会保障的性质，实行住房保障主要是通过政府行为来实现，必须由政府来唱主角。如日本政府在这方面就采取了比较强硬的手段，成立了专门的决策协调机构——建设省住宅局，代表政府行使住房建设决策和管理监督的职能。具体实施公房建设的机构为住房公团，还有政策性的住房金融机构——住房金融公库，为住房建设和购买住房提供长期低息资金。瑞典政府则直接参与管理，这一职责由城镇政府来担当，其主要任务有三：一是规划住宅区和征购土地；二是参与有关国家贷款及补贴问题的决策；三是制定社会发展纲要，负责住宅问题的协调工作。

4.1.4 面向低收入者群体

在扶持对象上，一般均以低收入者群体人口或者说最低收入阶层为主，但是随着经济的不断发展，扶持对象均有所扩大。如中国香港初期特别注意扶持最低收入人群，而在住房体系建设的中期和后期，则注意对夹心阶层即边缘贫困人口的保护,并推出了夹心阶层置屋计划,其计划比较类似于我们内地的经济适用房。

4.1.5 加强管理

国外一般都重视住房的管理。在供给和管理方法上,建立了一套行之有效的监督方法和流转、管理机制。如对扶持对象资格的审查、对所居住物业的维修和管理都采用不同的方法。如香港公屋的面积、环境和租金均有不同程度的差别,以适应各种申请公屋家庭的需要,凡符合条件的家庭均可登记在册,轮候公共房屋。申请公屋规定的各项入息限额是参照家庭的各项开支,考虑私人楼宇的租金而制定的。同时,在香港地区现行的公共住屋租金,主要是按照住户交付租金的能力和类似屋村的价值来制定的,也考虑差饷的增加、通货膨胀和维修管理等因素。

4.1.6 加强财政补贴

发达国家和地区在住房方面的财政补贴力度都很大。如日本采取两种形式的补贴:一种是政府财政拨款,一方面用于低收入家庭的租房、购房补贴,另一方面用于资助公营住宅建设。第二种是政府的财政投资性贷款,一方面是对住宅都市整合公团住房建设的投资贷款,另一方面是将资金贷给住房金融公库,再由后者用于建设公共住房和向低收入者发放住房贷款。住房金融公库用于建设公共住房和向低收入者发放住房贷款。在美国,凡家庭收入未达到所在地区家庭平均收入80%者,均可以申请住房补贴。美国政府还对地方政府建设的公共住房和私有营利或非营利机构建设的低收入住房进行补贴。在公共住房消费上,政府也实行补贴。住房支出超过收入30%时被认定为过度消费负担,并以此为参考对住房需求者进行补贴。瑞典也实行公共住房补贴政策。该政策的特点可概括为坚持普遍受益原则,经历了从"砖头"向"人头"转变以及补贴费用由国家和地方团体共同负担三个方面。其补贴费用由国家和地方团体共同负担。

4.1.7 实行税收减免优惠

为刺激房地产业和经济的发展,让低收入者拥有住房,发达国家和地区多采取了税收减免政策。例如在美国,这方面的政策主要体现在:其一,对利用抵押贷款购买、建造和大修自己房屋的家庭,在征收个人所得税时减免抵押贷款的利息支出;其二,对拥有自己住房的家庭,还可以减免所得税和财产税。按规定每人可扣除的收入为2750美元;其三,对出租屋的家庭实行税收减免政策。在瑞典，与公共住房问题有关的税种有不动产税、印花税、遗产税和所得税等，瑞典政府采用税收优惠政策支持住房建设，解决公共住房问题。例如，对住房所有者名义租金收入在30万克朗以上的，按10%征税。另外规定，住房所有者在出售其住房时应缴纳资本所得税，但是这种税常常因所售住房的维修和改造补贴而收不到，这实际上也相当于税收优惠。此外，房屋造价的70%可申请抵押贷款，归还这部分贷款不交所得税。在日本政府颁布的《住宅取得促进税制》中规定：利用住宅贷款自建、自购的居民，在5年内可以从每年的所得税中扣除当年的住宅贷款余额的1%，另外，对财产登记税、不动产所得税、城市建设实行税等实行减免，甚至对住房资金中的赠款部分免征赠与税。

4.1.8 灵活的金融政策

在金融政策方面，发达国家的政策一般比较灵活。如日本采用混合型金融政策模式，这种模式的特点是，以央行为领导，民间金融机构为主体，政策性金融机构为补充，官民结合。政府住房金融机构有住宅金融公库、住房公团、住宅融资保证协会等；民间的住房金融机构包括住宅金融专业公司、劳动金库、住房社团等。美国金融政策力度也很大。一方面，政府利用信贷杠杆，鼓励个人或开发商参与开发建设适合中低收入家庭的经济住房，如提供低息贷款和"税收信贷"。另一方面，通过住房抵押贷款一级市场和二级市场为住房需求者提供信用。前者常见形式为固定偿还抵押贷款，累进偿还抵押贷款，固定利率住房抵押贷款及可调整利率抵押贷款等。后者即为住房抵押贷款的证券化。瑞典的购房付款可有多种选择，除了制定有公共住房建造的金融政策外，瑞典还推出了有关公共住房消费的金融政策，鼓励居民购买公共住房，付款方式可以是一次性付清，也可以分期支付。

4.2 我国城市低收入者群体人口住房

保障体系的建立与发展城镇中低收入家庭、特别是低收入者群体家庭的住房保障制度是我国社会保障体系的重要组成部分，体现政府重要职能。在福利分房的年代，凡国家正式职工"机会均等"，人人都要排队等待国家分配住房，尽管极为有限的房源让大多数人的等待焦虑而漫长，但这个近乎唯一的"机会"倒也没有多少贫富差异。而随着住房商品化、市场化的推行，一些低收入人群的住房问题则日显突出。近年来，为解决低收入家庭住房问题，我国已经制定了一系列政策，并采取各种措施保障政策的落实。从20世纪90年代中期至今，我国陆续推出国家安居工程、经济适用住房、廉租住房等政策，尝试解决低收入家庭的住房问题，并取得了巨大的成就。

4.2.1　国家安居工程

国家安居工程始于20世纪90年代中期，是解决中低收入居民的住房问题的一种手段，兼有调控住房市场，调节收入分配的作用。1995年由"国务院住房制度改革领导小组"制定《国家安居工程实施方案》。《方案》中明确指出国家安居工程住房直接以成本价向中低收入家庭出售，并优先出售给无房户、危房户和住房困难户，在同等条件下优先出售给离退休职工、教师中的住房困难房，不售给高收入家庭。平均每套住宅建筑面积标准一般应控制在55平方米以下。二室户型的比重应在60%以上。国家安居工程住房的成本价格由征地和拆迁补偿费、勘察设计和前期工程费、建安工程费、住宅小区基础设施建设费、1%—3%的管理费、贷款利息和税金等7项因素构成。国家安居工程从1995年开始实施。1995—1998年实际完成安居工程建设规模的总和为7157.7万平方米。国家安排的安居工程贷款计划，由国家计委、中国人民银行在当年固定资产贷款规模内安排，并按现行办法及时分解下达给各有关专业银行。

实施国家安居工程的城市按国家贷款资金和城市配套资金4:6的比例提供配套资金。城市配套资金可从城市住房基金、单位住房基金、住房公积金、售房预收款和其他房改资金中筹集。配套资金没有按期足额到位的，银行不予贷款。为确保国家安居工程贷款的周转使用，国家安居工程贷款一律实行抵押贷款，期限最长为3年，贷款利率按中国人民银行规定的同期法定利率（不得上浮）执行。

国务院国发〔1998〕23号文《国务院关于进一步深化城镇住房制度改革加快住房建设的通知》提出，对不同收入家庭实行不同的住房供应体系，即最低收入家庭由政府或单位提供廉租住房，中低收入家庭购买经济适用住房，其他收入的家庭购买、租赁市场价商品住房。从此以后，即在全国范围内实现了住房福利制向住房商品化的历史性转变，"安居工程"全国统称为经济适用房。

4.2.2 经济适用房

经济适用房是指具有社会保障性质的商品住宅，具有经济性和适用性的特点。经济性是指住宅价格相对市场价格而言，是适中的，能够适应中低收入家庭的承受能力；适用性是指在住房设计及其建筑标准上强调住房的使用效果，而不是降低建筑标准。它是国家为解决中低收入家庭住房问题而修建的普通住房。经济适用房是具有社会保障性质的商品房，不能向社会敞开供应。对经济适用房项目，政府免收土地出让金，其他应征收的各项费用减免50%，并对成交价格、购买对象、房屋面积和开发建设单位的利润进行限制。开发建设单位的利润一般在3%以下。经济适用住房基准价格由开发成本、税金和利润三部分构成。

各地积极推进经济适用住房建设，取得了以下明显成效。一是适应了中低收入家庭购房需求。1998—2003年经济适用住房累计竣工面积4.77亿平方米，解决了600多万户中低收入家庭的住房问题。二是促进了居民住房消费。1998—2003年，居民购、建经济适用住房（含集资、合作建房）累计支出金额超过5000亿元。三是优化了房地产市场供应结构，一定程度上平抑了商品房价格的不合理上涨。四是缓解了城市旧城改造和房屋拆迁矛盾。北京、青岛、南昌等城市30%以上的经济适用住房用于安置被拆迁居民。五是改善了城市环境。经济适用住房建设一般在城郊结合部，由于实行政府组织、企业运作、规模开发、配套建设，改善了周边环境，提升了城市功能。

经济适用住房建设资金按国家、单位、个人合理负担的原则多渠道筹集，主要来源有：（1）各级财政安排的用于经济适用住房建设的专项拨款和借款。（2）房改政策性住房资金中用于经济适用住房建设的资金。（3）在城市土地有偿使用收入用于城市建设的部分安排一定比例资金。（4）银行发放的经济适用住房建设贷款。（5）政策性和商业性个人住房抵押贷款。（6）个人购房资金（职工工资、个人住房公积金、住房补贴等）。（7）其他资金。

4.2.3 城市廉租住房

为切实提高城镇低收入者群体人口的住房保障水平，1999年4月，国家发布了《城镇廉租住房管理办法》。城镇廉租住房是指政府（单位）在住房领域实施社会保障职能，向具有本市非农业常住户口的最低收入家庭和其他需保障的特殊家庭提供的租金补贴或者以低廉租金配租的具有社会保障性质的普通住宅。其主要特点是：(1) 社会保障性。城镇最低收入家庭，按照其家庭收入水平，没有能力购买市场价的商品住房和限价的经济适用房，只有通过政府提供具有社会保障性的廉租住房才能解决住房问题。(2) 非营利性，廉租房的租金水平要低于成本租金，政府建立廉租房供应体系，其目的是给最低收入家庭以廉租房形式提供住房补贴；经营管理廉租房的机构是为了实现政府向最低收入家庭提供住房保障的目标，并从政府那里获得一定数量的财政补贴。(3) 公益性。因为廉租住房不但使城镇最低收入家庭受益，而且提高了城镇居民的居住水平，实现社会稳定和收入公平分配。

经过几年的探索，上海、北京、成都等地初步形成了"以租金补贴为主，实物配租为辅"建立廉租住房制度的思路，实践证明是行之有效的。领取住房租赁补贴的廉租对象必须符合一定条件，对家庭收入连续一年以上超出规定收入标准的，可以取消其廉租资格，从而形成有效的退出机制。同时实物配租主要针对孤、老、残、病等特殊群体，住房来源以腾退的旧公房或收购的二手房为主，避免因集中新建廉租住房可能引发的新问题。在总结以往经验的基础上，2004年3月，国家建设部正式发布施行了《城镇最低收入家庭廉租住房管理办法》。《办法》中对廉租住房的原则、对象、标准等做了明确规定。指出：城镇最低收入家庭廉租住房保障水平应当以满足基本住房需要为原则，根据当地财政承受能力和居民住房状况合理确定。城镇最低收入家庭人均廉租住房保障面积标准原则上不超过当地人均住房面积的60%；城镇最低收入家庭廉租住房保障方式应当以发放租赁住房补贴为主，实物配租、租金核减为辅；城镇最低收入家庭廉租住房保障对象的条件和保障标准由市、县人民政府按当地情况制定。同时，廉租住房的资金主要通过以下渠道筹集：一是市、县财政预算的专项资金；二是住房公积金的增值收益中按规定提取的城市廉租住房补充资金；三是社会捐赠的资金；四是其他渠道筹集的资金。廉租住房的资金必须纳入住房保障基金，委托银行专户专项存储管理，用于廉租住房的筹集、补贴的发放及廉租住房维修、管理费用的补贴。

为规范城镇最低收入家庭廉租住房管理，完善廉租住房工作机制，2005年7月，国家建设部又发布施行了《城镇最低收入家庭廉租住房申请、审核及退出管理办法》，就许多具体问题作了比较细致的规定。

应当说，总体上看，我国的廉租住房制度建设已经比较完备，但还处于起步阶段，资金渠道不稳定，保障方式不完善，覆盖范围比较小，现行政策不完全适应实践发展的要求。

4.3 我国经济适用房和廉租房建设中存在的问题

尽管我国的经济适用房和廉租房建设已经取得了很大的成就，但也存在许多问题。

4.3.1 经济适用房建设中存在的问题

作为安居乐业的根本，各国的住房政策都有二次分配这一环节，即制定中低阶层和低收入者群体的住房政策。房价问题，实质上是中低阶层和低收入者群体的住房问题，经济适用住房无疑带有社会保障性色彩，按照政府的本意，推出经济适用房的目的是为了帮助中低收入家庭解决住房问题。但目前我国的经济适用房建设已经出现了种种难以控制的违规现象，违背了该政策的初衷。因此，许多专家学者认为，由于经济适用房在理论上站不住脚，在实践上遇到难以排解的障碍，可以断定经济适用房正在走进死胡同，应当赶快叫停。概括说来，目前我国的经济适用房建设和分配制度存在如下一些问题和弊端。

4.3.1.1　扰乱价格体系，降低社会福利。在市场机制下，价格的作用之一是在生产者和消费者之间传递信息。生产者和消费者根据价格变化趋势来调整自己的供给或需求，以达到优化经济结构的目的。在正常的房地产市场上也是这样。经济学理论早已证明，无论政府采取何种方式干预价格体系，设立最低价格或者最高价格，都会造成不同程度的扭曲，而带来绝对损失。也就是说，会有一部分资源由于政府的过度干预而损失掉了，无论是政府、供给方还是需求方都没有得到好处。政府过度干预经济活动总是要付出代价的。目前推出的经济适用房含有大量政府补贴并实行政府限价，是一种明显的政府行为。按照上述经济学理论，经济适用房政策肯定要产生一部分绝对损失，降低全社会的福利。政府提供了一些补贴，原义是想帮助低收入家庭。但实际上，这些补贴中有相当一部分既没有转移给消费者也没有给生产者，而是白白损失掉了。

4.3.1.2　破坏社会信用，鼓励弄虚作假。由于经济适用房含有大量政府补贴并实行政府限价，其价格要比商品房低 10%—20%。于是，想要购买经济适用房的居民越来越多。但是，这些数量有限的经济适用房并没有真正完全落入当初政策设计所定位的中低收入者阶层，特别是没有落入低收入者手中，而是有不少落入了高收入阶层或者特权阶层手中，成了其牟取暴利的工具。而且，许多所谓的经济适用房早就打破了政府规定的面积等方面的限制，单套住宅面积超过了100平方米，早就脱离了照顾中低收入居民的本意。虽然政府有关部门出台了种种规定，限制高收入者购买并实行"阳光操作"。如北京市政府规定，必须是收入比较低、住房没有达到标准的北京市居民才可以申请购买经济适用房。目前购买资格审核主要手段有：一是结合个人所得税明细制度进行收入审核；二是在互联网和窗口公示基础上增加媒体公示，加强社会监督；第三，严厉查处虚假申报，进行媒体曝光。但实践表明，这些规定的实际执行效果并不理想，受经济利益的驱使，骗购经济适用房的现象仍然可以用"泛滥成灾"来形容。在申购经济适用房方面的种种弄虚作假手段的流行，无疑会极大地破坏社会信用。

4.3.1.3 扩大贫富差距，没有真正帮助低收入群体。在住房问题上，最需要帮助的毫无疑问是那些低收入，急需解决住房问题的贫困户。住房保障的近期目标，应当是为处于困境的居民雪中送炭，而不是为中等收入家庭锦上添花。而实际上，在已经购买了经济适用房的住户中，很难找到真正的低收入家庭，用经济适用房解决低收入家庭住房问题的政策目标已经很大程度上徒具虚名。经济学理论和国外的成功实践表明，解决中等收入家庭的住房问题的唯一合理途径是市场机制。在任何社会中，所谓中等收入家庭必然是大多数。在解决中等家庭住房问题上政府的作用在于维护房地产市场的竞争秩序，防范过度投机行为，防范房地产价格暴涨暴跌，防范泡沫危机。政府没有必要也没有可能对中等收入水平家庭采取特殊政策。给中等收入家庭补贴，完全不符合经济学基本原理，因为给大多数人补贴除了制造恶性通货膨胀之外，等于什么都没给。而如果只是给一部分中等收入家庭以补贴而不给其他家庭，这显然违背了公平原则。更何况，给中等收入家庭以补贴而忘却了低收入家庭，其结果必然是扩大了贫富差距，有违社会公正。

4.3.1.4 缺乏合理的分配原则。经济适用房的问题不在于房屋本身，而是在于没有合理的分配制度。由于对经济适用房的需求远远大于供给，而且面积越大，售价越高，获得的补贴也越多，从而使得经济适用房的供需矛盾陷入了一种恶性循环。在具体分配方式上，目前各地普遍采取的有现场排队、摇号、网上申请等。但实践证明，无论哪种方式，都难以收到良好的效果，其根本原因在于，经济适用房制度本身就已经破坏了交易市场的价格机制，是一种在设计上不科学的制度，因此无论采用何种分配方式，都不会使得制度本身科学起来，从而达到预期的分配目的。

4.3.1.5 容易滋生寻租腐败。"权力寻租"是从计划经济向市场经济转型期间的一种特有现象。理论和实践都证明，如果让政府行政权力干预资源分配，那末权力就一定会在市场上寻求自己的价格。由于经济适用房缺乏合理的分配制度，政府官员手中分配经济适用房的权力越来越大，一旦他们认识到手中权力的市场价值之后，他们就有可能进行权力"寻租"，贪污受贿；而对于经济适用房的申购者来说，如果在体制内取得资源的成本要大大低于市场交易成本，那么必然会有人愿意通过行贿来取得资源。更重要的是，经济适用房分配中的权力寻租并不是简单地将一部分利润转移进了某些官员的私囊，而且给社会福利造成的损失要数倍于官员贪污的金额，严重影响社会效率和公平，损害整个住房保障制度。

4.3.1.6 不利于建立有效的社会救助系统。建设经济适用房的政策目标是帮助中低收入者解决住房困难，但是对于真正的低收入家庭，经济适用房甚至还不如画饼充饥，因为尽管实行了政府限价，那些连基本生存都成问题的低收入家庭根本就没有能力购买经济适用房。政府在经济发展中必须照顾低收入者群体，帮助低收入家庭解决住房困难，这是政府必须担当的责任。国外的成功经验表明，帮助社会上的低收入者群体应当通过政府转移支付来解决。社会福利应当直截了当地交给低收入者群体，而绝对不能与市场交易混杂在一起。在住房保障上，我国能够用来资助贫困家庭的财力有限，本来应当集中用于帮助贫困家庭，可是这些非常珍贵的资源却被经济适用房占用了。在当前的经济适用房制度下，中等或者中等以上收入以上的家庭得到实惠，政府官员得到好处，房地产商在其中有利可图，却唯独遗忘了真正的贫困家庭。因此说，经济适用房误导了社会资源的配置，不利于建立公平合理的社会救助体系。

4.3.1.7 增加房地产市场的交易成本。综观世界各国的住房保障制度，我国的经济适用房可以说是一种制度创新，而制度创新的要害就是要降低交易成本。但实际上我们目前的经济适用房制度非但没有降低、反而显著地增加了交易成本。其中包括：官员寻租腐败的成本，社会诚信的道德成本，房地产市场信息成本，排队成本等等。随着时间的推移，如果经济适用房的范围继续扩大，扰乱了房地产市场的正常交易秩序，成本会越来越高。显然，这是在经济体制改革上的倒退。

4.3.1.8 鼓励提前消费，增加了银行潜在风险。自从推出经济适用房之后，市民购买房地产的热度迅速升温，扭曲了人们对自己购房能力的估计，产生超乎偿还能力地提前消费。经济学理论认为，在正常情况下，如果一平方米住房的价格等于一个月的平均工资，那么可以认为房地产市场是可持续的。也就是说，使用大约8年的工资总额可以购买100平方米住房。在向银行取得按揭贷款之后，大概在20年后可以偿还所有银行贷款。可是由于政府补贴降低了经济适用房的价格，使得人们倾向于高估自己偿还银行贷款的能力。政府补贴在购房时起了很大的诱导作用，却不会显著地改变偿还银行贷款的负担。如果经济适用房购买者偿还银行按揭贷款的负担超过了偿还能力，那么就有可能将风险集中在银行，从而出现银行的金融危机。

4.3.2 廉租房建设中存在的问题

随着经济适用房制度种种弊端和问题的显现以及城市低收入者群体问题的日益突出，加强廉租房建设逐渐成为我国住房保障体系建设的重点，并已经取得了一定的成效。但总体上看，目前我国的廉租房在发展态势上与城市低收入者群体人口的期望和长远目标还存在一定的差距。主要存在如下一些问题：

4.3.2.1 缺乏明确的目标和长远规划。我国的廉租住房体系建设虽然已经有了6年多的实践，但无论是1999年的国家《城镇廉租住房管理办法》，还是2004年的《城镇最低收入家庭廉租住房管理办法》，都只是对建立廉租住房的目的作了表述，而对于一段时期内的具体的数字化目标和长期规划没有做进一步的安排。住房消费不同于一般的商品消费，具有固定性、普遍性、多样性、长期性、持久性的特点，不同的经济发展阶段、不同收入的人群对于住房消费的需求情况有所不同。对此，国家尚未能从发展的角度，做出可操作性的战术安排。例如，在经济发展的早期，可以采用政府为主,向广大低收入者提供租赁住宅;随着经济水平的提高,可以采取鼓励居民自置居所与租赁廉租房屋相结合的措施;在经济水平达到一定高点之后,可以主要采取购买国家提供的公共住房。在不同的经济阶段,国家应该在住房金融、物业管理、土地开发、工程建设、税费交易等方面做出相应的安排,以对其提供一定的照顾,实现人们安居乐业的良好社会环境。

4.3.2.2 制度建设落后。我国的社会住房保障制度建设远远落后于住宅市场化体系的建设。从现有出台的各项政策来看,大多都是旨在推动住宅商品化,而且有向高收入者倾斜的嫌疑,且不同所有制的职工、不同身份(城乡户口)受益多少也大相径庭。例如,低息贷款、税费减免的最大受益者是有购房能力者,谁买房面积越大,贷款越多,享受的低息补贴,税费减免就越多。住房公积金名为个人储蓄,但却只能用于买房不能用于租房,对下岗职工的公积金只能封存不能提取,这些限定在一定程度上剥夺了职工公积金储蓄的支配权。出售现有公房和危房改造都是有房的人受益,与无房户"无缘"。住房货币化中的官本位,使"老人"、职位高者得到了一次性补偿,而"新人"每月补贴额不足支付月租金,结果是"老人老办法,新人无办法"。经济适用房享受政府土地、税费等多种优惠,但是由于对建筑面积、价格控制不严,每平方米价格下来了,但每套房的总价位却随着面积的增加上去了,由于老百姓买房是按套买而不是按面积买,总价过高、物业费高、交通不便仍是制约中低收入者买房的主要因素。目前,虽然国家已经出台了廉租房政策,但在许多地方仍然没有引起政府的足够重视。我们不否认市场是实现社会资源优化配置的一种好的方式,但是,市场不是万能的。只有将解决低收入群体的住房问题归入政府职责,融入社会福利,才能从制度建设上保障每个公民在住宅市场化的进程中都有良好的居所。

4.3.2.3 保障覆盖面小。住房保障体系的对象,从狭义上讲,是最低生活保障制度保障的对象,即低保户和贫困人口;从广义上讲,它应包括所有无法从市场获得住宅的中低收入居民家庭,既包括具有城镇户口的"城镇居民",也包括城市中大量所谓"流动"但常驻城镇的"农业人口"。但目前,无论是国家出台的有关政策还是各地的实际做法,保障的对象多限定在具有城市户口的低保户和优抚家庭中的住房困难户,而城市中既买不起房，又非低保的"夹心层"和大量的流动人口则不在廉租房保障的范围之内。随着社会的转型，城市打工者、进城民工、城乡结合部土地被征后的农民是一个不可忽略的新的住房低收入者群体。这个群体的形成不但有历史的因素，而且在中国这个二元结构的社会，随着城市化进程的加快，还将不断地扩大。如果不对他们的住房问题给以充分的重视，这将给城市的发展带来不小的冲击，而问题如不及早地得到解决，拖的越久，越迟延，所付出的代价也将越大。

4.3.2.4 房源紧张，供需矛盾尖锐。根据《城镇最低收入家庭廉租住房管理办法》的有关规定，廉租住房、特别是配租住房的房源包括政府出资收购的住房、社会捐赠的住房、腾空的公有住房、政府出资建设的廉租住房和其他渠道筹集的住房，其中主要是依靠旧有的公房。但由于自从1998年年底房改以后，各单位已无闲置的公有住房、职工现已租住的公房无法腾退和已售公房即房改房也无法腾退，社会捐赠的住房数量极为有限，以至于可以忽略不计，而《城镇最低收入家庭廉租住房管理办法》又明文规定"限制集中兴建廉租住房"，致使廉租房的房源极为缺乏，这已经成为制约推广廉租住房保障体系的最大一个瓶颈。我们无奈地看到，在旧有住房体制下形成的住房分配不公的情况，在新的时期继续延续。一方面是低收入人群无法得到合适的住房；另一方面却是有些人拥有多套房，他们宁可闲置也不愿意将其提供给社会。而且隐形的房地产租赁市场的存在也使得部分房屋非法进入房地产二级市场，造成廉租住房的房源供给更为短缺。

4.3.2.5 资金短缺。廉租房是政府解决贫困人口住房问题的重要举措，但资金短缺且不稳定却是制约其发展的一大障碍。根据《城镇最低收入家庭廉租住房管理办法》的有关规定，城镇最低收入家庭廉租住房资金的来源，实行财政预算安排为主、多种渠道筹措的原则，主要包括市、县财政预算安排的资金；住房公积金增值收益中按规定提取的城市廉租住房补充资金；社会捐赠的资金及其他渠道筹集的资金。而用住房公积金增值收益发放租金补贴，等于用私人储蓄资金为政府公共福利目标服务，这一方面侵害了私人的利益，另一方面也削弱了政府的职能和公共资源配置的效率。有许多城市利用公房出售收回来的资金来发放廉租房租金补贴，但是由于大部分公房是单位自管公房，回收资金并不上交地方财政，致使各城市可支配的售房款十分有限，杯水车薪不足弥补巨额资金缺口。还有一些城市因租金补贴资金无法落实，"廉租房"政策虽好也只能束之高阁。在住宅商品化的进程中，如何调整政府的支出结构，将低收入群体的住房问题真正列入政府的支出预算安排，以保障稳定的资金来源已成为廉租房制度建设的重中之重。从国外的经验看，在各国政府的支出中都有社会保障住房一项。英国是世界上第一个福利国家，也是社会福利私有化的发源地。在撒切尔夫人倡导的私有化的浪潮中，政府出售了150多万套公房，使英国住宅私有化的比率从55%上升至67%，但是，这并不意味着政府从住宅领域撤出。多年来，英国政府扶持非营利组织兴建的普通住宅和对低收入者的租金补贴，一直保持在占GDP的2%以上，占政府公共支出的5%左右。在崇尚市场经济的美国，政府不仅为低收入者提供租金补贴，还直接出资成立了联邦住房局，为中低收入居民购房提供百分之百的信用担保。

4.3.2.6 政府职能发挥不足。由于供需矛盾尖锐和政府资金短缺等原因，目前的廉租房入住多采取轮候排序的办法，甚至许多地区采用摇号等不得已的运作方式，明显反映出目前的廉租住房保障政策已经无法满足城市低收入者群体迫切的住房需求。从我国住房结构体系上来看，我国住房改革是以逐步提高住房消费比例来实现的，房地产开发一直是以商品住房为主，重视高端产品市场，而忽略了低端房地产产品的开发，未能形成国家所预计的以经济适用房为主的产品结构体系。目前我国住房方面的实际情况是：一方面，房地产高端产品市场的购买力不断得到释放，一些收入较高、比较稳定的人群不但拥有了好地段，好环境的房屋居住，甚至有一些人已经开始了住房投资进行二次置业的活动；而另一方面，却是众多中低收入者的住房需求得不到满足，居住环境恶化，形成尖锐的对比。这种畸形的房地产产品结构、无法形成合理的梯次消费，更无法促进整个社会的良性循环和国民经济的可持续发展。虽然市场化是实现社会资源优化配置的一种好方式，但是，市场不是万能的，只有将解决城市低收入者群体的住房问题归入政府职责，融入社会福利，才能从制度建设上保障每个公民在住宅市场化的进程中获益。

4.3.2.7 缺乏相关法律、法规。食和住是人民生活的最基本需求，发达国家在这方面都有相当完备的法律体系（见4.1.1）。但我国至今还没有关于居民住宅的有关法律、法规，只有建设部颁布的《城镇最低收入家庭廉租住房管理办法》等部门规章，这与全社会都来关心低收入者群体的住宅问题的目标是不相适应的。我国是法治国家，只有有法可依，才能使廉租屋资金、建设、使用等问题得以根本解决。

4.4 加快建设廉租房制度

为最低收入家庭提供廉租房，是政府在实施住房商品化、市场化过程中为缓和贫困人群住房困难的矛盾而建立起的一道特殊的保障网。加快廉租房制度建设，是我国住房建设面临的最迫切的任务。根据当前租房制度建设中存在的问题，特提出以下建议：

4.4.1 改变观念

要加快廉租房制度建设，首先必须改变一些不合时宜的观念——既包括所谓的"传统观念"，也包括所谓的"现代观念"。

4.4.1.1 "居者有其屋"。在中国，无论是在普通百姓还是在政府官员的观念中，"居者有其屋"习惯被理解为居者有私房，这一观念影响深远，可以说是造成当前中国商品住宅市场价格持续高涨的诱因之一。这种观念必须要改变。"居者有其屋"应该是居者有住房，而不是有私房。有住房包括拥有私人产权的住房、租用他人住房和国家为城镇低收入家庭提供的廉租房。综观世界各国，都普遍存在着许多家庭无经济能力拥有产权房而有赖于租房的现象，年轻一代更是以租房为绝大多数人的选择。许多国家和地区都把租赁房的建设与市场管理视为房地产业的重要组成部分，并采取一些政策，向低收入阶层倾斜。目前，美国的住房私有率为68%，英国为67%，德国为42%，而我国为76%（我国在发展规划目标中曾提出："到'十五'末期基本实现每户拥有一套功能相对齐全、综合质量较高的住宅"，这意味着住房私有率将达到100%！）。这表明，我国房地产发展时间短，但私有率却大大超过国外，一个重要原因是，从开始我们在观念上就存在偏差，忽视租赁市场的培养，而倾向于大多数居民持有房产。在现阶段，解决低收入家庭的住房矛盾应该是保障人人有房住，即便对于有购房需求而一时还没有支付能力的家庭应当先租后买，而非鼓励人人拥有房产，更不能引导"人人买新房"。否则，将超越经济发展阶段的需求，一步到位的跨越式消费加大供给与需求间的不平衡，使房地产市场透支，结果不但推动房价的继续上涨，而且进一步加重居民的住房消费负担。

4.4.1.2 "超前消费"。改革开放后"引进"的所谓"超前消费"经常被作为一种"现代观念"而备受推崇。这种"现代"观念当然也影响到了住房消费领域。加上传统的"居者有其屋"观念的引导,许多城市居民开始不顾自己的经济水平而大量借债买房。据2005年5月材料,北京、上海两城市的"居民家庭整体负债率"已经高于欧美家庭,其主要原因便是房贷。这种"超前消费"不但对房地产的持续高温起了推波助澜的作用,对国家和家庭都隐藏着巨大的金融风险,而且完全无力购买住房的低收入者群体人口也产生了巨大的心理压力,对住房保障制度、特别是廉租房制度的建设起了消极作用。

4.4.1.3 "一步到位"。住房消费中的"一步到位论"也可以说是改革开放后"引进"的一种"现代观念",在这种观念引导下,几乎每个家庭的住房目标都不但是要买房,而且要买新房、买大房、买好房,进一步刺激了住房消费,同样对房地产的持续高温起了推波助澜的作用。

4.4.1.4 "市场主导"。随着市场经济的建立和发展,"有困难找市场"代替"有困难找政府"而成了一种时髦的口号和观念,在住房领域也不例外。但是,市场不是万能的,有些东西也不能完全交由市场来解决。住宅的商品化并不意味着政府从住宅市场退出,解决低收入群体的住房问题更是政府责无旁贷的责任。

4.4.2 改革住房金融,化解金融风险

目前我国的房地产开发项目主要依靠银行贷款作为资金来源(约占60%),隐含着一定的金融风险。一旦房地产市场出现吸纳速度放缓、同类开发项目的市场吸纳周期超过建设周期、房地产价格大幅度下滑等现象,必将导致贷款风险迅速上升。另一方面,由于个人住房抵押贷款迅速攀升,一旦出现购房者断供、收入情况变化或者房产价格下跌,银行便难免出现坏账。这两种风险无论发生哪一种,都会给国家和个人造成巨大损失。全国工商联住宅产业商会投融资中心经过对房地产行业的深入调研认为,发展房地产投资信托基金,建立廉租房体系,是解决低收入群体住房需求,防范房地产金融风险的重要途径。通过发展房地产投资信托基金这一金融创新手段,促进存量市场发展,既疏导社会资金投资房地产的途径,并理顺房地产价格形成机制,使存量市场成为增量市场的定价依据,增强政府对房地产市场的调控力度；同时，为银行不良资产提供变现渠道。即一方面通过培育信托公司和专业房地产资产管理公司等机构投资者，运用房地产投资信托基金这一金融工具，通过收购二手房、空置房或合适的商品房，为无力购买商品房和经济适用房的广大低收入者群体提供租赁用房，以促进房地产存量市场特别是租赁市场的发展，保障"人人有房住"；同时，为不能偿还银行个人抵押贷款的家庭提供可供居住的租赁房屋，以解决其生活必需的住房问题，为银行行使债权创造条件，增强金融资产的流动性；另一方面，还可以通过发达的存量市场形成均衡的租金价格，进而形成合理的资产价格和投资预期，引导房地产增量市场的交易需求、交易价格和交易结构。我们认为，在目前我国房地产业潜在金融危机愈益明显、廉租住房体系发展无力等情况下，这不失为一条可行的新思路。

4.4.3 停建经济适用房，大力建造廉租住房

如 4.2.2.4 所述，房源紧张，供需矛盾尖锐，已经成为制约推广廉租住房保障体系的最大瓶颈。为迅速有效地扩大廉租房房源，尽快解决城市低收入者群体人口的住房困难，我们强烈建议：鉴于目前经济适用房建设和分配中存在的种种弊端和问题，鉴于它实际上已经违背了最初设计的政策目标，应立即停建经济适用房这种非市场化的"商品房"，同时取消《城镇最低收入家庭廉租住房管理办法》中"限制集中兴建廉租住房"的规定，大力建造廉租房，这才是解决城市最低收入家庭住房问题的根本途径。我们认为，可以将国家给经济适用房的大量资金补贴用于建造廉租房，并采用房地产投资信托基金模式，集合社会闲散资金，为廉租房和租赁型普通商品住宅提供庞大的长期性资金支持。这样不仅可以使政府运用有限的资金启动大规模的廉租房建设，满足低收入家庭住房需求，还可以为广大投资者提供一个风险较小、收益稳定的投资品种，带动社会资金，形成多层次的住宅存量市场，促进住宅产业的可持续发展。同时，市场化的资金供给可以提高体系的效率和透明度，增加银行房产变现渠道，提高银行资产的流动性。由于廉租房具有社会保障性的特点，隐含有政府信用，包含政府补贴因素，虽然投资利润比普通投资品低，但比国债要高，已为一些海内外基金机构和企业所关注。

为避免因连片建造廉租房而形成新的贫民区，廉租房应尽量分散建

造，至少不要大面积地连片建造。同时，政府在进行廉租住房的规划时，应注意保证质量和功能上的先进性，确保廉租房屋可以在市场上自由流通。低收入住房不等于低功能、低质量。如果新规划的廉租住房在功能上落后于社会的平均水平，不但会对社会住房资源造成浪费，而且对整个社会固定资产的质量也是一种损害。质量和功能上的先进性，不但可以保证低收入人群享受整个社会居住水平提高的好处，而且还能使得该资产在市场上既能够用于住房保障，也可以用于其他交易目的。在建造方式上，可以采取类似工程项目的 BOT 方式，让企业参与廉租房的建设。具体做法是政府将土地无偿划拨给开发企业，开发企业则根据政府的要求建造廉租房，并按政府规定的租金提供给低收入者，开发商在租金上的损失通过地价减免或税收优惠等得以补偿。廉租房的建设相当于减免地价应尽的义务，开发的住宅作为廉租房的期限决定于地价水平，当这种"义务"期限届满，开发商可以将其房屋按当时的市场价进行公开销售或出租，原住户有优先购买或承租权。这样做，既可以解决廉租房的建设、管理和低档问题，也可以使开发商的正常权益得到保障，从而吸收社会资金参与廉租房的建设。

4.4.2 加强法制建设，明确政府责任

如 4.1.1 所述，发达国家和地区在解决城市低收入者群体人口住房问题上，都非常重视相关法律制度建设，从法律上强化政府在住宅建设中的责任，房地产市场越发展，政府就越重视那些市场外的低收入者群体的住房问题。而我国在这方面还相对薄弱，至今没有一部关于住房的国家法律。我们党和政府代表着最广大人民群众的根本利益，更应该重视解决城市社会低收入者群体的住房问题。这一问题解决与否、解决得好坏，直接关系到社会稳定、政府形象和党的声望。因此，必须坚决贯彻"三个代表"重要思想，树立科学发展观，把城市政府住房政策的重点转移到解决社会低收入者群体的住房问题上来。建议全国人民代表大会尽快起草出台《住宅法》，从法律上明确界定政府、社会等在廉租房建设中的责任和义务、承建商的权利和优惠以及公民在住宅方面的权利和义务。其中，由于廉租房是一种得到政府补贴的福利住房，廉租房建设是一种政府行为，政府应该在其中起到关键作用。为保证廉租房规范、合理分配，杜绝其中的不正之风和各种各样的寻租行为，必须在廉租房的建设、分配和管理方

面建立严密的监控制度，政府应该通过立法、监督、管理及公共资源的合理有效配置，通过政府有形之手来弥补和修正市场机制的不足和缺陷，保障低收入者群体人口的住房供给。

4.4.5 制定长远规划和分阶段目标

除了通过上述种种措施，为城市低收入者群体人口中的住房困难户提供目前这种带有应急色彩的廉租房外，中央和地方各级政府还应根据国民经济和社会发展规划，制定符合经济和社会发展水平的居民住房长远规划和分阶段目标，不断提高低收入群体在不同阶段上的住房消费水平。根据住房消费理论以及联合国的人居标准，住房消费水平是指人们能够达到的住房标准，一般可以分为生存型、温饱型和享受型三种住房消费水平：生存型是指达到"每人一张床"的最低标准；温饱型是指达到"每户一套房"的小康标准；享受型则是指达到"每人一间房"的舒适住房要求。根据我国目前的经济和社会发展水平，我们认为，当前我国的住房保障应该以优先解决城市低收入者群体人口的居住问题为重点，力争在2020年GDP总量比2000年翻两番时，使城市低收入者群体的住房消费达到人均居住面积15平方米以上、基本生活服务设施齐备的水平，使低收入者群体人口能够在住房方面共享经济繁荣的成果。在2020年中国进入中等发达国家以后，力争实现每户一套房，人均居住面积不低于25平方米。在更远的将来，则可参照目前发达国家的标准，实现"每人一间房"的舒适住房要求。

5. 城市低收入者群体人口的教育保障

城市低收入者群体人口收入低，导致生活难、住房难、看病难，因而需要政府提供基本生活保障、住房保障和医疗保障，这些都是显而易见的，也得到了政府和社会的高度重视。但是，他们还有另外一个经常被忽视或者重视不够的特征，这就是受教育水平低，知识贫困，而知识贫困往往是导致其处于弱势处境的更具长远性和潜在性的影响因素，在许多情况下甚至是决定性因素。因此，政府和社会应该从其实际需要出发，为城市低收入者群体人口提供相应的教育保障。这种保障包括两个方面，一是成年低收入者群体人口的教育和技能培训，关于这一问题，我们在2.3.5已有所论及，在此不再赘述。我们在此所关注的是第二个方面，即城市低收入者群体人口家庭的子女的教育保障。

孩子是祖国的未来，更是弱势家庭未来脱贫的希望所在，如果不对他们实施教育救助，那么，这部分弱势家庭的子女就会失学或者不能充分就学，从而使他们对家庭脱贫的未来失去信心。因此，如何认识贫困家庭子女的教育救助问题，了解和掌握贫困学生的社会需求与社会问题，评估现行教育救助政策运行效率，寻求切实可行的救助方式，全面构筑小康社会教育救助体系，是当前面临的一个十分紧迫而重要的理论课题和现实课题。加强对贫困家庭子女的教育救助研究，一方面对于丰富和发展教育学中教育公平、教育机会平等理论等具有极其重要的理论意义；另一方面，对于切实解决贫困子女的就学和成长问题，进一步完善教育救助政策和制度，实现教育公平，维护社会稳定，促进社会发展，保证改革开放和现代化事业都顺利进行，也具有十分重要的现实意义。

5.1 城市低收入者群体与教育公平

谈到教育，不得不首先来看一下目前大家所最为关注的教育公平问题。教育公平，也称作教育机会均等，是社会公平的重要组成部分，也是国际教育界教育改革和教育运动中最让人关心的问题之一。教育公平是实现社会公平的最重要根据，而教育权利与教育机会、教育过程、教育效果的不公平，不仅是对人性、人权的侵犯，而且危及社会的公平与稳定。

5.1.1 教育公平的含义

从有关文献看，在我国现阶段，教育公平主要包括以下几个方面的含义：

5.1.1.1 教育权利公平。它指的是个体的教育权利不因种族、民族、性别、职业、家庭出身、财产状况、宗教信仰的不同而不同，即每个人都享有平等的受教育权利。这一点已经被世界绝大多数国家以法律条文的形式明确规定下来。在我国新中国成立以来颁布的四部《宪法》中，有关教育方面的条款虽然各不相同，但都规定"公民具有受教育的权利"。这一规定，把公民的受教育权利从一种自然权利上升位法律权利，即普遍的人权，为公民享有公平的受教育机会提供了宪法保障。

5.1.1.2 教育机会公平。教育权利的平等，是实现教育机会均等的必要前提，但并不是充分条件。为了使公平权利得以实现，必须确保每一个儿童都有均等的就学机会。我国1986年就颁布了《义务教育法》，规定实施九年义务教育。在20世纪末，基本完成了普及九年义务教育的历史使命。但是，由于历史、现实及经济转型等种种原因，一些低收入者群体在教育机会方面仍然受到不公平的待遇。

5.1.1.3 学业成就机会公平。在我国可以理解为教育教学过程的公平。首先，学校教育资源的投入、硬件设施，包括师资力量的配备、教育物质条件的总和与同类学校相适应，能够满足教育教学活动的正常开展。其次，课程设置和教学内容不仅要符合社会发展的需求和儿童身心发展规律，而且也要关注到学生的个体差异，以适应不同类型的学生的发展需要。再次，从教学实践上看，要求教学公平，教师在对待学生的态度和期望上体现平等，一视同仁。总之，学业成就机会均等就是为每一位学生的发展提供公平的、与之相适应的个性充分发展的机会。

5.1.1.4 教育效果公平。所谓教育效果公平，就是每个儿童都能在某一教育过程结束后，能够获得与其智力水平相符合的学识水平、能力发展水平、道德修养程度，个性与潜能获得充分发展。

5.1.2 教育政策应以公平为先

教育政策是政府在一定时期内为实现一定的教育目标而制定的关于教育事务的行为准则，现代教育产品的公共属性决定了教育政策的公平性。在目前世界大多数国家和地区，教育都可分为义务教育和非义务教育两种。义务教育是制度性公共产品。义务教育制度包括：政府对义务教育提供财政支持，学校对所有儿童开放，以及强制性要求所有儿童必须接受义务教育，等等。由于这一制度安排，义务教育具有消费的非竞争性和排他性。因此，由于实施义务教育，使小学、初中教育成为公共产品。非义务教育具有一定的排他性，但不具有完全的排他性，即无法排除他人获得有关的益处。非义务教育的公共产品成分很容易被认知，如促进社区发展、增进社会和谐、推动经济增长、减少收入不平等、降低犯罪率、降低人口增长率，等等。因此非义务教育既不是公共产品，也不是私人产品，而是属于二者之间的准公共产品。无论是作为公共产品的义务教育，还是作为准公共产品的非义务教育，其不容置疑的公共性、公益性，都要求教育政策在价值追求方面首选"公平性"。

5.1.3 发达国家的实践

发达国家都十分重视教育公平问题，并为此采取了种种措施保护教育低收入者群体的教育权利，实行教育救助政策便是其中之一。这些国家认为，建立教育救助政策和制度是维护教育公平、实现教育机会均等的重要措施。它一方面可以保证人人都享有受教育的权利，不会因性别、社会阶层和所处地区的差异等因素而丧失接受教育的机会，另一方面可以为那些处于低收入者群体家庭、但天资秉赋优异者提供均等的受教育机会，有利于充分运用人力，避免人才浪费。在教育救助政策内容与制度措施上，大体可以分这样几类。一类是以日本为代表，这些国家都制定了一系列独立的教育救助立法，规定了在教科书、膳食供应等方面给予弱势家庭子女以经济补助；第二类是以德国为代表，将教育救助作为特殊扶助措施列入"联邦社会救助法"；第三类以英国和美国为代表，重点通过专项家庭津贴（儿童津贴），来解决贫困家庭儿童扶养和教育方面的需求。在以泰国为代表的第三世界国家，则是在完善义务教育制度、提高适龄儿童入学率的基础上，为贫穷学生免费提供教材、学具、校服和午餐等。除了上述经济援助之外，各国还通过改善学校组织形态和考试制度，协助教师建立对贫困学生的适当态度，扩充教育机构类型等制度措施，来落实教育机会均等政策。各国都认为，教育救助也是一种社会投资：在人力资本方面，通过态度、知识和能力的训练，可以帮助贫困学生提高生活技能，处理不同人生阶段的任务，减少人力耗损而付出的社会代价；在社会资本方面，教育可以协助巩固家庭和社会的支持功能，建立扶持互助的社群关系；在社会文化融合方面，教育一方面可以协助贫困群体自助和参与主流社会活动，增加社会不同阶层的沟通和相互接纳，减少"社会排斥"，另一方面可以促进社会"平等"观念和"志愿服务"意识的建立，形成对社会低收入者群体的关怀。

5.1.4 城市低收入者群体人口与教育不公平

近年来，我国的教育不公平问题不断凸显、恶化，已经引起政府和社会的强烈关注。概括而言，这种不公平主要表现在三个方面：一是地区间的不公平，二是城乡间的不公平，三是社会不同阶层间的不公平，也是我们这里所关注的一个方面。在城市的不同阶层人口中，低收入者群体人口无疑属于最底层，他们在经济方面的弱势，直接影响到了其子女的教育。

有调查表明，在贫困家庭中，没钱供给子女读九年义务教育的占 20.1%；没钱供给子女高中以上教育的高达 30.4%；此外，没钱购买必需的文化、教育用品的占 24.4%。由于经济上的贫困，作为一种现实的选择，他们中的很多人选择让孩子上职业中专或者职业高中，以期早日工作，帮助家庭摆脱贫困境地，可是即便如此，也同样面临着巨大的教育支出与微薄的家庭收入之间的冲突。更为严重的是，低收入者群体家庭子女因为家境的贫困而无法接受到良好教育的现实，将在他们未来的就业过程中产生重要影响。由于没有能够通过教育获得必要的就业技能和参与社会生活的能力，失业与待业的命运往往更多地垂青特殊青少年。有结果表明，现在城市中失业与待业的青少年大多数都毕业于职校、技校与中专。我们甚至可以认为，只要低收入者群体家庭子女的教育问题没有得到有效解决，其后续劳动力在市场竞争中必然将长期处于劣势，进而加剧其后代的弱势地位，从而形成一种恶性循环。

5.1.5 保障教育公平是国家不可推诿的责任

受教育的权利、尤其是接受义务教育的权利，是法律赋予每个公民的基本权利，义务教育是政府提供的公共产品，在这方面，国家必须无条件地保障全民的平等享有，在目前教育资源尚不十分充足的情况下，国家应该保证将有限的教育资源公平地、均衡地用于所有公民，特别是中央一级的教育投入与财政转移支付必需向低收入者群体的子女倾斜。如果数以百万计的孩子不能及时得到应有的教育与公平的待遇，那么，不久的将来，在许多城市里，将会出现一支数量庞大的新文盲大军，他们从小在城市边缘生活，是在歧视与排挤中长大的城市"二等公民"，他们将形成新的严重社会隐患。如何妥善解决这一迫在眉睫的问题，已不仅仅是政府职能部门的事情，而是全社会应当共同关注的事件。

保证公民享有法律所赋予的受教育权利，必须要以充裕的经费作为支撑，这是一个显见的事实。早在 20 世纪 90 年代初，国家提出财政性教育经费占 GDP 的比例在世纪末要达到 4%。遗憾的是，这个目标至今远未达到，2001 年、2002 年、2003 年这个比例分别为 3.19%、3.41%、3.28%，不仅低于世界发达国家 5%—6% 的水平，而且也低于发展中国家 4.4% 的平均水平。一般而言，政府、企业和家庭是教育事业的三大投资主体。家庭通过投资（承担部分教育成本）接受教育来完成其劳动力尤其是智力的再生产，由此获得一定的职业、社会地位及经济收益。企业投资教育则应符合两个基本条件，其一，企业的教育投资支出所能取得的预期收益按市场贴现率贴现后应不低于其投资成本；其二，企业教育投资的预期收益率应等于或不低于企业对其他方面投资的收益率。而政府，作为社会公共利益代表，理应满足社会对教育的公共需要，充分发挥政府作为社会公平维护者的作用，实现教育的机会均等，保证教育与经济社会发展的协调与平衡。在不同国家和地区，不同教育投资主体各自承担的份额显然也是不同的，但在世界范围内，任何一个国家和地区，政府对教育的公共投资都是决定教育能否正常发展、公民受教育权利能否得到有效保障的一个最关键的因素。在我们国家，由于绝大多数企业和家庭对教育投资都存在着很大的局限性，因此，各级政府的教育投资在教育事业发展中更是起着决定性的保障作用。

实际上，随着近年来教育公平问题和城市低收入者群体问题的日益突出，政府对城市低收入者群体家庭子女的教育问题越来越重视，相继出台了一些政策对其加以扶持，如2001年教育部、财政部、国务院扶贫开发办公室颁布了《关于落实和完善中小学贫困学生助学金制度的通知》（教财 [2001117号]），2004年，民政部、教育部颁发了《关于进一步做好城乡特殊困难未成年人教育救助工作的通知》（民发〔2004〕151号），各地也陆续出台了一系列办法，加强对城市低收入者群体家庭子女的教育救助力度。但是，目前来看，尽管和农村低收入者群体家庭相比，城市低收入者群体家庭子女在九年义务教育阶段遇到的困难相对较少，但仍存在这样那样的问题，而且，其子女的大学教育救助问题也和农村一样较为突出。

5.2 城市低收入者群体家庭义务教育救助

改革开放以来，我国的GDP以年均9%左右的速度递增，经济的快速发展，为各级各类教育的发展提供了保障。随着国家"普九"工程的实施和高等教育大众化进程的推进，我国教育公平的状况虽然得到了较大程度的改善，但低收入者群体家庭子女义务教育贫困问题仍然是当前不可忽视的社会问题。

5.2.1 城市低收入者群体家庭义务教育现状

根据教育部颁布的《全国教育事业发展统计公报》，我国义务教育人口覆盖率虽然由2000年的85%上升到2004年的93.6%，但小学适龄儿童入学率却由 99.1% 下降到 98.95%，小学生辍学率由 0.27% 上升到 0.59%，初中辍学率仍达到 2.49%，2004 年高中阶段毛入学率只有 48.1%。毫无疑问，这些辍学的学生、未入学的少年儿童和未能进入高中阶段学习的学生中，绝大多数属于低收入者家庭子女。由于我国人口基数大，且地区发展极不平衡，因而用绝对数来考察某些贫困地区的教育贫困现象足以令人触目惊心。另外，低收入者家庭子女教育贫困问题还反映到低收入者家庭子女的健康状况和心灵创伤上，这既受社会环境的影响，也受其父辈们的影响。低收入者家庭往往贫病交加，身体健康得不到基本保障，而且由于低收入者家庭的生存和发展面临各种困难，在竞争中处于劣势地位，因而他们通常认为自身利益受到了损害，有较强烈的被剥夺感和失落感。他们生活压力大，精神焦虑不安，情绪容易波动，自卑感较强，很容易心理失衡。这种不稳定心理对其子女的人生观、价值观直接产生负面影响，从而产生心理危机，其表现为性格孤僻、行为消极、态度冷漠、厌学甚至厌世等等。如果不能及时疏导，对个人、对社会都会产生不利影响。

　　传统观点普遍以为，城市家庭在孩子义务教育阶段没有什么经济困难。但丁小浩和薛海平采用国家统计局"城市住户基本情况的调查"数据对城镇居民家庭义务教育负担状况进行的实证研究表明：第一，平均而言，占到城镇家庭一半以上的有在校生的家庭，特别是有义务教育阶段在校生的家庭是一类经济相对弱势的群体，一方面这些家庭由于人口抚养压力较大，人均可支配收入和人均支出水平偏低；另一方面这类家庭还要在本已偏低的人均支出水平中拿出相当一部分开支用于教育支出。虽然这类家庭会因就读子女最终从学校毕业并进入劳动力市场而改变这种经济相对弱势的状况，但是这个高负担时期少则持续 9 年，多则持续 16 年甚至更长。因此重视这类城镇居民家庭经济负担的特征，对于制定城镇教育财政政策，减少广大居民贫困是非常有意义的。第二，城镇只有义务教育阶段在校生的家庭的教育负担在逐年增加，且低收入阶层家庭的教育负担远高于高收入阶层的教育负担。第三，城镇只有义务教育阶段在校生家庭的教育支出之间的差距较大，并且这种差距随着时间的推移有拉大的趋势。第四，导致城镇只有义务教育阶段在校生家庭的教育支出差异的一个可能的重要原因是高收入阶层家庭投入择校、课外兴趣班、聘请家教等方面的费用远高于低收入阶层家庭，这类支出越来越成为家庭教育支出的一个重要的甚至是主要的部分。第五，对家庭义务教育负担影响因素的回归分析表明，影响我国城镇家庭义务教育负担的因素包括家庭收入、子女受教育的层级、父母的行业和职业。具体来说，城镇居民家庭的义务教育负担随着家庭收入的上升而下降，户主行业为低收益行业的家庭义务教育负担高于中收益和高收益行业的家庭，初中在校生子女的家庭义务教育负担高于小学在校生子女的家庭。

5.2.2 对城市低收入者家庭子女进行义务教育救助的对策

实行九年制义务教育是我国的基本国策，义务教育保障是社会保障的重要方面。对于城市低收入者群体子女在义务教育阶段遇到的种种困难，政府和社会必须采取有效对策加以解决。

5.2.2.1 健全法律法规，确保低收入者群体子女的教育权利

依据《中华人民共和国教育法》、《中华人民共和国义务教育法》、《未成年人保护法》等有关法律法规以及《中共中央国务院关于深化教育改革，全面推进素质教育的决定》，进一步明确关心帮助低收入者群体子女健康成长是学校义不容辞的责任，它是学校工作的一个组成部分，应进一步确保其子女的教育权不受侵犯。（1）建立九年义务教育全免费制度。义务教育是强迫教育也是国民教育，政府有责任担负起为适龄儿童提供入学的机会，同时低收入者群体子女也应享有平等的受教育的权利。尽快建立九年义务教育全免费制度，保证贫困家庭子女的受教育权。（2）妥善解决民工子女教育问题。彻底打破以户籍制度为依据的义务教育入学政策，使流动人口子女与城镇子女享受同等的教育权。进一步明确"流动人口子女接受义务教育是流入地政府责任"，坚持民工子女教育"公办为主"的办学原则，积极探索符合流动人口子女教育特点的管理制度。（3）制定贫困家庭子女义务教育补贴或教育费减免的政策，为特困户、失业贫困户子女提供必要的特殊帮助。此外，政府还应出台相应的法规，强制私营企业主部分承担起本企业职工子女的义务教育费用。保证这些家庭的子女不因经济困难而失学。

5.2.2.2 建构无差别、无歧视的学校教育环境，做到教学公平

（1）转变观念，端正学校管理者办学指导思想。制度化教育确立了经年难改的应试教育模式，学校管理者受升学压力的影响采取了一系列区

别对待学生的做法,如快班与慢班、实验班与非实验班之分,目的不是因材施教而是提高升学率。因此要转变这种观念,采取对待所有学生一视同仁的原则。(2)在教学中做到教学公平。我国《教师法》第八条第四款明确规定:教师要关心、爱护全体学生,尊重学生人格,促进学生在品德、智力、体质等方面发展。建立和谐的师生关系,每一位教师在对待孩子的态度和期望上应该一视同仁,体现平等,而不是少数教师公然的"歧视"。正确评价学校的办学水平。学校办学水平从根本上判断不是看升学率高低而是使所有学生成人,让一些考核评价指标如辍学率、合格率、学校事故率、学生及其家长对学校、教师的投诉情况等项目作为学校的评价指标硬起来。真正把以分数为中心的管理转到以人为本的管理上,形成对学生的尊重保护氛围。

5.2.2.3 加大教育投入力度,积极加快办学形式多样化

(1)合理配置教育资源,在指导原则上要体现整体公平、差别对待和切合原则。有效利用资源,加大对经济欠发达地区、贫困地区的扶持力度。建立"教育优先发展区",通过专项资金的形式优先发展教育。继续实施"义务教育工程"、"希望工程"、"春蕾计划"、"对口扶贫工程"。同时改革招生体制,缩小招生录取上的地区差异。(2)公立学校要成为吸收流动儿童就学的主渠道,这是2003年9月国务院办公厅转发教育部《关于进一步做好进城务工就业农民子女义务教育工作的建议》上规定的,并且,同年开始实施的《民办教育促进法》以法律的形式确定了民办教育的地位。支持和促进社会力量办学,鼓励社会捐资集资办学,设立教育基金会等,为低收入者群体子女提供助学金,解决他们的上学问题。(3)结合我国国情,借鉴国外的经验,试行"教育券制度",即委托某个机构(如户籍管理部门)向尚处于义务教育阶段的流动人口子女发放一定面值的"教育券",吸纳民工子弟的学校可凭收取的教育券向有关部门领取等值的专款补充办学经费。教育券的经费来源可采用政府财政拨一点,外来人员出一点,用人单位筹一点的办法来解决。我们可以将教育券的发放范围扩展到义务教育阶段的各类学校,发放对象是贫困学生。在我国目前情况下,借鉴教育券的经验或许不失为一种良好的途径。

5.3 城市低收入者群体家庭大学生的教育救助

改革开放后,我国经济、社会的不断发展推动了高等教育的发展,特

别是近年来，高校扩招政策使得越来越多的社会成员有机会接受高等教育。与此同时，教育产业化的发展使得教育成本由最初的国家单独承担转向国家、社会、个人分摊，使得社会成员个体接受高等教育的成本逐渐增大。特别是对于本来就已经十分贫困的低收入者群体家庭来说，高等教育已经成为一个非常沉重的负担。据有关资料，贫困生在高校的平均比例已高达25%，如果按此计算，全国在校大学生中，贫困生已达300万人；在青海师范大学，该校贫困生占到了学生总数60.9%，特困生占到了42.5%；西安交通大学贫困生比例为35%，上海交通大学贫困生比例为35%，广西师范大学贫困生比例为32%。甚至在一些低收入者群体家庭中，"上不起大学"已经成为一种较为普遍的现象，急需建立低收入者群体家庭大学生救助制度。

5.3.1 建立低收入者群体家庭大学生救助制度的意义

建立贫困家庭大学生救助制度，使其能够顺利完成学业不单单是对学生个体的帮助，而是一个涉及学生、家庭与整个社会的重大问题，具有非常广泛而持久的社会意义。这种救助对学生个体的意义自不待言。对于其家庭来说，子女接受高等教育是使家庭摆脱目前的弱势处境，实现向上流动的重要机会甚至唯一机会。根据贫困文化理论，要使低收入者群体摆脱贫困文化的束缚，就应当增加他们及其后代与主流文化接触的机会及其被主流文化接纳的技能，而要做到这一点，关键在于教育。对于社会来说，大学生是未来的人力资源储备，是国家未来的重要生产力。从社会公平的角度来看，高等教育同样应该体现机会平等的原则。正如联合国1948年《人权宣言》所说："人人皆有受教育之权……高等教育应以成绩为准，人人有均等入学之可能。"建立低收入者群体家庭大学生救助制度的根本目的，是为了实现每个个体的教育权利平等，实现教育公平，进而迈向更进一步的社会公平，它不仅关系到学生个人的成长与未来发展，而且关系到社会的公平与稳定，也关系到国家未来的发展。

5.3.2 低收入者群体家庭大学生救助制度的现状

低收入者群体家庭大学生救助制度，是指国家和社会针对低收入者群体家庭大学生给予各种经济援助的制度。近年来，低收入者群体家庭大学生的教育问题已经引起政府和社会的广泛关注，全国大多数高校也已经根据国家和地方政策，建立了形式不同的救助体系。低收入者群体家庭大学生救助制度是整个社会保障制度的一部分，虽然其救助对象主要是在校大学生，但救助主体不仅仅是政府和高等院校，也包括社会企事业单位、民间组织及公民个人。

5.3.2.1 救助对象。从救助对象的界定来看，主要有两种情况。一种是家庭人均收入低于其家庭所在地规定的最低生活保障线，这一类属于绝对贫困；另一种是家庭人均收入虽然不低于家庭所在地规定的最低生活保障线，但是由于高校所在地的经济发达程度高于学生家庭所在地，消费水平高，造成学生经济困难，这一类属于相对贫困。从各地的实践看，都是先保证第一类学生的救助，再尽量保证第二类。具体说来，目前我国高等院校对救助对象的界定主要有这样几个标准：（1）学生家庭人均月收入低于学校所在地居民最低伙食费标准，一般月均为80—120元。多数院校，尤其是老少边穷地区的学校，主要用这一条来界定。（2）学生家庭纯收入在家庭所在地属于最低水平，一般为年人均1000元以下。（3）父母双亡，且无其他亲属给予经常性经费支持。（4）单亲家庭，且家长失去生产或劳动能力。（5）农村贫困家庭，兄弟姐妹中同时有两人以上在大中专院校学习。（6）学生或其家庭成员遭遇突然变故，短期内形成大量债务。

5.3.2.2 救助模式。从世界范围来看，对在校困难大学生给予经济援助是一种具有悠久历史的普遍做法。经过多年的实践，目前已经形成了若干不同的救助模式。

按救助资金是否需要偿还，可以分为三类：一是无偿模式，如英国1962年高等教育法确定的高等教育奖学金制度；二是有偿模式，如日本的"收费加贷学金模式"；三是混合模式，如瑞典等北欧国家的"减免加贷学金模式"。近20年来，无论是发达国家还是发展中国家，多数都放弃了以前的免费和低收费的无偿模式或单纯的有偿模式，而是采取了"收费加奖贷减免，以贷学金为主"的混合模式。目前我国大多数高校所采用的基本上都是这种模式。

按救助资金的支付途径，可以分为直接救助和间接救助两类。直接救助是指救助金直接赠予学生本人；间接救助，则是指政府为学校提供医疗服务、交通优惠、拨款、伙食补助、宿舍等非直接赠予学生本人的资助。

按救助方式可以分为政策性资助、赠予性资助和推迟付费性资助。政策性资助方法主要有两种，一是为大学生获得的奖学金、助学金免税；二是为困难学生减免学杂费。赠予性资助是指出资者无偿地将资金赠给大学生并无须承担本息还款义务的资助，通常有奖学金、助学金和勤工俭学三种类型。推迟付费性资助指为学生提供"先上学，后付费"，待就业后用收入偿还出资者本息的资助方法，通常有贷学金和雇主资助两种形式。推迟付费性资助相对于赠予性资助来说具有许多优势，如可以减轻政府、家长和纳税人的负担；资金可以回收，可用相同的钱资助更多的人；三是"先上学，后付费"，有利于大学生或即将报考的大学生不因经济困难而失学；有利于培养学生的社会责任意识和能力等，因而受到了世界各国的普遍欢迎，被称为"21世纪的自主方法"。

除上述模式外，还可以按照发放次数划分为常规性救助与临时性救助、一次性救助与分次救助等多种形式。

5.3.2.3 救助形式。目前我国高等院校都对低收入者群体家庭大学生实行了多种形式的救助，基本上保证了在校大学生的正常学习和生活。根据傅艺娜对山东大学低收入家庭大学生的调查，低收入家庭大学生的社会救助形式主要有：

国家助学贷款。国家助学贷款是对低收入家庭大学生的学费和生活费等实行无息或低息贷款。主要有三种方式：一是学校学生贷款，指高校利用国家财政资金对学生办理的无息贷款；二是国家助学贷款；三是一般性商业助学贷款。设立国家助学贷款的目的，是"不让一个大学生因贫困失学"。这一政策自2000年正式实施以来，受到了贫困学生的普遍欢迎。但是，这项政策从一开始，就在很多地方受到不同程度的抵制。2004年7月，有关部门出台了新的政策，针对前一阶段经办银行、学校之间遇到的问题进一步完善了办法，降低了各方面的风险和成本。然而，新的办法并没有燃起银行的热情，一些地方高校的学生申请助学贷款仍然举步维艰。据了解，截至2005年7月31日，海南省、天津市、黑龙江省按新机制发放国家助学贷款的学生人数和金额均为零。

助学金。指国家助学金，它由中央政府出资设立，面向全国公办全日制普通高等学校在校本专科学生中的贫困家庭学生。

勤工俭学。勤工俭学是高等院校为低收入家庭大学生设置或争取一定的工作岗位，通过劳动报酬的形式来救助贫困大学生的一种救助模式。这种救助形式将直接针对低收入家庭大学生的社会救助附加到工作报酬上发放，低收入家庭大学生只有在工作了对等的劳动时间后才能接受救助金，从而强化了权利与义务、付出与收入的概念，深受学生欢迎。

生活补助。生活补助是由国家、社会或高校拨出专款为低收入家庭大学生发放的最低生活的保证金，为避免被作为他用，很多高校采取了直接打入饭卡的形式，不能提取现金使用。

学费减免。学费减免政策是指为低收入家庭大学生减免一部分学费，通常是以返还的形式来实现，减免额度一般根据申请者的家庭经济状况和困难程度确定，分全免和部分减免两个等级。

困难补助。困难补助主要包括两部分，一部分由教育部直接拨款，一部分是学校专项经费的临时困难补助。

绿色通道入学。绿色通道入学是指让那些家庭经济特别困难，以至于无法筹集到学费的新生在不交学费的情况下办理全部的入学手续。为保证家庭困难新生都能够顺利入学，我国各高校基本上都设有绿色入学通道，但数量都十分有限。

针对低收入家庭大学生的奖学金。普通奖学金是面向所有学生的，为加强对低收入家庭大学生的救助，各高校普遍设有只针对低收入家庭大学生的奖学金。

国家奖学金。国家奖学金是中央政府对家庭经济困难、品学兼优的全国普通高校全日制在校本专科生提供的无偿资助。在实际操作过程中，部分院校为扩大低收入家庭大学生的受助覆盖面，将每位学生的获奖金额降低，以使更多的困难学生获得救助。

其他救助形式。

在上述各种各样的救助形式中，覆盖面最广的是生活补助，其金额相对于其他救助形式而言比较低，且多采取直接打入饭卡的形式，只限于满足基本的日常生活；救助金额比较大的是国家助学贷款和国家奖学金，其中国家助学贷款的覆盖范围要高于国家奖学金，但国家助学贷款属于延迟付费，并且有一定的利息减免，而国家奖学金是一次性将现金给付被救助者。除此之外，勤工俭学、助学金等也占有相当大的比例，且其金额也比较高。总之，从上述情况来看，目前我国高等院校已经初步形成了奖、贷、助、补、减为主体的多元化的低收入家庭大学生救助体系，资金来源也初步实现了多元化，但共同的问题是救助资金数量少，覆盖面小，与实际需求还有相当大的距离。

5.3.3 低收入者群体家庭大学生救助制度的积极效应

目前,我国大部分高校都建立起了针对低收入者群体家庭大学生的救助制度,国家从资金和政策方面给予了扶持,社会各界也以不同的形式对贫困大学生进行了扶持,救助资金来源和救助形式逐步实现多元化和社会化。可以说,我国的贫困大学生救助制度正在逐渐完善和成熟,不但对于被救助者本人及其家庭,而且对于整个社会的稳定和实现社会公平都起到了积极作用。其对于被救助者本人的积极作用在于:

5.3.3.1 覆盖面比较广,受益者众。目前,多种不同形式的救助金基本上能够覆盖提出申请的低收入家庭大学生,能够对他们进行较为有效的持续化的救助。

5.3.3.2 基本能够保证完成学业。低收入家庭大学生救助金按照其家庭贫困状况和家庭负担状况等多方面的标准而有不同的等级。对于一些家庭经济特别困难的学生来说,不仅可以享受每月的生活补贴,还有机会争取其他形式的救助金,救助金额基本能够满足其基本生活需要,保证其完成基本学业。

5.3.3.3 能够支持部分发展性支出。对于部分低收入家庭大学生来说,各种救助金不仅可以用来满足基本生活需要,还可以用来购买专业书籍和学习用品、参加培训课程等。这也符合现代救助理念的发展,即救助不再是国家或社会对低收入者群体的一种施舍和恩赐,而是国家的责任和义务。随着这种理念的逐渐转变和深入,社会救助也不再是仅仅满足于维持低收入者群体人口的基本生存,对于生活在大学校园里的弱势家庭大学生来说,在维持其基本生活的基础上进一步促进其自身的发展和能力的提高具有更大的价值和意义。

5.3.3.4 有利于被救助者自身能力和素质的提高。苦难是一笔财富,在苦难中学会坚强和面对,并且完善自身、提高各方面的能力,也是一种人生的积累。调查表明,在各种救助形式中,勤工俭学是最受被救助者欢迎的一种形式,认为通过勤工俭学岗位获得社会救助金会减少自己的心理不适,使自己感觉到是在自食其力,而不是不劳而获。同时,在勤工俭学的过程中,还能够帮助自己认识到自身价值,增强了适应社会的能力。

5.3.4 低收入者群体家庭大学生救助制度的存在问题

低收入家庭大学生救助制度在我国从无到有，其本身是积极有效的，但也还存在一些问题。下面我们从学校、受助者和施助者三个方面分别加以简单讨论。

5.3.4.1 从学校的操作方面看。一是对低收入家庭的界定标准不一。目前很多高校还没有制定判定低收入家庭的最低收入标准，没有形成一个客观有效的审核体系和衡量标准，而是主要以主观判断的方式来确定受助者的资格和金额。一般情况下，是由学生先向所在院系提出申请并提供家庭所在地出具的低收入证明，经过申请人所在班级评议和公示等程序，最后确定其是否享有受助资格。虽然大多数高校都制定了严格的资格审查制度，但是由于不可能对每一个申请人的家庭收入做详细的调查，而只能依靠申请者家庭所在地的相关部门进行资格申请，这样就难免出现部分家庭收入比较好的学生开具假证明材料骗取救助金的情况，而要对每个家庭都做具体的审查，则又会加大救助的人力和资金成本，在救助资源有限的条件下减少资源的利用率。此外，贫困是一个相对概念，就我国的情况来看，东西部地区的经济发展还存在巨大的不平衡，即使在同一地区，不同城市的收入水平也存在巨大的不平衡。在这种情况下，对低收入家庭的界定只能是一个相对标准，即该学生家庭收入在其所在地是较低水平。如果用一个标准"一刀切"，无疑会把一些家庭经济确实困难的学生排除在救助大门之外。而且，贫困还是一个动态概念，会随着家庭收入的变动以及消费水平的变动而发生变化。如果用一个统一的、客观的界定标准，那些因家庭遭遇临时变故而突然或暂时陷入经济困境的学生也会被排斥在救助范围之外。

二是救助的透明度和公平性有待于进一步提高。救助的目的之一是帮助实现教育公平和社会公平。如果救助本身就不公平，其效果则无疑会南辕北辙。由于无法确定一个客观统一的标准，并且由于救助资源的有限性和资格审查中的漏洞，在救助金的发放过程中出现了部分学生轮流享受或部分家庭经济条件比较好的学生也享受救助的不正常现象。从调查结果看，虽然大部分被救助者都认为目前的救助资格审查程序基本上是公正合理的，但小部分这种不正常现象的存在也显然损害了社会救助的基本原则。实际上，这一问题在城市最低生活保障制度、医疗救助以及住房保障中都普遍存在而且也都难以从根本上解决。加大资格审核的成本投入，加大同学间的监督和举报等措施能够从外部对申请者提供一种约束，但要减少这种现象的关键，还是要靠提高大学生的诚信意识。

三是救助模式以免费午餐式的经济救助为主。目前我国高校的低收入家庭大学生救助模式多是免费午餐式的经济救助，这种救助模式在资助了贫困生的同时，一方面直接制造了贫困生群体与非贫困生群体之间的距离，无形中给贫困生造成了很大的心理压力，成为贫困生入学后自卑、内向和学生间相互歧视的根源之一。另一方面，这种救助模式也在一定程度上会强化受助者的依赖心理。因此，应该尽可能多地提供深受贫困大学生欢迎的勤工俭学岗位，通过权利与义务对等的方式来对其实施救助。这种以劳动报酬形式发放的救助模式不仅可以体现受助者的价值，维护其尊严，而且可以增加受助者与社会和他人接触的机会，增强其自身技能和社会责任感。

5.3.4.2 从对学生的负面影响看。一是加重部分受助者的心理负担。目前大多数高校对贫困大学生的救助都有一套严格的审批程序，如申请、复核、公示等。这种方式虽然在一定程度上保障了救助分配的公平性，但也一定程度上侵犯了低收入家庭大学生的个人隐私，给受助者造成了巨大的心理压力和障碍。有的受助者表示，这种审批方式伤害了他们的自尊，对其人际交往产生了不利影响，只有在接受国家助学贷款或勤工俭学等需要自己履行义务的救助形式时才能够坦然面对。因此，在救助过程中如何对贫困大学生"多一些关心与鼓励，体现人性化"，是今后应该引起高度注意的一个问题。二是注重经济救助，忽视精神救助。目前针对低收入家庭大学生的各种救助都是以经济救助为主，救助金基本上被用来解决一日三餐，维持基本生活，用于其他的娱乐性支出和发展性支出的比例极小。一些贫困生本来就有"低人一等"的感觉，为了减少支出，他们尽量不主动参加各种需要消费的集体性活动，缺少与同学间的交流与互动，不利于其形成健全的人格。因此，今后应加强对低收入家庭大学生的精神救助，增强其面对今后生活的信心和勇气，提升其未来参与社会竞争的资本，从很大程度上讲，这种精神上的救助比单纯的物质救助能够起到更长远的积极作用。

5.3.4.3 从施助者的角度看。一是在国家助学贷款方面，商业银行的经济利益与社会利益之间出现了冲突。近年来，国家加大了对贫困大学生的贷款支持力度，许多贫困大学生通过国家助学贷款得以顺利完成学业。但是同时，国家助学贷款在运作中也遇到了很大的问题，主要是由于一部分学生不守信违约，造成银行贷款流失，一些商业银行出于自身商业利益的考虑而停止了助学贷款业务。应该说，银行的这种做法也在情理之中，属于不得已而为之。但是，在追究学生信用问题的同时，我们也不能忽视这一政策本身存在的问题，即作为一种政策性金融项目的国家助学贷款在最初进行设计时带有浓厚的理想化色彩，而对商业银行风险、毕业生就业压力和还贷能力与周期等考虑不足。从本质上说，国家助学贷款的政策障碍是一种制度性障碍，而造成这一局面的深层次原因又在于我国目前还没有建立起个人信用系统，缺乏相应的社会制约机制。现有的国家助学贷款是一种信用助学贷款，需要贷款的学生在办理有关手续时不需要担保，只需要提供贷款介绍人和见证人等，而且不承担任何连带责任。虽然贷款发放银行对此做出了相关的制度规定或惩罚措施，但缺乏相关的法律保证。为解决这一矛盾，尽快建立完善的个人信用系统是一个方向，但目前最需要的是要有一个符合现实情况的政策和制度设计，其有关制度安排要切合我国实际、严密、可行、可操作性强，需要进行制度创新。二是从救助主体看，主要以国家和学校为主，社会资源相对较少。目前针对低收入家庭大学生的救助主要依赖于政府资助，虽然许多企业或个人也开始在高校设立奖学金或助学金，但比例很小。在高等教育规模持续扩大、贫困大学生数量不断增加的情况下，完全依赖政府资助显然已经不能完全解决日益突出的低收入家庭大学生问题，因此，拓宽救助金的来源渠道，真正实现救助来源社会化问题就显得非常紧要。一般情况下，争取社会资源主要有两种形式：一是由社会上的企业、个人或其他组织在高校设立奖学金或助学金；二是积极同社会的企事业单位联系，开辟更多的勤工俭学岗位，增加低收入家庭大学生的就业机会。实践证明，勤工俭学是一种双赢的救助方式，它一方面增加了低收入家庭大学生的收入，使其学有所用，另一方面，其知识和技能也为提供勤工俭学岗位的企事业单位注入了活力。

5.3.5 完善低收入家庭大学生救助制度

健全和完善低收入家庭大学生救助制度是完善城市低收入者群体人口社会保障制度、实现教育公平和社会公平的内在要求，是大势所趋。为解决目前该制度存在的种种问题,我们认为,主要应从政策本身的改进和外部制度的配套两个大的方面入手。

5.3.5.1 低收入家庭大学生救助政策的改进。目前低收入家庭大学生救助制度存在的种种问题的直接根源,在于相关救助政策过程还存在许多问题。我们认为,要建立一种科学化、公平化、合理化的低收入家庭大学生救助政策,应该在以下几个方面有所突破:一是在低收入家庭大学生救助政策的制定与实施过程中,应建立广泛的听证制度,倾听来自社会各界的声音,使政策更加符合社会民众、尤其是低收入家庭的普遍需要。如果救助政策能够更加代表社会低收入者群体的利益,那么这一政策的效果将会更加有效。二是加强政策制定、执行过程中的监督与评估。监督与评估机制的缺位或不完善,是当前低收入家庭大学生救助中产生许多问题的重要原因。要解决这一问题,首先应建立一个独立于政策执行机构之外的、具有一定自主性的监督机构,使监督活动独立于执行活动之外。其次,在低收入家庭大学生救助过程中要加强申请、审批程序的公正化和公开化。三是加强政策的立法和制度建设,同时强化政策宣传工作。要使对低收入家庭大学生的救助制度成为一项长期的工作,使救助活动有章可循、有法可依,而不是因为各种偶然因素而经常改变。另外,有关调查表明,关于低收入家庭大学生救助的政策目前还没有达到"人人皆知"的地步,甚至连一些接受了资助的大学生也表示几乎不了解国家和学校关于救助的基本制度和政策,这种信息的缺失从一定程度上加大了低收入家庭大学生申请救助的成本,也降低了救助的效率,因此,今后应在社会上广泛宣传有关政策措施,让更多的低收入家庭子女能够获得资助以完成高等教育。四是试行雇主资助。雇主资助是指来自某单位或毕业后愿意到某单位就业的学生接受雇主资助金的方法。这种做法近年来已经多有出现,但只限于个体行为,而没有形成制度。我们认为,随着我国经济体制改革的深化,这种资助方法具有较广阔的发展前景。五是建立科学合理的低收入家庭界定标准,保证救助的公平合理性。要保证救助的公平合理性,制定一个科学合理而又便于操作的救助标准至关重要。可考虑多方面的标准,如家庭经济收入、自然条件和生产条件、家庭所在地的最低生活保障水平甚至是其家庭所具有的可利用的社会资本等多方面的因素。当然,由于现实中种种因素的限制,不可能做到绝对的公平与公正,但是,如果充分考虑到这些因素，则完全可以极大地提高界定标准的合理性，提高救助的效益和效率。

5.3.5.2 制度配套措施。低收入家庭大学生救助制度的完善是一个系统工程，在对制度和政策本身进行完善的同时，还应该注意其外部环境和相关配套措施的建设。

一是完善最低生活保障等其他保障措施。教育保障是低收入者群体人口社会保障体系的一部分，因此，解决低收入家庭大学生救助问题不应仅仅从教育体系或高校本身来着手，而是应该将其放在一个更大的环境中来考虑，即在给最低收入家庭以基本生活保障的同时，在医疗、住房、教育等方面加以统筹考虑，形成一个低收入者群体人口基本社会保障体系。本文的整体框架结构便是建立在这种考虑基础之上的。二是在全社会建立低收入者群体家庭档案。根据规定，低收入者群体家庭大学生在申请救助时都要提供家庭所在地出具的低收入证明等有关材料，这些材料的获得不仅要付出一定的成本，而且经常会由于遇到种种障碍或缺乏相应的信息渠道而根本难以获得有关材料，从而失去获得救助的机会。为避免这些问题的发生，同时也为了整个低收入者群体家庭人口社会保障体系的建立和顺利运行，建议今后适当时机在全社会建立低收入者群体家庭档案，对这些家庭的基本情况、子女就学、医疗、住房等情况进行备案，并实行动态管理和监督，随时根据其家庭收入、子女升学等进行变动。当然，这是一项十分复杂的工作，需要多个部门的共同努力。但是，一旦这种档案体系建立起来，必将会使有关部门受益匪浅。三是拓宽渠道，争取更多的社会救助资源。目前，低收入者群体家庭大学生的救助主体主要是政府，虽然已经有部分企业、团体或社会人士参与到对低收入者群体家庭大学生的救助中，但是这部分资源总的来看所占比例和作用都还很小。今后，应协调政府和社会中的各种资源，包括资金资源和勤工俭学资源。四是提倡"他助"与"自助"相结合。实践表明，"免费午餐"式的救助方式容易造成部分被救助者产生较为沉重的心理负担，因此今后应在现有救助体制基础上，通过更多地提供勤工俭学岗位等方式，强调"他助"与"自助"的结合。这种救助方式不仅能够促进受助者自身的发展，而且对于缓解受助者的心理负担也具有重要意义。五是在全社会建立诚信档案，为国家助学贷款和其他商业贷款提供保障。如前所述，国家助学贷款是目前我国高校中救助金额最多的救助形式，但是由于还款率比较低，正面临发展的窘境。其主要原因之一，是我国目前还没有建立完善的个人信用体系，对申请国家助学贷款者缺乏约束机制。为保证国家助学贷款的还款率，同时为吸引更多的商业银行参加到这种救助模式中来，建议尝试建立大学生诚信档案，在此基础上，再尝试在全社会建立诚信档案，将大学生的诚信记录与今后的就业、提职、贷款等联系起来，一旦其申请贷款后发生违约行为，便会在诚信档案中体现出来。六是为低收入者群体家庭大学生提供心理救助。鉴于低收入者群体家庭大学生中广泛存在的自卑、焦虑、压抑等心理问题，有必要对其进行心理援助。为此，首先应发挥学校专业心理指导中心的作用，对一些有严重心理负担的低收入者群体家庭大学生进行心理辅导；其次，要在校园里营造一种平等的氛围；第三，班级辅导员应对低收入者群体家庭大学生给予特别关注。特别重要的是，在对低收入者群体家庭大学生进行救助时，应尽量避免给他们贴上"弱势"的标签，或者给予特殊的对待和处理方法，以免进一步加重其心理负担。

6. 小结

有两点需要申明：其一，本课题最初立项时的题目为"城市弱势群体人口社会保障问题研究"。但是在研究过程中，我们发现"弱势群体"并不是一个严格的研究概念，因此在本报告中以"低收入者群体"取代了"弱势群体"概念，课题名称也相应地变为"城市低收入者群体人口社会保障问题研究"。"低收入者群体"的主要衡量标准是经济贫困，在操作上以政府颁布的贫困线为主，具体到目前我国的实际情况，所谓城市低收入者群体人口，主要就是享受城镇居民最低生活保障者。这种定义和理解，也和我国基层民政、劳动、教育、医疗等政府部门有关工作人员的理解和实际操作是一致的。其二，我们在总结分析前期调研情况时对研究内容做了进一步论证，认为预期研究内容过于庞杂，原课题设计中的"城市弱势群体人口次级社会保障体系"一部分实际上是全民社会保障的内容，如果将其作为研究重点，难以体现城市低收入者群体人口社会保障的特色。课题组成员一致认为，本课题研究内容不能过于庞杂，不能面面俱到，无所不包，而是应将研究重点放在城市低收入者群体人口的初级社会保障体系上，主要研究当前城市低收入者群体人口最迫切需要解决的生活、医疗、住房、教育等问题上。

基于以上理解，本报告主要研究了 5 个问题。

1. 城市低收入者群体人口若干基本问题研究。主要对当前弱势群体概念的混乱状况进行了梳理，认为在将弱势群体与诸如社会保障这样的实际问题联系起来进行研究时，必须对弱势群体给出一个清晰的、可以明确指出其外延的概念。认为对社会保障视野下的弱势群体概念的定义，应该从经济维度出发，主要用经济的标准来衡量。认为所谓城市弱势群体，实际上是指城市居民中指那些依靠自身力量或能力无法保持个人及其家庭成员最基本生活标准、需要国家和社会给予支持和帮助的低收入者群体。"低收入者群体"的主要衡量标准是经济贫困，在操作上以政府颁布的贫困线为主，具体到目前我国的实际情况，所谓城市低收入者群体人口，主要就是享受城镇居民最低生活保障者。指出，应当把城市居民最低生活保障、临时救助、失业保障、再就业培训和服务、教育与医疗救助、住房救助等内容，整合为一个统一的城市低收入者群体人口社会保障体系。

2. 建立和完善城市居民最低生活保障制度。报告对我国城市低保制度的历史进行了简单回顾，指出了目前存在的问题，认为应在转变观念、建立独立的家计调查机构、合理分担和使用资金、加强动态管理、加强劳动执法检查工作、加强三条保障线的衔接和政府部门间的协作、加强规范化建设等七个方面着手，进一步完善城市低保制度。报告特别提出，要建立独立、有效的家计调查机构，认为这是国外社会保障实践的惯例，是我国城市低保制度发展的大势所趋。

3. 建立和完善疾病医疗救助制度。我们认为，近年来我国的医疗卫生体制改革"基本上是不成功的"。为了更进一步解决好城市低收入者群体人口的基本生活问题，迫切需要尽快建立全国性的规范的城市医疗救助制度。我们建议：统一的城市医疗救助制度应坚持实事求是，因地制宜，先行试点，稳步推进，多方筹资，多种方式，量力而行的基本原则，力争做到公平性、广覆盖性、低标准、可及性、互助性、协调性和社会化。试点时间不宜、也没有必要过长。在资金来源方面，要重视不同形式的社会资金渠道，如通过与社会保障税同步征收的形式筹集医疗救助资金，逐步建立稳定的筹资渠道和可持续性筹资机制。在救助范围方面，应逐步扩大到城市所有常住人口。在救助方式上，应更加强调社区卫生服务的作用。此外，还要建立有效的监督和评估机制。

4. 城市低收入者群体人口的住房保障。我们认为，目前我国的经济适用房和廉租房建设都存在许多问题。为加快廉租房制度建设，根据当前经济适用房和廉租房制度建设中存在的问题，报告提出以下政策建议：一是改变观念。"居者有其屋"应该是居者有住房，而不是有私房。住房领域的"超前消费"和"一步到位论"和"市场主导论"观念也应该改变。二是改革住房金融，化解金融风险。应考虑发展房地产投资信托基金，这是防范房地产金融风险的重要途径。三是立即停建经济适用房，大力建造廉租住房。四是加强法制建设，明确政府责任。应尽快起草出台《住宅法》，从法律上明确界定政府、社会等在廉租房建设中的责任和义务、承建商的权利和优惠以及公民在住宅方面的权利和义务。五是制定长远规划和分阶段目标。

5. 城市低收入者群体人口的教育保障。目前来看，尽管和农村低收入者群体家庭相比，城市低收入者群体家庭子女在九年义务教育阶段遇到的困难相对较少，但仍存在这样那样的问题，而且，其子女的大学教育救助问题也和农村一样较为突出。

实行九年制义务教育是我国的基本国策，义务教育保障是社会保障的重要方面。对于城市低收入者群体子女在义务教育阶段遇到的种种困难，政府和社会必须采取有效对策加以解决。一是应健全法律法规，确保低收入者群体子女的教育权利；二是应建构无差别、无歧视的学校教育环境，做到教学公平；三是应加大教育投入力度，积极加快办学形式多样化。

对于城市低收入者群体家庭来说，目前比较突出的是其子女的大学教育救助问题。为解决目前低收入家庭大学生救助制度存在的种种问题，我们认为，主要应从政策本身的改进和外部制度的配套两个大的方面入手。在政策改进方面，一是在低收入家庭大学生救助政策的制定与实施过程中，应建立广泛的听证制度；二是加强政策制定、执行过程中的监督与评估；三是加强政策的立法和制度建设，同时强化政策宣传工作；四是试行雇主资助；五是建立科学合理的低收入家庭界定标准，保证救助的公平合理性。在制度配套措施方面，一是完善最低生活保障等其他保障措施，在给最低收入家庭以基本生活保障的同时,在医疗、住房、教育等方面加以统筹考虑,形成一个低收入者群体人口基本社会保障体系;二是在全社会建立低收入者群体家庭档案;三是拓宽渠道,争取更多的社会救助资源;四是提倡"他助"与"自助"相结合,特别是要努力提供更多的提供勤工俭学岗位;五是在全社会建立诚信档案,为国家助学贷款和其他商业贷款提供保障;六是为低收入者群体家庭大学生提供心理救助。

本报告在许多方面进行了大胆创新,如关于城市低收入者群体的概念和操作定义,关于停建经济适用房、大量发展廉租房建设,关于发展房地产投资信托基金,关于通过以与社会保障税同步征收的形式筹集医疗救助资金,关于完善低收入家庭大学生救助制度的配套措施等。本报告的突出特色,是密切联系我国实际,尤其是有关实际工作中存在的问题,紧紧围绕城市低收入者群体人口最需要的几个方面的社会保障问题展开讨论并提出具有操作价值的政策建议。主要建树表现在为城市低收入者群体人口的社会保障建立了一个基本的框架体系。

同时我们也认识到,本研究成果还存在一些不足或欠缺,有些问题尚需深入研究。如城市低收入者群体人口当前需要解决的问题没有全部涉及(法律援助、精神援助等);没有进行系统的问卷调查,在实证资料方面有所欠缺;对社会保险制度探讨不够;在研究方法上缺乏足够创新等。我们认为,今后应重点围绕社会保险制度的改革和完善,进行深入研究。

参考文献

陈成文:《社会弱者论》,时事出版社 2000 年版。

陈建华:"对社会'弱势'群体社会保障的探析",《特区经济》,2005 年 10 月。

程胜利:"中国城市低保家庭的资产状况及其社会政策意涵",《山东大学学报》(哲社版),2005 年 1 月。

陈佳贵、王延中主编:《中国社会保障发展报告(2001—2004)》,社会科学文献出版社 2004 年版。

崔克亮、柏晶伟:"就业:民生之本,安国之基——当前的就业形势、问题与扩大就业的对策",《中国经济时报》,2004 年 3 月 18 日。

崔学贤、刘玉芝:"保障弱势群体政策是构建和谐社会的基础",《理论探讨》，2005 年 5 月。

邓凌凌："关注低保群体心理促进社会进步——低保群体心理帮助不容忽视"，《行政法制》，2004 年 6 月。

邓伟志："关注'低收入者群体'"，《文汇报》，2002 年 3 月 29 日。

傅艺娜：《关于低收入家庭大学生的社会救助研究——以山东大学为例》，硕士毕业论文。

高尚全："尽快解决弱势群体的社会保障问题"，《人民论坛》，2005 年 9 月。

关信平：《中国城市贫困问题研究》，湖南人民出版社 1999 年版。

关于构建以公平为目标的教育政策的建议，http://news.tom.com/1002/3291/2005311—1939513.html。

阚先学、韩秀兰："关注社会弱势群体完善社会保障体系"，《中共山西省委党校学报》，2006 年 1 月。

洪大用："城市居民最低生活保证制度的最新进展"，郑杭生主编：《中国人民大学中国社会发展研究报告 2002》，中国人民大学 2003 年版。

洪英、丘冬阳："我国城镇低收入者群体社会保障问题探讨"，《经济师》，2003 年 6 月。

金太军："公共权力与公共福利保障——兼论社会低收入者群体的福利诉求与保障"，《学术月刊》（沪），2003 年 10 月。

金一虹：《城市特困生现状调查》，《中国青年研究》，2002 年 2 月。

课题组："中国城市低保政策评析——以辽宁省的个案研究为例"，《东岳论丛》，2005 年 5 月。

李卉："浅析构建和谐社会中的弱势群体问题"，《成都教育学院学报》，2006 年 1 月。

李林："法治社会与低收入者群体的人权保障"，《前线》，2001 年 5 月。

李娜："社会转型期城市弱势群体社会保障问题探索"，《延安教育学院学报》，2005 年 2 月。

李强："中国城市贫困层问题"，《福州大学学报（哲社版）》，2005 年 1 月。

李叔君："关于我国城镇弱势群体的社会保障问题探讨"，《鄂州大学学报》，2005年1月。

李彦昌：《城市贫困与社会救助研究》，北京大学出版社2004年版。

李勇辉、潘爱民："政府与城市弱势群体住宅消费保障的关系探析"，《经济问题探索》，2005年7月。

陆士桢、宣飞霞："关于中国社会城市青少年低收入者群体问题的研究"，《青年研究》，2002年7月。

陆玉林、焦辉："中国城市青少年低收入者群体问题探析"，《中国青年政治学院学报》，2003年6月。

[美] 洪朝辉："论中国城市社会权利的贫困"，《江苏社会科学》，2003年2月。

赵晓辉："非正规就业将逐渐成为中国女性的主要就业方式"，http://news.tom.com，2003年9月16日。

刘建军："谨慎使用'低收入者群体'这个概念"，《学习时报》，2005年7月25日。

刘家强等："中国新贫困人口及其社会保障体系构建的思考"，《人口研究》，2005年5月。

梅建明、秦颖："中国城市贫困与反贫困问题研究综述"，《中国人口科学》，2005年4月。

仇雨临："关注低收入者群体的医疗保障制度"，《社会保障制度》，2003年3月。

区凯夫：《中国城市低保制度：问题与选择》，在世界银行驻中国代表处"中国最低生活保障问题讨论会"上的讲话。

沈红："中国贫困状况与贫困形势分析"，汝信、陆学艺、单天伦：《中国社会形势分析与预测》，社会科学文献出版社1998年版。

沈立人：《中国低收入者群体》，民主与建设出版社2005年版。

孙炳耀主编：《当代英国瑞典社会保障制度》，法律出版社2000年版。

孙覆海、飞扬："济南失业人员出现'知识化、年轻化'特征"，《新华网》，2004年8月2日。

唐钧：《中国城市贫困与反贫困报告》，华夏出版社2003年版。

王诚："社会保障体制改革的美国经历与中国道路"，《中国人口科学》，2004年2月。

王萍："我国现阶段关于弱势群体社会保障立法状况及其发展"，《实事求是》，2006年1月。

王思彬："社会转型中的低收入者群体"，《中国党政干部论坛》，2002年3月。

王思斌：《社会工作导论》，北京大学出版社1998年版。

王素敏："论弱势群体的社会保障"，《广西政法管理干部学院学报》，2005年6月。

王毅平：《城市低收入者群体的社会救助问题研究》，山东省社会科学规划重点项目研究报告。

吴碧英主编：《城镇贫困：成因、现状与救助》，中国劳动社会保障出版社2004年版。

吴建芳、赵正："我国弱势群体子女教育问题探究"，《山西师大学报（社会科学版）》，2005年4月。

李正元、徐肇俊："试析弱势群体子女教育贫困成因及其救济途径"，《教育经济与财政》，2005年12月。

丁小浩、薛海平："我国城镇居民家庭义务教育支出差异性研究"，《教育与经济》，2005年4月。

邬沧萍主编：《社会老年学》，中国人民大学出版社1999年版。

吴立保："论对教育弱势群体社会支持的原则与途径"，《当代教育论坛》，2005年11月。

吴铃、施国庆："我国社会性低收入者群体发展的五大趋势"，《南京社会科学》，2005年7月。

吴玲、施国庆："论政府在救助弱势群体中的作用"，《河海大学学报》，2005年1月。

吴鹏森：《现代社会保障概论》，上海人民出版社2004年版。

武中哲："我国弱势群体的制度特征及制度化保障"，《理论学刊》，2005年6月。

新文："国际劳工组织：全球青年失业率猛增影响世界经济"，《中华工商时报》，2004年8月13日。

徐晓军："高校贫困生自主体系问题及对策"，《中国青年研究》，

2004年5月。

亚行中国城镇研究课题组：《城镇贫困：中国发展的新挑战》，经济科学出版社2003年版。

"研究称中国女性就业日益呈现'边缘化'趋向"，《工人日报》，2003年10月8日。

杨雄、程福才，"政府扶助与社会支持——以闸北区为例：上海弱势青少年生存状况"，《青年研究》，2002年9月。

杨衍银："城乡社会救助体系：困难群众基本生活的有力保障"，《红旗文稿》，2004年21期。

尹海洁、关士续："经济转型与城市贫困人口生活状况的变化"，《中国人口科学》，2004年2月。

苑歌："关注社会低收入者群体——访清华大学社会学系教授孙立平"，《中国企业报》，2002年4月12日。

闸北区特殊青少年生存发展现状与对策研究，http://www.zbqsn.net/theory/news007.htm。

张建波、方利平："论社会保障功能与中国和谐社会的构建"，《山东大学学报（哲学社会科学版）》，2005年6月。

张敏杰：《中国低收入者群体研究》，长春出版社2003年版。

张小军、裴晓梅："城市贫困的制度思维"，《江苏社会科学》，2005年6月。

张晓玲："论弱势群体权利保障"，《人权》，2005年4月。

赵行良："中国残疾人社会保障问题研究"，《上海社会科学院学术季刊》，1998年1月。

赵友谊："我国弱势群体及其社会保障问题探析"，《经济师》，2005年6月。

郑功成："福利病不是我们面临的问题"，《中国劳动》，2004年10月。

郑杭生等：《转型中的中国社会和中国社会的转型》，首都师范大学出版社1996年版。

郑杭生主编：《中国人民大学中国社会发展研究报告2002——低收入者群体与社会支持》，中国人民大学出版社2003年版。

朱光磊：《中国的贫富差距与政府控制》，上海三联书店 2002 年版。

朱力："脆弱群体与社会支持"，《江苏社会科学》，1995 年 6 月。

《中国统计年鉴》，中国统计出版社 2004 年版。

朱镕基："稳步推进完善城镇社会保障体系试点"，新华网，2003 年 1 月 16 日。

杨向群、项复民："教育关怀：弱势群体的根本需求——当前社区教育的紧迫任务"，《成人教育》，2004 年 1 月。

Murray, C.: *Losing Ground: American Social Policy*1950 – 1980. BasicBooks, 1984.

Malthus, T. R.: *An Essay on the Principle of Population*. Penguin Books, 1970.

Mayhew, H.: *London Labour and the London Poor*. FrankCase, 1961; *London'sUnderwork*. SpringBooks, 1961.

Morris, L.: *Dangerous Class*. Routledge, 1994.

课题组负责人　崔树义

课 题 组 成 员　路　遇　王秀银　王毅平

　　　　　　　　　陈留彬　郭秀萍　王　波

本报告执笔人　崔树义

（2004 年国家社科基金一般项目 2006 年 12 月结项）

现代性与文学性

——关于中国现代文学研究的反思

张 华

近年来，在我国文学界，由于与近代文学、当代文学之间的密切关联，时段的短暂，以及许多跨时代的诗人、作家的存在，中国现代文学，作为一门独立学科已经受到了质疑。以宏阔的眼光来看，自五四运动至1949年，实在不过中国历史上微不足道的一瞬，但对于中国人来说，这无疑却是一个具有独立意义的非常重要的时期。这一时期，既不同于"五四"之前，也不同于新中国成立之后，这是中国社会最为剧烈的转型时期，是数千年的中国专制体制及相关意识形态遭到猛烈冲击与批判的时期，是中国人未来之路的选择时期，是中华民族的现代意识得以觉醒且异常活跃高涨的时期。在同步而生的文学艺术中，闪射出的是前所未有的现代意识的光彩。与现代性的精神追求相关，艺术本体意义的文学性，也得到了高度重视。正因社会历史意义的现代性与艺术本体意义的文学性追求，构成了中国现代文学之为现代文学的学理依据。尽管中国现代文学不可能是一个自成一体的封闭系统，但作为一个相对独立的研究领域，还是极有必要性的。我们应该进一步加强的是，提升学术视野，回到文学现场，深化理论观念，而不是孜孜于没有多少实际意义的名分之争。

一

按照英国学者吉登斯的看法，现代性"首先意指在后封建的欧洲所建立而且在 20 世纪日益成为具有世界历史性影响的行为制度与模式"①，具体来说，现代性的标志是：一是建立在工业技术基础上的物质文明创造；二是建立在民主与法治基础上的制度文明创造；三是建立在个性自由基础上的精神文明创造。其中，制度文明与精神文明与文学艺术的关系尤为密切。而正是在这两个方面，为"五四"先贤标举为精神旗帜，后来一直渗透在中国现代文学活动中的"民主"与"科学"追求，正是制度文明与精神文明的现代意识的体现。

中国现代文学的历程虽然短暂，且大多时间处于战争状态，但因长期板结的中国社会内部积蓄的强劲的开放冲动，大量输入的西方现代思潮的影响，以及因权力分散而形成的空隙等多种因素的合力作用，使这一时段的文学活动，不仅得到了相对适宜的生存与发展空间，而且在出版体制、文艺思潮、文学流派、创作主张、作品意蕴等方面，均较突出地体现出以民主自由为主导倾向的现代性特征。这一历史时期的执政当局，虽也不乏取缔报刊、迫害文人之类的劣迹恶行，但范围与程度还是有限的。我们仅从马克思主义思潮可以自由传播，《新青年》这样的激进刊物可以兴盛一时，胡适等人创办的《独立评论》可以公开指责国民党的独裁专制，中国共产党主办的《新华日报》可以在国统区公开发行这样一类事例，即可见出现代文化制度文明曾经在中华大地上闪现的影像。与之相关，写实主义、浪漫主义、唯美主义、现代主义；人性论、自由论、性灵论；文学研究会、创造社、学衡派、鸳鸯蝴蝶派、现代评论派、新月派、论语派、普罗文学等众多文学思潮、文学主张、文学流派，以及难以尽数的文学社团、刊物的纷涌迭现，自由竞争，构成了中国文学史上一度繁荣多元的时代景观。其文学艺术的活跃生态，今天看来，仍令人为之向往。

在人格精神方面，这一时期的许多诗人、作家，也表现出鲜明的现代性风范。他们不肯轻易趋奉某种政治势力，或归依某一社会集团、某一党派，而是设法保持着独立不羁的个性。曾经身为"左联"领袖人物的鲁迅，虽然认同马克思主义，与瞿秋白、冯雪峰等共产党人关系密切，但居然曾当面向冯雪峰等人表示过对革命的疑虑。1927 年大革命失败之后，

---

① ［英］安东尼·吉登斯：《现代性与自我认同：现代晚期的自我与社会》，赵旭东、方文译，生活·读书·新知三联书店 1998 年版，第 1 页。

流亡日本的茅盾，曾经远离时代洪流，导致了"脱党"之嫌。如果换一个角度看，这倒又恰可以视为茅盾是在力图以个人的独立眼光面对时世。长期以来，在许多中国人心目中，胡适是蒋介石的帮凶，国民党反动派的走狗，而实际上，胡适终其一生，不曾加入国民党，且对国民党政权的独裁专制，不时发出过抗议之声。他曾在《人权与约法》、《我们什么时候才可有宪法》等文章中疾呼应废除一切钳制思想言论自由的命令、制度、机关等；他曾在《新文化运动与国民党》一文中大胆宣称："我们要明白指出国民党里有许多思想在我们新文化运动者的眼里是很反动的。如果国民党的青年人们不能自觉地纠正这种反动思想，那么，国民党将来只能渐渐变成一个反时代的集团，决不能作时代的领导者，决不能担负建立中国新文化的责任。""今日的国民党到处念诵'革命尚未成功'，却还想促进'思想之变化'？所以他们天天摧残思想自由，压迫言论自由，妄想做到思想的统一。殊不知统一的思想只是思想的僵化，不是谋思想的变化。用一个人的言论思想来统一思想，只可以供给一些不思想的人的党义考试夹带品，只可以供给一些党八股的教材，决不能变化思想，决不能靠此'收革命之成功'。"① 胡适虽然不赞成共产党领导的暴力革命，但也极力反对国民党对共产党人的镇压，据白吉庵的《胡适传》披露：为了国家的统一，他甚至曾私下写过一篇文章，主张将东北让给中国共产党，由他们去试验搞共产主义，试验成功后，再进行推广②。这一主张，很容易使人联想到多年之后邓小平的"一国两制"的设想，由此可见胡适对现代社会制度文明的思考。曾经被鲁迅骂为"资本家的'乏'走狗"的梁实秋，实际上也是一位有着独立人格精神的作家。梁实秋确曾有过对革命文艺的不满，但他不满的只是"以政治的手段要求文艺的清一色"，反对的只是将文学作为阶级斗争的工具，而不是革命文艺本身。相反，当国民党当局查禁普罗文学书籍时，梁实秋曾明确表示"凡以政治力量或其他方式的暴力来压迫文艺的企图，我反对"③。在《关于民族主义的文学》一文中，他还曾进一步为共产党与革命文艺辩护说："共产党可否用一个

---

① 《胡适文集》第5卷，北京大学出版社1998年版，第586—587页。
② 白吉庵：《胡适传》，人民出版社1993年版，第338页。
③ 黎照：《鲁迅梁实秋论战实录》，华龄出版社1997年版，第410页。

'匪'来包括干净是一个问题,我并不要讨论。普罗文学可否也算是一种'匪',也是一个问题,我也并不要讨论。我只是觉得,剿匪而剿到文化上来,文化似乎根本地就变成武事了,不论是'官'胜,或是'匪'胜,都没有什么文化可言了。文化这东西不是剿得的。"① 另如在不肯听命于"左联""战士"指令的郁达夫;在有意与政治保持距离,悄悄地构建自己心目中能够供奉人性的"希腊小庙"的沈从文;在为了坚守信仰而不惜献出生命的"左联"五烈士;在面对国民党特务的手枪,敢于拍案而起的闻一多;在无所顾忌,敢于坚持自己"主观拥抱客观"之文艺主张的胡风等诗人、作家那里,亦均可以见出可贵的独立人格精神。中国现代文学的纷纭多姿,显然正是得力于许多作家所奉行的这样一种人格精神。

在漫长的中国文学历史上,如果说魏晋是文学的自觉时代,那么,第二次更高程度的自觉,则是见之于中国现代文学。虽然,与社会变革的时代浪潮相关,中国现代文学中,一直涌动着批判现实、改造社会的强烈使命意识,甚至出现过郭沫若的"留声机"论、"左联"教条主义的"工具论"之类偏颇主张,但从整体上看,对文学的本体特性,也一直是高度重视的。在文学革命的先驱者梁启超等人的论著中,即已可见出这样一种科学的文学观。在1902年发表的《论小说与群治之关系》一文中,梁启超一方面强调文学改革社会的重要作用,有"欲新一国之民,不可不先新一国之小说"之类著名论断,与此同时,梁启超也充分注意到了小说特有的审美价值与情感宣泄功能,认为"小说者,常导人游于他境界,而变换其常触常受之空气者也"。"人之恒情,于其所怀抱之想象,所经阅之境界,往往有行之不知,习矣不察者;无论为哀为乐,为怨为怒,为恋为骇,为忧为惭,常若知其然而不知其所以然",而小说的独特功能正在于可以将这种种情感"和盘托出,彻底而发露之"②。在此后兴起的新文学运动中,虽然改造社会是其发动者的初衷,但在那些领袖人物的主张中,同样不乏对文学本体的重视。陈独秀这样讲过:"文学之文,特其描写美妙动人者耳。"(《答曾毅》)李大钊这样界定过"新文学"的特征:

---

① 刘丽华:《从新发现的三篇佚文看梁实秋对普罗文学的态度》,《鲁迅研究动态》,1989年第5期,第59页。

② 郭绍虞:《中国历代文论选》第4册,上海古籍出版社1990年版,第207—208页。

"是为文学而创作的文学,不是为文学本身以外的什么东西而创作的文学。"(《什么是新文学》)鲁迅亦曾明确指出:"文学和学说不同,学说所以启人思,文学所以增人感。"①。随着历史的进展,文学艺术服务现实的功能虽有强化之势,但许多诗人、作家、理论家及文学社团,并未忽视语言形式、审美特征等有关文学本体因素的探索。如创造社曾特别重视"直觉"与"灵感"在文学创作活动中的作用;以胡山源、赵祖康等人为代表人物的"弥洒社",则曾提出了彻底的"为艺术而艺术"的主张;闻一多曾致力于新诗格律的建构,提出了诗歌的绘画美、建筑美等主张;胡秋原在《阿狗文艺论》、《勿侵略文艺》等文章中,既批判国民党当局对文艺自由的压制,也不满于"左翼文学"那样将艺术堕落为政治的留声机,强调"固然不否认文艺与政治意识之结合",但"政治主张不可主观地过剩;因为艺术不是宣传,描写不是议论。不然,都是使人厌烦的"②;在接受了马克思主义影响之后,鲁迅亦有过这样的辨析:"我以为一切文艺固是宣传,而一切宣传却并非全是文艺。"(《文艺与革命》)中国现代文学历程中涌动着的文学意识的自觉,与现代性的科学追求显然是密切相关的。这样一种自觉,既是对文学独立性的维护,也是追求民主与自由的时代大潮的组成部分。综上所述,可以看出,正是现代性与文学性,构成了中国现代文学的价值向度。又正是这样双重价值向度的追求,造就了中国现代文学的辉煌。诸如鲁迅的《阿Q正传》、《祝福》、《故乡》、《野草》,曹禺的《雷雨》、萧红的《呼兰河传》、艾青的诗等许多能够代表20世纪中国文学成就的作品,正是合于这样双重价值向度的优秀作品。

二

在我国,虽然早在20世纪60年代,周恩来总理即按照毛泽东主席的提议,在政府工作报告中提出了关于"现代化"的设想,但这现代化的目标,尚基本停留在物质文明层面,即注重的仅是农业、工业、国防与科

---

① 许寿裳:《亡友鲁迅印象记》,人民文学出版社1995年版,第27页。
② 吉明学、孙露茜:《三十年代"文艺自由论辩"资料》,上海文艺出版社1990年版,第34页。

学技术的"四个现代化",而缺乏关于制度文明与精神文明的现代化思考。加之长期占据主导地位的是"暴力革命"、"民族斗争"、"阶级斗争"之类意识形态,这就在多方面掩抑了中国人的现代性视野。表现在文学研究领域,这就是我们所说的"中国现代文学"之"现代",主要是从与"中国古代、近代"相对应的时间维度着眼的,缺失更具人类历史进步意义的"现代性"审视的目光。其结果是,许多真正具有现代意识的作家作品及文学观念,长期受到了冷落乃至批判否定;相反,另一些现代意识匮乏,乃至某些悖离现代意识的作家作品及文学观念,则得到了更多的肯定与赞扬。

仅以新中国成立以来编写出版的中国现代文学史教材来看,呈现出的便是观念日趋偏颇、视野日趋狭窄之势。1951 年问世的王瑶先生的《中国新文学史稿》(上册),本是一部尊重历史,力图做到科学公允之作,但刚一出版,即遭到了严厉批评。在《文艺报》组织的一次座谈会上,某些文学史专家与文学界知名人士,纷纷指责作者缺乏阶级立场与阶级斗争观点,对代表资产阶级、小资产阶级和无产阶级的思想的社团和作家,未加区别,等量齐观;对在文艺运动上起过反动作用的徐志摩、沈从文等人的作品,往往是赞美为主;对在政治上显然是反革命的胡适、周作人、林语堂等人也有不少赞扬之词①。在这样的政治裁定下,王瑶先生迫于时势,也不得不承认:"我错误地肯定了许多反动的作品,把毒草当作香花,起了很坏的影响。"② 对王瑶先生的批评,自然只能进一步加大中国现代文学研究的误区。在 1955 年由作家出版社出版的丁易的《中国现代文学史略》中,则直接以阶级划分的方法,将胡适、陈西滢、梁实秋、徐志摩等,定性为是"反人民"的"逆流"。在同年出版的张毕来的《新文学史纲》中,也径直将作家分为"革命作家"、"进步作家"、"小资产阶级作家"、"右翼作家"等不同类属予以政治性的评判。在 1956 年出版的刘绶松的《中国新文学史初稿》中,绪论中强调的重要研究原则之一亦是"划清敌、我"。直至目前,我国高校使用的某些现代文学史教材中,亦仍贯穿着鲜明的阶级斗争视角。

---

① 《中国新文学史稿(上册)座谈会》,《文艺报》,1952 年第 20 期,第 24—30 页。
② 《王瑶文集:第 7 卷》,北岳文艺出版社 1995 年版,第 557 页。

而正是以现代性视野来看，曾长期被视为敌人的胡适、梁实秋、徐志摩等这样一批对西方现代文化有着深入了解的诗人、作家、理论家，是应给予更为充分肯定的，他们奉行的是具有历史进步意义的立场，他们重视的是现代人性的培育与中国现代民主制度的建设，他们的作品中，有着更富于现代意识的思想内涵。但迄今为止，他们似乎仍未在现代意识层面上得到应有的重视，相关视野的研究成果仍极为罕见。由于视野局限，甚至像胡风这样一位原属革命文艺阵营，极富现代意识，且自信是崇尚马克思主义的文艺理论家，也长期遭到了误解与批判。早在20世纪40年代，当全国人民正奋力于抗战救亡之际，当许多热切关注现实、热血沸腾的文艺家、理论家更注重文学艺术在战时的宣传鼓动效果时，胡风就透过战争的硝烟，极富预见性地指出，历史虽然向前发展了，但五四新文艺精神被削弱了，如自我扩展的精神变成了封建才人的风骚，"人生问题"的精神变成了或是回到了对封建故国的母性礼赞。并据此主张，战时文艺，不仅要歌颂人民的战斗精神，更要进一步揭露人民身上由长期封建社会而形成的精神奴役的创伤。认为在当时的背景下，虽然大敌当前，民族危亡压倒了一切，但并非反帝反封建的斗争只剩下了"反帝"，断言"反帝反封建的斗争，没有对于解放要求的热切的感受，固没有可能，但没有对于精神奴役创伤的痛切的感受，也同样是不可能的"①。与之相关，胡风反对当时战争背景下的文学"写将士的英勇，他的笔下就难看到过程底曲折和个性底矛盾，写汉奸就大概使他差不多的报应，写青年就准会来一套救亡理论"的公式化倾向②。当年的胡风，当然还缺乏现代性追求的自觉，但他凭依自己对社会现实的深刻洞察与中国历史脉搏的敏锐把握，表现出的正是与20世纪的世界大潮相通的现代思想指向。正如李泽厚在《记中国现代三次学术论战》一文中所评判的："胡风从其所了解和坚持的鲁迅传统，一贯强调文艺不但要与敌人作斗争，而且也要不断揭发中国'国民性'的弱点和病态，即揭露人民大众中的'精神奴役的创伤'。他的整个理论的重点的确是'启蒙'，是'化大众'，而不是'大众化'。""从整体上说，胡风确是五四新文艺传统的捍卫者，是着重于继续吸收外来文化

---

① 《胡风评论集：下》，人民文学出版社1984年版，第342页。
② 《胡风评论集：中》，人民文学出版社1984年版，第14页。

的营养包括欧化语言和形式,结合中国现实社会斗争来创造民族文艺及其形式的代表。他注意'启蒙',注意暴露'国民性',注意文艺的内容和形式必须具有新的时代的性质和特征。"① 可惜的是,胡风不仅难以见容于新的国家体制,即在当时,便已招致了来自同一革命阵营的斥责与围剿。40年代末,左翼文化界曾在香港组织发动了一次对胡风等人的颇具声势的批判,将胡风的见解指斥为"主观唯心主义"、"反马克思主义"等。胡风的悲剧人生,实际上正是由这次遭到批判开始的。"文革"之后,胡风虽被平反,其理论贡献也已重新受到重视,但对其文艺思想中的现代性内涵,至今仍缺乏更为深入的开掘。

正是由于缺乏开放性的现代视野,即使在我们所高度重视的关于一些"革命作家"、"进步作家"的研究方面,也往往呈现出简单化与片面化之弊。比如关于鲁迅的研究,成绩当是最为突出的。作为新文化运动的旗手,有着决绝的反封建立场的鲁迅,对中华民族的文化思想贡献当然是巨大的。但如果以现代性目光予以审视,由于时代及人格素质方面的某些局限,鲁迅的思想意识又是复杂的。在我们的现代文学研究中,鲁迅是被定位为伟大思想家的,但鲁迅思想的主导特征是对传统观念的批判,尚缺乏对现代社会体制与精神文明的建设性思考。尤其是他后期所坚持的"阶级论"与"人性论"二元对立的偏狭立场,以及对"怨敌""一个也不宽恕"的仇恨心态,实在够不上现代,也有失一位大思想家的风范。而在我们的鲁迅研究中,却对思想呈现为倒退之势的后期的鲁迅,大加赞美,甚至被赞扬为具有了马克思主义世界观。鲁迅常常为人尊崇的另一重要见解是:中国的历史书上只有两个字"吃人"。对此激愤之语,仅就一位小说家而言,或许是可以理解的,而作为一位思想家,其见解就未免太简单化了。

在另外许多有关作家作品的研究中,由现代性视野局限而导致的偏狭之论更是随处可见,兹举二例如下:萧红于1940年创作的长篇小说《呼兰河传》,无论就其情感的真切,艺术描写的细腻,还是就其现代意义的对人性压抑的抗争,对冷酷野蛮的传统文化的揭露而言,无疑都是远远超出她的另一部长篇《生死场》的,在整个中国现代文学史上,也算得上

---

① 李泽厚:《中国现代思想史论》,东方出版社1987年版,第82—83页。

是一部不可多得的佳作。但这部作品问世之后，即遭到了批评界的责难，被判定为"狭窄"、"脱离大众"，是萧红创作的倒退等等。甚至连茅盾这样的文学大师，在为《呼兰河传》所作的序中，一方面肯定"它是一篇叙事诗，一幅多彩的风土画，一串凄婉的歌谣"，另一方面也从简单化的政治立场批评在小说中"看不见封建的剥削和压迫，也看不见日本帝国主义那种血腥的侵略"①。也许正是与这类的权威性评判相关，至今，在中国现代文学研究领域，对于萧红的《呼兰河传》，仍然缺乏足够的重视。在已有的中国现代文学史上，孙犁战争题材的《荷花淀》之类作品，一直享有很高的声誉，而以现代性眼光视之，却是存在严重缺陷的，正如梁卫星在《荷花淀：人性失落的地方》一文中指出的："战争在我们的作家笔下不再是一种反人类的生存境遇，而仅仅是这一个或那一个被贴上了正义标签的党派与主义及其意识形态表现自己的舞台。主旨是歌颂：歌颂战争，歌颂战争的正义，歌颂领导战争的党派以及意识形态和领袖。"如在夫妻话别一节中，本应是生死离别，此刻，即使丈夫是一个胸怀大志的人物，也应有复杂的情感，而水生只是炫耀自己的第一个举手报名，嘱咐妻子要不断进步，识字，生产，乃至冷酷无情地命令妻子如果叫敌人汉奸捉住了要和他们拼命。这些话语中折射出的水生是一个全然不懂夫妻之情不解人性欲求的人，实际上是一个已然被抽空了所有最基本人性人情的符码式存在。他不是一个男人，甚至已不是一个人，他只是正义、真理、民族气节之类强大的意识形态霸权的载体。这位学者的见解无疑是深刻独到的，但在长期形成的视野拘谨的中国现代文学研究界，也还只能是一种微弱的声音。

值得欣喜的是，近年来，随着西方现代思潮的广泛输入，现代性问题已成为中国学术界的热点之一。吉登斯的《现代性与自我认同》、鲍曼的《现代性的矛盾性》、卡林内斯库的《现代性的五副面孔》等大批西方有关现代性的论著，在我国纷纷翻译出版。相关研究著述也越来越多，如刘小枫的《沉重的肉身——现代性伦理的叙事话语》，汪晖的《当代中国的思想状况与现代性问题》，俞吾金等人梳理西方马克思主义源流的《现代性现象学——与西方马克思主义者的对话》等。这些著作，深为国内学

---

① 《萧红全集：上卷》，哈尔滨出版社1998年版，第108—109页。

术界所瞩目，有的甚至引发了新左派与自由主义的论战。此外，有"现代性"标示的出版物也已多达数百种。与之相关，现代性问题在文学研究领域也已受到了充分关注。钱理群先生曾在一篇文章中强调，文学的"现代性"问题，涉及现代文学学科的性质、研究范围、内在矛盾等关系到自身存在的根本问题。从"现代性"视野出发，可以使我们更为深入地从中国文学、学术自身的发展，特别是晚清、民国以来文学、学术的发展，来揭示五四文学变革，以及现代文学的诞生的内在理路与线索等；可以使我们进一步思考如何将现代文学置于与现代国家、政党政治、现代出版（现代文学市场）、现代教育、现代学术等方面的广泛联系中，来理解文学的现代性问题；如何从更广阔的视野来考察中国现代文学与世界文学的关系；如何认识与处理20世纪文学发展的总格局中的不同组成部分，新、旧文学，雅、俗文学及其关系，新文学内部的不同组成部分，自由主义文学、革命文学及其关系；如何认识与处理中国现代化进程中城市与乡村、沿海与内地之间发展的不平衡，及其在文学上的反映，由此形成的海派文学与京派文学的对峙与互渗；如何评价反思现代化后果的文学作品及作家等等①。钱理群先生的见解无疑是正确的，正是借助现代性视野，可以从根本上改变现代文学研究的陈腐与滞后局面，使之在深刻性与复杂性方面，更为切近中国现代历史进程的本相。

在以现代性视角进行的具体文学研究方面，也已取得了令人瞩目的成就。如杨春时先生在《现实主义、浪漫主义还是启蒙主义》一文中认为，虽然五四文学也引进和借鉴了浪漫主义和现实主义，但由于启蒙的需要，而从科学和民主角度对其进行了改造，而使之不是浪漫主义，也不是现实主义，而是富有现代性的启蒙主义②。俞兆平先生在《现代性与五四文学思潮》的专著中，也以现代性为出发点，对五四文学进行了新的评价。逄增玉先生在《现代性与中国现代文学》的专著中，结合许多作家作品，从主题、思潮、倾向、叙事和形式美学特征，改造"国民性"与"立人"的关系、历史语境等多方面、多角度地探讨了中国现代文学的现代性问

---

① 钱理群：《矛盾与困惑中的写作》，《文学评论》，1999年第1期。
② 杨春时：《现实主义，浪漫主义还是启蒙主义》，《厦门大学学报（哲社版）》，2003年第5期。

题。张志忠先生在《现代民族共同体的想象与认同》一文中认为，20世纪30年代的"左翼文学"和"前17年"的红色经典文学，也应纳入具有"现代性"品格的作品之列。因为所谓"启蒙现代性"等并不就是现代性意义的全部，现代民族国家的建立，和文学所担当的对现代民族共同体的想象和认同，其意义不容低估，或者可以说，这是种种现代性之所以能够展开的必要前提，也就是从左翼文学到十七年文学的现代性价值之所在。民主、科学、人道主义的倡导，通过国民性改造进而实现社会改造等等，都是现代性问题的一个侧面。但是，现代世界是以诸多国家并立的方式存在的，现代民族国家的建立，是现代化进程能够积极展开的必要条件。在现实中，国家作为现代化进程的组织者和实施者，无论在西方还是东方都是无可替代的。在清末以来风雨飘零的中国，现代民族国家的建立，正是追求现代性的第一要义[①]。这些新的研究成果，有力地开拓了中国现代文学研究的空间，无疑具有重要的意义。但从整体上看，还不够深入，尚缺乏更为深邃精警的学术成果。究其原因，或许是在于：在我国学术界，还缺乏对中国现代性本身的历程及其复杂特性的认识。

与有着几百年现代精神洗礼的西方社会不同，中国的现代性萌生于有着几千年封建传统的文化语境中，长期挣扎在动荡、战乱、思想禁锢的历史背景中。由于历史进程的差异，现代性与后现代性成为20世纪以来西方社会的重要文化冲突，而在我们的国度里，迄今为止，现代性的许多基本目标尚未实现。如果对此缺乏清醒的认识，我们就难以用现代性的尺度评价现代文学史上出现的形形色色的文学现象。由于历史条件的制约，在20世纪的中国历史上，现代性欲求几乎宿命般地与民族性、阶级性、革命性纠结在一起。而现代性与民族性、阶级性、革命性等范畴之间，有时可能是统一的，而有时是互不相容的，甚至是剧烈冲突的。而在20世纪的中国历史上，由于民族性、阶级性、革命性一直处于主导地位，而现代性，在许多时候也许只能成为牺牲品了。强有力的证据即是：在文化界、知识界、文学界，许多一度被视为异端、右派、阶级敌人、反革命者分子者，大多恰是富有现代意识的精英人物。仅仅据此，即可使我们体悟到：如果不从更根本的层次上，进一步清理诸如现代性与民族性、现代性与阶

---

① 张志忠：《现代民族共同体的想象与认同》，《文史哲》，2006年第1期。

级性、现代性与革命性之类的关系,中国现代文学的现代性研究就很难有更大的突破。而这些方面的深入研究,显然不只是文学研究的任务,尚有赖于人文学科的共同努力。

三

1988年7月,上海学者陈思和、王晓明等人曾提出了"重写文学史"的主张,认为应"重新研究、评估中国新文学重要作家、作品和文学思潮、现象",以"冲击那些似乎已成定论的文学史结论"①。在"重写文学史"的主张中,论者们强调的"重写"原则之一是:贯穿"审美主义"及"纯文学"的研究思路,力图"把文学史研究从那种仅仅以政治思想理论为出发点的狭隘的研究思路中解脱出来"②。这类主张,当然是极具学术进步意义的,我们原有的许多现代文学史,的确不够"文学"。

长期以来,许多版本的现代文学史著作,基本上是现代政治史、革命史的附庸。在这类著作中,某些文学创作才能并不突出的作家,某些文学水准较低乃至粗糙的作品,如蒋光赤的《短裤党》、《田野的风》等小说,蒲风、柯仲平、田间等人的诗歌,郭沫若的某些历史剧等等,往往因其切近了某些政治时势方面的需要,而得到了不切实际的好评。而许多具有独立观念、独特艺术成就或具有艺术创新性的作品,如施蛰存等人的现代派风格的小说,徐志摩、穆旦等人的诗歌,则长期遭到贬抑。"文革"结束以来,随着文学观念的变革,"文学性"的维度虽已得到了高度重视,在许多新编文学史中也大为加强,但"非文学性"的一般社会功利,仍呈现为主体性的研究视角。如仅就文学性而言,鲁迅的小说并非字字珠玑,篇篇经典,但在鲁迅研究领域,却一直少见实事求是的分析。巴金的文学艺术成就,与其享有的巨大声誉相比,也实在存有不小的距离。其小说,不仅大多篇什艺术构思拖沓散乱,文字枯燥,且存在严重的欧化倾向,但论者往往更多地从巴金"用笔铭记历史的苦难,记录时代的真实"、"说

---

① 陈思和、王晓明:《主持人的话》,《上海文论》,1988年第4期。
② 陈思和、王晓明:《关于"重写文学史"专栏的对话》,《上海文论》,1989年第6期。

真话"之类主张出发，予以高度推崇。另如丁玲的《太阳照在桑干河上》，无论语言还是人物形象刻画，都远不及她早年的《莎菲女士的日记》，但至今仍被许多人奉为现代文学的经典之作。相反，另有一些颇具艺术个性与文学成就的作家作品，如叶灵凤、梅娘、无名氏等人的小说，则至今仍很少为人提及。

  在中国现代文学研究领域，实际上原本并不缺少真正有文学眼光的批评家，如活跃于20世纪三四十年代的李长之，就是优秀的一位。李长之曾这样批评过至今仍被视为巴金代表作的《憩园》："它的内容犹如它的笔调，太轻易，太流畅，有些滑过的光景。缺的是曲折，是深，是含蓄。它让读者读去，几乎一无停留、一无钻探、一无掩卷而思的崎岖。再则他的小说中自我表现太多，多得让读者厌倦，而达不到本来可能唤起共鸣的程度。"对鲁迅的某些作品，李长之也曾给予过尖锐的批评，他认为《头发的故事》、《一件小事》、《端午节》、《在酒楼上》、《肥皂》、《兄弟》等，"写得特别坏，坏到不可原谅的地步"。"有的是因故事太简单，称之为小说呢，当然看着空洞；散文吧，又并不美，也不亲切，即使派作是杂感，也觉得松弛不紧凑，结果就成了'吗也不是'的光景"①。鲁迅研究、巴金研究，一直是中国现代文学研究的重镇，成果众多，但仅就对其作品艺术特征及创作得失的分析，尚很少有人能够超越当年李长之的见解。为了实现真正属于"文学"的"文学史"研究，加强"审美性"与"文学性"视角，当然是很关键的，但遗憾的是，迄今为止，"审美性"与"文学性"研究仍未落到实处。如上所述，仅以具体的作家作品的个案研究来看，真正体现出"审美性"与"文学性"视角的成果并不多见，更未出现一部如此视角的现代文学史。如以被视为是实践"重写"主张的陈思和主编的《中国当代文学史教程》，洪子诚著述《中国当代文学史》来看，正如有批评者所指出的，尽管"两部文学史都强调以'审美性'和'文学性'作为评价的标准，但是，实际上他们所编写的文学史并没有真正贯彻文学性和审美性的叙述原则。他们对于文学史的整理并不是真正从'审美性'和'文学性'出发的"。"洪子诚的文学史写作宣称以'审美性'和'文学性'作为标准；然而，实际上却不是审美的把握，其特色

---

① 郜元宝、李书编：《李长之批评文集》，珠海出版社1998年版，第164、175页。

主要在于对文学环境、文学规范和文学制度的深刻剖析与把握。"① 可见，在中国现代文学研究中，要强化文学性的研究维度，也还要付出艰辛的努力。

在肯定"重写文学史"主张重要意义的同时，我们还应注意到的是：这一主张中也还存在着另一种偏颇，这就是忽视了本文所强调的关于"现代文学"的"现代性"内涵的研究。文学研究的对象，虽然首先应该是文学，但作为文学研究的内容，又不应仅仅局限于文学本身，因为人类的文学艺术活动，毕竟包含着政治的、社会的、历史的、哲学的、思想文化等方面的因素，是与人类的文明与进步密切相关的。而对于中国现代文学而言，把握这些因素的基点正是现代性。从全球视野来看，"辛亥革命"的成功，是中华民族迈进人类现代社会的重要标志，中国人的历史，也就更为明显地成为人类现代历史进程的重要组成部分，20世纪上半叶的中国历史，也就呈现出了为现代性而奋斗的历史属性。文学，不论有其怎样的独特性，在整体上，毕竟是最为显赫的时代映象，因此，与这一时期相伴而生的中国现代文学活动中，必然涌动着与现代性相关的思绪、情感、追求及矛盾冲突等等。而所有这些，亦理应成为中国现代文学研究的重要方面。

从根本上来说，现代性的历史欲求，是具有一定政治功利色彩的，所以极易导致人们如此的担心：强调现代性会使文学研究重蹈政治化的覆辙。而实际上，无论在什么时代在什么国度，文学与政治功利之间的密切关联，都是难以否认的。如果仅从创作实践来看，甚至"为政治服务"的主张本身也没什么错处，也并不一定影响创作水平。在古今中外文学史上，诸如屈原、杜甫、苏东坡、曹雪芹、雨果、巴尔扎克、托尔斯泰、马尔克斯这样一些卓有成就的文学大家，不是都具有一定的政治使命感与社会责任感吗！另如鲁迅，曾经坦陈自己的创作是有"改造国民性"之类强烈政治动机的，甚至自称是"遵命文学"，但这并未影响其创作。事实上，政治影响文学创作的关键只是在于：第一，作家力图服务的是具有历史进步意义的现代性政治还是封建主义、法西斯主义之类的反现代性政

---

① 旷新宝：《"重写文学史"的终结与中国现代文学研究转型》，《南方文坛》，2003年第1期。

治。当然只有前者,才可能写出有意义的作品。第二,即使为之服务的是进步政治,还要看其是自我选择的主动服务还是别有原因的被动服务。显然,前者体现为合乎现代性原则的民主自由精神,而后者体现出的则是反现代性的专制与强权行径;前者才符合"言为心声"的艺术创作规律,而后者只能写出"言不由衷"的虚假之作。注重为政治服务的鲁迅,之所以同样大获成功的重要原因即在于"是我自己所愿意遵奉的命令,决不是皇上的圣旨,也不是金元和真的指挥刀"①。因此,在中国现代文学研究中,实在不必讳言文学与政治,文学与革命的关系,而应从现代性视野出发,从更高的精神层面上,对其作出切合历史实际的具体分析。中国现代文学研究的重要职责正在于,通过对作家作品及文学思潮、文学现象的分析,分清哪些是顺应历史潮流的现代性因素,哪些是与世界潮流背道而驰者,深入发掘其现代文明资源,以促进中国社会的深层变革,推动中国历史的进步。同时,又应坚守文学性的尺度,加强对艺术特征与艺术规律本身的探讨,以促进中国文学事业的进一步发展。

(原刊《文史哲》2006 年第 6 期)

---

① 鲁迅:《南腔北调集》,人民文学出版社 1973 年版,第 32 页。

地方政府投资行为、地区性行政垄断与经济增长

——基于转型期中国省级面板数据的分析

张卫国 任燕燕 花小安

一 引言

1978年改革开放,特别是20世纪90年代以来,中国经济、政治、社会均取得了瞩目的发展成就,特别是创造了"中国式增长奇迹"。伴随这一过程,中国各级地方政府无论在中国的经济发展还是政治体制改革中均扮演着越来越重要的角色:一方面,它们通过自身的投资为本地经济的发展和就业水平的提升提供了有效支撑,从而使得中国经济整体表现出色;另一方面,随着20世纪90年代分税制改革进程的不断深化,地方政府在财权和事权划分上进一步与中央政府保持相对独立,经济自主性地位不断提高。为了保护本地就业发展和经济增长以使本地官员在晋升激励的"锦标赛"(周黎安,2004)竞争中获得良好的绩效支撑,地方政府作为制度供给者之一,又通过其自身所掌握的公共权力对市场竞争进行诸多限制与排斥,亦即通过各种形式的行政性垄断壁垒(于良春,2008)等制度性措施以有效地限制外部竞争。同时,在中国现阶段具有明显联邦制特征[①]的财税制度安

---

① Qian & Ronald(1998)将其称为"中国特色的市场维持型的联邦制"(Market - Preserving Federalism)。

排中，行政性垄断的制度供给模式有助于避免地方政府的租金被共享。因为，如果一地先于其他地区放松本地的准入限制，其区域内的经济租金有可能被进入该地区的其他经济单位所分享。而作为制度供给者的地方政府本能地具有对本地经济租金独享的意愿。然而，一个有趣的问题却是，地区性行政垄断制度本身并不增加地方政府的效用（陆铭、陈钊，2009）。因为，即使地区性行政垄断措施一时保护了当地就业和财政收入，但如果没有经济持续增长作为支撑，就业和财政收入就难以持续。因此，作为经济层面因素，能够维持经济持续增长的地方政府投资是其影响经济发展的重要手段。转而，地区性行政垄断当然需要物质支撑，经济发展又为维持作为经济增长制度因素的地区性行政垄断提供了可靠保障。为了厘清作为中国经济生活重要主体的地方政府在经济发展过程中所扮演角色的重要性，本文试图通过将地方政府投资行为、地区性行政垄断及经济增长的长期有效性纳入同一个分析框架，以期通过经验研究为转轨时期特定的地区性行政垄断制度、地方政府特定投资行为以及"中国式奇迹"的经济增长找到更为合理的解释。

本文的第二节回顾了相关领域的研究文献，进一步说明了本文的贡献；第三节介绍了本文的理论分析与研究假说；第四节给出了模型设定和数据说明；第五节推导出本文的实证结果及检验分析；最后一部分为本文的结论。

二 相关文献回顾

改革开放，特别是 20 世纪 90 年代以来，中国经济保持了持续高速增长。然而，对于尚依赖于大量劳动力和资本投入的特定增长模式所维持的增长速度是否具有可持续性，特别是在本次全球金融危机冲击以后，中国经济长期增长的有效性和可持续性问题，受到了学者们更大的关注。

将地方政府作为参与经济生活的主体而研究其投资行为与经济长期增长有效性关系的研究尚不多见。现有的研究更多是基于分权角度考察了中央政府和地方政府之间的不同分权程度对于经济发展的不同作用。贾俊雪、郭庆旺（2008）通过分析政府间财政收支责任安排，认为政府间总支出和社会性支出对地区经济增长具有显著的抑制作用，经济性和维持性支出有助于地区经济增长。他们指出当地区经济发展和总支出特别是社会性支出分权超过一定程度时,适当的集权有助于优化收支责任安排,促进地区经济增长。丁菊红、邓可斌(2008)通过分析政府偏好和公共品供给之间的关系,认为中央政府和地方政府在偏好上的差异会深刻影响财政分权程度。通过对最优分权水平的分析,他们认为只有在经济进一步增长之后,中央和地方政府才可能达到一个基于各自偏好的更好的分权水平。周业安、章泉(2008)认为中国的经济体制改革经历着市场化和财政分权的双重分权过程,市场化进程对经济增长的影响依赖于各地区的财政分权水平,而对于高分权程度的地区,市场化明显抑制了经济增长。此外,张卫国等(2010)将地方政府作为独立的经济主体,直接考察了地方政府投资行为与经济长期增长的动态有效性。实证分析结果表明,地方政府投资行为对于经济长期增长动态效率存在着双重影响:一方面地方政府投资显著促进了经济总量增长;另一方面,地方政府投资行为对于就业增长并没有显著的影响。

现有研究中针对地方政府行政性垄断与经济增长关系的研究主要集中于以市场分割和地方保护主义对经济增长影响的研究为主。刘培林(2005)认为严重的市场分割和地方保护导致了中国地区产出配置以及生产要素省际配置的结构扭曲,最终导致了制造业产出效率的损失。陈敏等(2007)通过中国省级数据的分析认为经济发展水平较低时,经济开放加剧了国内市场的分割。国有企业的就业比重和政府消费的相对规模是加剧市场分割的因素。越是落后的地方越有激励采取市场分割的政策,而越是发达的地区越倾向于市场整合。皮建才(2008)通过区域市场整合的成本与收益分析认为地区收入的差距显著抑制了区域市场整合,而地区政府竞争的正外部溢出效应则有效推动了市场整合。与之前大多数学者得出的结论不同,陆铭、陈钊(2009)指出分割市场对于本地即期和未来的经济增长具有倒U型的影响。而对于目前绝大多数的观测点而言,市场分割有利于本地的经济增长。对于经济开放程度更高的观察点来说,分割市场更有可能有利于当地的经济增长。但是,他们也指出尽管短期内市场分割有助于地区经济的发展,但这无疑是以损害长期内全国统一市场的规模效应为代价的增长。于良春、余东华(2009)构造了地区性行政垄断指数,而不是仅仅基于市场分割或地方保护来研究地方政府行政性垄断对于本地经济的影响。

这一指数全面反映了中国各省的地区性行政垄断程度。通过指数的对比，他们指出中国的地区性行政垄断程度和当地的经济发展水平并没有一致的关系，即在经济发展水平高的地区，其行政垄断程度未必就低。但从全国的总体趋势来看，地区性行政垄断程度具有下降的趋势。

回顾现有的研究文献可以发现，既有的研究更多是单独地考察了分权制度下地方政府行为与经济增长之间关系以及市场分割或者地方保护主义行为对于经济的影响。Northetal（2006）指出社会通过制度规范人类行为，通过组织进行复杂社会交往，而任一社会中最核心的组织为政府。政府通过有限准入秩序对经济体系实行政治掌控并获得租金，以此维持社会稳定和社会秩序。而有限准入的特征是对有价值的活动及权利设立进入的限制。经济资源是一种有价值的社会资源，而维持对经济资源或者经济租金的独享或支配权力就成为一种极有意义的行为动机。地方政府正是出于这样的动机进行相应的投资，通过自身的权力构建相应的准入门槛，进而形成地区范围的垄断。因此，我们试图通过将地方政府投资行为、地区性行政垄断及经济增长纳入同一个分析框架，通过经验的研究为转轨时期特定的地区性行政垄断制度、地方政府特定的投资行为以及"中国式奇迹"的经济增长找到更为合理的解释，这也是我们试图进一步做出的贡献。

三 理论分析与研究假说

在本文随后的分析中，为具体分析地方政府投资行为、地区性行政垄断与经济增长之间的关系，我们尝试验证以下假说：

（一）地区性行政垄断与经济增长

行政垄断作为公共权力介入经济过程继而影响市场结构的一种制度设计，自20世纪80年代提出以来，学术界一直给予了持续的关注。基于制度设计角度，行政垄断被认为是造成经济转轨国家的制度腐败及市场资源配置扭曲，市场竞争效率下降的主要原因（过勇、胡鞍钢，2003；Abed&Davoodi，2000）。然而，上述的结论似乎并没有在中国这样一个具有持续行政垄断状态和高经济增长并存的转轨国家中得到验证（陆铭、陈钊，2009）。其中一个重要的原因被认为是中国经济的高增长性以及规模性行业竞争主体的缺失掩盖了行政性垄断问题的重要性（于良春、张伟，2010）。

随着经济发展程度的提升以及对外开放程度的进一步加大，各地区间行政性垄断问题越来越受到关注（戚聿东，1997；金碚，2005；于良春、余东华，2009）。随着分税制改革的实施，地方政府与中央政府的主体目标进一步发生分化。作为全国整体市场的组织者和维护者，中央政府渴望长期内国内市场整体规模经济效应的最大化。而伴随着收入自主及权力自由程度的提升，地方政府或地方政府官员有更大的激励以追求自身利益的最大化[①]。一个流行的解释用官员晋升的锦标赛理论进行说明（Edin，2003；Li&Zhou，2005）。但是，这一解释忽视了地区间资源禀赋的自然差异以及经济发展的基础差异。[②] 然而值得注意的是，各级地方政府似乎确实从这样持续存在的行政割据状态中得到了某种收益，否则很难解释为什么地方政府会有持续的动力利用其掌握的行政权力去实施这样的区域间市场分割。一定的地区性行政垄断措施有助于限制外部竞争而保护本地就业及财政收入，使得地方政府官员在晋升激励的锦标赛竞争中获得良好评价，然而若没有经济绩效的支撑，这样的促进作用仍难以得到持续。因此，我们认为地方政府之所以有持续的动力实施区域间市场分割，一个可能的原因是他们从中得到了短期内经济绩效上的回报（Young，2000；郑毓盛、李崇高，2003）。长期内的可持续经济均衡增长依赖于国内要素的可自由流动及市场资源的有效配置，因此，必然要求中国国内整体规模经济效应的发挥，而分割化的市场状态必然导致长期内整体经济效率的损失。

假说1：地区性行政垄断动机源于短期内促进地方经济增长的绩效激励，长期内因阻碍要素有效流动而损失国内整体规模经济效益。

[①] Shleifer & Vishny（1998）所构造的经典模型较好地说明了这一问题。在中央—地方政府主体行为目标发生分化以及地方政府追求自身利益最大化的前提下，为了更好地独享本地发展所带来的经济成果，地方政府具有更强大的动机以利用其所掌握的公共权力为自身谋求更大的自身利益。

[②] 显而易见，我们很难将上海和西藏的官员放在同样的锦标赛框架内作平等的竞争主体考量。

(二) 地方政府投资与经济增长

投资作为拉动经济增长的"三驾马车"之一，在经济发展过程中扮演着重要的作用。地方政府投资作为全国总体投资的一个重要组成部分，其对于中国整体转轨改革成功的影响及经济持续高增长的影响得到了学术界的普遍认同。较早的研究认为在具有联邦特征的财税制度安排中，基于财政收入中，中央—地方政府边际分成向地方政府倾斜的激励，促使地方政府实施了有助于经济增长的发展战略及投资策略（Montinola et al.，1995；Qian&Ronald，1998）。然而，值得关注的一个问题却是，在1994年以财政收入权力集中及财政支出责任分化为特征的分税制改革后，中央政府进一步强化了自身收入权力，而地方政府在自身收入分成比例下降而支出责任增加的情况下，中国的地方经济仍然延续了之前的高速增长。

事实上，伴随着经济转轨过程，中央政府逐渐放松了其对于经济的直接控制。然而，在这一过程中，中央政府并没有将权力直接下放给作为微观经济主体的企业，而是将更多的权力让渡给各级地方政府。各级地方政府拥有更多的诸如行政审批权、经营许可证发放权、土地资源使用权等经济性权力。尤其是1994年分税制改革以来，伴随着中央政府预算内收入权力集中及地方政府自有税基的日益缩减，[①] 地方政府为获得稳定的财税收入，采取了更为自主性的方式，通过自主投资的方式不断改善投资环境、完善基础设施建设以及加强对辖区内企业的技术扶持，从而吸引区域外乃至外资投资。这一动机一方面源于地方政府对于提升自身财政收入的自发追求；另一方面来源于作为一方政治主体，参与及影响本地经济生活的强烈意愿。而地方政府投资带来的直接结果是一方面地方政府在分税制改革后，自身收入不仅没有下降，反而具有较大幅度的提升，继而使其能够较自由地支配自有财政资金并且具有强烈的投资意愿以主导本地经济的发展；另一方面，地方政府在对本地经济发展具有更大的主体影响能力以后，也有更大的动力去进一步促进经济的良好发展，因为通过改善投资环

---

① 1994年分税制改革通过引入新税种明确区分了中央税、地方税及中央地方共享税，从而进一步明确了中央—地方收入责任安排，而这一过程的实施，同时也就将地方政府诸多预算外资金纳入到预算内范围，既加强了中央监管，又进一步提高了中央参与地方收入分配比例。Wong (1997) 针对这一问题进行了具体分析。

境、完善基础设施等，在需要地方政府大量自有资金投入的同时也意味着将给他们带来更多的财政收入。因此，地方政府投资与经济增长之间客观上存在着一个投资—增长（收入）—再投资的良性循环。

假说2：地方政府投资动机同样源于经济增长绩效激励，而良好的经济增长绩效为地方政府更大规模的投资提供了可靠物质保障。

（三）地区性行政垄断与地方政府投资

为促进本地经济发展，财税收入增长及就业稳定，地方政府一方面通过自身投资有目的地扶持本地企业，加强基础设施改进以及技术改造升级以增强自身区域竞争能力（Keen & Marchand, 1997）；另一方面，除了扶持本地企业外，为了自身潜在收入的增加，地方政府甚至直接投资于某些行业的新企业（Che & Qian, 1998）。基于寻租角度，这一现象被解释为地方政府官员存在潜在寻租激励下的行为表现。贺振华（2006）认为寻租动机的存在促使了重复建设、产能过剩等问题的存在。而为了利用剩余的产能以及保护本地企业的利润与生存，作为一种事后行为，依赖于地方政府行政力量的区域市场分割及地方保护成为地方政府不可避免的选择。然而，将依附于行政力量的地方保护及市场分割仅仅解释为产能过剩情况下的事后保障却难以说明在诸多产能正常甚至不足的行业仍然普遍存在的行政性垄断现象。[①]

事实上，伴随着地方政府干预本地经济能力的增强，地方政府独享本地经济发展成果的意愿也显著增强。作为地方决策的主体力量，地方政府对本地经济发展具有着多种影响途径。作为地方经济生活的参与者，在具有较强竞争优势及资源禀赋的行业，地方政府渴望通过自身投资以整体提升本地企业竞争能力，继而对外部企业从经济上形成挤出，以保证获得与自身投资相对应的经济发展成果。同时，作为制度的供给者，地方政府还具有通过制度设计而人为提供各种形式地区性行政垄断措施，对区域内缺乏竞争优势企业及行业给以保护，从而从制度上有效地限制外部竞争，提

---

① 目前我国钢铁、水泥、平板玻璃等行业都存在明显产能过剩问题，而造纸等行业基本处于产能正常状态，碳纤维等新材料行业则存在明显产能不足问题，但所有这些行业都存在一定程度的地区性行政垄断。

高本地企业区域内竞争能力。因此，为实现特定经济增长目标，地方政府可以在对外部竞争进行经济挤出及制度挤出上进行选择。

假说3：地区性行政垄断和地方政府投资具有相互替代作用，为实现特定经济增长目标，地方政府可在二者之间进行替代选择。

四 模型设定及数据说明

首先，我们给出相应的模型设定及简单的说明；然后，对文章中将要使用的指标进行相应的解释；最后将说明数据来源和模型估计所选用的软件。

为了分析地方政府投资行为、地区性行政垄断以及经济增长三者之间的相互影响，我们分别通过建立不同的模型考察它们之间的影响机制。首先考察了市场分割以及地方政府投资对于经济增长的影响。模型形式如方程（1）：

$$pergdpg_{it} = \alpha_i + \beta_1 divs_{it-1}^2 + \beta_2 divs_{it-1}^2 + \beta_3 perginvg_{it} + \gamma X_{it} + \varepsilon_{it} \qquad (1)$$

其中，$pergdpg_{it}$为人均 GDP 增长率，$divs_{it-1}$，$divs_{it-1}^2$分别为市场分割程度滞后一期以及滞后一期的平方项，$perginvg_{it}$为人均政府投资额增长率，X_{it}为控制变量，包括人均资本存量增长率[①]，人均人力资本存量增长率以及对外开放度。

这一模型的建立借鉴了 Barro（2000）有关经济增长的实证模型以及陆铭、陈钊（2009）对于市场分割与经济增长实证分析的模型。建立这一模型的目的是为了考察市场分割对于经济增长究竟存在什么样的影响，以及地方政府投资行为在其中又发挥了多大的作用。地方政府在本地经济的发展过程中，始终有动力实施各种形式的行政垄断，这在一定程度上虽然有助于保护本地的就业以及促进财政收入的增加，维持对于自身自然资源的占有，但这一系列目标均需要经济增长才能够得以实现。既然地方政府在本地经济发展过程中采取了有限准入而非全面开放的形式，这似乎表明就现阶段而言，分割有助于促进地方经济增长水平的提高。因此，为了验证短期和长期，在多大程度上行政性垄断有助于地方政府的经济增长以

---

① 由于地方政府投资是（1）式主要变量，为避免重复计算，在人均资本存量中将公共物质资本予以剔除。关于公共物质资本的计算详见贾俊雪等（2006）。

及地区性行政垄断、地方政府投资及经济增长之间的影响机制,我们采用陆铭、陈钊(2009)的方法,在模型中加入了市场分割程度的一次滞后项以及一次滞后项的平方项。

我们主要使用市场分割指数来反映地区性行政垄断的水平。有关市场分割程度的计算,采用 Parsley & Wei(2001)方法,使用价格指数计算省级的市场分割程度。Parsley & Wei 使用相对价格方差的变化区间来反映市场分割的程度。公式为:

$$|\Delta Q_{ijt}^k| = |Ln(P_{it-1}^k/P_{jt}^k) - Ln(P_{it-1}^k/P_{jt-1}^k)| = |Ln(P_{it}^k/P_{it}^k) - Ln(P_{jt}^k/P_{jt-1}^k)|$$

然后使用 $|\overline{\Delta Q_{ijt}^k}|$ 对 $|\Delta Q_t^k|$ 进行回归:

$$\Delta q_{ijt}^k = |\Delta Q_{ijt}^k| - \beta * |\overline{\Delta Q_t^k}|$$

其中 Δq_{ijt}^k 为回归的残差项,i,j 代表不同的省、直辖市、自治区,k 代表不同的商品。

最后我们计算代表市场分割程度的方差 $Var(\Delta q_{ijt}^k)$。在我们的计算中,共选取了 29 个省市[①] 8 种[②] 商品 14 年(1994—2007)的价格指数加入到市场分割程度的计算。为计算 $|\Delta Q_{ijt}^k|$,我们把 29 个省市彼此配对,这样得到 406 对相互存在区域间贸易的省市组合。从而得到 5684 个(406 × 14)$Var(\Delta q_{ijt}^k)$,然后针对每一年各省(市)进行合并,最后得到各省(市)的市场分割程度,共 406 个(29 × 14)数据。我们认为市场分割程度越大,地方政府行政垄断程度越高。

关于人均政府投资额的计算,一般存在两种可行的度量方法:逐项剔除法和逐项累加法。但由于地方政府投资内容庞杂,而现有的统计年鉴仅合并汇报了地方政府总的支出金额。因此,很难从现有的统计口径中剔除

[①] 其中西藏自治区由于多年数据未公布,我们未考虑在内。重庆市由于 1997 年以后才独立为直辖市,因此,我们也未考虑。但在其他绝对值指标的计算中,由于 1997 年之前四川省的统计数据包含重庆市,为尽量还原数据的真实性,我们将重庆市 1997 年以后的数据并入四川省加总作为四川省的数据。在比率指标的计算中,我们先将重庆市 1997 年以后的数据并入四川省相应的指标,再求相应的比率。

[②] 由于有些指标前后统计口径发生变化,我们仅选取连续统计的 8 种商品零售价格指数加入分割程度的计算。它们包括:粮食、饮料烟酒、服装鞋帽、中西药品、书报杂志、文化办公用品、日用品和燃料。

地方政府投资中未能产生投资收益的支出项。所以，在本文的计算过程中，我们使用了逐项累加法。最终选取基本建设支出、企业挖潜改造等11项内容的加总作为地方政府投资额的衡量指标①。控制变量中的人均资本存量增长率及人均人力资本存量增长率数据来自张卫国等论文（2010），对外开放度为进出口贸易额占地方 GDP 的比重。

为考察经济增长以及地区性行政垄断对于政府投资的影响，我们建立模型（2）：

$$perginv_{it} = \alpha_i + \beta_1 pergdpg_{it} + \beta_2 divs_{it-1} + \beta_3 divs_{it-1}^2 + \beta_4 fincome_{it} + \varepsilon_{it} \quad (2)$$

其中，$perginv_{it}$ 为人均政府投资额，$pergdpg_{it}$ 为人均 GDP 增长率，$divs_{it-1}$，$divs_{it-1}^2$ 分别为市场分割程度的滞后一期以及滞后一期的平方项，$fincome_{it}$ 为政府预算财政收入。

与模型（1）相对应，我们在模型（2）中也加入了地区市场分割指数滞后一期以及滞后一期的平方项。

地方政府投资的一个重要来源就是地方政府的财政收入。随着我国分税制改革的推行，各级地方政府的预算外和体制外资金逐步纳入到预算内收入范围。地方政府可支配的预算内收入特别是财政收入的数额逐步增多，各级地方政府的投资总额也保持了一个较快的增长水平。因此，我们将地方政府的财政收入也加入到了模型中。

最后，我们考察经济增长水平以及政府投资额对于市场分割程度的影响（模型（3））：

$$divs_{it} = \alpha_i + \beta_1 pergdpg_{it}^2 + \beta_2 pergdpg_{it} + \beta_3 perginv_{it} + \gamma X_{it} + \varepsilon_{it} \quad (3)$$

其中，$divs_{it}$ 为市场分割度，$pergdpg_{it}$ 为人均 GDP 增长率，$perginv_{it}$ 为人均政府投资额，X_{it} 为一系列控制变量，包括人均财政收入的分权水平（indecen），人均财政支出的分权水平（outdecen），人均政府消费占 GDP

---

① 这11项内容具体包括：基本建设支出，企业挖潜改造支出，简易建设费支出，地址勘探费支出，科技三项费用支出，流动资金，支援农村生产支出，农业综合开发支出，城市维护费，支援不发达地区支出，土地和海域开发建设支出。我们认为以上各项目的加总已基本代表了能够产生实际投资收益的地方政府投资方向和投资内容。诸如省级地方政府国防支出，价格补贴，转移支付及行政管理费用等公共管理及服务支出我们未考虑在内。值得说明的是，2007年省级政府支出构成较之前年份发生了很大的变化，很多项目进行了合并和汇总。因此，2007年省级地方政府投资额的构成包括：一般公共服务，农林水事务，交通运输，工业商业金融等事务。

的比重（perconsume）。为了充分和精细考察经济增长水平对于市场分割程度的影响，上述模型中加入了经济增长的平方项；但考虑到受官员政治任命制直接影响所导致的政府投资的剧烈波动性，进而难以确定政府投资变动曲线是否会有稳定的二次曲线形态，故上述模型中没有加入政府投资的平方项。

我们认为，政府消费水平的高低体现了地方政府利用自身消费能力影响本地经济发展方向的能力。因为地方政府通过自己的消费可以人为地设置有限准入壁垒，使自己的消费资金流向本地企业，从而存在利用其行政消费能力扶持本地企业，限制外地企业的可能，造成地区性市场分割。另外，由于1994年中国的分税制改革标志着中国分权改革的进一步深入。分权制度实施后中国地方政府的主体地位进一步得到强化。分权制度不仅加强了地方政府进行投资的自主性，对于本地区经济的发展具有了更大的影响能力；也使得地方政府为了本区域经济社会的发展而展开各种形式的竞争。而这种竞争伴随着大量行政性控制手段，因此各种地区分割、重复建设等地区性行政垄断现象大量出现。为测度分权程度，我们选取地方政府财政收入分权程度和财政支出分权程度指标。一般我们认为分权程度越大，地方政府实施行政性垄断的能力也就越大。

财政支出分权程度 =（地方政府财政支出—中央政府对地方政府的转移支付）/全国财政总支出的转移支付；

财政收入分权程度 =（地方政府财政收入—中央政府对地方政府的转移支付）/全国财政总收入的转移支付。

本文的样本区间为中国29个省14年（1994—2007年）的面板数据。本文所有的原始数据均来自于1994—2007年的《中国统计年鉴》、《中国财政年鉴》、《中国工业经济统计年鉴》、《中国税务年鉴》及《中国经济年鉴》，并经作者整理得到。回归过程中我们使用StataSE/10.0软件进行相应的处理。

五 实证结果及检验

表1报告了模型（1）的估计结果。在具体估计中，为有效解决内生性问题可能给回归结果带来的影响，我们使用地方政府投资额滞后一期以及滞后

二期的移动平均值作为地方政府投资额的工具变量，利用工具变量法进行回归。从表1的结果中可以看出，市场分割滞后一期项以及滞后一期平方项的系数均在1%的显著性水平上显著，并且滞后一期项的系数为正，滞后一期平方项的系数为负，即市场分割滞后一期与当期经济增长间呈现倒U型的关系。这说明市场分割程度低于一定水平时，适当地提高分割程度反而有助于经济增长。而在超过某一确定峰值后，市场分割将转变为抑制经济增长。

根据回归的结果可以计算出市场分割对于经济增长影响的转折点为0.1737。对于我们观察范围内的样本点几乎均落在了倒U型曲线上升的半边。这意味着对于现阶段的经济发展水平而言，市场分割程度的提高有助于当地的经济增长。这也充分说明了为什么现阶段的各级地方政府有动力去实施各种形式的地区性行政垄断，正是由于这样的准入壁垒的设置，有助于促进其区域内经济增长。同时，经济增长不仅为本地的财政收入提供了保障，也为本地就业水平的稳定创造了条件。另一方面，作为地方官员晋升的一个重要考核标准，经济发展指标无疑占到了重要的位置。而作为制度供给要素的地区行政性垄断在现阶段为当地政府的经济绩效提供了有效的支撑，这成为地方政府官员实施包括地区市场分割在内的地区性行政垄断的重要原因和动力来源。

另外，在模型中还可以看到地方政府投资水平对于经济增长具有显著的正向影响，这也进一步证明了我国政府主导型的经济增长模式。周业安、章泉（2008）认为中国的经济体制改革经历着市场化和财政分权的双重分权过程。而在这一过程中，伴随着财政分权以及带有浓重联邦制特征的财税制度安排的发展，地方政府具有更大的积极性也有更大的自主性来发展本地经济。因此，在市场化的过程中，中国地方政府的作用得到了越来越明显的体现，其对于经济发展的影响程度也越来越大。而这一过程的实现，地方政府的投资起到了积极的作用。伴随着财政收入的稳步提高，地方政府可用于投资的资金以及范围都有了较大的变化，因而地方政府作为投资主体的意愿在经济发展过程中得到了良好的体现。在模型中还控制了人均资本存量增长、人均人力资本积累的增长对于经济增长的影响。结果表明，它们在中国转轨经济改革中均显著地促进了地区经济的增长。最后，我们的实证结果还表明对外开放程度的提升也显著地促进了中国各地区的经济发展。

表 1　　　　　　市场分割及地方政府投资对经济增长的影响

变量名	系数值	z 统计量	P 值
ldivs	1.068818	3.30	0.001***
ldivs2	-3.077205	-2.99	0.003***
perginvg	0.0466991	3.99	0.000***
perk	0.7181219	9.23	0.000***
perh	0.2312561	3.46	0.001***
trade	0.116815	4.08	0.000***
c	-0.0253914	-1.45	0.148
R^2	0.2981	Wald X^2 统计量	1814.21 (0.0000)

注：1. 括号中数值为 Wald 检验值对应的 P 值；***、**、* 分别表示在 1%、5%、10% 的显著性水平上显著（表 2、表 3 的注释同表 1）。

2. Hausman 检验原假设为使用随机效应模型，备择假设为使用固定效应模型（表 2、表 3 的注释同表 1）。

3. 模型（1）Hausman 检验值为 15.25，对应 P 值为 0.0184，表明其在 1% 的显著性水平上拒绝原假设，采用固定效应模型。

表 2 报告了市场分割以及经济增长对于政府投资的影响。回归中，为控制经济增长内生性问题的影响，我们使用 GDP 增长率滞后一期及滞后二期的移动平均值作为工具变量，对模型（2）进行工具变量法回归。

表 2　　　　　　市场分割及经济增长对地方政府投资的影响

变量名	系数值	t 统计值	P 值
pergdpg	0.7686646	3.69	0.000***
ldivs	-4.498205	-4.31	0.000***
ldivs2	13.39166	4.01	0.000***
perincome	3.351762	24.65	0.000***
c	0.1339693	3.07	0.002***
R_2	0.7475	Wald X^2 统计值	882.37 (0.0000)

注：1. 同表 1。

2. 模型（2）Huasman 检验值为 7.74，对应 P 值为 0.1015，模型接受原假设，采用随机效应模型进行估计。

从表 2 中可以看出经济增长对于地方政府投资具有显著的促进作用。这进一步验证了表 1 中地方政府投资和经济增长具有正向关系的结论。地方政府投资有助于经济增长水平的提高；反过来，经济增长水平的提高又会为地方政府投资带来较多的资金来源，因为无论是预算内收入还是预算外收入均需要有良好的经济增长作为支撑。经济增长为以税基为主要收入来源的地方政府财政收入提供了可靠的保障。因此，地方政府投资和经济增长是一个相互影响的循环过程，这也为"富省越富，穷省越穷"的现象提供了一种可能的解释。

实证结果表明，市场分割程度滞后一期项对于地方政府投资行为具有正 U 型的影响，其对于政府投资影响的转折点是 0.1679。本文样本数据范围内，地区性行政垄断对地方政府投资的影响大多落在正 U 型曲线下降的半边，即地方政府的行政性垄断措施在一定程度上减少了政府投资。因为行政性壁垒的设定从制度上为保护本地区的经济发展以及就业提供了相应的保障，有效地限制了外地企业对于本地企业的竞争。这一结果在表 1 中也得到了验证，即现阶段地区性行政垄断和地方经济增长的关系仍然处于倒 U 型上升的半边。作为促进经济增长的两种可选择途径，地方政府投资和行政性垄断之间具有一定的替代作用，即地方政府通过行政性垄断措施的制度供给有效地降低了其利用投资维持对于本地企业竞争力的保护。为保持本地的就业水平及尽量多地利用本地资源发展经济的能力，地方政府一方面可以通过自身的投资对外地企业或产品从经济上进行"挤出"；另一方面可以通过其准入壁垒的设定从制度上对外地企业或产品进行"挤出"，从而体现其对于本地经济发展的意愿。然而，在长期内，当市分割和地方政府投资的关系转向正 U 型上升半边通道时，地区市场分割会促进地方政府投资的扩大。换言之，要维持一定程度的行政垄断能力需要更多的地方政府投资来进行维持。因此，从长远来看，依赖于市场分割而维持的经济增长并不具有可持续性，因为它最终要以牺牲整体的规模经济效应作为代价。而当其无法再为地方政府提供有利的经济绩效支撑时，地方政府也就失去了实施行政垄断的动机。此时，如果仍需要维持一定的准入限制水平，那么它将需要更多的政府投资以实现这一目的，而不是可以利用其节省更多的政府投资资金用于本地其他方面的发展。①

最后,我们还考察了经济增长和地方政府投资对于市场分割程度的影响。类似于模型(1)及模型(2)的处理,为防止内生性问题可能造成的影响,我们分别用地方政府投资及人均 GDP 增长率滞后一期及滞后二期的移动平均值作为工具变量进行估计。考察了经济增长的平方项及地方政府投资对于市场分割程度的影响(表3中的回归1),虽然很多变量仍然不显著,但一些主要变量还是反映了对于市场分割程度影响因素的大小。随后,依据回归1逐步筛减不显著的变量,最后发现只有在仅剩经济增长和地方政府投资两个主要解释变量时,方程对于市场分割程度具有显著的解释能力(回归2)。

表3　　　　　　经济增长及地方政府投资对于市场分割的影响

回归1				回归2			
变量名	系数值	t 统计量	P 值	变量名	系数值	t 统计量	P 值
pergdpg	0.15684	3.23	0.001	pergdpg	0.17074	3.62	0.000
pergdpg2	-0.40410	-3.08	0.002	pergdpg2	-0.42192	-3.35	0.001
perginv	-0.02846	-6.01	0.000	perginv	-0.02258	-6.06	0.000
shoufenquan	-0.13662	-0.95	0.342	c	0.01514	4.04	0.000
zhifenquan	0.17721	1.23	0.220				
Perconsurne	-0.00054	-0.17	0.864				
c	0.01202	2.00	0.046				
R^2	0.1125	Wald X^2 统计量 267.24 (0.0000)		R^2	0.0781	Wald R^2 统计量 278.85 (0.0000)	

注:1. 同表1。

2. 回归1、回归2的 Hausman 检验值分别为62.55和66.08,对应 P 值均在1%的显著性水平下拒绝原假设。因此,我们采用固定效应模型对二者进行估计。

---

① 当然,政府可能出于非经济的因素仍需要继续维持一定程度的有限准入水平。而正如我们正文中指出的那样,这样的维持需要政府投资更多的资金而非为政府节省资金。我们认为这是一种通过经济资源的浪费而单纯获得政治意愿(例如维持本地区就业以及社会的稳定)的体现。这可能是一种经济效率的损失。

从回归1可以看出，经济增长对于市场分割具有倒U型的影响，这进一步说明了地方政府短期内为什么有动机实施各种形式的行政性垄断措施。短期内，经济增长带来了地区财税收入以及就业水平的稳定与提升，这无论是对于本地的社会发展还是对于官员的政绩考核都是必要的内在条件。而正如表1所反映出的市场分割与经济增长的倒U型关系，现阶段市场分割和本地经济发展的关系仍处在倒U型的上升通道中，市场分割有效地促进了本地区的经济增长；而作为绩效因素的经济增长为各级地方政府提供了可供支配的经济发展成果。为了维持对更多经济成果的独占，以挤出外地企业对本地经济发展成果的共享，地方政府继而需要与其经济发展水平相适应的市场分割水平来维持其独享的意愿，而经济增长又为这样的市场分割水平的维持提供了有效的收入来源支持。然而，在长期内，追求经济增长方式由量变向质变的转变仍然会成为理性经济主体的必然选择。地方政府最终追求的仍是具有良好经济质量和增长内涵的集约经济增长模式，而这也必然成为发挥国内市场整体规模经济效应的重要支撑和保障。因此，在长期内伴随着经济增长方式由粗放型向集约型的转变以及经济主导力量权力向自由市场竞争的回归，地方经济增长对于政府行政性垄断的依赖将越来越少。同时，回归（1）中值得说明的是，反映分权程度的财政收入分权指标以及财政支出分权指标均对市场分割不具有显著的解释能力。这可能是由于在我们指标的计算过程中，由于1994年及2008年的政府间转移支付数据未能获得，我们仅能计算12年的观测值，最终对结果造成了一定的影响。还需说明，地方政府消费对市场分割的影响作用也不明显，这主要是因为地方政府消费对于市场分割的影响同样要通过投资乘数机制才能得以体现，相对于地方政府投资而言，地方政府消费对于市场分割的影响路径比较间接；此外，政府作为消费主体其消费选择的理性较差，难以形成居民消费那样的显著经济效果，从而也降低了地方政府消费对于市场分割的影响力。

回归2中仅保留了我们所关心的两个主要变量而将所有的控制变量减去，结果表明经济增长及地方政府投资对于市场分割的影响都变得显著。尤其需要说明的是，地方政府投资对于市场分割程度具有负向的影响关系，这进一步验证了前面我们所提到的现阶段市场分割与政府投资间的相互替代作用，即为获得既定的经济增长水平，地方政府可以在利用其行政能力而设置准入壁垒对外地企业或产品进行挤出与利用其投资手段对外地企业或产品进行挤出之间作出选择。

六 结论

改革开放30年来，中国经济社会变革的巨大成功使得中国成为世界范围内成功转型的典范。然而随着市场化进程以及改革开放的不断深入，中国在取得巨大转型绩效的同时，所面临的问题也逐步显现。其中显著的问题之一就是中国分割零碎的市场。尽管对于中国市场分割程度是趋于恶化还是趋于缓和，学者们存在不同的意见，但对于中国国内市场严重的割据状况，大家基本都不否认。特别是在当前严重的全球性金融危机冲击下，外贸依存度已经很高的中国经济增长模式是否能够持续？中国经济增长的有效性能否得到继续？这就成了学者们所普遍关心的问题。中央政府提出要依赖于国内市场以拉动经济、刺激发展，然而严重的市场分割状况是否能保证这一目标的实现，在政策层面也是一个考验。

既然严重的市场分割并不符合全国整体市场"一盘棋"以及发挥区域比较优势，形成规模经济的理性要求，为什么地方政府仍然有动力去维持和实施各种形式的行政性垄断措施，从而造成现有的市场分割状况？一个可能的原因是现阶段地方政府仍然从分割的市场状态中获得了有力的经济租金。我们的实证研究也证明现阶段的市场分割对于经济增长的影响仍处于倒U型上升的通道中，地方政府依据其行政能力设置的行政性垄断壁垒不仅促进了本地区的经济增长，这一增长过程本身也给其带来了更丰富的财政收入来源，从而为地方政府的投资提供了可靠的支撑。另外一个重要的原因是市场分割的实施有效地节省了地方政府通过自身投资阻止其对于外地企业及产品挤入本地市场的可能。在严格的《预算法》约束下，地方政府投资的资金来源并未能完全满足其投资的需要。因此，各地纷纷出现所谓的"投资饥渴"问题。而在经济挤出手段难以完全满足地方政府对于经济发展成果独享意愿的情况下，行政手段成为了一个有效的替代选择。

另一方面，我们的实证研究也表明市场分割对于地方政府的投资具有正U型的影响关系。尽管目前的市场分割对于地方政府投资的影响仍处于正 U 型下降半边。然而，长远来看，当市场分割和地方政府投资的关系越过转折点而转向上升通道时，一定水平的行政性垄断水平则需要更多的地方政府投资来维持。依赖于市场分割而维持的经济增长并不具有可持续性，因为它最终是以牺牲整体的规模经济效应作为代价的。此时，以损失经济效率为代价而获得单纯政治租金的地方政府投资，无疑带来了经济效率的损失。

以上分析带来的一个直接问题是：为了实现经济长期有效性，如何促进国内市场一体化的进程？而这一问题亟待解决的主体是地方政府（特别是省级地方政府）。尽管市场分割短期内为本地的经济增长带来了好处，然而这却是以牺牲全国整体市场的规模经济效应为代价的。一个可行的方法是加强对于地方政府行政能力的监督，使其专注于发挥社会管理和服务职能，而将更多的自主权交与作为微观经济主体的企业，促进自由竞争市场机制作用的发挥。然而，中国政府主导型的经济发展过程使得各级地方政府对于本地的经济发展具有强烈的干预意愿；并且无论是出于社会发展还是官员晋升的需要，保持对本地经济发展成果的独享也成为地方政府重要的施政动力。因此，这可能是一个艰难而缓慢的过程。

参考文献

陈敏、桂琦寒、陆铭、陈钊：《中国经济增长如何持续发挥规模效应？——经济开放与国内商品市场分割的实证研究》，《经济学（季刊）》第 7 卷第 1 期，2007。

丁菊红、邓可斌：《政府偏好、公共品供给与转型中的财政分权》，《经济研究》第 7 期，2008。

过勇、胡鞍钢：《行政垄断、寻租与腐败——经济转型的腐败激励分析》，《经济社会体制比较》第 2 期，2003。

刘培林：《地方保护和市场分割的损失》，《中国工业经济》第 4 期，2005。

贺振华：《寻租、过度投资与地方保护》，《南开经济研究》第 2 期，2006。

金碚：《竞争秩序与竞争政策》，社会科学文献出版社，2005。

贾俊雪、郭庆旺、刘晓路：《资本性支出分权、公共资本投资构成与经济增长》,《经济研究》第 12 期,2006。

贾俊雪、郭庆旺:《政府间财政收支责任安排的地区经济增长效应》,《经济研究》第 6 期,2008。

陆铭、陈钊:《分割市场的经济增长——为什么经济开放可能加剧地方保护?》,《经济研究》第 3 期,2009。

皮建才:《中国地方政府间竞争下的区域市场整合》,《经济研究》第 3 期,2008。

戚聿东:《资源优化配置的垄断机制——兼论我国反垄断立法的指向》,《经济研究》第 2 期,1997。

于良春:《反行政性垄断与促进竞争政策前沿问题研究》,经济科学出版社,2008。

于良春、张伟:《中国行业性行政垄断的强度与效率损失研究》,《经济研究》第 3 期,2010。

于良春、余东华:《中国地区性行政垄断的测度研究》,《经济研究》第 2 期,2009。

张卫国、任燕燕、侯永健:《地方政府投资行为对经济长期增长的影响——来自中国经济转型的证据》,《中国工业经济》第 8 期,2010。

周黎安:《晋升博弈中政府官员的激励与合作——兼论我国地方政府保护主义和重复建设问题长期存在的原因》,《经济研究》第 6 期,2004。

周业安、章泉:《市场化、财政分权和中国经济增长》,《中国人民大学学报》第 1 期,2008。

郑毓盛、李崇高:《中国地方分割的效率损失》,《中国社会科学》第 1 期,2003。

Abed, G. and Davoodi, H., 2000, "Corruption, Structural Reforms, and Economic Performance in the Transition Economics", International Monetary Fund, IMF Working Paper WPP00. p. 132.

Barro, Robert J., 2000, "Inequality and Growth in a Panel of Countries", Journal of Economics Growth, 5 (1).

Che, J. and Qian Y., "Insecure Property Rights and Government Ownership of Firms", Quarterly Journal of Economics, May 1998, 113 (2), pp. 467—496.

Wong, C., 1997, Financing Local Government in the People's Republic of China, Hong Kong, Oxford University Press, New York North, Douglass C., Wallis John Joseph and Weingast, Barry R., 2006, "A Conceptual Framework for Interpreting Recorded Human History", NBER Working Paper Series.

Edin, M., 2003, "State Capacity and Local Agent Control in China: CCP Cadre Management from a Township Perspective", China Quarterly, 173: 35—52.

Keen, M. and Marchand, M., 1997, "Fiscal Competition and the Pattern of Public Spending", Journal of Public Economics, 63: 33—53.

Li, H. and Zhou, L., 2005, "Political Turnover and Economic Performance: The Incentive Role of Personal Control in China", Journal of Economics, 89: 1743—1726.

Montinola G., Qian, Y. and Weingast, B., 1995. "Federalism, Chinese Style: The Political Basis for Economic Success in China." World Politics 48 (1): 50—81.

Parsley, David C. and Wei, Shangjin, 2001, "Limiting Currency Volatility to Stimulate Goods Market Integration: A Price Approach", NBER Working Paper8468.

Qian Yingyi, Ronald, 1998, "Federalism and the Soft Budget Constraint", American Economic Review, 88 (5): 1143—1162.

Shleifer and Vishny, 1998, The Brabbing Hand, Government Pathologies and Their Cures, MA: Harvard University Press, Cambridge. Young, A., 2000, "The Razor's Edge: Distortions and Incremental Reform in China", Quarterly Journal of Economics, 115, 1091—1135.

（原刊《经济研究》2011 年第 8 期）